PACTO Y CONVERSACIÓN
UNA LECTURA SEMANAL DE LA BIBLIA JUDÍA
LEVÍTICO: EL LIBRO DE LA SANTIDAD

Jonathan Sacks
THE RABBI SACKS LEGACY

מגיד
MAGGID

Otras obras del autor

Ceremonia y celebración

Hagadá de Pesaj

Pacto y conversación–Génesis

Pacto y conversación–Exodo

Lecciones de liderazgo

Ensayos sobre ética

Rabino Jonathan Sacks

PACTO Y CONVERSACIÓN

Una lectura semanal de la Biblia Judía

LEVÍTICO: EL LIBRO DE LA SANTIDAD

EDICIÓN CHOMER / MARCOS

Traducido por:
Israel Diament & Carlos Betesh

Maggid Books
The Rabbi Sacks Legacy

Pacto y Conversación
Una lectura semanal de la Biblia judía
Levítico: El libro de la santidad

Maggid Books
Una edición de Koren Publishers Jerusalem Ltd.

POB 8531, New Milford, CT 06776–8531, USA
& POB 4044, Jerusalem 9104001, Israel
www.korenpub.com

Edición en español traducida por Carlos Betesh e Israel Diament

Imagen de portada: *Las Tribus de Israel reunidas alrededor del Arca de la Alianza en el Desierto del Sinaí, después del Éxodo de Egipto,* 1c. 1630 / Imágenes Bridgeman

ISBN 978–1-59264–670–8, tapa dura

Un registro de este título en su idioma original inglés está disponible en el catálogo CIP a través de la Biblioteca Británica.

Impreso y encuadernado en los Estados Unidos de América.

Con amor y profunda gratitud, dedico esta traducción
en honor de mi madre

Teresa Cherem Laniado de Chomer

cuyo corazón inocente, bondad inquebrantable y cariño desinteresado
han sido mi mayor inspiración. Tu vida, guiada por la pureza de tus
intenciones y el amor por los demás,
es una fuente de luz y guía en el camino de toda tu familia.

Mayer Chomer Cherem

Dedico la traducción de este libro a mi querida madre

Rebeca Dayan Tawil de Marcos

Mujer cálida y dedicada, que divide su tiempo entre
su hogar, donde recibe con amor a su familia,
y su labor social en México e Israel.
Atenta, carismática y en constante crecimiento personal.

Eres el ejemplo de lo que leemos en *Parashat Kedoshim* 19:18:
"Amarás a tu prójimo como a ti mismo".
Has vivido este mandato al dedicar tu vida al servicio
de los demás, a hacer *"Jesed"*, inspirando con tu compasión
y generosidad.

Que tu ejemplo continúe iluminando nuestros caminos.

Rafael Marcos Dayan

THE RABBI SACKS LEGACY

La organización The Rabbi Sacks Legacy perpetúa la sabiduría eterna y universal del Rabino Lord Jonathan Sacks como un maestro de Torá, un líder de líderes y una voz moral. Explora el archivo digital que contiene gran parte de los escritos, transmisiones y discursos del rabino Sacks, o apoya el trabajo de dicha organización en www.rabbisacks.org, y sigue The Rabbi Sacks Legacy en las redes sociales @RabbiSacks

Contenido

Prefacio para la edición en español

El Rabino Lord Jonathan Sacks fue sin duda el erudito más destacado de nuestra época. Sus perspectivas de la Torá, su sabiduría eterna y universal y su incomparable voz moral sirven como una auténtica luz guía de verdad y ética para muchos. La profundidad de sus palabras continúa expandiéndose y permeando el mundo entero, mientras personas de todas las religiones y orígenes se encuentran a sí mismas y a sus valores en sus hermosos y poderosos escritos. Nos complace el poder ofrecer a los lectoresde habla hispana la tercera entrega de la colección *Pacto y Conversación,* en la cual el rabino Sacks comparte sus ensayos sobre las porciones semanales de lectura de la Torá del libro de Levítico: el libro de la santidad.

NOTA SOBRE LA TRADUCCIÓN:

El estilo literario del rabino Sacks se caracteriza por su carácter conciso, así como por su fluidez y precisión en el lenguaje. En esta traducción hemos intentado apegarnos al estilo literario del original inglés y capturar la voz única del rabino Sacks.

El principal problema que planteó esta edición fue el criterio a utilizar para la traducción de nombres. El rabino Sacks optó por traducir todos los nombres hebreos a su equivalente en inglés, tales como "Abraham" (a diferencia de la transliteración "Avraham"), Moisés (en vez de "Moshé"). En esta traducción al español intentamos adherirnos a este estilo siempre que fue posible. Sin embargo, se han hecho algunas excepciones y tomamos la decisión de desviarnos periódicamente de esta regla general en situaciones en las que el nombre transliterado es más familiar para la mayor parte de la audiencia, así como por otras razones estilísticas. Por ejemplo, se han decidido utilizar las formas transliteradas de "Itró" y "Koraj" (por encima de su traducción española "Jetro" y "Coré") para que sean consistentes con las parashot (lecturas semanales de la Torá) del mismo nombre.

Oramos para que esta traducción cumpla su objetivo de transmitir a una audiencia completamente nueva la importante erudición del rabino Sacks, así como su visión de vivir acompasado al tiempo presente a través de un diálogo continuo con la Torá.

Lübba Wintzer
Gerente de proyecto

Levítico: la democratización de la santidad

El llamado de Dios

De todos los libros de Moisés, el de *Vaikrá*, Levítico, es el que se encuentra más fuera de sintonía con respecto a la cultura contemporánea. A muchos les resulta difícil identificarse con sus temas. Comienza con un listado de sacrificios, algo que no hemos experimentado durante dos milenios. Su interés por la pureza y la contaminación ritual parece provenir de otra época, y a excepción del ciclo menstrual, posee una escasa aplicación contemporánea. El largo relato del *tzara'at*, comúnmente traducido como lepra, es un buen ejemplo de las dificultades que presenta el texto. ¿Nos estamos refiriendo a una enfermedad, a una contaminación o a un castigo? Y en cualquier caso, ¿es relevante para una vida espiritual y para nuestra relación con Dios?

Es poco lo que sucede en Levítico. No tiene mucha narrativa, y la poca que sí hay resulta perturbadora. Dos de los hijos de Aarón, Nadav y Avihú, mueren el día de la consagración del Tabernáculo, simplemente, tal parece, por un acto de entusiasmo fuera de lugar. Incluso cuando el libro de Levítico habla de ética, lo hace de un modo desconcertante. El gran capítulo 19 con su majestuoso llamado: "Santos serán, porque Yo, el Eterno su Dios Soy santo", mezcla imperativos morales con instrucciones rituales aparentemente irracionales, como la prohibición de vestir ropa de mezcla de lana con lino, de una manera que desafía ideas convencionales de lógica y coherencia. La mentalidad del Levítico está muy alejada de la de la cultura secular occidental del siglo XXI.

Sin embargo, Levítico es un texto clave del judaísmo, incluso quizás, el más importante. Es aquí donde leemos por primera vez el mandamiento de "Amarás a tu prójimo como a ti mismo". Esta es la fuente de un principio moral aun mayor: "Amarás al extranjero como a ti mismo, porque fuisteis extranjeros en la tierra de Egipto". Es Levítico el que nos prohíbe cobrar venganza o guardar rencor, asumiendo una posición contraria a la psicopatología del odio y la violencia. Contiene una de las ideas religiosas más notables: que fuimos llamados a ser santos porque Dios lo es. No solamente fuimos creados a imagen de Dios. Estamos llamados a actuar a la manera de Dios.

A un nivel más práctico, pero no por ello menos profundo, Levítico expone una infraestructura completa para la justicia y la equidad en la vida política y económica. Es Levítico el que establece los parámetros para las relaciones entre empleador y empleado. Humaniza la esclavitud y pone en marcha un proceso que habrá de terminar con su abolición, por mucho tiempo que tarde. Habla de la condonación de la deuda y la devolución de la tierra ancestral en el año del Jubileo. Este es el texto que inspiró al programa contemporáneo de alivio de la deuda internacional conocido como Jubileo 2000.

Cuando los estadounidenses proclamaron el mensaje de la libertad en 1776 haciendo sonar la Campana de la Libertad en Filadelfia, estaban expresando el espíritu del versículo en ella grabado proveniente de Levítico 25:10, según la traducción de la Biblia King James: "Proclamen la libertad en toda la tierra para todos sus habitantes".

Levítico es el libro central del Pentateuco, la Torá. Esto lo convierte en el más importante de los cinco. A menudo, la literatura bíblica funciona de acuerdo con el principio de simetría de imagen especular (quiasmo), estructurado bajo la forma de ABCBA. En cualquier obra poseedora de este patrón, el clímax no se encuentra ni al principio ni al final sino en el medio. En el centro de los cinco libros mosaicos, Levítico es el eje sobre el cual giran los demás.

Este libro es también la expresión más pura de una de las voces más importantes de la Torá, la sacerdotal, aquella sensibilidad a la que los sabios denominan (siendo este su nombre original para el libro)

Torat Cohanim, "La Ley de los Sacerdotes". Escuchamos esta voz en otros lugares, en puntos clave de la Torá. Uno de ellos es el primer capítulo de Génesis, donde leemos: "En el principio Dios creó", el cual describe la creación en el lenguaje del sacerdote. Otro es Éxodo 19:6, justo antes de la revelación en el Monte Sinaí, con su declaración sobre la misión del pueblo judío: "Ustedes serán para Mí un reino de sacerdotes y una nación sagrada". Esta es una vocación sacerdotal. A pesar de la importancia de los profetas para la religión del pueblo de Israel, Dios le adjudicó a nuestros ancestros y a nosotros mismos el rol del sacerdote, no el del profeta. El nombre mismo dado por la tradición a los cinco libros mosaicos, Torá, es un vocablo sacerdotal.

Levítico era el libro con el cual tradicionalmente comenzaba la educación judía. Durante muchos siglos, desde los tiempos del Talmud, era el primer texto que estudiaban los niños judíos; su introducción a la palabra y a la voluntad de Dios. "Que vengan los puros y estudien pureza", dicen nuestros sabios. Ellos preferían que este libro, por sobre otros, fuera el primero en grabarse e inscribirse en las mentes y en los corazones judíos. Nuevamente, esto resulta extraño cuando consideramos la visión de los rabinos respecto a su propia ascendencia, leída en la primera línea del Tratado de Avot: "Moisés recibió la Torá del Sinaí y se la entregó a Josué, Josué a los ancianos y los ancianos a los profetas". Los rabinos se veían a sí mismos no como herederos de los sacerdotes sino de los profetas. En realidad, eran una síntesis creativa de ambos.

Mi argumento será que no se puede entender el judaísmo sin la voz sacerdotal. El judaísmo, desde la Torá en adelante, es una conversación marcada por muchas voces. Por qué es así lo explicaré a continuación, pero el hecho de que sea así es innegable. Esta diversidad interna, esta armonía compleja y la discordia ocasional son las que le confieren al judaísmo su dinamismo, su capacidad de derrotar a la entropía, la regla que sostiene que todos los sistemas pierden energía a lo largo del tiempo. Entre las diferentes voces de la Torá, la sensibilidad sacerdotal es la dominante, a pesar de que Moisés, la figura dominante desde Éxodo hasta Deuteronomio, no era sacerdote.

Es esta sensibilidad, que comunicó el monoteísmo absoluto y austero, la que hizo al judaísmo único en el mundo antiguo y singular incluso en nuestros días. Insiste en la total diferencia entre los seres humanos y

Dios, pero sabe también cómo salvarla alineando nuestra voluntad con la Suya. Es la voz sacerdotal la que nos dice que los seres humanos fueron creados a la imagen de Dios. Habla de la dignidad de la diferencia y la importancia de respetarla. Toma ideales abstractos y los convierte en códigos de conducta que transforman vidas. El libro de Levítico es una meditación sostenida sobre qué es la santidad y cómo puede traducirse en la vida. En efecto, la voz sacerdotal es aquella que identifica a Dios con la vida y rechaza la consagración de la muerte.

Torat Cohanim aborda algunas de las preguntas más profundas de la religión. ¿Cómo podemos, en un mundo finito, relacionarnos con un Dios infinito que no puede ser identificado con ningún fenómeno natural y que tampoco puede ser visto ni representado visualmente? En un nivel muy diferente, ¿cómo podemos tomar el fuego de la inspiración religiosa y transformarlo en una llama eterna? ¿Cómo podemos recrear "experiencias cumbre" de manera regular? ¿Y cómo podemos adoptar un modo de vida destinado a unos pocos y hacerlo posesión de muchos?

Levítico es un libro estructurado con precisión y está dividido en tres partes. La primera se ocupa de lo sagrado. Específicamente, es sobre los sacrificios, y en términos más generales, sobre cómo acercarse a Dios en la casa de Dios. La segunda parte se sitúa en la frontera entre lo sagrado y el mundo. Se ocupa de aquellas cosas que nos impiden ingresar al espacio sagrado. La tercera trata de cómo traer lo sagrado al mundo. El libro comienza con una élite, los sacerdotes, los hijos de Aarón, una minoría dentro de una minoría, una familia específica dentro de la tribu de Leví. Culmina con un llamado de Dios a toda la nación. Comienza en el Santuario, pero termina en la sociedad. Democratiza la *kedushá,* la santidad, la señal de la presencia de Dios, para que forme parte de la vida permanente del pueblo en su conjunto.

En términos históricos esta idea fue llevada aún más lejos después de la destrucción del Segundo Templo, cuando la oración sustituyó a los sacrificios, el arrepentimiento reemplazó al servicio del Día de Expiación, y el conocimiento de la Torá, originalmente una especialidad del sacerdote, se convirtió en una expectativa normativa del pueblo en su conjunto. *Torat Cohanim,* la Ley de los Sacerdotes, se transformó en lo que el rabino Soloveitchik llamó *ish hahalajá,* la personalidad halájica.

Debido a la dificultad que tenemos para relacionarnos con Levítico, le he dedicado una introducción más extensa que la que escribiera para los otros volúmenes de la presente serie. En las páginas que siguen explico los conceptos clave del libro: santidad, pureza y sacrificio. Explico el concepto de una "voz" dentro de la Torá, y por qué hay más de una. Analizo qué es lo que singulariza a la voz del sacerdote respecto de la de los reyes y los profetas. Explico también por qué la voz sacerdotal, transmutada a través del tiempo, es esencial para el judaísmo y por qué sin ella ni los judíos ni el judaísmo habrían sobrevivido.

Los nombres importan, y por ello en su mayor parte he preferido llamar al libro por su nombre tradicional, *Vaikrá*. Levítico, que significa "asuntos relativos a los levitas", fue la traducción latina del concepto *Torat Cohanim*, la "Ley de los Sacerdotes". Pero eventualmente, la tradición llamó al libro por su primera palabra, *Vaikrá*, que significa "Él (Dios) llamó". Rashi explica que se trata de un término afectuoso. Muchos de los mensajes de Dios en la Torá están precedidos por las palabras "Él dijo" (*Vaiomer*), "Él habló" (*Vaidaber*) o "Él ordenó" (*Vaitzav*). Las tres expresiones pertenecen al lenguaje de la autoridad. Dios da una orden que nosotros debemos obedecer. Pero "*Vaikrá*", "Él llamó, convocó" es un lenguaje de invitación, de amistad, de amor. Fue en amor que Dios llamó a Abraham a seguirlo. Fue en amor que Dios condujo a los israelitas errantes por medio de una columna de nube durante el día y una columna de fuego por la noche. Es en amor que Dios llama al pueblo de Israel a acercarse a Él, a ser asiduos visitantes de Su morada, a compartir Su cualidad de santidad, diferencia, separación: a convertirse, por así decirlo, en mediadores de Su presencia en el mundo.

Vaikrá trata de por qué el amor necesita ley y la ley necesita amor. Trata de las acciones cotidianas de devoción que acercan mutuamente a dos seres, incluso cuando uno de ellos es más vasto que el universo y el otro es un ser mortal de carne y hueso. Trata de ser humanos, transgredir, no alcanzar los estándares esperados, siempre conscientes de nuestro frágil control sobre la vida, pero buscando acercarnos a Dios y –lo que a veces resulta más difícil– permitiéndole a Él acercarse a nosotros.

No obstante, para comprender *Vaikrá*, debemos primero resolver un enigma. Siguiendo pistas presentes en el propio texto bíblico, descubriremos, justo debajo de la superficie del texto, una historia inesperada y bastante conmovedora que surgió a raíz de una de las grandes crisis de la historia judía. Con esta, en la siguiente sección, es donde comenzamos.

La historia debajo de la historia

Hay un intrincado recurso literario en la Torá, muy utilizado pero rara vez percibido, al cual llamo la *contranarrativa oculta.*[1] El texto se lee de un modo en su superficie, pero de otro completamente diferente cuando se lo escucha atenta y profundamente. La Torá señala esto dándonos pistas, incongruencias en el texto, no lo suficientemente obvias para ser percibidas a primera vista, pero suficientes para que el lector reflexivo vuelva a leer el texto y descubra que la verdadera historia que la Torá nos relata es más rica y compleja de lo que pensamos inicialmente.

Esto es cierto acerca del libro de *Vaikrá* en su conjunto. Leído superficialmente trata del ritual: el Santuario, el sacerdocio, los sacrificios, la pureza y la santidad. Pero si vamos tras las pistas descubriremos un intenso drama, al mismo tiempo humano y metafísico, que tiene lugar bajo la superficie. Para descubrirlo debemos primero encontrar las pistas. Hay varias y solamente aparecen hacia el final del libro. La primera es el verso inicial de Levítico 25. Parece completamente inocente. Dice: "El Eterno le dijo a Moisés en el Monte Sinaí". Esta no es una frase que llame la atención, pero si lo pensamos bien, resulta ser sumamente extraña.

El motivo es que *el libro de Vaikrá no se desarrolla en el Monte Sinaí.* Tiene lugar en el desierto que lleva el mismo nombre, al pie de la montaña, no en su cima. La última vez que el Monte Sinaí apareció en el relato fue cuando Moisés descendió cargando el segundo set de tablas, señal de que Dios había reestablecido Su pacto con el pueblo tras la transgresión del Becerro de Oro (Éxodo 34). De ahí en adelante, la atención no está puesta en la montaña sino en el valle que se encuentra debajo, donde los israelitas construyen el Santuario. Hay aquí una grave incongruencia. Este pasaje debería aparecer en el libro de Éxodo.

Si miramos el contenido del capítulo descubrimos lo mismo. Se trata de principios de justicia social: el año del Jubileo, la condonación

1. Mi libro sobre este tema se titula *Not in God's Name.*

de las deudas y la liberación de los esclavos. La justicia social no es un tema que asociamos con Levítico, que versa sobre la relación entre los seres humanos y Dios. Sin embargo, es precisamente el tema que asociamos con el libro de Éxodo. El lugar obvio para estas leyes es inmediatamente después de la legislación civil contenida en los capítulos 21–23 de Éxodo, que tratan de la justicia en las relaciones entre los seres humanos.

Al pasar al siguiente capítulo, Levítico 26, la incongruencia continúa. Esta sección versa sobre las bendiciones y las maldiciones que vienen junto con el pacto: bendiciones si el pueblo obedece y maldiciones si no lo hace. Gracias al estudio intensivo llevado a cabo por académicos especializados en el antiguo Cercano Oriente,[2] hoy sabemos que el pacto que los israelitas establecieron con Dios en el Sinaí era similar en forma, si no en sustancia, a los tratados de soberanía de la época –acuerdos de paz entre dos estados en el cual uno de ellos es poderoso y el otro débil. Estos pactos poseían una estructura altamente formalizada: un preámbulo, un prólogo histórico, y luego venían los términos y condiciones, primero en términos generales y luego en detalles específicos. Se nombran testigos. Se prevé la deposición del tratado y lecturas públicas periódicas de su contenido.

Un elemento esencial de estos tratados era la recompensa por su cumplimiento y el castigo que seguiría a cualquier incumplimiento. Aunque no supiéramos esto por el registro histórico, lo sabríamos por el libro de Deuteronomio, que está estructurado como un pacto en una escala masiva, y el cual cerca de su final detalla las recompensas y los castigos en un pasaje que es paralelo al de Levítico 26. Por lo tanto, este capítulo también debería haber estado en el libro de Éxodo, justo antes del capítulo 24 que describe la aceptación formal del pacto por parte de los israelitas.

Incluso las palabras finales de *Vaikrá*: "Estos son los mandamientos que el Eterno dio a Moisés en el *Monte Sinaí* para los israelitas", están fuera de lugar. *Vaikrá* no está situado en la montaña sino en la Tienda de Reunión. Nuevamente, estas palabras corresponden al final de la ceremonia del pacto en Éxodo 24.

2. George E. Mendenhall, *Law & Covenant in Israel and the Ancient Near East* (Pittsburgh: Presbyterian Board of Colportage, 1955); Delbert R. Hillers, *Covenant: The History of a Biblical Idea* (Baltimore: John Hopkins University, 1969); Meredith G. Kline, *Treaty of the Great King* (Grand Rapids: Eerdmans, 1963).

En otras palabras, lo que tenemos entre Éxodo 24 y Levítico 25 es un enorme paréntesis de unos cuarenta capítulos de extensión, por mucho el más prolongado de su tipo en la Biblia hebrea. Esto ya fue percibido por los comentaristas clásicos, en particular por Ibn Ezra y Najmánides. Se trata de una digresión enorme. ¿Qué la causó?

Hay un solo candidato plausible para ello: el episodio del Becerro de Oro. Al producirse inmediatamente después de la revelación del Sinaí, marca la mayor crisis que tuvo lugar durante los años de permanencia en el desierto. Entonces para entender el libro de *Vaikrá*, necesitamos regresar y examinar detenidamente el relato del Becerro de Oro.

A grandes rasgos, la historia es sencilla. Moisés ascendió al Monte Sinaí después de la gran revelación en la que Dios habló a todo el pueblo. Él había estado ausente por varias semanas. El pueblo, inseguro de si habría de volver y cuándo, entró en pánico. ¿Cómo podrían recibir la palabra y la voluntad de Dios sin Moisés? Según muchos comentaristas, eso es lo que el becerro fue: no un ídolo sino un oráculo, un punto en el cual se recibía la comunicación divina.[3]

El pueblo se volvió una turba y se aglutinó alrededor de Aarón, el líder en ausencia de Moisés. No habituado a semejante presión, Aarón tomó lo que resultó ser una decisión desastrosa. Pidió a la gente que le entregara sus adornos de oro, los fundió y luego, "con una herramienta de grabado", le dio la forma de un becerro. Ese fue el punto más bajo en la historia del pueblo de Israel.

Moisés ignoraba todo esto hasta que Dios le dijo: "Desciende. Tu pueblo se está destruyendo a sí mismo". De inmediato le oró a Dios para que perdonara a la nación. Luego descendió, vio la escena, quebró las tablas, quemó el becerro, mezcló sus cenizas con agua, hizo que todos bebieran de ella, reunió a los levitas y les hizo ejecutar el castigo sobre los principales malhechores. Luego regresó a Dios pidiendo nuevamente Su perdón. Dios asintió, pero solo parcialmente. Los culpables habrían de sufrir, pero el pueblo en su conjunto sobreviviría.

Hasta aquí, la historia es clara. Lo que ocurre a continuación en el capítulo 33 del libro de Éxodo, no lo es. Este es uno de los pasajes más

3. Tal como se logró más tarde, por medio del espacio existente entre los querubines en el Tabernáculo.

oscuros de la Torá. Sus episodios particulares son inteligibles, pero la secuencia de los eventos resulta muy difícil de comprender.

Comienza con Dios diciendo que el pueblo debe seguir adelante y continuar su camino hacia la Tierra Prometida. De hecho lo hicieron, pero no sino hasta cincuenta capítulos más tarde, en el capítulo 10 de Números. Entonces Dios dijo que no estaría "en medio del pueblo". En vez de ello enviaría a "un ángel". Sería demasiado peligroso que Dios se encontrara cerca del pueblo, dada la tendencia de este a provocar Su ira. Cuando el pueblo escuchó esto se angustió en sobremanera, a pesar de que Dios ya había dicho algo similar diez capítulos antes (Éxodo 23:20). En aquel momento, el anuncio no había provocado angustia alguna.

A continuación leemos que Moisés trasladó su tienda fuera del campamento. Luego sigue una desconcertante serie de conversaciones entre Moisés y Dios. Moisés urge a Dios para que reconsidere Su decisión de no acompañar al pueblo: "Si Tu presencia no viene con nosotros, no nos dejes abandonar este lugar" (Éxodo 33:15). Luego, el tema de la conversación cambia a lo que parecen ser consultas metafísicas sobre la naturaleza de Dios. Moisés habla sobre el "rostro", los "caminos" y la "gloria" de Dios. Luego, en el capítulo 34 viene la famosa escena en la cual Dios coloca a Moisés en la grieta de una roca y pasa delante suyo, recitando las palabras que se llegaron a conocer como los Trece Atributos de la Misericordia de Dios.

Hay muchas cosas que no están claras en este pasaje, dos en particular. ¿Qué hace Moisés discutiendo aspectos teológicos sutiles mientras el pueblo enfrenta una importante crisis en su relación con Dios? ¿Y por qué, justo antes de esto, trasladó su tienda *fuera del campamento*? Aparentemente, esto era precisamente lo que no debía hacer. El episodio del Becerro de Oro sucedió porque Moisés estaba ausente. Ahora no era el momento de establecer una distancia entre él y el pueblo. Además, acababan de conmocionarse y afligirse al oír que Dios ya no se encontraría entre ellos. El hecho de que Moisés actuara de ese modo podía transformar una situación ya dolorosa en un golpe doble. A esto es a lo que me refiero con contranarrativa oculta. Es como si el texto dijera: hay una historia más profunda por debajo de la superficie que requiere ser excavada.

Lo que percibimos es que una vez superada la crisis inmediata del Becerro de Oro, Moisés se dirigió al problema fundamental que la había originado en primer lugar. En este encuentro, Moisés estaba elevando su oración más audaz, tan audaz que la Torá solamente nos ofrece fragmentos de esta, destellos, obligándonos a completar la narración por nuestra propia cuenta. Esta plegaria fue algo como esto:

"Soberano del universo, he trasladado mi tienda fuera del campamento para señalar que el problema no es mi *distancia de la gente, sino la Tuya*. ¿Cómo te han experimentado los israelitas hasta el momento? Como una fuerza aterradora y abrumadora. Te han visto poner de rodillas al imperio más poderoso del mundo. Han sido testigos de cómo Tú conviertes el mar en tierra seca, cómo envías alimento desde el cielo y extraes agua de una roca. Ellos saben que nadie puede verte y seguir con vida. Pero también temen que nadie pueda *oírte* y vivir. Cuando te revelaste ante ellos en la montaña, vinieron a mí y me dijeron: 'Háblanos tú y escucharemos, pero que no sea Dios quien nos hable pues entonces moriremos' (Éxodo 20:19). Cuando hicieron el becerro, por muy equivocados que estuvieran, buscaban una manera de encontrar a Dios sin terror. Ellos necesitan que Tú estés cerca".

Lo que Moisés estaba explorando en sus preguntas acerca del "rostro", los "caminos" y la "gloria" de Dios eran los parámetros fundamentales de la relación entre Él y la humanidad. El Dios de Abraham era trascendente. ¿Podía ser también inmanente? ¿Podía relacionarse con los seres humanos no solamente desde el cielo o la cúspide de una montaña sino desde un valle en medio del campo? ¿Podía un Dios infinito estar cerca de seres humanos finitos? De no ser así, ¿qué esperanza hay para la humanidad?

Tampoco era simplemente la distancia la que se había tornado problemática. También lo era la previsibilidad. Era como si Moisés hubiese dicho: "Sabemos que a veces Tú estás enojado y otras te mueve la compasión. Hay ocasiones en las que Tú impartes justicia, otras en las que perdonas. Precisamente porque eres libre, no podemos predecir qué habrá de prevalecer: el castigo o el perdón. Pero somos nosotros quienes hemos arriesgado toda nuestra existencia en Ti. ¿Cómo podemos vivir, sin saber cuándo habrás de estar nuevamente enojado con nosotros y si nuestras plegarias pidiendo perdón resultarán exitosas?

"Tú, Dios, has sido compasivo conmigo. Tú me pediste que condujera a este pueblo y me he esforzado en hacerlo. He orado pidiendo Tu perdón y has escuchado mi súplica. Pero yo soy mortal. Solamente Tú eres eterno. ¿Qué sucederá en el futuro si el pueblo transgrede y no hay un Moisés que rece por ellos? Debe existir algún tipo de orden sustentable en la vida del espíritu. Debe haber una estructura de liderazgo que no dependa del azar".

Si esto es lo que pasó en Éxodo 33, se trata de uno de los momentos más decisivos del judaísmo. Desde esta distancia de tiempo resulta difícil percibir cuán radical fue la ruptura del monoteísmo con las civilizaciones de esa época. El Dios de Abraham difería en dos aspectos de las religiones del mundo antiguo. En primer lugar, Él es trascendente. Está más allá del universo porque Él lo ha creado. Ninguno de los dioses adorados por los antiguos era remotamente así. Incluso Akenatón, el faraón que algunos –el más famoso de ellos Sigmund Freud– identifican como el primer monoteísta, pensaba que Dios era el sol. El sol se encuentra dentro del universo, no más allá de él. ¿Cómo te relacionas con un Dios que es infinito e incognoscible?

En segundo lugar, Dios actuaba en la historia. Esto tampoco había sido concebido con anterioridad. Para los antiguos, los dioses se encontraban en la naturaleza. Eran la lluvia, el río, el sol, la tormenta. En la naturaleza el tiempo es cíclico. Todo nace, crece, se reproduce y muere, pero nunca cambia realmente. Las cosas son como son porque así es como fueron y serán siempre. Con el éxodo, Dios cambió la historia. Más precisamente, con el éxodo Dios *creó* la historia.

Estos dos hechos –la creación y la historia– fueron profundamente liberadores, pero a la vez profundamente alienantes. Ahora, Dios se había vuelto casi imposiblemente distante. ¿Cómo puede alguien dentro del universo comenzar siquiera a entender a Uno que lo trasciende? Además, la idea de la historia como escenario de cambio resulta profundamente desestabilizadora. El tiempo cíclico es reconfortante. En efecto, hay inundaciones, sequías, hambrunas, desastres naturales, pero en la naturaleza, la vida eventualmente regresa a la normalidad. Fue el antropólogo Mircea Eliade quien llamó la atención sobre lo aterradora que fue en un principio la idea de la historia.[4] ¿Cómo fue ser el primer pueblo en emprender una travesía sin saber a dónde lo conduciría?

4. Mircea Eliade, *Cosmos and History: The Myth of the Eternal Return* (Nueva York: Garland Science, 1985).

En el nivel más profundo, de eso se trató la crisis del Becerro de Oro. En aquel momento Moisés era la única conexión entre el cielo y la tierra. Al estar ausente, hubo terror. Sin embargo, ¿por qué surgió el problema entonces y no en los días de Noaj, Abraham, o anteriormente con los israelitas? La respuesta es que la solución fundamental del judaísmo a la distancia entre Dios y el hombre es el *lenguaje*. Solo las palabras tienen el poder de cruzar el abismo entre los humanos finitos y el Dios infinito. Dios le habló a Adán, a Caín, a Noaj, a los patriarcas, a las matriarcas y a Moisés.

Esa es la solución que funcionó para los individuos. Pero ¿qué sucede cuando los israelitas se transforman en una nación? Cuando Dios le habló a la nación en su conjunto en el Sinaí, las personas lo hallaron insoportable y le pidieron a Moisés que escuchara en lugar suyo. Por eso, su prolongada ausencia resultó devastadora. La elaboración del Becerro de Oro fue un error, una transgresión. Pero la crisis que condujo a ello fue real y duradera. ¿Qué sería de la gente en ausencia de Moisés o de alguien como él? ¿Cómo podría una nación tomar el riesgo de depender completamente de Dios cuando Él es tan distante, abrumador e impredecible? Fue entonces cuando Dios dio la respuesta que condujo a una digresión de cuarenta capítulos en la historia de la travesía de los israelitas desde Egipto hasta la Tierra Prometida.

Dios respondió al pedido de Moisés con estas palabras: "Que hagan para Mí un santuario y habitaré [*veshajanti*] en medio de ellos" (Éxodo 25:8). Este es el comienzo de una relación completamente nueva entre Dios y el pueblo. Nunca antes se había utilizado el verbo "habitar" en relación a Dios. La raíz *sh-j-n* significa vecino, alguien que vive al lado. Dios estaba a punto de convertirse no solo en la fuerza que mueve a los astros y cambia el curso de la historia, sino además en alguien cercano, un vecino. Es a partir de esta raíz que los rabinos acuñaron su propia denominación para la morada divina entre nosotros, la presencia de Dios que siempre estuvo con el pueblo judío, incluso en el exilio. Ellos la llamaron la *Shejiná*.

Esta relación entre Dios y el pueblo estaría mediada por un nuevo tipo de líder religioso, no el profeta Moisés sino el sacerdote Aarón. No se puede predecir la aparición de un nuevo profeta. Nunca hubo otro Moisés, y tras Hageo, Zacarías y Malaquías, la profecía cesó por completo. Pero el sacerdocio es predecible. Es dinástico, no carismático. Los sacerdotes eran varones descendientes de Aarón. Todavía hoy tenemos sacerdotes. El sacerdocio representa una continuidad que es inmune a las vicisitudes del tiempo.

Lo mismo ocurre con el sentido de la Presencia Divina: el pueblo no podía ver el "rostro" de Dios o comprender Sus "caminos", pero podía experimentar Su "gloria". Fue este fenómeno, similar al de una nube pero radiante, el que residiría en el Santuario, el hogar simbólico de Dios. Habría una serie de encuentros regulares por medio de la ofrenda de "sacrificios", aunque el vocablo hebreo *korbán* se traduce mejor como "acercarse acercando". Todo el sistema de los *korbanot* y todo lo que los acompañaba fue una respuesta a la crisis de la distancia de Dios. Esta es la historia detrás del relato de *Vaikrá*.

La prolongada digresión entre Éxodo 23 y Levítico 25, tal como la vio Najmánides,[5] está completamente centrada en las consecuencias del episodio del Becerro de Oro y la nueva relación que inauguró entre Dios y el pueblo. Todo ello –la construcción del Santuario, las ofrendas allí sacrificadas, las exigencias especiales de pureza para todo aquel que ingresara a su precinto, la santidad exigida a una nación que tiene a Dios en medio de sí– trata sobre el *acercar a Dios* y vivir en presencia constante de lo Divino. Se trata también sobre la incorporación del tiempo cíclico en el judaísmo, de *transformar las experiencias cumbre de la historia en rutinas diarias*, el "nunca más" en el "siempre de nuevo". Esta es la coreografía de la gracia, los intrincados rituales del espacio sagrado. El Rey estaba a punto de invitar a Su pueblo a ingresar al palacio que acababan de erigir para Él a partir de presentes motivados en el amor. Esto era algo completamente nuevo en la experiencia judía.

Pero los riesgos eran obvios. Introducir la inmanencia en el judaísmo, un Dios que tuviera un "hogar" en la tierra, acarreaba consigo el peligro de acercar al pueblo a las demás religiones del mundo antiguo. Estas también tenían templos, sacerdotes y órdenes de sacrificio. Además, ¿cómo introduces el infinito en el espacio y la eternidad en el tiempo sin desdibujar los límites de la realidad? Es como juntar partículas de

5. Najmánides, Comentario a Levítico 25:1.

materia con otras de antimateria. Si ambas colisionan, el resultado es la aniquilación. Resulta muy importante mantenerlas separadas.

De ahí la singular tarea y actitud mental del sacerdote. Su papel era el de proteger y mantener los límites. El acto fundamental del sacerdote es *lehavdil*: "diferenciar, separar, saber dónde pertenecen las cosas y dónde no". El sacerdote sabe que así es como Dios creó el mundo. En primer lugar, separó los dominios: la luz de la oscuridad, las aguas superiores de las inferiores, el mar de la tierra seca. Solamente después podrían surgir estrellas, planetas y vida. El sacerdote es el guardián del orden en un mundo en el cual los seres humanos siempre están creando caos. Solo en un universo ordenado puede sobrevivir la santidad. Solo en un universo ordenado puede sobrevivir la humanidad. Este es el mensaje singular del sacerdote. Este es el principio básico de *Torat Cohanim*.

Levítico está escrito casi por completo con voz sacerdotal. Utiliza un vocabulario que solo rara vez encontramos en la sabiduría o en las voces proféticas. Junto a *lehavdil*, el otro verbo clave para el sacerdote es *lehorot*: "enseñar, instruir, emitir un juicio, dictar un fallo, guiar". Es de este verbo que obtenemos el vocablo Torá. Los adjetivos más importantes son *kodesh* y *jol*, sacro y común, *tahor* y *tamé*, puro e impuro, esto es, un estado que permite el acceso a lo sagrado y otro que lo restringe.

Estos son términos difíciles porque pertenecen a áreas de la existencia que se encuentran fuera de nuestras categorías normales de relacionamiento con el mundo. La idea de que Dios pueda ingresar en el espacio y en el tiempo resulta tan paradójica como la relatividad, la física cuántica, los agujeros negros, los atractores extraños, los bosones de Higgs y otros fenómenos contraintuitivos de lo muy grande o lo muy pequeño. Lo sagrado no es sencillo ni prosaico. Allí donde lo infinito se encuentra con la finitud hay peligro. La seguridad viene en forma de ley.

En los tiempos bíblicos, el sacerdote era amo y maestro de la ley. Su labor era mantener la Presencia Divina en el corazón del campamento israelita. La gente debía recordar constantemente que Dios estaba en medio de ellos. El universo sacerdotal –el Santuario, los sacrificios y los requerimientos de pureza– nació como resultado de la transgresión del Becerro de Oro. Moisés logró persuadir a Dios de que el pueblo necesitaba sentirlo cercano, no distante.

Esto tenía menos que ver con Dios que con los israelitas. Dios está en todas partes en todo momento, pero no siempre somos conscientes de Él. Adán y Eva en el Edén creyeron que podían esconderse. El drama continuo en la Biblia hebrea es el de la atención de Dios y la desatención humana. Dios está ahí, pero nosotros lo olvidamos. La santidad es la conciencia de la *Shejiná* en medio de la vida.

La creación del sacerdocio es lo que Max Weber denominó "la rutinización del carisma".[6] El sacerdote toma el fuego de Dios, el gran drama de amor sacrificado y el asombro reverencial de la Divina Presencia –experiencias que cambian la vida– y los convierte en rituales diarios de tal manera que no se vuelvan eventos raros ni excepcionales, sino rutinas que moldean el carácter de una nación y transforman las vidas individuales. Visto de una manera, el sacerdote toma poesía y la transforma en prosa. Visto desde otra perspectiva, sabiendo cuán fino es el barniz de la civilización y cuán oscuras son las corrientes subyacentes de la mente inconsciente, el sacerdote toma la prosa y la graba con poesía. Cada día, es un encuentro con lo Divino.

Para adentrarnos en la mentalidad del sacerdote necesitamos entender el significado, en primer lugar de lo sagrado, luego de lo puro, y posteriormente de la institución del sacrificio: qué significaban entonces y qué representan ahora. También necesitamos ver qué es lo distintivo en la concepción sacerdotal de la vida moral. Entonces podremos comprender qué les ocurrió a estas instituciones cuando el Templo fue destruido y el sistema de los sacrificios llegó a su fin.

Santo: el espacio que hacemos para Dios

Santidad –*kedushá*– es un concepto clave en el libro de *Vaikrá*. La raíz *k-d-sh* aparece 152 veces en este libro. En Génesis aparece solamente una vez, dieciséis veces en los pasajes no sacerdotales del libro de Éxodo (capítulos 1–24) y quince en Deuteronomio. Su uso se concentra abrumadoramente en aquellas partes de los libros mosaicos que hablan con voz sacerdotal. El sacerdote es una persona santa realizando actos santos en el lugar sagrado. Pero ¿qué significa este vocablo?

6. Max Weber, *Theory of Social and Economic Organization* (Londres: W. Hodge, 1947).

En el nivel más prosaico, *k-d-sh* significa "dedicar, apartar, designar algo para un propósito particular". Así, por ejemplo, un casamiento es llamado en hebreo *kidushín*, significando así que una mujer ha sido dedicada a este hombre en particular en una relación exclusiva. Cuando Dios santifica al pueblo judío para que se convierta en una "nación sagrada" tiene la misma connotación como en el matrimonio; es decir, el pueblo es designado por Dios para que sea exclusivamente Suyo, para que lo adore únicamente a Él. En este sentido el monoteísmo se asemeja a la monogamia, una relación de uno a uno entre un pueblo y Dios.

Sin embargo, claramente el término significa más que esto. En su famoso libro L*o santo: Lo racional y lo irracional en la idea de Dios*, Rudolf Otto llamó a la santidad "mysterium tremendans et fascinans", la sensación del gran misterio de lo infinito que es a la vez aterradora y fascinante.[7] Lo sagrado es aquello en cuya presencia uno siente asombro. Por el contrario, Eliezer Berkovits argumentó que en el judaísmo, la santidad de Dios significa también Su cercanía. El Dios infinito, es también el Dios íntimo.[8]

En uno de sus primeros artículos, "Sagrado y profano", el rabino Joseph Soloveitchik habló de la santidad como el estar en casa en el espacio y el tiempo. El judío que se encuentra en el espacio sagrado como en su casa (*kedushat makom*) encuentra a Dios en todas partes. Aquel que se encuentra como en su casa en el tiempo sagrado (*kedushat zemán*) encuentra a Dios en todo momento, en el pasado lejano y en el futuro tenuemente vislumbrado.[9] Para el rabino Abraham Isaac Kuk, lo sagrado era aquella dimensión dentro de la cual todas las cosas encuentran su unidad en la unicidad de Dios y en Su luz infinita. Lo secular es el mundo de la separación, la división y el conflicto. Ascender a lo sagrado es ver a cada objeto, persona, disciplina y perspectiva como parte del todo, con su propia integridad en el esquema de las cosas. Por lo tanto, en principio,

7. Rudolf Otto, *The Idea of the Holy: An Inquiry into the Non-Rational Factor in the Idea of the Divine and Its Relation to the Rational* (Nueva York: Oxford University Press, 1958).
8. Eliezer Berkovits, "The Concept of Holiness", en *Essential Essays on Judaism* (Jerusalem: Shalem Press, 2002), 247–314.
9. Joseph Epstein, ed., "Sacred and Profane", en *Shiurei HaRav: A Conspectus of the Public Lectures of Rabbi Joseph B. Soloveitchik* (Nueva York: Ktav, 1994), 4–34.

todos los elementos seculares pueden ser santificados una vez que los ponemos al servicio de Dios, la unidad que da luz y vida a todo.[10]

Sin embargo, ninguno de estos explica suficientemente la precisión y la paradoja que encierra el concepto de la santidad tal como lo encontramos en los libros mosaicos. Nuestro punto de partida deben ser los dos puntos focales de santidad en la Torá. El primero es Shabat, el séptimo día de la creación:

> Así, quedaron concluidos los cielos y la tierra y todo lo que contienen. Habiendo concluido Dios en el día séptimo Su obra que Él había hecho, descansó en el día séptimo de toda Su creación que Él había hecho. Entonces bendijo Dios al día séptimo y lo *hizo sagrado,* ya que en él descansó de toda Su obra, que Dios había creado y hecho (Génesis 2:1–3).

La esencia de Shabat es que se trata de un día de no hacer, un cese, un punto de parada, una pausa, una ausencia de actividad. En la versión de los Diez Mandamientos de Éxodo, este es el motivo por el cual los israelitas deben hacer lo mismo: "Recuerda el día de Shabat, para mantenerlo sagrado… Pues en seis días el Eterno hizo los cielos y la tierra, el mar y todo lo que hay en ellos, y descansó el séptimo día. Por lo tanto, el Eterno bendijo el día de Shabat y lo santificó" (Éxodo 20:8–11). Shabat es tiempo vacío.

La segunda instancia clave de lo sagrado es el *Mikdash,* el Tabernáculo o Santuario. La naturaleza primaria del *Mikdash* es que definía un espacio determinado. Era una estructura de postes y cortinas que demarcaban ciertas áreas poseedoras de diferentes grados de santidad. Si bien el Tabernáculo tenía mobiliario, era un espacio definido que contenía poco, especialmente en el caso del Santísimo (sanctasanctórum), que solamente contenía el Arca que guardaba las tablas de piedra (de la Ley) y su cobertura en la cual se encontraban las figuras de los querubines. El Santuario era, predominantemente, espacio vacío.

10. Rabino Abraham Isaac Kuk, *Orot HaKodesh,* 3 vols. (Jerusalem: Mossad HaRav Kook, 1985).

La santidad es vacío: espacio vacío y tiempo vacío. ¿Qué significa esto? Por mucho, la respuesta más sugerente se encuentra en el misticismo judío, específicamente en la doctrina cabalística asociada con la escuela de Rabí Isaac Luria. Para el místico, lo invisible es real, lo visible es irreal, una mera máscara que oculta lo Divino. El racionalista observa el universo y se pregunta si Dios realmente existe. El místico ve a Dios y se pregunta si el universo realmente existe. ¿Cómo podemos reconciliar la existencia de un Dios infinito, omnisciente y omnipotente y un universo finito en el cual los seres humanos tienen existencia física y libre albedrío? Seguramente, en cada punto lo Infinito debe desplazar a lo finito. ¿Cómo es posible que el universo exista?

La respuesta dada por los cabalistas es que existe por efecto de la auto contracción divina, el *tzimtzum*. Dios se oculta, por así decirlo, para permitir el surgimiento de un universo en el espacio dejado por Su autolimitación. "Verdaderamente", dice Isaías, "Tú eres un Dios que se esconde" (Isaías 45:15). Y aunque el misticismo judío es casi en su totalidad un fenómeno post bíblico, hay aquí una idea que describe con exactitud lo que ocurre en el relato de la creación de la Torá. La libertad humana existe especialmente debido a la autolimitación divina. Entonces, Adán y Eva descubrieron que podían transgredir, y Caín incluso matar, sin que Dios interviniera. Por medio de la autolimitación voluntaria, Dios hace espacio para el hombre.

Pero hay aquí un problema que atormenta la narrativa de la Biblia. ¿Cuál es la diferencia entre un Dios oculto y ningún Dios? La existencia misma del universo atestigua un ocultamiento por parte de Dios. El vocablo *olam*, "universo", está semánticamente vinculado a *ne'elam*, "oculto". Ese es el dilema divino. Si Dios siempre fuera visible, los humanos no podrían existir en absoluto. "Nadie puede verme y vivir", dice Dios. "Si seguimos escuchando la voz de Dios, moriremos", dicen los israelitas en el Sinaí. Pero si Dios está permanentemente invisible, oculto e imperceptible, ¿qué diferencia hace entonces Su existencia? Siempre será como si Él no estuviera allí.

La respuesta a este dilema es la santidad. La santidad representa esos puntos en el espacio y en el tiempo en los que Dios se vuelve vívido, tangible, una presencia que se siente. La santidad es una ruptura en la autosuficiencia del mundo material, donde el infinito ingresa en el espacio y la eternidad en el tiempo. En relación con el tiempo, es el Shabat. En relación con el espacio, es el Tabernáculo. Estos son, en la Torá, los epicentros de lo sagrado.

Ahora podemos entender qué es lo que los vuelve sagrados. Shabat es el tiempo en el cual los humanos, por un día, dejan de ser creadores para volverse conscientes de sí mismos como creaciones. El Tabernáculo es el espacio en el cual los seres humanos dejan de ser amos –"llenen la tierra y sojúzguenla"– para transformarse en sirvientes. Así como Dios tuvo que practicar la autolimitación para hacer un espacio para lo finito, de igual manera los seres humanos deben practicar la autolimitación para hacer un espacio para lo infinito. En resumen, lo sagrado es donde los seres humanos renuncian a su independencia y su autosuficiencia, las cosas que son las señales distintivas de su humanidad, y por un momento reconocen su total dependencia de Aquel que habló y dio existencia al universo.

El universo es el espacio que Dios hace para el hombre. Lo sagrado es el espacio que el ser humano hace para Dios. Lo secular es el vacío creado por Dios para ser llenado por un universo finito. Lo sagrado es el vacío en el tiempo y el espacio que los seres humanos dejan libre para que pueda ser llenado por la infinita presencia de Dios.

En hebreo bíblico, lo opuesto de *kodesh*, lo sagrado, es *jol*. *Jol* significa "vacío". *Jilel* significa "violar, ultrajar, profanar". *Jalal* significa "hueco, vacío, espacio vacío". Significa también "muerto, asesinado, despojado de vida". De ahí la paradoja: el espacio o el tiempo que es profano está lleno de finitud, y por lo tanto, está vacío de lo Divino. El espacio o el tiempo sagrado está vacío de utensilios y deseos humanos, es un vacío colmado de la Presencia Divina, la gloria de Dios. Hacemos un espacio para Dios tal como Él hace un espacio para nosotros, por medio del *tzimtzum*, la modestia y la abnegación.

El bien más preciado que las personas pueden ofrecer a Dios es su libertad, su voluntad. Dios no pide esto de todos, todo el tiempo, porque si lo hiciera, frustraría el propósito mismo de la creación de la humanidad. En lugar de ello, Él se lo pide a algunas personas, parte del tiempo. Él se lo pide a un pueblo, los israelitas; en una sola tierra, la de Israel, en un solo día, el Shabat, y en un solo sitio, el Santuario. Todos estos constituyen descansos en el tejido de la finitud, ventanas a través de las cuales una luz infinita fluye hacia el mundo.

Esa luz puede resultar peligrosa. Contempla la luz del sol por demasiado tiempo y te enceguecerás. La energía reprimida en lo sagrado es como la antimateria en relación con la materia. Sin una cuidadosa vigilancia resulta destructiva, tal como lo demuestran las muertes de Nadav y Avihú en el día de la consagración del Tabernáculo. Lo sagrado precisa ser protegido, guardado, aislado, casi como la energía nuclear. Los sacerdotes son los guardianes de lo sagrado, y deben mantenerse a sí mismos lo más lejos posible de lo ordinario, lo mundano, lo mortal, y sobre todo, de la muerte.

Eso es lo sagrado, el punto en el cual los seres humanos renuncian temporalmente a su creatividad y libertad para permitir que la creatividad y la libertad de Dios sean percibidas. Lo sagrado es donde la gloria de Dios se quita su manto de ocultamiento y se vuelve palpable, tangible. Los sacerdotes habitan este espacio liminal, este límite entre lo infinito y lo finito, lo sagrado y lo cotidiano. Son para el pueblo de Israel lo que Israel es para la humanidad, una señal de trascendencia, los representantes de Dios ante la humanidad y de la humanidad ante Dios.

Entonces, lo sagrado es un tiempo o un espacio que en sí mismo da testimonio de la existencia de algo más allá de sí mismo. El Shabat apunta a un tiempo más allá del tiempo: la creación. El Tabernáculo apunta a un espacio más allá del espacio. Tal como dijera el rey Salomón en el día de la consagración del Templo: "¿Acaso puede Dios realmente habitar en la tierra? Los cielos e incluso el más alto cielo no pueden contenerte. ¡Cuánto menos lo hará este Templo que he construido!" (I Reyes 8:27).

Los israelitas, por su propia historia, apuntan a un poder que es más que meramente humano:

> Pregunta ahora sobre los días pasados, mucho antes de tu tiempo, desde el día en que Dios creó a los seres humanos sobre la tierra; pregunta desde un extremo de los cielos al otro. ¿Ha ocurrido alguna vez algo tan grandioso como esto, o acaso de algo así se ha escuchado?... ¿Acaso alguna vez un dios ha intentado sacar para sí una nación de en medio de otra por medio de pruebas,

señales y maravillas, a través de la guerra, con mano poderosa y brazo extendido, o por medio de grandes y asombrosas acciones, como todo lo que el Eterno tu Dios hizo por ti en Egipto ante tus propios ojos? (Deuteronomio 4:32–34).

Israel es el pueblo que en sí mismo da testimonio de algo que lo trasciende. De lo contrario, no habría sobrevivido. Es la pequeña nación que ha sobrevivido a los imperios.

Lo sagrado es allí donde la trascendencia se vuelve inmanencia, donde en el interior del universo nos encontramos con la presencia del Uno que está más allá del universo. La santidad es el espacio que hacemos para Dios.

Sacrificio

De ello se deduce que la acción fundamental en relación con lo sagrado es el *sacrificio,* en el sentido más amplio. Dios sacrifica algo de sí mismo para generar un espacio para nosotros. Nosotros sacrificamos algo de nosotros para hacerle un espacio a Él.

He argumentado que solamente podemos entender al libro de *Vaikrá* en términos de la crisis espiritual que condujo al Becerro de Oro. En ausencia de Moisés, el pueblo demostró que era incapaz de constituirse como una comunidad autodisciplinada. Se convirtieron en una turba. Por lo tanto, la pregunta no fue únicamente cómo podía Dios acercarse a la gente, sino también cómo podía la gente acercarse a Dios. ¿Cómo podían madurar, crecer, desarrollarse y convertirse así en dignos depositarios de las responsabilidades de la libertad?

Lo que había infantilizado al pueblo hasta ahora era su total dependencia de Dios. Él los había liberado de Egipto, los había conducido a través del mar, los había guiado por el desierto, les había dado alimento del cielo y agua proveniente de una roca. Ellos habían recibido. Aún no habían dado nada a cambio. Los místicos judíos llamaron al maná *nahama dekisufa,* "el pan de la vergüenza", porque no habían trabajado por él. En el judaísmo, el disfrutar de lo que no se ha ganado, es motivo de vergüenza.

Lo único que Dios aún no había hecho por los israelitas fue *darles la oportunidad de que le devolvieran algo a Él.* La mera idea suena absurda.

¿Cómo podemos nosotros, creaciones de Dios, devolverle a Aquel que nos creó? Todo lo que poseemos es Suyo. Tal como lo dijera David al iniciar el proyecto del Templo: "¿Quién soy yo y quién es mi pueblo para que podamos dar tan generosamente? Todo proviene de Ti, y lo que te hemos dado proviene únicamente de Tu mano" (I Crónicas 29:14).

El mayor regalo que Dios nos da es la capacidad de darle a Él. Claramente, desde una perspectiva judía, esta idea está cargada de riesgos. La idea de que Dios pudiera precisar obsequios está a un cabello del paganismo y la herejía. No obstante, conociendo el riesgo existente, Dios se permitió a Sí mismo conceder a los israelitas la oportunidad de devolverle algo.

Un elemento central del sacrificio es lo que Lewis Hyde en su estudio clásico *The Gift*[11] (*El don*) describe bellamente como "la labor de la gratitud". La construcción del Santuario a partir de las contribuciones voluntarias del pueblo, junto con el orden sacrificial que este inició, fue importante porque dio a los israelitas la oportunidad de devolverle a Dios. Más adelante, la ley judía reconoció el dar como una parte integral de la dignidad humana al ordenar que *incluso una persona pobre que depende por completo de la caridad está obligada a dar para la caridad.*[12] Dar es esencial para el auto respeto. Estar en una situación en la que solamente puedes recibir y no dar, atenta contra la dignidad humana.

Durante la era bíblica los sacrificios eran principalmente de animales. No cabe duda de que esto está conectado con dos proposiciones que aparecen en el libro de Génesis. La primera es la concesión que tuvo lugar tras el Diluvio, que permite a los seres humanos matar animales para obtener alimento. Antes del Diluvio esto estaba prohibido. El resultado fue un mundo colmado de violencia que comenzó con el asesinato de Abel a manos de Caín. Así, la autorización de matar animales para consumo humano, acompañada de una solemne advertencia contra el asesinato, pretendía ser una forma de canalizar la violencia fuera de la condición humana.

11. Lewis Hyde, *The Gift: How the Creative Spirit Transforms the World* (Edinburgh: Canongate, 2006).
12. Maimónides, *Mishné Torá, Hiljot Shekalim* 1:1; *Mishné Torá, Matanot Aniím* 7:5.

La segunda es la historia de la atadura de Isaac, en la que Dios le impide a Abraham sacrificar a su hijo, y en su lugar proporciona un carnero que había quedado atrapado por sus cuernos en un matorral. El sacrificio animal es la forma de la Torá de alejar a los israelitas del sacrificio humano, especialmente del sacrificio de niños, que era ampliamente practicado en el mundo antiguo. Según la evidencia de los profetas y de los libros de historia, en determinados momentos este llegó a realizarse incluso en Israel, donde se le consideraba la más atroz de todas las transgresiones.

Sin embargo, la forma del sacrificio es secundaria a su principio esencial. *El sacrificio fundamental en el judaísmo es el de la voluntad.* Dado que el libre albedrío es el obsequio más elevado que Dios le ha dado al ser humano, nuestra manera de reconocer que se trata efectivamente de un regalo es devolviendo periódicamente algo de él. Este es el motivo por el cual el servicio a Dios es llamado en hebreo *avodá,* el mismo vocablo empleado para describir la esclavitud de los israelitas bajo los egipcios.

Vemos aquí la íntima conexión entre una visión religiosa y una política. Así como adorar seres humanos en lugar de a Dios es idolatría, de igual manera sacrificar nuestra libertad en aras de otros seres humanos y no de Dios, es esclavitud. "Porque los israelitas Me pertenecen como siervos. Ellos son Mis siervos" (Levítico 25:55), dice Dios, lo cual fue interpretado por los rabinos como: "Y no son siervos de otros siervos (o sea, de otros seres humanos)".

El hecho de que en el judaísmo el sacrificio no está intrínsecamente conectado con las ofrendas animales sobre un altar, es el motivo por el cual pudo sobrevivir a la pérdida del Templo, de sus ritos y sacrificios, manteniendo su vida religiosa prácticamente intacta. Lo que importa en el sacrificio es el acto de renunciación. Nosotros cedemos algo de nosotros mismos y se lo ofrendamos a Dios en reconocimiento por los obsequios que Él nos ha otorgado. Es notable ver cuán fácilmente los sabios encontraron sustitutos para los sacrificios, sobre todo en forma de la oración, pero también en estudio de la Torá (los rabinos dicen que estudiar sobre los sacrificios equivale a ofrendarlos), la caridad y la hospitalidad.

El vocablo hebreo para sacrificio, tanto el verbo *lehakriv* como el sustantivo *korbán,* significan "acercar". El significado es: nos hemos acercado por medio de lo que acercamos. Nos acercamos al Otro trayendo un obsequio. Un obsequio significa que tomo algo de mí y lo dedico a ti. Un obsequio puede ser un modo de mantener una relación. Puede ser una forma de disculpa y un deseo de ser perdonado. Puede ser también una muestra de agradecimiento. De una manera u otra, en el judaísmo un sacrificio es siempre señal de la existencia de una relación del tipo yo-tú entre nosotros y Dios. Es un gesto de amor.

De ahí el rasgo sorprendente de Levítico y del ritual sacerdotal en general. Siempre utiliza el nombre de Dios de cuatro letras, *Hashem,* en contraposición a la narrativa sacerdotal que emplea la palabra *Elokim*. *Hashem* es Dios como persona. *Elokim* es Dios como la fuerza de fuerzas, la totalidad de los poderes del universo. En la vida moral, *Hashem* representa la compasión y *Elokim* la justicia estricta. Un sacrificio para *Elokim* sería un acto pagano, un intento de apaciguar las fuerzas de la naturaleza. Un sacrificio es siempre para *Hashem,* un acto de dirigir nuestro rostro hacia el Suyo, un gesto inherentemente personal.

La única manera de entender el sacrificio en el judaísmo es recordar que se trata de una religión construida sobre el amor. Recordemos que los dos grandes mandamientos de amor interpersonal –el amor al prójimo y el amor al extranjero– aparecen en el libro de Levítico en el gran "código de santidad" del capítulo 19. Ni la razón abstracta ni la búsqueda del interés personal pueden conferir sentido al acto del sacrificio. Sin embargo, la voluntad de sacrificar resulta esencial para las familias, la comunidad y la nación. No hay amor sin voluntad de sacrificio. Esa es la verdad que se encuentra en el corazón de Levítico. Cuando las personas encuentran este libro distante e incomprensible, esto es lo que olvidan: que el ritual sacerdotal es la coreografía del amor.

La lógica de los sacrificios tiene que ver con la santidad, no con la moralidad como tal, aunque, tal como veremos más adelante, existía una ética distintivamente sacerdotal. La santidad tiene que ver con nuestra relación con Dios. La moralidad tiene que ver con nuestras relaciones con los seres humanos. Dos de las características más llamativas de la Torá son (1) que la moralidad es universal mientras que la santidad es particular, y (2) que la moralidad tiene prioridad por sobre la santidad cuando ambas entran en conflicto. Por lo tanto, la santidad no sirve como excusa para el fracaso de la moralidad.

Hay transgresiones por las cuales traemos un sacrificio: *jatat, asham, me'ilá* y otros. Pero la transgresión representa siempre una ofensa contra Dios. Puede tener una dimensión moral, pero esa dimensión no se aborda por medio de un sacrificio. Este es el tema central de las grandes denuncias efectuadas por los profetas contra el sacrificio –que las personas traían ofrendas como si estas pudieran superar o neutralizar ofensas morales, como si se pudiera sobornar a Dios para que haga caso omiso del fraude y la opresión que se ejerce sobre otros seres humanos. Esta crítica es sostenida en el tiempo y devastadora. Los profetas no se oponían a los sacrificios, pero veían claramente cómo la totalidad de la estructura del servicio del Templo podía ser mal empleada para anestesiar consciencias que no debían ser anestesiadas.

El sacrificio es lo que Dios nos permite otorgarle para demostrar nuestro amor y gratitud por lo que Él nos ha dado. La contraparte de esto, tal como insiste el código de santidad, es que permitamos que nuestro amor a Dios se transforme en amor por el prójimo y el extranjero. Así como le damos a Dios, de igual manera debemos darles a ellos.

Pureza

Hay un famoso midrash en el cual un romano desafía a Rabán Yojanán ben Zakai en lo referente al ritual de la vaca roja, una de las leyes de purificación que no aparece en *Vaikrá* pero pertenece al mismo territorio de las leyes que figuran en los capítulos 11 al 16. El romano encuentra esta ley incomprensible, irracional y supersticiosa. Yojanán ben Zakai le pregunta al romano si cree en el exorcismo. El romano le responde que sí. Pues bien, dice Yojanán, eso es el rito de la vaca roja, una especie de exorcismo. Expele a los espíritus inmundos. El romano, satisfecho, se retira.

Luego, viene una escena notable. Los estudiantes se dirigen a Rabán Yojanán y le dicen: "Le diste una respuesta como para dejar satisfecho a un romano, pero ¿qué nos vas a responder a nosotros?" Entonces, Yojanán dice: "Sepan que no es la muerte la que contamina ni el ritual el que purifica, más bien, Dios dice: 'He establecido un estatuto e instituido un decreto, y no tienes permiso de transgredirlos'".[13]

13. Bemidbar Rabá, *Parashat Jukat* 19.

El pasaje nos dice que no solo a nosotros nos resulta difícil comprender las leyes de pureza. También ocurre con los sabios o al menos con sus discípulos. No obstante, no debemos malinterpretar la respuesta de Rabán Yojanán a sus alumnos. A menudo se ha interpretado que las leyes que son denominadas *jukim*, "estatutos", no tienen ninguna razón o al menos ninguna que podamos entender. Rabí Saadia Gaón dice que los estatutos son órdenes que nos fueron dadas por Dios simplemente para recompensarnos por obedecerlas y no porque posean alguna lógica intrínseca. La gran voz que se opone a esta idea es la de Maimónides, quien sostiene que cada orden de la Torá tiene una razón, incluidos los *jukim*.

Lo que creo que hacía Rabán Yojanán era establecer una aguda distinción –hecha en nuestros días por el filósofo John Rawls[14]– entre dos tipos de normas: *regulatorias y constitutivas*. Las normas regulatorias, tal como su nombre lo indica, regulan algo que existe independientemente de las leyes. Había empleadores y empleados antes de que apareciera una ley sobre el trabajo. Primero existe una práctica y luego vienen las leyes para garantizar la equidad, la justicia etc. En el judaísmo, los *mishpatim*, la legislación social, es de este tipo.

Las leyes constitutivas *crean* una práctica. Las reglas del ajedrez crean un juego llamado ajedrez. De no mediar las leyes, no hay juego. Rabán Yojanán estaba diciendo que las leyes de la pureza son de este tenor. No son como las medicinas porque la impureza no se asemeja a una enfermedad, la cual existe desde antes que hubiera sanadores, doctores, diagnósticos y curas. Antes de que existieran las leyes de la pureza, la muerte no contaminaba y las aguas no purificaban. Las leyes crearon una nueva realidad, pero eso no significa que estas sean irracionales o incomprensibles.

Las leyes de la pureza de *Vaikrá* se exponen en los capítulos 11 al 16 y siguen un orden diferente. Primero está la impureza en la que se incurre por medio del contacto con animales repulsivos, luego está la provocada por el parto. A continuación viene el misterioso fenómeno conocido como *tzara'at*, a menudo traducido como lepra pero que, de

14. John Rawls, "Two concepts of Rules", *The Philosophical Review*, vol. 64, no. 1 (Enero 1955): 3–32.

hecho, tal como lo puntualizó Maimónides, se trata de un nombre genérico para una serie de condiciones que carecen de conexión médica: una enfermedad de la piel en los seres humanos, una decoloración en las prendas de vestir y moho en las paredes de las casas. Luego está la impureza causada por diferentes fluidos corporales, como el flujo menstrual en el caso de las mujeres y diferentes secreciones que afectan a los hombres.

Estas leyes son seguidas por el capítulo 16 en el cual se especifican los rituales del sumo sacerdote en el Día de Expiación. La conexión entre esto y las leyes de la pureza radica en que, en este capítulo, la transgresión es descrita en términos de *deshonra;* y la expiación (entre otras cosas) se describe como un proceso de purificación. Los capítulos 18 y 20, enmarcando el gran "código de santidad" del capítulo 19, tratan sobre las relaciones sexuales prohibidas –prohibidas específicamente a los israelitas por tratarse de un pueblo santo en una tierra santa.

¿Cómo debemos entender las leyes de la pureza?

Estas existen en virtud de la paradoja extrema del Santuario. Cabe recordar que hasta la transgresión del Becerro de Oro, Dios había sido trascendente no inmanente, distante no cercano, creador del universo, modelador de la historia y liberador de esclavos. Además de esto, Su conexión con los humanos se había limitado al habla. Dios habla y el ser humano escucha. El ser humano habla y Dios escucha. Todo el mundo del santuario, el sacerdocio y las ofrendas diarias no existía. Dios era encontrado en lo excepcional, no en lo cotidiano.

El Santuario y su servicio pusieron todo esto potencialmente en peligro. Podían ser fácilmente confundidos con sus contrapartes paganas. Otras naciones poseían templos, santuarios, sacerdotes y sacrificios, pero ello se debía a que las deidades que adoraban eran inmanentes. Vivían dentro del ámbito de la naturaleza. Podían ser apaciguadas, sobornadas, alimentadas y manipuladas. Todo esto fue y es anatema para el judaísmo. La diferencia entre Dios y la naturaleza, entre Dios y la naturaleza *humana,* es total. El decir que Dios posee un "hogar" en la tierra o que "huele el aroma grato" de las ofrendas quemadas, desde una perspectiva teológica, resulta realmente muy peligroso.

Sin embargo, Dios escuchó la plegaria de Moisés. Entendió que los israelitas necesitaban sentir que Dios se encontraba "en medio de ellos". Por lo tanto, la respuesta estaba en los *límites,* líneas claramente demarcadas, rigurosamente supervisadas por los sacerdotes y minuciosamente observadas por todos. Si "lo sagrado" es el espacio que hacemos para Dios, entonces la pureza es lo que nos permite ingresar a ese espacio, y la impureza aquello que evita que lo hagamos.

El principal factor común de diversas formas de impureza es que tienen que ver con la *mortalidad*, con el hecho de que somos seres encarnados en un mundo físico, expuestos a los "mil impactos naturales de los cuales la carne es su heredera". Al ingresar al espacio sagrado, aquel en el cual nos sentimos cercanos a la presencia de lo infinito y a la eternidad, debemos despojarnos de toda conciencia de mortalidad, enfermedad y decaimiento.

De ahí que la fuente suprema de la impureza sea la muerte: el contacto o la proximidad con un cuerpo muerto. Paradójicamente, el nacimiento de un bebé contamina, a pesar de que representa la aparición de una nueva vida. El motivo puede ser que hasta hace bastante poco se trataba de una experiencia riesgosa que implicaba el peligro de muerte. Algunos bebés nacían muertos, otros morían tempranamente y muchas madres morían mientras daban a luz. La mera pérdida de sangre resultaba peligrosa. Entonces, el parto puede contaminar porque se trata de un encuentro con el peligro de muerte. Alternativamente, puede que contamine simplemente porque se trata de un recordatorio de nuestra mortalidad y del paso de las generaciones.

Asimismo, el flujo de sangre menstrual y el ciclo de la reproducción son una señal de la mortalidad humana. Puede ser que la aparición de la sangre menstrual fuera señal de que la mujer no estaba embarazada, lo cual representa a su vez una forma de muerte: la del óvulo no fecundado y la de la posibilidad de que ese mes surgiera una nueva vida. Las secreciones seminales y de otro tipo, contaminaban porque eran también una señal de que el cuerpo estaba funcionando de maneras no normales.

Las enfermedades cutáneas son el recordatorio más públicamente visible de nuestra fisicalidad. La afección de la piel denominada *tzara'at*, lepra, era considerada otro signo particularmente agudo de mortalidad, de enfermedad y decadencia. "Un individuo leproso se asemeja a un muerto", dicen los sabios. Lo que conecta a los diferentes tipos de *tzara'at* –en las vestimentas, en las paredes de las casas y en la piel– es que ellos mismos conforman los límites entre el interior y el exterior, y la santidad depende de la salud y la fortaleza de los límites.

La santidad y la pureza dependen de la capacidad de distinguir, separar y saber qué corresponde dónde. Esa es la lógica de las leyes dietéticas en el capítulo 11. Recordemos que Dios creó el universo en el primer capítulo de Génesis poniendo orden en el caos por medio de la separación de dominios –la luz de la oscuridad, las aguas superiores de las inferiores, el mar de la tierra seca. Luego Dios llenó cada uno de estos con sus objetos y sus formas de vida apropiados. Las leyes dietéticas siguen esta misma lógica. Los animales puros, los peces y las aves son los que más notoriamente representan el orden. Las langostas (*lobsters*) son impuras porque si bien viven en el agua, caminan también sobre la tierra. Los animales anfibios son impuros porque carecen de un lugar definido. La mayoría de los peces tienen aletas y escamas, por lo tanto, aquellos que carecen de unas u otras, desdibujan la línea que divide a los peces de las otras formas de vida. Está permitido ingerir rumiantes porque se alimentan de aquello que Dios ordenó inicialmente a los animales que comieran: "plantas verdes" (Génesis 1:30). De la misma manera, los animales carnívoros y las aves rapaces son impuras porque comen carne, algo prohibido en los albores del tiempo. Y así sucesivamente. Todo aquello que desdibuja los límites es impuro.

De un modo más profundo, la misma lógica aplica a la ética sexual. A largo plazo, nada resulta más disruptivo para el orden social que la anomia sexual. La descendencia humana tiene por mucho el período más prolongado de dependencia de todas las formas de vida existentes, y por lo tanto depende de que existan familias fuertes y afectuosas. Las relaciones dentro de la familia –marido y mujer o padres e hijos– son las metáforas más comunes de la relación existente entre Dios y las personas a lo largo de todo el Tanaj. Esto va al corazón del judaísmo como una religión de fidelidad, lealtad y amor que da existencia a una nueva vida. El judaísmo no es ni hedonista ni ascético. Trata sobre la consagración del deseo. Esto es lo que se encuentra en el corazón de los dos códigos sobre relaciones sexuales prohibidas que se encuentran en los capítulos 18 y 20.

Dios no nos pide que sacrifiquemos o devaluemos nuestra fisicalidad. Por el contrario, somos parte del mundo físico que Él creó y es aquí donde desea que le sirvamos. No obstante, deben trazarse líneas y mantener límites entre el dominio Divino y el nuestro. La inobservancia de los límites entre lo permitido y lo prohibido hizo que Adán y Eva fueran exiliados del Jardín del Edén. En una generación se había cometido el primer asesinato, y en poco tiempo "la tierra estaba llena de violencia".

Esta es la forma que da la Torá a la teoría del caos: así como el batido de las alas de una mariposa puede causar un tifón al otro lado de la tierra, de igual manera pequeñas brechas en los límites pueden, con el tiempo, conducir a la anarquía y a la tiranía. Sabiendo cuán rápido puede ser el descenso de la civilización a la barbarie, la sensibilidad sacerdotal está atenta en mantener lo que Wallace Stevens llamó "la bendita rabia por el orden".[15]

La pureza, decía Rabán Yojanán, no es una condición independiente que existe en el mundo independientemente de la Torá. Es el modo de ser llamado por la proximidad a lo sagrado. Las leyes de pureza existen únicamente porque el pueblo de Israel fue llamado a convertirse en una nación sagrada, y solamente porque, a través del Tabernáculo, Dios hizo que Su presencia residiera en medio del campamento. Este es el motivo por el cual las leyes de pureza son específicas para Israel –el pueblo y la tierra–, a diferencia de las leyes morales que en líneas generales aplican a todos. Siempre está mal asesinar, robar, hurtar y cometer adulterio.

Las leyes de pureza son el pedido especial de Dios a los israelitas, la condición de su acercamiento a la eternidad en medio de la vida.

Ritual

Santidad, sacrificio, pureza: estos son los temas de *Vaikrá*, la marca de un pueblo que tiene a la Presencia Divina en medio de sí. Pero *Torat Cohanim*, la sensibilidad sacerdotal, posee otras características que hacen que su voz sea distintiva. Tiene su propia visión de lo que constituye la vida religiosa, la vida moral y el tiempo.

Hay un sorprendente pasaje del Midrash en el cual los sabios debaten la pregunta: ¿Cuál es la frase que resume el judaísmo? El más famoso de estos pasajes es uno del Talmud en el cual un aspirante a

15. Wallace Stevens, "The Idea of Order at Key West", en *The Collected Poems of Wallace Stevens* (Nueva York: Alfred A. Knopf, 1971), 128.

prosélito le pide a Hilel que le enseñe toda la Torá mientras está parado sobre una pierna. Hilel le responde: "Aquello que te resulta odioso no se lo hagas a los demás. Eso es la Torá. El resto son comentarios. Ahora ve y estudia". El siguiente pasaje continúa, por así decirlo, allí donde Hilel termina. Otros sabios ofrecen otras opiniones:

> Ben Zoma dijo: "Hay un versículo que todo lo abarca, y es: 'Escucha Israel'" (Deuteronomio 6:4). Ben Nanás dijo: "Hay un versículo aún más abarcador: 'Amarás a tu prójimo como a ti mismo'" (Levítico 19:18). Ben Pazi dijo: "Hay un versículo aún más abarcador: 'Prepara un cordero por la mañana y el otro hacia la tarde'" (Números 28:4). Cierto rabino se puso de pie y declaró: "La ley es de acuerdo con la opinión de Ben Pazi".[16]

Ben Zoma sostiene que el fundamento del judaísmo es su fe en un solo Dios. De ahí que el texto clave sea la declaración de fe: "Escucha Israel". Ben Nanás dice que la característica más distintiva del judaísmo es su ética, la cual está fundamentada no solo en la justicia y la reciprocidad, sino también en el amor. Pero Ben Pazi, cuya respuesta fue dejada para el final, ofrece un enfoque completamente inesperado. Su cita es el versículo en el libro de Números que se refiere al sacrificio diario. Lo que tiene de especial el judaísmo, dice Ben Pazi, es su ritual, sus actos diarios de dedicación, su coreografía de pequeños pasos y acciones cotidianas. El pasaje concluye sugiriendo que él se ha acercado más que los demás al corazón del judaísmo.

El judaísmo, sugiere Ben Pazi, no es solamente poesía sino también prosa, no solamente el fuego del amor romántico sino las bondades diarias de un matrimonio exitoso, no solamente una fe exaltada en el Dios trascendente sino la manera en que toma la fe y la traslada a la vida diaria. El judaísmo es, en el lenguaje de James Joyce, una serie de epifanías de lo ordinario. Encontramos a Dios no solamente en los truenos y en los relámpagos del Sinaí, sino cada mañana y cada tarde en el ritual y en la rutina. Esto es lo que la vida representa y lo que la fe transfigura.

16. Prefacio de *HaKotev* al libro *Ein Yaakov*, escrito por el rabino Jacob ben Salomón ibn Habib, 6, columna b.

Thoreau dijo que la mayoría de la gente lleva una vida de silenciosa desesperación. El judaísmo, argumenta Ben Pazi, es una manera de vivir la vida en tranquila celebración. Traemos nuestros días a Dios. Nos dirigimos a Él por la mañana y por la tarde, ofreciéndole algo de nosotros mismos. Porque eso es lo que la fe y el amor deben llegar a ser si queremos transformar nuestras vidas. Dios no es solamente una presencia aterrorizadora en la cima de una montaña. Vive entre nosotros en el valle si lo ubicamos a Él en el centro de nuestras vidas. Dios vive no solamente en el drama sino en la continuidad. Esa es la ética sacerdotal.

Los reyes moldean la historia. Los profetas capturan la imaginación moral. Pero es la devoción del sacerdote, los ritos infinitamente repetidos y prescritos con precisión, los actos de devoción humildes y nada espectaculares, los que trasladan la fe a la vida de sus seguidores. Podemos ver la diferencia que hace en el contraste bíblico entre las figuras de Moisés y Aarón. Moisés es el héroe de la Torá. El Pentateuco está conformado por los libros de Moisés. Aarón fue elegido para un papel secundario. La Torá tampoco lo presenta bajo una luz favorable. Fue Aarón quien no pudo evitar que la gente elaborara un becerro de oro. Sin embargo, casi no escuchamos nada sobre los hijos de Moisés, Gershon y Eliezer, quienes desaparecen en la oscuridad. En contraste, hasta hoy en día, los sacerdotes son los descendientes de Aarón. Puede que el Templo ya no exista, pero los hijos de Aarón siguen cargando con el peso de una santidad ejemplar. El liderazgo de Moisés duró tanto como su vida. El liderazgo de Aarón persistió a lo largo de las generaciones. El ritual genera continuidad. Los sacerdotes encendieron una llama eterna.

Al ritual le ha ido bastante mal en Occidente, y este es uno de los motivos por el cual el libro de *Vaikrá* nos resulta tan extraño y remoto. Muchos ven el ritual como parte de la mentalidad del mito y de la magia. Ahora sabemos que no se puede traer lluvia por medio de una ceremonia destinada a ese propósito. No se puede traer prosperidad tratando de sobornar o aplacar a los dioses. Las batallas no se ganan solamente por medio de la oración. El destino está en nuestras manos, no bajo el control de fuerzas míticas.

Todo eso es cierto, pero semejantes creencias son ajenas al judaísmo. La fe no es mágica ni es una tecnología pretecnológica. Más que ningún otro grupo en el Israel antiguo, los sacerdotes concebían a Dios en los términos más austeros, despojado de cualquier lenguaje antropomórfico o cualquier cosa que pudiera ser confundida con el mito. Dios es completamente otro, y una de las tareas del sacerdote es asegurar que el culto a Dios continúe siendo completamente otro. No servimos a Dios para obtener el éxito sino para mantenernos cercanos a Él, porque Él es la claridad en un mundo de confusión, la vida en un mundo tan a menudo obsesionado con la muerte, la presencia duradera en medio del cambio. Para *Torat Cohanim*, el ritual no tiene nada que ver con su rol en las sociedades primitivas.

En el judaísmo, el ritual es algo completamente distinto. Émile Durkheim, uno de los fundadores de la sociología, un hombre cuyo padre, abuelo y bisabuelo eran todos rabinos, demostró cómo el ritual crea grupos y los sostiene.[17] Genera una identidad colectiva. Una cosa es adorar a Dios y confesar nuestras transgresiones en la intimidad del alma, y otra hacerlo en el Templo en la antigüedad, o en la sinagoga en la actualidad. Somos animales sociales: "No es bueno que el hombre esté solo". La profundidad y la amplitud de esa sociabilidad dependen de nuestra capacidad de orar, confesarnos y celebrar conjuntamente. Por eso fue necesario en aquel momento de la historia de Israel. A lo largo de Génesis, la relación entre Dios y los patriarcas y matriarcas era del tipo Yo-Tú. Ahora, en el marco de una nación, tenía que convertirse en Nosotros-Tú. Ello requiere de la acción coordinada del ritual.

Cuando hacemos la transición de la niñez a la edad adulta, volviéndonos ciudadanos responsables en la comunidad de la fe, entramos al mundo de los mandamientos, participamos en su vida de culto y de servicio, y aprendemos a hacer de la alegría y el dolor de otras personas, nuestra alegría y dolor. El ritual nos conecta a judíos de otros sitios y otros tiempos. Más que cualquier otra cosa, la vida del ritual compartido mantuvo a los judíos como nación a lo largo de dos mil años de exilio y dispersión. El ritual nos convierte de individuos solitarios en miembros del pueblo del pacto.

17. Émile Durkheim, *The Elementary Forms of the Religious Life* (Nueva York: Free Press, 1965).

El antropólogo estadounidense Roy A. Rappaport fue más allá, sosteniendo que el ritual es la representación del significado.[18] Los seres humanos son animales buscadores de significado, y una de las maneras de obtenerlo es por medio del lenguaje. Pero el lenguaje también nos permite decir mentiras. El ritual no habla, representa.[19] Comunica significados no por medio del habla sino a través de la acción. El ritual nos introduce a un mundo de valores compartidos. A veces podemos traicionar esos valores, pero al participar del ritual ingresamos al mundo que estos definen. Rappaport ve esto como algo fundamental:

> Al enunciar, aceptar y hacer a las convenciones morales, el ritual contiene en sí mismo no solamente una representación simbólica del contrato social, sino tácitamente al contrato social en sí. Como tal, el ritual, que también establece, vigila y conecta límites entre los sistemas públicos y los procesos privados, es *el* acto social básico.[20]

Entonces, sin ritual no hay comunidad, ni continuidad, ni una estructura compartida de significados. El judaísmo otorga gran prominencia a los individuos. Sus textos no estereotipan. Incluso figuras rechazadas como Ismael y Esaú, o fracasadas como Saúl, gentiles como la hija de Faraón o como el general sirio Naamán, destacan con una individualidad propia. Incluso cuando se trata de revelar la palabra de Dios: "No hay dos profetas que profeticen con el mismo estilo", dicen los sabios. Pero hay una diferencia entre la *individualidad* y el *individualismo*. Este último, al final de cuentas, debilita y destruye a la comunidad. Por eso una nación de individuos fuertes necesita, con mayor razón, mantenerse unida por medio del ritual.

18. Roy Rappaport, *Ritual and Religion in the Making of Humanity* (Cambridge, UK: Cambridge University Press, 2000).
19. Israel Knohl, al igual que Yehezkel Kaufmann antes que él, ha argumentado que lo que resultaba distintivo acerca del servicio sacerdotal en el judaísmo es que era conducido en silencio. Los sacerdotes no entonaban cánticos durante la ofrenda de los sacrificios. Ver Yehezkel Kaufmann, *The Religion of Israel*; Israel Knohl, *The Silent Sanctuary and The Divine Symphony*.
20. Rappaport, op. Cit., 138.

Torat Cohanim ve a la vida religiosa como construida sobre los cimientos de sus rituales, los cuales salvo en caso de catástrofe, jamás cambian. Si bien ya no tenemos más un Templo, sacrificios ni un sacerdocio en funciones, el judaísmo continúa siendo una religión de rituales y esto es lo que mantiene su continuidad a lo largo del tiempo, grabando sus días con el carisma de la gracia, asemejándose más a un matrimonio que a un romance, pero no menos conmovedor por la serenidad de su belleza.

Un recuerdo personal: la primera vez que visité Auschwitz estaba paralizado por el dolor y la conmoción. No hay palabras que puedan decirse en presencia de una tragedia tan enorme, de un evento tan sin precedentes. Uno se siente abrumado por la emoción, pero no hay manera de expresarlo. Entonces entré al bloque 27 en Stammlager Auschwitz. En la habitación prácticamente vacía se estaba reproduciendo una grabación de *Kel Malé Rajamim*, la centenaria plegaria judía conmemorativa por los muertos, entonada en su melodía tradicional. Allí fue donde me derrumbé en lágrimas.

Las palabras hicieron que el dolor se expresara. Justamente porque eran parte de un ritual –como el toque del shofar o el encendido de una vela conmemorativa– preservaron el significado ante el esfuerzo más determinado jamás realizado por destruirlo. El hecho de que aún podemos recitar *Kel Malé Rajamim* significa que si bien hubo judíos que murieron, el judaísmo no pereció. Y dado que el judaísmo no murió, tampoco morirá el recuerdo de aquellos que sí murieron. El ritual es la derrota del nihilismo, el fracaso del significado cuando no hay nada que lo contenga.

Tres voces: el sacerdote, el profeta y el rey

El gran psicoterapeuta Viktor Frankl describió una vez un experimento del pensamiento.[21] Se ven dos formas, ambas son sombras proyectadas por un objeto sobre una pantalla. Solamente se puede ver la sombra, no el objeto. Una de las formas es un rectángulo, la otra un círculo. Solo hay un objeto, ¿cuál es?

21. Victor Frankl, *The Will to Meaning* (Nueva York: World Publishing Company, 1969).

La respuesta es un cilindro, que primero fue iluminado desde un lado y luego desde arriba. El punto de Frankl es que en dos dimensiones, un rectángulo no puede ser un círculo. Decir que una cosa es ambas es una contradicción. Sin embargo, al agregar una tercera dimensión la contradicción desaparece. Un cilindro visto desde una perspectiva se ve como un rectángulo y desde otra como un círculo. Lo que se ve como una contradicción, dijo Frankl, puede a veces resolverse simplemente agregando una dimensión. Esto aplica a la Torá, como texto y como forma de vida.

La Torá, los cinco libros de Moisés, no se parece a ningún otro texto del Tanaj. El Tanaj, la Biblia hebrea en su conjunto, contiene libros de diferente tipo y género. Hay en ella obras históricas, proféticas, libros de sabiduría, colecciones litúrgicas tales como el libro de los Salmos, relatos cortos como los de Jonás y Rut, lamentaciones, poemas de amor, etc. A veces, dos libros cuentan la misma historia desde diferentes puntos de vista en el tiempo, como ocurre con los libros de Samuel y de Reyes por un lado, y los de Crónicas por el otro. Pero casi todos son una sola cosa: un libro, un tema, un género y una voz.

La Torá no es así en absoluto. Es la única obra del Tanaj que contiene ley: no solamente ley sino múltiples códigos que ascienden, según la tradición, a 613 preceptos, tratándose de una vasta estructura legal que cubre todos los aspectos de la vida, desde la estructuración de una sociedad hasta los contornos más recónditos de la vida emocional y cognitiva. Pero es mucho más que eso. Contiene cosmología: una historia, de hecho dos historias de cómo se originaron el universo y la humanidad. Incluye historia, poesía, genealogía y profecía. Ninguna otra obra se le asemeja, y esto ha desconcertado a muchas de las grandes mentes. Es bien sabido que Rashi comenzó su comentario con la pregunta formulada por Rabí Itzjak: Si la Torá es un libro de leyes, ¿por qué no comienza con la primera ley? ¿Por qué incluir un relato de la creación? Un libro de leyes debe ceñirse a la ley.

De ahí la importancia del argumento de Frankl sobre círculos y rectángulos. Lo que parecen varios objetos puede ser en realidad uno solo. Una contradicción en dos dimensiones puede tener sentido en tres. Eso es precisamente lo que es la Torá: muchos tipos de texto, hablados en voces diferentes, que tienen sentido como una unidad coherente solamente si le agregamos una dimensión suplementaria: la eternidad infinita a la que llamamos Dios. La Torá es la palabra de Dios para la humanidad, específicamente la palabra de Dios para el pueblo particular al cual Él le pidió que fuera Su testigo para la humanidad.

La tradición judía dividió los libros de la Biblia en tres categorías: Torá; *Neviim*, los profetas; y *Ketuvim*, los escritos. Lo que los diferencia no es su tema sino su relativa santidad, su relación con Dios. Para decirlo de la manera más simple: la Torá es la palabra de Dios *al* hombre. Los libros proféticos son las palabras de Dios *a través* del hombre. Los demás escritos son las palabras del hombre a Dios.

A lo largo de la presente introducción hemos hablado sobre *Vaikrá* como un libro escrito con voz sacerdotal. ¿Qué significa eso, y cuáles son las otras voces? No significa que *Vaikrá* fuera escrito por sacerdotes o para estos, sino que más bien expresa la sensibilidad, la mentalidad especial, el modo de consciencia distintivo del sacerdote. Hay al menos otras dos voces principales en la Torá: la voz *profética* y la voz de la *sabiduría*. Esto no quiere decir que la Torá sea una obra compuesta por diferentes autores. Significa que la Torá es una expresión literaria exacta del hecho de que hay por lo menos tres maneras de ver el mundo en relación con Dios.

Estas voces son tan diferentes entre sí como los rectángulos y los círculos. Pero como dijo Frankl, a veces una contradicción desaparece cuando se agrega otra dimensión. Por eso la Torá está escrita así. Nos obliga a pensar hasta alcanzar una nueva dimensión. La pregunta a la que responde la estructura literaria de la Torá es: ¿cómo se transmite en un lenguaje inteligible para los seres humanos algo que se encuentra más allá de lo humano? Este es por supuesto un problema filosófico, pero también literario. ¿Qué tipo de texto podría dar a los seres humanos un sentido de lo divino?

La solución de la Torá es recurrir a múltiples perspectivas. Dios se revela a sí mismo de tres maneras: creación, redención y revelación. *Creación* significa el mundo que es: las maravillas de la naturaleza, las vicisitudes de la historia y el conflicto dentro del corazón humano entre el deber y el deseo. *Redención* es el mundo como debería ser: un mundo de justicia, compasión, la dignidad del individuo y la santidad de la vida, el mundo que Dios tenía en mente cuando creó a la humanidad y hacia el cual aún estamos viajando. *Revelación* es la palabra que decodifica al mundo. Es el conjunto de instrucciones –*mitzvot*– que Dios nos ha entregado para que lleguemos a Él. La revelación es lo que sucede cuando ponemos el mundo a un costado y escuchamos la voluntad de Dios. Es el mundo visto desde el Santuario, el Templo y la sinagoga. Dios está donde las tres se encuentran y se vuelven una.

Cada una de las tres presentaciones posee su propia voz. La que está asociada a la creación se denomina *jojmá*, "sabiduría". Esta es la voz que escuchamos en libros tales como Proverbios, Eclesiastés y Job, pero también la escuchamos en la Torá, como por ejemplo en la historia de José. Es la más universal de las voces del judaísmo y más adelante fue asociada con los reyes y sus cortes.

La voz de la redención es profética. El profeta ve a Dios en la historia y ve a la historia misma como el drama continuo entre Dios y el pueblo con el cual estableció un pacto. Para los profetas, el tiempo no es una mera serie de eventos, de colisiones aleatorias de personas que buscan el poder. Es la historia del amor de Dios a Abraham y a sus descendientes, y cómo ellos a menudo abusaron de ese amor y lo traicionaron.

La voz de la revelación es sacerdotal. A diferencia del profeta y el rey, el sacerdote no vive en el mundo de lo cotidiano. Él es el guardián del espacio y el tiempo sagrado, los puntos a los que nos retiramos del mundo para recordarnos a nosotros mismos cuán pequeños somos y cuán breves son nuestras vidas, microsegundos en la historia del cosmos, y sin embargo cuán grandes pueden ser cuando nos dejamos rozar por las alas de la eternidad.[22]

Junta estas tres voces y obtendrás una expresión literaria del hecho de que Dios, tal como nos habla por medio de la Torá, no puede ser confinado a una única perspectiva o punto de vista. Él es el Uno entre los muchos, la unidad en medio de la diversidad, el todo que une a las partes. El Dios de la creación, el Dios de la redención y el Dios de la revelación

22. Jeremías se refiere a los tres cuando dice: "Ya que la *enseñanza de la ley* por parte del *sacerdote* no cesará, ni tampoco lo hará el *consejo* del *sabio*, ni la *palabra* de los *profetas*" (Jeremías 18:18). Otro tanto dice Ezequiel: "Irán a procurar una *visión* del *profeta*, la instrucción *sacerdotal* de la *ley* cesará y el *consejo* de los *ancianos* llegará a su fin" (Ezequiel 7:26).

son uno y el mismo. Somos nosotros en la tierra quienes no logramos ver los tres aspectos o escuchar las tres voces simultáneamente. Al tejerlos en una misma obra, la Torá nos señala en dirección a aquella dimensión que se encuentra más allá del espacio y el tiempo donde los muchos son uno. La Torá es la expresión literaria primordial de la mente monoteísta.

La unidad de la Torá es la unidad de Dios. Esto tiene enormes consecuencias para el proyecto espiritual, político y ético que llamamos judaísmo. Desde los albores de la historia, cada civilización ha quedado impresionada por la diversidad del mundo natural con sus múltiples formas de vida y el mundo humano con sus numerosas culturas. La pregunta ha sido siempre cómo darle sentido a esa diversidad. El politeísmo la ve como evidencia de la existencia de múltiples dioses. El ateísmo la ve como el resultado de la interacción de numerosas fuerzas, todas ellas ciegas. El judaísmo la ve como la creación de un Dios amoroso que se deleita en la diversidad y nos pide que la respetemos.

Es por esto que la Torá y el judaísmo en general, es una conversación compuesta para muchas voces. Es también el motivo por el cual en el judaísmo nunca hubo una única figura que personificara la totalidad de la fe. Hubo profetas, sacerdotes y reyes. A veces una persona ocupaba dos roles. Moisés era un profeta y el equivalente funcional de un rey. Pero no era sacerdote. Para eso, tuvo que dirigirse a Aarón. Es precisamente esta complejidad la que hace del judaísmo la fe singular que es. Ninguno de nosotros, ni siquiera el más grande, es espiritualmente autosuficiente. Todos somos parecidos a Dios –a Su imagen, en Su semejanza– pero ninguno de nosotros es Dios. Puede que el sacerdote no haya sido la figura más dramática en el drama de la Biblia hebrea, pero sin sus rituales y continuidad, sin sus encuentros diarios con lo Divino, el judaísmo no habría sobrevivido.

Tres formas de vida moral

No solo los reyes, los sacerdotes y los profetas vieron a Dios de manera diferente. Ellos también vieron la vida moral de otra manera. Esto hace a la ética judía dinámica y multifacética al mismo tiempo. Así, seguramente, es como debe ser.

Desde Platón, los filósofos nos han presentado elegantes simplificaciones de la moralidad. Para Platón, consistía en el conocimiento, para Aristóteles en la virtud. David Hume creía que se trataba de emociones, Kant que era sobre el deber y la razón, Bentham pensaba que era sobre la mayor felicidad para el mayor número de personas. John Stuart Mill habló de "un solo principio sumamente simple": nunca interferir con nadie a menos que esté dañando a otros. Todos estos enfoques son importantes, pero la buena vida no se reduce a un solo principio sumamente simple. El judaísmo le confiere a este tema la complejidad que merece.

Existe una moralidad de la sabiduría, tal como está expuesta en el libro de los Proverbios. Esta nos dice que seamos humildes: "Antes de la destrucción viene el orgullo, y la altivez del espíritu antes de la caída" (Proverbios 16:18). Sé generoso: "Si tu enemigo está hambriento dale de comer, y si está sediento, dale agua para beber" (25:21). Actúa con integridad: "El que cava un pozo cae en él, y quien hace rodar una piedra, sobre él se volverá" (26:27). Escucha mucho, habla poco: "Quienquiera que cuida su boca, guarda su vida" (13:3). Está contento con lo que tienes: "Un corazón en paz da vida al cuerpo" (14:30). Aprende de la experiencia, mantente en compañía de los sabios, evita el conflicto siempre que sea posible, y siempre sé consciente de Dios.

Esa es la voz de *jojmá*, sabiduría, tal como la escuchamos en Proverbios. Eclesiastés y Job, otras dos obras de sabiduría, son más tensas y escudriñadoras. Eclesiastés es un lamento sostenido sobre la futilidad de la vida a la luz del hecho de que todos hemos de morir. Job es un desafío poderoso a toda la idea de que hay justicia sobre la tierra. Ninguna fe que canonice obras tan desafiantes como estas puede calificarse de incuestionable o ingenua.

La sabiduría tiene que ver con la "creación", es decir, el aquí y el ahora, el mundo real, empírico y cotidiano en el cual la mayoría de las personas se encuentran a sí mismas la mayor parte del tiempo. Su tipo ideal es el *jajam*, el hombre sabio, o mejor aún, la mujer sabia: Proverbios 1–9 ve a la sabiduría como un atributo femenino, y el libro termina con el famoso himno de alabanza a la *eshet jail*, la mujer poseedora de fortaleza moral. Su enfoque de la moralidad, si bien es profundamente religioso, es también prudente, pragmático y basado en la experiencia. Está más orientado a la virtud que a la moralidad basada en reglas que asociamos con la Torá y la Halajá. Su supuesto básico es que el universo es obra de la sabiduría divina. Por lo tanto, en él encontramos insertos tanto los principios morales como las leyes científicas. Quienes los mantienen florecen, quienes los desacatan eventualmente fracasan. La mejor manera de adquirir sentido moral es vivir constantemente con *yirat Hashem*, asombro ante la presencia consciente de Dios.

La literatura de la sabiduría judía es la que más se acerca a otras tradiciones de sapiencia, como las del antiguo Egipto y el mundo filosófico de la antigua Grecia. La razón es que la sabiduría es la herencia universal de la humanidad, parte de lo que significa haber sido creados a imagen de Dios. Todos hemos nacido y todos moriremos. Los seres humanos enfrentan conflictos y tentaciones similares alrededor del mundo. Es por ello que la sabiduría es universal y perenne.

La voz moral del profeta es muy diferente. Él o ella (hubo tanto profetisas como profetas) son apasionados, visionarios, desafiantes, urgentes. El profeta es un perturbador de la paz, dispuesto a reprender a un rey, a un sacerdote, a un compañero profeta o al pueblo en su conjunto por causa de sus fallas morales. Sigue comportándote así, dice el profeta, y traerás la destrucción. Un profeta ve el mañana implícito en el hoy. Advierte de lo que puede llegar a pasar si no cambiamos. Además, inspira con una visión de la sociedad ideal que, con la ayuda de Dios, podemos crear. A menudo, la del profeta es la voz de la fatalidad inminente, pero es también la de la esperanza inextinguible. Cuando otros ven paz, el profeta ve una catástrofe en ciernes. Cuando otros lloran, el profeta ve la consolación. Si la voz de la sabiduría vive en el presente, la del profeta vive en el futuro.

El profeta es también portador de la palabra. Él o ella habla, no como lo hace la sabiduría, sobre la base de la observación y la experiencia, sino apoyándose en la palabra que Dios ha colocado en su boca, el mensaje que Él le ha encargado transmitir. A menudo los profetas eran personas profundamente conflictivas, que se sentían inadecuadas para la tarea que Dios les había encomendado, y sabían que lo que tenían que decir resultaría sumamente impopular y casi con certeza no sería escuchado. Isaías dijo que sus labios eran impuros. Jeremías intentó guardar silencio. Jonás trató de escapar. Sin embargo, al final ellos transmitieron la palabra de Dios, y si bien en ese momento las personas hicieron caso omiso, en retrospectiva su sabiduría se volvió clara y sus visiones siguen estando entre las más poderosas jamás registradas.

Las palabras clave del profeta son *tzedek* y *mishpat,* justicia social y legal; *jesed* y *rajamim,* bondad y compasión. Un profeta piensa en términos de relaciones: entre el rico y el pobre, entre el poderoso y el débil. Él o ella siempre ve a la sociedad con un rostro humano. Para el profeta, la política no se trata de poder e intereses sino sobre la manera en que honramos a los seres humanos, especialmente a aquellos que poseen menos poder que nosotros. Por sobre todo, el profeta está siempre apasionadamente preocupado por la relación entre el pueblo y Dios.

El profeta dice la verdad al poder, pero también lo hace al aparato de poder religioso, al sacerdocio, al Templo y sus rituales. Los profetas eran críticos del servicio de los sacrificios, no porque se le opusieran, sino más bien se oponían a cualquier disociación entre el ritual y la ética. No puedes amar a Dios y odiar a los seres humanos. No puedes traer sacrificios al Templo y luego oprimir a tus semejantes. Dios no escuchará tus plegarias si tú no logras escuchar los clamores de quienes te rodean. El profeta vive en la disonancia cognitiva entre el mundo que es y el que debería ser. La suya es la voz que nos convoca al trabajo de la redención, haciendo de la sociedad un lugar de justicia y gracia.

El sacerdote tiene un tercer enfoque de la moralidad. Su modelo era el mundo del capítulo primero de Génesis, antes que Adán y Eva incurrieran en su transgresión. Es un sitio de estructura y orden, armonía y plenitud, es el universo que Dios hizo y sobre el cual dijera siete veces "bueno". Para el sacerdote, en el universo existe una ecología moral a la vez que una biológica. La ética se trata del respeto por la integridad de cada persona, lugar y tiempo. El amor es un alineamiento de la acción humana con la voluntad divina. Ama a tu prójimo como a ti mismo, porque también él está hecho a la imagen de Dios. Ama al extranjero porque, en definitiva, todos somos extranjeros y residentes temporales sobre la tierra. Nunca des paso a las emociones que perturban el orden de la sociedad: el odio, el resentimiento y la venganza.

Lo que el sacerdote entiende más profundamente que el rey o el profeta es que existe una *ontología sagrada.* Así como el universo posee una estructura física y biológica básica, de igual modo posee una estructura moral básica creada por la palabra y la voluntad de Dios. Cuando obedecemos los mandamientos de Dios, nos alineamos con esa estructura y el resultado es la bendición. Cuando desobedecemos los mandamientos, el resultado es la maldición. Si para el sabio la virtud clave es la sabiduría y para el profeta lo son la justicia y la compasión, para el sacerdote lo es la obediencia. "Noaj hizo todo tal como Dios se lo había ordenado" (Génesis 6:22). "Los israelitas realizaron toda la labor tal como el Eterno se lo había ordenado a Moisés" (Éxodo 39:42). "Entonces Aarón y sus hijos hicieron todo lo que el Eterno había ordenado por medio de Moisés" (Levítico 8:36). Para el sacerdote, estos versículos nos dicen cómo debe ser el mundo. Cuando la acción humana coincide con la voluntad divina, el orden se ve resguardado ante la siempre presente amenaza del caos.

La palabra clave de la ética sacerdotal es "sagrado" y su texto central es el notable capítulo 19 de *Vaikrá*, con sus mandamientos de amor al prójimo y al extranjero, de no odiar al hermano en el corazón, no guardar rencor ni cobrar venganza, y sus prohibiciones de sembrar semillas de diferentes tipos, vestir ropas que contengan una mezcla de lana y lino, comer frutos de un árbol en sus primeros tres años y cortar el cabello en los costados de la cabeza. A primera vista, las disposiciones de Levítico 19 pueden parecer un conjunto aleatorio de leyes que nada tienen en común. Esto se debe a que no comprendemos la idea de la santidad, que significa honrar el orden divino en la creación, ya sea que se trate de vida vegetal o animal, o de las relaciones entre los seres humanos.

El sacerdote está entrenado para ver y proteger los límites. Piensa en términos de oposiciones polares: luz y oscuridad, día y noche, sagrado y común, puro e impuro, permitido y prohibido, el prójimo y el extranjero, pariente y extraño, y el resto. Todo tiene su lugar en el esquema de las cosas. Una acción en su lugar mantiene el orden. Una acción fuera de lugar –una transgresión o un pecado– genera desorden y exige un acto de sacrificio de restauración. No hay nada de frío ni insensible en todo esto. El sacerdote se preocupa por el orden en el universo tal como un compositor se preocupa por el orden preciso de las notas musicales en una sinfonía, o un arquitecto por la exacta disposición de los elementos en el diseño de un edificio.

Para el sacerdote, la vida moral no es algo que se aprende por observación (la ética de la sabiduría) o por medio de la empatía y la pasión por la justicia (la ética profética), sino respetando las distinciones que Dios nos ha enseñado a ver en la estructura de la realidad. Hay leche que es una señal de vida, y carne que es una señal de muerte. Hay vida vegetal y vida animal. Hay hermanos y otros. Eso es una ontología sagrada y crea una ética de santidad. "Santos serán, porque Yo, el Eterno su Dios Soy santo".

El sacerdote sabe que no hay nada inevitable en lo que respecta al mantenimiento del orden en la esfera humana. Él conoce el equivalente espiritual de la Segunda Ley de la Termodinámica, la entropía, según la cual todos los sistemas pierden energía a lo largo del tiempo. Con el correr del tiempo, por ejemplo, crecen las desigualdades entre ricos y pobres. Por lo tanto, Levítico prescribe redistribuciones periódicas: la esquina del campo, la gavilla olvidada, el diezmo para los pobres, los años sabáticos y de Jubileo. Con el tiempo, el peso acumulado de las transgresiones crece. Por ello está el ritual anual del Día de Expiación cuando el sumo sacerdote expía por las transgresiones del pueblo. El sacerdote nunca se olvida de las intervenciones periódicas necesarias para evitar la entropía nacional, el crecimiento del caos y el desorden en la sociedad.

Este triple enfoque de la vida moral es un sistema maravilloso. Ha generado una conversación permanente sobre lo justo y lo bueno que ha continuado desde los días de Moisés hasta hoy. El resultado ha sido lo que Paul Johnson llama "una filosofía moral que es a la vez sólida y sutil, y que ha cambiado notablemente poco a lo largo de los milenios".[23] Esto es lo que emerge cuando combinamos la sabiduría del sabio, la pasión del profeta, y el sentido de lo sagrado del sacerdote.

La crisis y el retorno de lo sagrado

La voz sacerdotal que escuchamos en *Vaikrá* no domina el Tanaj en su totalidad. Durante siglos ocupó el trasfondo, no el primer plano de la vida judía.

Los grandes dramas de los libros históricos post mosaicos, desde Josué hasta el segundo libro de Reyes, tratan sobre guerras, amenazas, enemigos, alianzas, victorias, derrotas, la distribución del poder y la administración de la justicia. Las figuras clave eran los reyes y sus cortes, los profetas y sus visiones. Estos fueron los forjadores de la historia. El sacerdote, en virtud de su oficio, no vivía en la historia. Él representaba aquellas cosas que no cambian precisamente porque son insinuaciones de la eternidad.

23. Paul Johnson, *A History of the Jews* (Londres: Weidenfeld and Nicholson, 1987), 582.

Fue en el exilio, en Babilonia, que la Torá cobró en la vida de la nación una prominencia que rara vez había tenido antes, puesto que ahora era la base misma de la identidad nacional. Por definición, un pueblo en exilio ha perdido todos los demás componentes que lo hacen nación: su tierra, su hogar, su idioma, su paisaje, su independencia y su soberanía. Este es el motivo por el cual casi invariablemente se asimila a la cultura dominante y adopta la fe del poder, ya sea voluntariamente o bajo presión.

Fue entonces cuando la voz sacerdotal adquirió fuerza propia. Ya que el monoteísmo hace posible algo que de otra manera resultaría imposible: *una relación vívida con Dios fuera de casa*. Los dioses del mundo antiguo, especialmente las deidades nacionales tales como Ra en el caso de Egipto, Baal en el de los cananeos y Quemos en el de los moabitas, eran dioses de un lugar. Su dominio existía dentro de un territorio circunscrito tanto geográfica como políticamente. Por ello, el exilio significaba no solamente la pérdida del hogar sino también la pérdida de la potencia de los dioses del hogar. Eso es lo que los exiliados sintieron inicialmente cuando preguntaron: "¿Cómo hemos de entonar los cánticos del Eterno en tierra extraña?" (Salmos 137:4).

Pero la religión de Israel era diferente. El Dios de Israel –el Dios Único, creador del universo– era el Dios de todas partes que podía ser encontrado en cualquier lugar. Ese fue el mensaje de un hombre extraordinario que fue a Babilonia junto a los cautivos. Su nombre era Ezequiel y era tanto profeta como sacerdote. Su mensaje para los exiliados fue de esperanza:

> Esto es lo que dice el Eterno Soberano: "Aunque los he alejado entre las naciones y los he esparcido entre los países, aun así, me he vuelto para ellos un pequeño santuario en los países a los que han ido" (Ezequiel 11:16).

Todavía pueden orarle a Dios en el exilio. Incluso pueden construir allí un "pequeño santuario".

En el exilio no había ningún rol para los reyes de Judea ni tampoco para los profetas, salvo como voces de esperanza. Pero irónicamente, sí lo había para los sacerdotes. El Templo y sus sacrificios se habían perdido, pero la fe que ellos representaban estaba aún con vida y era una fuente de identidad. La plegaria, el estudio de Torá y la observancia de los preceptos se transformaron en un tipo de hogar en el exilio. Ese fue el primer acto del drama espiritual que habría de desarrollarse durante los siglos por venir.

El segundo acto vino con el retorno de Babilonia, especialmente a mediados del siglo V a. e. c. con la llegada de dos figuras clave: Esdras y Nehemías. Lo que encontraron fue que los judíos que se habían quedado en Israel habían sufrido una pérdida masiva de identidad. Profanaban el Shabat, se habían casado en exogamia, y muchos de ellos ya no podían hablar hebreo.[24] Esa fue la situación que estos dos hombres procuraban revertir, comenzando con una reunión pública masiva en los portones de Jerusalén en el Año Nuevo, cuando Esdras (que también era sacerdote) leyó la Torá en público, habiendo ubicado levitas en medio de la multitud para explicar lo que se estaba diciendo.[25]

Este fue un punto de inflexión en la historia judía. Tras la experiencia del exilio, Esdras y Nehemías entendieron que la batalla por la supervivencia nacional estaba a punto de convertirse en una que sería menos de ejércitos que de ideas, una prueba de fortaleza no militar sino espiritual. Los profetas siempre habían sabido esto, pero solo en raras ocasiones habían ganado en la discusión. Ahora, bajo el dominio de grandes imperios, los términos de la existencia judía habían cambiado.

El tercer acto se desarrolló luego de la revuelta macabea durante el siglo II a. e. c. La batalla que conmemoramos en Janucá fue tanto contra los judíos helenizados como contra los propios griegos. Cuando los macabeos ganaron y comenzaron a gobernar como los reyes asmoneos, ellos también se helenizaron, momento en el cual comenzó una nueva fase en la búsqueda de una identidad religiosa fuerte. El destino de los reyes asmoneos demostró que se puede ganar una batalla militar y al mismo tiempo perder la guerra cultural.

Es en este punto que comenzamos a oír de nuevos grupos tales como los *perushim* (separatistas-fariseos) y *javerim* (miembros de comunidades), que habían comenzado a adoptar de manera voluntaria nuevas

24. Ver Nehemías 13:15–24.
25. Nehemías 8:1–12.

exigencias religiosas, entre estas, reglas que hasta el momento habían aplicado únicamente para los sacerdotes. Por el momento, se trataba de pequeñas sectas, todavía no de un movimiento de masas. Pero fueron el inicio de lo que eventualmente se convertiría en una característica importante de la vida judía: la difusión de las prácticas sacerdotales en el seno del pueblo en su conjunto.

El cuarto acto fue la rebelión desastrosa contra Roma en el año 66. Muchos judíos, entre ellos el historiador Flavio Josefo, y el gran realista político entre los sabios, Rabán Yojanán ben Zakai, sintieron que estaba destinada a fracasar y así fue. En el año 70 el Templo fue destruido y en el 73 el último grupo de rebeldes se suicidó en Masada para no ser tomado cautivo.

La destrucción del Segundo Templo –temida, esperada y prevista– fue una crisis casi sin precedentes en la historia de Israel. El Primer Templo había sido destruido seis siglos antes, pero los profetas, especialmente Jeremías, estaban seguros de que los judíos volverían y que el poder de Babilonia llegaría a su fin. Pocos creyeron esto en el caso de los romanos. ¿Qué haría el pueblo de Israel sin Templo, sin sacrificios, sin un sacerdocio en funciones y sin el gran ritual del sumo sacerdote en Yom Kipur? ¿Cómo podría continuar su vida espiritual y cómo podrían expiar sus transgresiones? Es a partir de esta crisis histórica que nació el judaísmo rabínico, llevando a su conclusión lógica el trabajo iniciado siglos antes por Ezequiel y luego por Esdras.

Básicamente, los rabinos democratizaron el sacerdocio. Sin Templo ni sacrificios la totalidad del sistema de la *avodá*, el servicio divino, fue traducido a la vida cotidiana de los judíos comunes. En el rezo, cada judío se volvió un sacerdote ofreciendo sacrificios. En el arrepentimiento, se volvió un sumo sacerdote que expía por sus transgresiones y los de su pueblo. Cada sinagoga, en Israel o en otra parte, se convirtió en un fragmento del Templo de Jerusalén. Cada mesa se volvió un altar, cada acto de caridad u hospitalidad, una especie de sacrificio.

El estudio de la Torá, que alguna vez fuera la especialidad del sacerdocio, se convirtió en el derecho y la obligación de todos. No todos podían portar la corona del sacerdocio, pero todos podían llevar la corona de la Torá. Un *mamzer talmid jajam*, un erudito de la Torá fruto de una unión ilícita, era más elevado que un *am haaretz cohen gadol*, un sumo sacerdote ignorante. En el judaísmo rabínico, los judíos finalmente efectivizaron la visión insinuada más de mil años antes de transformarse en "un reino de sacerdotes y una nación sagrada". Fue un notable triunfo sobre la tragedia.

Durante este proceso de siglos, tuvieron lugar cambios extraordinarios en el pueblo judío. La sinagoga había nacido. También lo hizo la idea de los tres rezos diarios. El estudio de la Torá se volvió central para la vida de la nación. La santidad, antes centrada en el Templo, se difundió ahora en la vida de los mandamientos. Cada vez que alguien observaba una *mitzvá*, decían: "Bendito eres Tú… que *nos ha santificado con Sus preceptos*". Una vasta energía intelectual se dirigió a clarificar la Tradición Oral en relación con cada detalle de la vida. El judaísmo había sido siempre una religión de ley, pero nunca tan íntima y abrumadoramente.

Entonces a raíz de la destrucción del Segundo Templo, la que hasta ese momento había sido solamente una de tres voces, se transformó en la dominante. *Torat Cohanim*, la sensibilidad sacerdotal que ve a la identidad judía en términos de ritual y ley, sobrevivió. Las otras dos grandes instituciones, el reinado y la profecía, no lo hicieron. Por definición, los reyes están condicionados a que el pueblo de Israel tenga independencia como estado soberano. Esto lo tuvieron solamente durante un período relativamente breve, en días del Segundo Templo, entre la revuelta de los macabeos contra los griegos seléucidas (165–162 a. e. c.), y el año 63 a. e. c. cuando Pompeyo invadió Jerusalén e Israel quedó bajo dominio romano.

En cuanto a la profecía –la escucha de la palabra divina en la historia–, ella solo funciona realmente cuando los judíos son actores en el escenario histórico, lo cual ya no eran. Los últimos profetas bíblicos fueron Hageo, Zacarías y Malaquías en el inicio del período del Segundo Templo. En la literatura rabínica solamente escuchamos hablar de una *Bat Kol*, un "eco" celestial, como si la voz del cielo se hubiera debilitado.

Esdras representó el nacimiento de un nuevo tipo de líder: el maestro como héroe, algo que el mundo judío no había visto desde los días de Moisés. Los judíos todavía tenían la palabra de Dios, pero para ese entonces ya había sido canonizada. Aplicarla al presente ya no necesitaba de la revelación –la palabra de Dios al profeta– sino de la interpretación.[26] Esto es parte de aquello a lo que los rabinos se refieren cuando dicen: "Un sabio es más grande que un profeta".

Fueron esos siglos tensos y formativos anteriores y posteriores a la destrucción del Segundo Templo, los que plantearon una de las interrogantes más fundamentales del judaísmo: ¿Cómo te mantienes en contacto con Dios cuando has perdido tu tierra, tu hogar, tu independencia, tu libertad, tu presencia en el escenario histórico, tus reyes, profetas y sacerdotes, tu Templo y la totalidad del orden sacrificial? Cuando todo se pierde, ¿qué es lo que queda?

La respuesta fue *Torat Cohanim*, el mundo del sacerdote, democratizado, liberado de su dependencia del Templo, y transfigurado. Para sacrificio, léase oración. Para revelación, léase estudio de Torá. Para redención, léase *tzedaká*. En lugar de la tierra, léase ley. La Halajá, la ley judía, se convirtió en el escenario en el cual los judíos encontraban a Dios y santificaban sus vidas, y sus eruditos se volvieron los nuevos sacerdotes. La propia no-historicidad de la mente sacerdotal –su imagen del tiempo como eternidad– se adaptaba idealmente a la condición existencial de los judíos en el exilio, en la que nada realmente significativo podía suceder hasta la redención, que sería traída por Dios, no por la acción política, y que estaba prohibida apresurar de cualquier manera.

El sabio se convirtió en el equivalente funcional del sacerdote tal como lo describe Malaquías: "Porque los labios del sacerdote deben guardar conocimiento, y la gente debe buscar la ley de su boca, porque él es el mensajero del Señor de las Huestes" (Malaquías 2:7). El judaísmo del mantenimiento de la ley y los límites, de la diferenciación entre lo permitido y lo prohibido, de lo sacro y lo profano, del estudio y la enseñanza, y del tiempo experimentado como un ciclo diario, semanal y anual –en resumen, la mentalidad de los sacerdotes– se volvió lo que el rabino Joseph Soloveitchik llamó *ish hahalajá*, "la personalidad halájica". La voz sacerdotal emergió como la dominante en la vida judía hasta los tiempos modernos.

¿Qué es la voz sacerdotal? Es una voz de orden y armonía. Es atemporal, no está limitada por el tiempo. Ve la presencia de Dios en la

26. Ver Moshe Halbertal, *People of the Book: Canon, Meaning and Authority* (Cambridge, MA.: Harvard University Press, 1997).

ley, física, moral y espiritual. Habla de un mundo en el cual todo tiene su tiempo y su lugar. Cuando las personas desdibujan los límites –cuando las culturas se vuelven dionisíacas, nietzscheanas– el sacerdote sabe que hay un peligro en ciernes. El sacerdote es aquel que dice: "Buenas cercas hacen buenos vecinos". El orden y la integridad son componentes esenciales para un reino pacífico. Hilel resumió la fuerza impulsora de esta visión cuando definió a los "discípulos de Aarón" como aquellos que "procuran la paz, persiguen la paz, aman a la gente y la acercan a la Torá".

Levítico hoy

Entonces, ¿cuál es el mensaje de Levítico para nosotros hoy en día?

En primer lugar, dice que el pueblo judío es una nación que tiene a Dios en su seno. Eso es lo que somos y por qué. Se trata de un inmenso desafío. *Vaikrá* no implica que sea fácil vivir con la Presencia Divina. El libro resuena con la tragedia de las muertes de Nadav y Avihú el día que el Tabernáculo fue consagrado, porque habían traído una ofrenda que Dios no había ordenado. La santidad exige pureza, sacrificio, obediencia. Pero estamos llamados a ser un pueblo santo. El filósofo Ludwig Wittgenstein escribió en su cuaderno en 1931, "Entre los judíos 'el genio' se encuentra únicamente en el hombre santo".[27] Si en verdad el genio judío es la santidad, entonces ello se debe a la visión establecida en *Vaikrá*.

Nos dice que la moralidad se basa, al menos parcialmente, en una ontología sagrada, lo cual significa que el bien y el mal son hechos objetivos acerca del universo y no normas creadas por nosotros mismos. Hay una ética de la santidad y consiste en hacer distinciones, manteniendo separadas las cosas que son disímiles, reconociendo la integridad de la creación y la diversidad de la vida, manteniendo límites, respetando el orden y restaurándolo cuando se ve dañado, y viendo a la transgresión como algo que inflige un daño real en un mundo real además de manchar el alma. Para la transgresión, debe haber expiación, tanto colectiva como individual. Sin embargo, a pesar de su aparente austeridad, la ética sacerdotal establecida en el capítulo 19 de Levítico habla en el lenguaje del amor.

27. Ludwig Wittgenstein, *Culture and Value* (Chicago: University of Chicago Press, 1980), 18e.

El psicólogo moral Jonathan Haidt ha demostrado recientemente que el Occidente secular ha tendido a enfocarse en dos dimensiones de la vida moral: cuidado y prevención de daños, y la equidad.[28] Estas son, incidentalmente, el corazón de la ética profética: *jesed* y *rajamim*, bondad y compasión, junto con *tzedek* y *mishpat*, equidad y justicia. Pero él sostiene que hay otras tres dimensiones y estas existen en otras culturas: lealtad, respeto y un sentido de lo sagrado. La lealtad atraviesa todo el judaísmo. Podría incluso ser la mejor forma de traducir la palabra *emuná*, normalmente leída como "fe". Pero el respeto y el sentido de lo sagrado se sustentan en el mundo del sacerdote. En ausencia de sacerdotes, resulta difícil mantener un sentido de identidad, instituciones fuertes o valores innegociables. Si Haidt está en lo cierto, explicaría en gran medida por qué en el judaísmo tuvo tanto éxito la sinergia entre el profeta y el sacerdote.

La neurociencia nos permite también reconsiderar el papel que juega el ritual en la vida de la mente y sus emociones. Una serie completa de estudios en años recientes han demostrado en qué medida los logros sobresalientes en todas las áreas dependen de muchos años (el número mágico es diez mil horas) de "práctica profunda", otra manera de llamar al ritual.[29] Un comportamiento repetido reconfigura al cerebro envolviendo las vías neuronales con mielina, transformando así el comportamiento reflexivo en respuesta instintiva. Eso es a lo que la obra rabínica del siglo XIII, *Sefer Hajinuj*, se refiere con el axioma: "El corazón se ve atraído por los hechos".[30] Todos los grandes artistas creativos desarrollan rituales.[31] Si queremos cambiar, desarrollar fuerza de voluntad y derrotar los malos hábitos, el ritual es el modo más efectivo de hacerlo.

28. Jonathan Haidt, *The Righteous Mind: Why Good People Are Divided by Politics and Religion* (Londres: Allen Lane, 2012).
29. Hoy en día existe un enorme cuerpo literario popular sobre este tema. Ver Malcolm Gladwell, *Outliers: The Story of Success* (Londres: Allen Lane, 2008); Mathew Syed, *Bounce: The Myth of Talent and the Power of Practice* (Londres: Fourth Estate, 2011); David Shenk, *The Genius in All of Us* (Londres: Icon Books, 2010); Daniel Coyle, *The Talent Code* (Nueva York: Bantam Books, 2009); Geoff Colvin, *Talent is Overrated* (Nueva York: Portfolio, 2008).
30. *Sefer Hajinuj*, precepto 216.
31. Mason Currey, *Daily Rituals: How Great Minds Make Time, Find Inspiration and Get to Work* (Londres: Picador, 2013).

Eso es lo que la mente sacerdotal entiende mejor que ninguna otra de las voces del judaísmo. El alma necesita de ejercicio tanto como el cuerpo, y el ritual es aquel que crea los hábitos del corazón.

Vaikrá nos dice que una ética sexual es fundamental para la salud de una nación, al igual que para la vida de sus ciudadanos. Resulta difícil escuchar esto en una era en la cual el concepto mismo de una ética sexual y de un código de autocontrol resultan contraculturales. Sin embargo, la historia ha demostrado que esto es cierto. La ética de *Vaikrá* representa un profundo compromiso con el matrimonio y la familia, con la fidelidad sexual y el respeto entre padres e hijos. La cultura dionisíaca actual con su desenfreno sexual, lejos de ser moderna, es exactamente lo que eran las antiguas Grecia y Roma antes de su declive y su caída.

Quizás resulte sorprendente que el código de la santidad de *Vaikrá* sea el que está más profundamente arraigado a las realidades económica y social. Las leyes del año sabático y el Jubileo tienen aún mucho por enseñarnos sobre los ajustes periódicos que deben efectuarse si es que deseamos liberar a la gente del yugo de la pobreza y la indignidad de la dependencia. El mercado libre, tal como lo ha argumentado Thomas Piketty en su libro *El capital en el siglo XXI*,[32] es mejor creando riqueza que distribuyéndola equitativamente. La solución sacerdotal no es abandonar el mercado libre, sino hacer ajustes periódicos que aseguren la dignidad para todos. Las leyes contra el cruce de especies animales, el cultivo de semillas mixtas en un viñedo, e incluso la ley que prohíbe la ingestión de carne junto con leche, se han tornado repentinamente inteligibles en una era en la cual hemos descubierto cuán fácil es destruir la delicada ecología de la cual depende la vida.

Incluso la extraña precisión matemática de la mentalidad sacerdotal con su interés por los patrones de tres, cinco y siete que estructuran su prosa, más claramente en la bendición sacerdotal, han tenido eco recientemente en lo que los científicos llaman el principio antrópico: la extrema precisión con la cual el universo está afinado para permitir la emergencia de vida. El universo posee una estructura matemática, tal

32. Thomas Piketty, *Capital in the Twenty-First Century* (Cambridge, MA.: Belnap Press, 2014).

como lo sabían los sacerdotes en el judaísmo y Pitágoras en la antigua Grecia.

Sin embargo, por todo esto, la gloria de la Torá es el modo en el cual está compuesta para una multiplicidad de voces. El erudito bíblico Israel Knohl hizo una vez la sorprendente observación de que el Rollo del Templo, uno de los documentos de la secta del Mar Muerto, se ve tal como se habría visto la Torá si hubiese sido escrita enteramente por la voz sacerdotal. Nadie puede leer el Rollo del Templo sin notar lo plano que es, lo bidimensional de su imaginación y lo inerte de su prosa. La gloria de la Torá es su constante yuxtaposición de perspectivas, estilos y sensibilidades. Son estas las que le dan vida, dinamismo y riqueza. También es esto lo que le da a la Torá su capacidad incomparable de representar la complejidad de la vida moral y espiritual, así como también permitirnos sentir dimensiones aún más profundas en su mensaje a medida que nosotros mismos vamos creciendo, madurando y profundizando nuestra comprensión.

Torat Cohanim, la mentalidad sacerdotal, es una parte indispensable de la música del judaísmo. Si el profeta es Beethoven, el sacerdote es Bach, el sonido del orden, la gracia, la proporción, el balance y la armonía. Esto nunca fue más bellamente expresado que en las bendiciones sacerdotales:

> Que Dios te bendiga y te proteja.
> Que Dios haga brillar Su rostro sobre ti y te dé gracia.
> Que Dios dirija Su rostro hacia ti y te conceda la paz
> (Números 6:24–26).

Esas son las bendiciones a las que aspira la vida santa.

Así en el final regresamos al inicio y al propio vocablo *Vaikrá,* el cual es definido por Rashi como un llamado pronunciado en amor. En *Vaikrá,* Dios expone el misterio y la majestad de la santidad, convocando al pueblo con el cual ha efectuado un pacto a vivir una vida impulsada por su energía, iluminada por su resplandor y transformada por su alineamiento con la voluntad y la palabra de su Creador. Una persona que vive una vida de santidad sabrá, esta es la promesa sacerdotal, qué es sentir el rostro de Dios dirigido hacia él o ella, y en ese encuentro sagrado descubrirá la verdadera profundidad de la paz.

Vaikrá

ויקרא

Vaikrá, el tercer libro de la Torá, es marcadamente diferente de los otros. No contiene ninguna travesía. Está íntegramente ambientado en el Sinaí. Solamente ocupa un breve período de tiempo: un mes. Casi no contiene narrativa. No obstante, ubicado en el centro de los libros mosaicos, es la clave para comprender la vocación de Israel como "un reino de sacerdotes y una nación sagrada", la primera declaración de una misión colectiva en la historia.

Está *parashá* con la cual comienza el libro, detalla los distintos tipos de sacrificios que los israelitas traían al Tabernáculo. Había cinco: la ofrenda de holocausto (*olá*), la ofrenda de cereales (*minjá*), la ofrenda de paz (*shelamim*), la ofrenda por la transgresión (*jatat*) y la ofrenda por la culpa (*asham*).

El primero de los ensayos trata sobre el propio nombre del libro, *Vaikrá,* "Y Él llamó". Lejos de ser simplemente la primera palabra del libro, esta expresión nos prepara para ecos en otras partes y especialmente al final, insinuando la vasta pero casi imperceptible diferencia entre entender la historia como llamado de Dios, o como mera casualidad.

El segundo ensayo analiza la crítica que hicieron los profetas sobre los sacrificios; el tercero el famoso y controversial análisis de Maimónides. El cuarto explora el simbolismo del sacrificio en general. El quinto pregunta qué nos dice la ofrenda por la transgresión sobre la naturaleza de la transgresión en sí. El sexto analiza un matiz existente en el texto que sugiere que un líder no puede evitar cometer errores y explora por qué esto es así.

Entre el destino y el azar

A veces en la Torá, una filosofía entera se encuentra encerrada en una sola palabra. Tal es el caso de la palabra que da su nombre no solo a la *parashá* sino a la totalidad del libro: *Vaikrá*, "Él llamó".

Esta no es una palabra que parezca prometer profundidades ocultas. No es más que la primera palabra del libro. Parece una mera coincidencia que haya sido esta palabra y no otra. Sin embargo, resulta que una "mera coincidencia" es precisamente lo que no es. Una vez que descubramos las pistas y descifremos el código, veremos que el comienzo y el final de *Vaikrá* forman un ensayo meditativo sobre la naturaleza de la historia como coincidencia o llamado, como azar o drama guionizado. Son una respuesta a la pregunta: ¿Hay significado en la historia?

Vaikrá no fue el primer nombre que los sabios le dieron al libro. Ellos lo llamaron *Torat Cohanim*, "La Ley de los Sacerdotes", porque gran parte de él trata sobre el Santuario y su servicio, el mundo de los sacerdotes. Por ello, su nombre en español es Levítico, proveniente del griego y el latín, idiomas en los cuales significa "asuntos relativos a los levitas", la tribu de la cual provienen los sacerdotes.

Sin embargo, había algo en este nombre que no estaba del todo bien. En efecto, buena parte del libro se ocupa de la labor de los sacerdotes y el Santuario. Pero el texto es más amplio que esto. Se abre a visiones amplias sobre la moralidad individual y la justicia social. El gran código que se encuentra en el capítulo 19 de Levítico nos cuenta que cada judío, no solamente la élite sacerdotal, está llamado a ser santo "porque Yo, el Eterno tu Dios Soy santo". Así, eventualmente la tradición se decidió por el nombre *Vaikrá*, "Él llamó".

¿Qué podría llevarnos a pensar que en esta palabra hay más de lo que se percibe a simple vista? En primer lugar está el hecho de que parece superflua. Traducido literalmente, el versículo dice: "Él *llamó* a Moisés, el Eterno le *habló* a él desde la Tienda de Reunión, *diciendo* ...". Aquí hay nada menos que tres verbos utilizados para el habla: llamar, hablar, y decir. Dado el carácter conciso del texto de la Torá, especialmente en cuestiones legales, la redundancia reclama atención.

En segundo lugar, la frase "Él llamó a Moisés", es claramente un preludio. Una vez que llegamos a "el Eterno le habló, diciendo", sabemos que estamos a punto de escuchar detalles sustanciales. La frase inicial marca el tono. Crea un ambiente. Dios convoca a Moisés, y a través de él a los israelitas, ¿pero a qué?

En español utilizamos la palabra "vocación" para describir la ocupación de alguien: su trabajo, su profesión, su carrera. Sin embargo, originalmente la palabra significaba "una tarea para la cual uno es llamado". Si bien ahora esta palabra ha sido completamente secularizada, inicialmente se trataba de una idea profundamente religiosa, derivada de *Vaikrá* a través del latín y del francés antiguo, ser "llamado" por Dios para una labor sacra, una misión. Entonces ya podemos sentir en esta palabra inicial algo bastante profundo. Es como si Dios estuviera diciendo: "Lo que estoy a punto de decirte no se trata únicamente de lo que debes *hacer*. También se trata de lo que estás llamado a *ser*". Ya percibimos que *Vaikrá* es sobre la vocación de Israel como pueblo sagrado dedicado a Dios.

En tercer lugar, hay algo que resulta extraño y llamativo en la forma en que la palabra está escrita en el rollo de la Torá. Su última letra, la *alef*, está escrita en un tamaño más pequeño que el resto, casi al grado de tornarse invisible. Las letras de tamaño estándar conforman el vocablo *vaiker*, que significa "Él se encontró, se topó por casualidad". A diferencia de la palabra *vaikrá* que se refiere a un llamado, a un encuentro solicitado, *vaiker* sugiere todo lo contrario: un encuentro fortuito, una mera casualidad.

Los sabios, siempre atentos a la intertextualidad (la forma en que una palabra o frase en un sitio concuerda con otra en otro) nos recuerdan inmediatamente que *vaiker* es el verbo que utiliza la Torá para el encuentro de Dios con el profeta pagano Bilam (Números 23:16). Así es como interpretan el contraste:

> ¿Cuál es la diferencia entre los profetas de Israel y los de las naciones paganas del mundo?... R. Jama b. Janina dijo: "El Santo Bendito Sea se revela a las naciones paganas por medio de un trato incompleto, tal como fue dicho: 'Y el Eterno se le apareció (*vaiker*) a Bilam', mientras que a los profetas de Israel se dirige de un modo completo, tal como fue dicho: 'Y Él llamó (*vaikrá*) a Moisés'".[1]

Rashi, de un modo más discursivo, explica que el verbo "llamar" denota algo más que simple discurso. Implica cariño, intimidad, una relación de amor:

> Todas las comunicaciones (de Dios a Moisés), ya sea si utilizan las palabras "hablar", "decir" u "ordenar", fueron precedidas por un llamado (*kriá*) que es un término cariñoso usado por los ángeles cuando se dirigen unos a otros, como fue dicho: "Y uno llamó al otro" (*vekará ze el ze,* Isaías 6:3). Sin embargo, en lo que refiere a los profetas de las naciones del mundo, Su aparición es descrita mediante una expresión que significa encuentro casual e impureza, tal como dice: "Y el Eterno se apareció a Bilam".[2]

Esto explica la diferencia entre *vaikrá* y *vaiker*. ¿Qué hay entonces de la pequeña letra *alef*? Rabí Jacob ben Asher (1269–1340) sugiere entrañablemente que tiene que ver con el carácter de Moisés:

1. Vaikrá Rabá 1:13.
2. Rashi, comentario a Levítico 1:1.

> Moisés, siendo a la vez tanto grande como humilde, quiso escribir solamente *Vaiker*, lo cual significa "casualidad", como si el Santo Bendito Sea no hubiese hecho más que aparecérsele en un sueño, tal como ocurriera con Bilam, a quien Dios se le apareció de casualidad. Sin embargo, Dios le dijo que escribiera la palabra con una *alef*. Entonces, Moisés le dijo que por su gran humildad escribiría solamente una *alef* más diminuta que las otras que aparecen en la Torá, y efectivamente la escribió pequeña.[3]

Este es pues, nuestro punto de partida. *Vaikrá* es un llamado pronunciado en amor. Es lo opuesto de *vaiker*, simple casualidad, un evento fortuito. Pero para comprender todo el significado de lo que se dice, debemos dirigirnos al final del libro.

Uno de los recursos literarios clave de la Torá es el quiasmo o la imagen simétrica especular: un texto que posee la forma ABCBA. A veces el pasaje es breve, como en el caso de Génesis 9:6: "Aquel que derramare / la sangre / del hombre / a manos del hombre / su sangre será / derramada". Pero a veces puede ser sumamente largo. El final del libro de Éxodo exhibe un paralelismo con el comienzo del libro de Génesis. En Génesis Dios crea el universo, el cosmos. Al final de Éxodo, los israelitas crean el Santuario, el microcosmos. Existen claros paralelismos lingüísticos entre los dos textos. Así mismo ocurre en el libro de *Vaikrá*. Su final hace eco de su inicio. ¿Cómo es eso?

Justo antes del final de *Parashat Bejukotai,* se encuentra uno de los dos pasajes aterradores conocidos como *Tojejá,* la "advertencia" o "reprimenda"[4] que cuenta de las maldiciones que habrán de sobrevenir sobre los israelitas en caso de que no cumplan su pacto con Dios:

> En cuanto a vosotros, los que sobrevivan, enviaré aflicción a vuestros corazones en las tierras de sus enemigos. El sonido de una hoja arrancada los hará huir, y huirán tal como quien huye de la espada, y caerán aunque nadie los persiga … La tierra de sus enemigos los consumirá (Levítico 26:36–38).

3. Baal HaTurim, comentario a Levítico 1:1.
4. El otro pasaje se encuentra en Deuteronomio 28:15–68.

Estas maldiciones contienen un motivo recurrente, la palabra *keri*. Este vocablo aparece siete veces, lo cual siempre es señal de importancia en la Torá, y no se usa en ninguna otra parte en toda la Torá. He aquí dos casos a modo de ejemplo:

> "Si a pesar de esto, todavía no me escuchan y continúan conduciéndose *bekeri* conmigo, entonces en Mi enojo Yo me conduciré *bekeri* con ustedes, y Yo mismo los castigaré siete veces por vuestras transgresiones" (Levítico 26:27–28).

Los comentaristas no concuerdan sobre lo que significa la palabra *keri*. El Targum lo lee como "si ustedes se endurecen", Saadia Gaón como "si son rebeldes", Rashbam como "si se niegan a seguir Mi camino", e Ibn Ezra como "si se exceden en su confianza". No obstante, Maimónides le confiere una interpretación diferente y lo hace en un contexto halájico, en relación con el mandamiento de proclamar un ayuno público cuando el pueblo judío se encuentra en apuros:

> Es un precepto positivo rezar y hacer sonar la alarma por medio de trompetas cada vez que sobrevenga un problema a la comunidad… Esta es una de las sendas del arrepentimiento, ya que cuando la comunidad clama en plegaria y hace sonar una alarma al verse amenazada por problemas, cada uno se da cuenta de que el mal ha recaído sobre ellos como consecuencia de sus malas acciones… y el arrepentimiento hará que el problema desaparezca.
>
> Sin embargo, si el pueblo no clama en plegaria y no hace sonar la alarma, sino simplemente dice que el mundo es así y que el problema es solamente una cuestión vinculada al puro azar, han escogido un camino cruel que los llevará a persistir en su mal obrar trayéndoles así aún más problemas. Ya que cuando las escrituras dicen: "Si continúan conduciéndose *bekeri* conmigo, entonces en Mi enojo Yo me conduciré *bekeri* con ustedes" (Levítico 26:27–28), significa: Si cuando traigo problemas sobre ustedes para que se arrepientan, dicen que el problema es *puramente*

> *accidental,* entonces a vuestros problemas habré de sumarle la ira por *haber sido abandonado al azar.*[5]

Maimónides entiende que el vocablo *keri* está relacionado con *mikré,* que significa "casualidad", la manera del mundo. Considerar algo como *mikré* significa verlo como si no tuviera mayor importancia. Simplemente ocurrió. Ese, dice Maimónides, no es el modo en el cual nosotros como judíos deberíamos ver nuestro destino. No es mera casualidad.

Esto significa que para Maimónides las maldiciones al final del libro de Levítico no son una *retribución* divina como tal. No será Dios quien hará sufrir a Israel; serán otros seres humanos. Lo que ocurrirá es que Dios retirará Su protección. Israel deberá enfrentarse al mundo sin Su presencia protectora.

Para Maimónides, esto es una aplicación del principio de medida por medida (*midá kenegued midá*).[6] Si Israel cree en la providencia divina, se verá bendecido por la providencia divina. Si ve la historia como una mera casualidad –lo que Joseph Heller, autor del libro *Catch 22,* llamó "una bolsa de basura de coincidencias azarosas abierta por el viento"–[7] entonces efectivamente quedarán librados a la casualidad. Y dado que Israel es una nación pequeña rodeada de grandes imperios, el azar no será amable con ellos.

Ahora discernimos la notable idea que conecta el comienzo de *Vaikrá* con su final. Se trata de la diferencia entre *mikrá* y *mikré,* entre la historia entendida como un llamado de Dios, y la historia percibida como mera casualidad, como una secuencia de eventos carente de propósito o significado subyacente.

La diferencia es enorme, pero en el idioma hebreo resulta casi imperceptible. Las dos palabras suenan igual. La única diferencia es que la primera tiene una *alef* mientras que la segunda no (*alef,* la primera letra del alfabeto hebreo, es también la primera letra de los Diez Mandamientos, el *Anojí,* el "Yo Soy" de Dios).

5. Maimónides, *Mishné Torá, Hiljot Taaniot* 1:1–3.
6. Shabat 105b.
7. Joseph Heller, *Good as Gold* (Nueva York: Simon & Schuster, 1979), 74.

La letra *alef* es casi inaudible. Su aparición en el rollo de la Torá al comienzo de *Vaikrá* (la "*alef* pequeña") es casi invisible. Es como si la Torá estuviera insinuando que la presencia de Dios en la historia no siempre será tan clara e inequívoca como lo fue durante el éxodo o la partición del Mar Rojo. La mayor parte del tiempo dependerá de nuestra propia sensibilidad. Para aquellos que miren, resultará visible. Para aquellos que escuchen, resultará audible. Pero necesitaremos mirar y escuchar. Dios no impone Su presencia sobre nosotros en contra de nuestra voluntad. Somos nosotros quienes debemos buscarlo.

Si escogemos *no* ver o escuchar, entonces *Vaikrá* se convertirá en *Vaiker*. El llamado de Dios será inaudible. La historia no nos parecerá más que "una fábula / contada por un idiota, llena de ruido y furia, / sin significado". No hay nada incoherente en tal idea. Es una expectativa autocumplida. *Si crees que la historia es casualidad, entonces se volverá eso.*

Pero si crees lo contrario, será diferente. Así es como la historia judía les ha parecido a grandes mentes, entre las cuales se encuentran Pascal, Rousseau y Tolstoi.[8] Algo sobre la supervivencia del pueblo judío contra todo pronóstico les pareció que testificaba de la presencia de Dios en medio de ellos. Solamente así un pueblo tan pequeño, vulnerable y relativamente impotente podría perdurar y aun poder decir, incluso tras el Holocausto, *Am Israel jai*, "el pueblo judío vive".

Los judíos fueron el primer pueblo en ver el significado de la historia, en reconocerla como algo más que una sucesión de eventos carentes de hilo conductor. Los profetas sabían que la historia es el escenario desde el cual Dios nos llama a nosotros, Sus socios del pacto, a honrarnos unos a otros honrándolo a Él. Toda la historia judía es un comentario sobre el éxito o el fracaso del pueblo en respetar ese pacto contraído en el Sinaí, donde se desarrolla todo el libro de *Vaikrá*.[9]

8. Ver Jonathan Sacks, *A Letter in the Scroll: Understanding Our Jewish Identity and Exploring the Legacy of the World's Oldest Religion* (Nueva York: Free Press, 2000), 35–38.
9. Por ejemplo, el historiador británico J.H. Plumb escribe: "El concepto de que dentro de la historia misma de la humanidad estaba en marcha un proceso que habría de moldear su futuro, y llevar al hombre a situaciones totalmente diferentes de su pasado, parece haber encontrado su primera expresión entre los judíos. Los griegos tenían un sano sentido de su propia superioridad (mayor tal vez que la de

Habiendo llegado hasta aquí, podemos ahora ver el golpe maestro de la Torá. *Ya que fueron los profetas, no los sacerdotes, quienes vieron a Dios en la historia.* Los profetas vivieron en el medio del tiempo. Ellos conocían el pasado del pueblo. Ellos predijeron su futuro. Ellos fueron los lectores del mapa de los eventos. Los sacerdotes no vivían en medio de la historia más de lo que vivían en medio de la sociedad. Ellos habitaban el dominio de lo sagrado, donde nada cambia. Para el sacerdote el tiempo es un ciclo –diario, semanal, mensual, anual– en el cual cada ofrenda puede ser especificada con antelación. Platón podría haber estado definiendo la mentalidad sacerdotal cuando llamó al tiempo "la imagen en movimiento de la eternidad".[10]

Cuatro de los cinco libros de la Torá están ubicados en la historia. Génesis trata sobre la prehistoria de los israelitas, cuando eran una familia, aún no una nación. Deuteronomio trata de su post historia, es decir, el tiempo posterior a los años en el desierto, cuando habrían de convertirse en una nación en un mundo de naciones. Éxodo trata sobre la travesía desde Egipto hasta el Sinaí, Números sobre el viaje desde el Sinaí hasta el borde de la Tierra Prometida. *Vaikrá* es un caso singular. Es el único de los cinco libros que no trata sobre historia. Trata sobre la santidad: la eternidad en medio del tiempo.

Lo que la palabra *Vaikrá* al principio, y la séptuple aparición del vocablo *keri* al final hacen, es envolver al libro sacerdotal en el tiempo profético. Estos nos dicen que los universos sacerdotal y profético pertenecen uno al otro. Son los encuentros atemporales de Israel con Dios los que le permiten sortear con seguridad las corrientes y los rápidos del tiempo. El servicio sagrado de Israel, mediado por el sacerdote, es el bote en el cual la nación navega por el río del destino del profeta. Y la elección es una que todos debemos tomar. ¿Hemos de vivir la vida de *vaikrá* o *keri, mikrá* o *mikré,* vocación o accidente, destino o azar?

Así como la historia judía no es una mera casualidad, tampoco es pura coincidencia que la primera palabra del libro central de la Torá

la mayoría de los pueblos antiguos) sin embargo carecían de la creencia de que su historia les enseñara que poseían un destino y un futuro especial". J.H. Plumb, *The Death of the Past* (Harmondsworth: Penguin, 1973), 56.

10. Platón, *El Timeo*, 37.

sea *Vaikrá*, "Él llamó". Ya que *Vaikrá*, el libro sacerdotal, es el llamado de Dios al pueblo de Israel para que se convierta en "un reino de sacerdotes y una nación sagrada",[11] y cumpla así la visión profética de la historia como aquel lugar donde, en medio del tiempo, vivimos las verdades que lo trascienden.

11. Éxodo 19:6.

El regalo de poder dar

Mi finado padre vendía *shmates,* retazos de tela, en Comercial Road, que es el equivalente londinense de lo que en Nueva York sería el Lower East Side. Era un hombre orgulloso, nacido en el momento equivocado. Habiendo venido a Gran Bretaña de niño escapando de las persecuciones en Polonia, tuvo que abandonar la escuela a la edad de catorce años para ayudar a ganar dinero para mantener a la familia, trabajando con su padre. No era un hombre de negocios por naturaleza. Tenía una mente brillante y un gusto excelente en música, arte y literatura, áreas en las cuales era un completo autodidacta. En otra vida, pudo haber sido un exitoso profesional. Pero ninguno de nosotros elige cuándo nacer, y no todos tenemos la misma suerte. Al igual que muchos de sus contemporáneos, dedicó su vida a brindarle a sus hijos las oportunidades que él no tuvo. Esa fue la bendición que nos dio a nosotros, sus cuatro hijos.

Hubo un regalo que para mí, el mayor de los hermanos, significó más que todos los otros. Casi desde el día en que pude caminar íbamos juntos a la sinagoga cada Shabat. Al regresar yo le hacía preguntas sobre lo que se había hecho o dicho durante el servicio religioso. Él siempre me daba la misma respuesta, y esto fue lo que moldeó mi vida. Él solía decir:

"Jonathan, yo no tuve una educación por lo que no puedo responder a tus preguntas. Pero algún día tú tendrás la educación que yo no tuve, y cuando eso ocurra, tú me enseñarás las respuestas a estas preguntas". Si he logrado algo en mi vida fue gracias a esa contestación.

No estoy seguro de que Sigmund Freud tuviera el mismo tipo de padre que yo tuve. Seguramente tocó algún elemento de verdad al formular el complejo de Edipo, la idea de que a cierto nivel inconsciente un hijo siente que solo puede hacerse un lugar propio desplazando a su padre y que por lo tanto existe una tensión oculta, incluso una hostilidad homicida entre las generaciones. Freud fue una de las grandes mentes del siglo XX, e incluso cuando una gran mente se equivoca, arroja más luz que cuando cien intelectos menores están en lo cierto.

Lo que mi finado padre me mostró fue que hay una manera de salir de esa tensión, pero ello requiere de una humildad excepcional de parte de los padres. Lo que mi padre me dio fue la oportunidad de retribuirle. Esto es muy raro. Los niños saben lo dependientes que son de sus padres. Saben que cuando les hacen un regalo a sus padres, por lo general se trata solo de un gesto simbólico. Es una decisión sumamente arriesgada para los padres empoderar genuinamente a un chico para que este les otorgue algo de verdadero valor. Se trata de un acto supremo de humildad y le confiere al chico una dignidad y una autoestima sin igual.

Esta, me parece a mí, es la verdad suprema sobre la institución de los sacrificios en la Torá, y es una verdad difícil, lo cual explica por qué ningún otro aspecto del judaísmo ha resultado ser tan controversial internamente. En el judaísmo hay una disonancia cognitiva real y profunda respecto de los sacrificios.

Por una parte, los sacrificios ocupan un sitial clave en los libros de Moisés. Sus leyes están expuestas con gran detalle en *Vaikrá*, el libro central de la Torá y el pilar fundamental de toda su construcción. No es casualidad que por muchos siglos fuera el primer libro en ser enseñado a los niños judíos cuando comenzaban su educación: "Que vengan los puros (los niños) y estudien pureza (los sacrificios)".[1] Los sacrificios y los rituales que los acompañaban, genéricamente conocidos como *avodá*,

1. Vaikrá Rabá 7:3.

"servicio", son un –quizás tal vez el- elemento central de la identidad de Israel. Su importancia para la visión bíblica es indiscutible.

Sin embargo muchos de los más grandes profetas de Israel hicieron declaraciones que son, o al menos parecen ser, devastadoramente críticas de la institución de los sacrificios en su totalidad. Amós declara en nombre de Dios:

> Odio, desprecio vuestras festividades religiosas,
> no puedo tolerar vuestras reuniones.
> Aunque me traigan holocaustos y ofrendas de cereal,
> no las aceptaré.
> Aunque traigan ofrendas de paz dilectas,
> no les prestaré atención…
> Pero que la justicia fluya cual río, la rectitud cual corriente que jamás se agota (Amós 5:21–24).

De forma similar, Isaías dice en el pasaje que leemos previo a Tisha B'Av:

> "La multitud de vuestros sacrificios, ¿qué son para Mí?" dice el Eterno.
> "Tengo más que suficiente de holocaustos…
> ¡Dejen de traer ofrendas carentes de significado!
> Vuestro incienso me resulta detestable…
> Lávense y límpiense.
> Quiten vuestras malas acciones de Mi vista.
> Dejen de hacer el mal, aprendan a hacer lo correcto.
> Procuren justicia.
> Alienten a los oprimidos.
> Defiendan la causa de los huérfanos.
> Aboguen por la viuda" (Isaías 1:11–17).

¿Cómo se supone que hemos de entender un lenguaje tan vehemente si los sacrificios son una *mitzvá*, una buena acción, un acto ordenado?

Una de las características más llamativas del judaísmo es que hace su aparición como algo nuevo en un mundo ya viejo. Mesopotamia y Egipto, los dos primeros imperios, ya existían. La tierra de Canaán ya estaba habitada. El judaísmo es una protesta: contra los imperios, contra las estructuras sociales jerárquicas y contra las creencias que las mantenían en su sitial. La Biblia hebrea es una batalla sostenida contra tres cosas: la idolatría (el sistema), el mito (la narrativa que justifica el sistema) y el ritual pagano (las acciones que sustentan al sistema).

El mundo contra el cual el judaísmo es una protesta es uno que veía al universo como un escenario de poderes en conflicto, vistos como dioses. Ellos luchaban entre sí y en el mejor de los casos eran indiferentes –en el peor activamente hostiles– a los seres humanos. El universo de la idolatría y el mito es uno en el cual el caos y la destrucción son amenazas constantes, y el orden humano es vulnerable y siempre en peligro. *El sacrificio en la sociedad pagana es la forma en la que los seres humanos apaciguan a los dioses*. Es así como procuran neutralizar las enormes fuerzas de la naturaleza que parecen amenazar constantemente la seguridad y estabilidad de la vida humana. Son una expresión de miedo.

El estudioso alemán de la mitología griega, Walter Burkert, ha ido más allá y argumentó que el ritual del sacrificio recrea el antiguo terror que sentían los humanos *antes* del nacimiento de la civilización, cuando eran presas potenciales de animales salvajes. Él nos invita a imaginar esta escena primigenia:

> Un grupo rodeado por depredadores: hombres perseguidos por lobos o simios en presencia de leopardos. El mayor peligro se enfrenta con excitación y ansiedad. Generalmente habrá solo un camino de salvación: un miembro del grupo debe caer presa de los carnívoros hambrientos, y entonces el resto estará a salvo por el momento. Un forastero, un inválido, o un animal joven serán los más propensos a transformarse en víctimas. Esta persecución por parte de los depredadores debe haber jugado un rol trascendente en la evolución de la civilización, mientras el hombre, como cazador, se transformó él mismo en un depredador.[2]

2. Walter Burkert, *Structure and History in Greek Mythology and Ritual* (Berkeley: University of California, 1997), 71.

En su opinión, el sacrificio recrea esta escena. Representa a la víctima arrojada a la bestia para que el resto del grupo logre escapar y sobrevivir. Tal visión de la realidad está lo más alejada posible de la perspectiva judaica de un Dios trascendente que creó el universo en amor, puso Su imagen en la humanidad, le aseguró el dominio sobre todas las formas de vida, y cuyos atributos primarios son la justicia y la compasión.

El sacrificio debe haberles parecido a los profetas, como le pareció a Maimónides en una época posterior, manchado por su asociación con las mismas doctrinas a las que el judaísmo más se oponía: un mundo en el cual el conflicto es endémico y el poder es el vencedor final. El sacrificio como el intento de aplacar a los dioses, ya sea ganando su buena voluntad o distrayendo su atención, debe haberles parecido tan primitivo como ofensivo.

En el judaísmo Dios no puede ser sobornado.[3] De hecho, el concepto mismo de darle a Dios algo que Él aún no posee es una contradicción en sí mismo. Tal como el rey David dijera: "Todo proviene de Ti, y te hemos dado a Ti solo aquello que proviene de Tu mano" (I Crónicas 29:14). Por sobre todas las cosas –y este es el núcleo central de la crítica profética– el sistema de sacrificios tal como era practicado en el mundo antiguo *disociaba ritual y ética*. Los dioses que podían ser aplacados por medio del sacrificio no tenían interés alguno en lo bueno, lo correcto y lo justo. Eran fuerzas para apaciguar, no jueces en busca de la contrición por parte de los infractores.

Los profetas no se oponían al sacrificio como tal, pero eran apasionados en su oposición a la idea de que por medio de la ofrenda de animales sobre un altar, la gente pudiera comprar un camino hacia la gracia divina, persuadiendo a Dios a pasar por alto sus malas acciones en lo que respecta a su conducta con sus semejantes. Para ellos, esto era sacrilegio. Ser piadoso hacia el cielo mientras se era rapaz sobre la

3. "Ya que el Eterno tu Dios es Dios de dioses y Señor entre señores, el Dios grande, poderoso y maravilloso, que muestra imparcialidad y no acepta sobornos" (Deuteronomio 10:17). "Ahora que el temor al Eterno esté sobre ti. Juzga cuidadosamente, porque con el Eterno nuestro Dios no hay injusticia, parcialidad o soborno" (II Crónicas 19:7).

tierra les parecía, tal como nos parece a nosotros, pervertir los propios fundamentos de la fe.

¿Por qué entonces la Torá permite, e incluso exige, el sacrificio? Después de todo, Dios acepta el sacrificio de Abel (Génesis 4:4) y se siente conmovido por la ofrenda de Noaj (Génesis 8:21–22) al grado de prometer que nunca más volvería a "maldecir la tierra por causa del hombre".

Una vez que tomamos en serio la imagen central de la Torá de Dios como un padre y los israelitas como Sus hijos, la respuesta parece obvia. *El mayor obsequio que un padre puede otorgar a un hijo es la dignidad de poder dar.* No es que al padre le falte algo o que el niño le haya dado algo que genuinamente posee. Su significado es que se trata de un gesto de amor, reconocimiento, acción de gracias y reciprocidad. El niño sabe que no tiene nada propio para dar, sin embargo busca responder al amor con amor. Para un padre, darle al niño esa posibilidad es un acto monumental de humildad. Este es el gesto que se encuentra en el corazón de la institución bíblica de los sacrificios. La grandeza de Dios es Su humildad, dijo R. Yojanán,[4] y nunca en mayor medida que aquí.

La idea radical del monoteísmo abrahámico es la de un universo moral estructurado por las fuerzas gemelas de la justicia y el amor. La justicia es impersonal, pero el amor, tal como lo entiende el judaísmo, es intensamente personal. En el caso de las ofrendas por la transgresión o por la culpa, el sacrificio representa nuestro reconocimiento de la dimensión personal de una mala acción. No solo procuramos reparar el desorden moral causado por nuestra transgresión, sino también restaurar nuestra dañada relación con "el juez de toda la tierra". En otras ocasiones, el sacrificio es una manera de expresar agradecimiento del tipo que un niño siente hacia sus padres que lo trajeron al mundo y lo protegen de todo daño.

El amor y su pariente cercano, la lealtad, son los que estructuran el orden humano tal como es concebido por la Torá: el matrimonio, la familia, la comunidad y la nación, el amor entre marido y mujer, padre e hijo, y entre los vecinos y los extranjeros. La ética de la Torá, o como se caracteriza a veces de modo más amplio, el legado judeocristiano, es

4. Meguilá 31a.

único al colocar el amor interpersonal como el fundamento de la sociedad humana, confiriéndole así al sacrificio un significado nuevo y transfigurado. Porque hacemos sacrificios por aquellos a quienes amamos. El sacrificio no es la búsqueda de una ventaja personal ni un requerimiento de justicia concebida como un sistema impersonal de leyes. Es la expresión del amor.

El sacrificio en la Torá expresa siempre una relación del tipo yo-tú entre creatura y creador. Por eso, siempre que la Torá habla de sacrificio, usa el Tetragrámaton, el nombre de Dios de cuatro letras, *Hashem*, y jamás emplea el término *Elokim*, que expresa la idea impersonal de "fuerza de fuerzas", Dios como creador o Dios como justicia. Franz Rosenzweig escribió sobre la diferencia entre *Gesetz*, ley, y *Gebot*, mandamiento. La ley es siempre impersonal, mientras que el mandamiento es personal. Obedecemos la ley por razón o por interés. Obedecemos un mandamiento en virtud de nuestra relación con Aquel que lo ordena.[5] El sacrificio en la Torá es precisamente un reconocimiento repetido de la presencia personal de Dios en el corazón de su vida colectiva. Es una forma de rendir homenaje al legislador, no solo de obedecer la ley.

El profesor de Yale, Paul W. Kahn, ha sostenido recientemente que es esta dimensión de amor y sacrificio la que hace que la sociedad sea coherente de un modo que no ha sido reconocido por la filosofía política secular convencional:

> El sacrificio está en el centro de la política y de la familia. Tanto los padres como los ciudadanos se perciben a sí mismos como sujetos a la demanda del sacrificio. Ellos reconocen esta demanda como legítima, porque viven en un mundo de significados que se ven afirmados por el acto sacrificial. En consecuencia, el sacrificio es la forma de vivir en un mundo con sentido. Decimos que el sacrificio es un acto de amor. En el amor, estamos dispuestos

5. Ver Franz Rosenzweig y Nahum N. Glatzer, *On Jewish Learning* (Madison, WI: University of Wisconsin, 2002).

> a sacrificar, y a través de ese sacrificio simultáneamente creamos y descubrimos el sujeto que somos.[6]

El punto de vista de Kahn es que la teoría del contrato social ve a los seres humanos como individuos aislados que persiguen su propio interés colectivo. Pero el interés propio no puede explicar el sacrificio, y por lo tanto no puede explicar el amor ni la lealtad, y son estos los que unen a las personas como grupo. "Imaginar a una familia en la cual el sacrificio no es algo común es imaginar una familia disfuncional; lo mismo es verdad en lo que respecta al estado". Sostiene que el liberalismo se queda "mudo en presencia del sacrificio". Pero una teoría política que encuentra incomprensible el sacrificio, "no ha podido abordar las formas más básicas de nuestra experiencia del significado. Sin embargo, nunca entenderemos el sacrificio si no logramos abrazar el amor". En el amor "encontramos la salvación de nuestra propia finitud".[7]

Lehakriv, el verbo bíblico que significa "sacrificar", quiere decir también "*acercar algo*". *Korbán*, un sacrificio, es "aquello que es acercado". Toda la comprensión bíblica del sacrificio es que se trata de una respuesta a la pregunta existencial fundamental de la humanidad al enfrentarse con lo infinito: ¿Cómo podemos acercarnos a Dios que es más vasto que el universo y trasciende el tiempo? Desde la perspectiva humana, el acto de sacrificar es un proceso de abrirnos a Dios renunciando a algo de nosotros mismos. Traemos un obsequio de afecto, tal como un niño lo hace con sus padres. Ofrecemos algo que es de nuestra posesión, nuestro poder, nuestra voluntad, nuestra autosuficiencia. Nos involucramos en un acto simbólico de renuncia. Reconocemos nuestra dependencia de Dios. El sacrificio es el acto primordial del amor.

El resultado de semejante "acercamiento" es que, tras este, regresamos al mundo cambiados. Al renunciar a nuestra propiedad sobre algo (un animal o una parte de la cosecha) reconocemos que Dios es el dueño del mundo. No estamos solos en el universo. Somos fideicomisarios o guardianes en nombre de Dios. Por este motivo, cuando el Templo fue

6. Paul W. Kahn, *Putting Liberalism in its Place* (Princeton, NJ: Princeton University Press, 2005), 224.
7. Ibid.

destruido, otras formas de renuncia pudieron ser sustituidas: la renuncia de la voluntad (en el caso del rezo), o de la mente (el estudio), o de la propiedad (la *tzedaká* y la hospitalidad para los extranjeros). Cuando damos, nos acercamos al Alma del Ser.

Sin embargo, que Dios permita semejante gesto es un acto supremo de *tzimtzum*, de autolimitación. Si yo sentí esto respecto a mi padre, a quien tanto le faltaba, ¿cuánto más habré de sentir por Aquel al que nada le falta y es, en un sentido, todo? Al simplemente permitir el acto del sacrificio, Dios estaba tomando, por así decirlo, un riesgo trascendental. Externamente, superficialmente, los sacrificios eran el punto en el cual las prácticas del judaísmo más se acercaban a las de los cultos paganos. Su significado interno era bastante diferente, pero su forma externa resultaba similar.

De ahí la crítica sostenida por parte de los profetas hacia los sacrificios. Ellos no estaban en contra de la institución, pero reconocían que aquí, más que en cualquier otra parte, los judíos podrían caer en la idolatría. Podrían llegar a ver a los sacrificios como una forma de apaciguar a Dios, quedando así libres para actuar cruelmente en el mundo fuera del Templo, ejerciendo el poder sobre los desvalidos sin justicia ni compasión. Aquí más que en ningún otro lugar, la intención era vital. Una intención errónea podría transformar un acto sagrado en uno pagano.

No podemos comenzar a entender el sistema de sacrificios en el judaísmo sin verlo como el modo en que Dios permitió a Su pueblo acercarse a Él, el espacio que Él creó para que ellos pudieran ofrecerle un regalo de amor, superando así el conflicto edípico que de otra manera existiría entre un padre todopoderoso y un niño conscientemente dependiente. Por supuesto, eventualmente el rezo ocupó el lugar del sacrificio y la ofrenda de las *palabras* se volvió el sustituto para las ofrendas de animales y cereales. El factor común es el acto de *acercarse acercando*. Al igual que el sacrificio, el rezo es donde nos acercamos conscientemente a Dios, ofreciéndole en amor el regalo de nuestro ser. Entonces nos encontramos devueltos al mundo expiados, limpios, perdonados, renovados, con nuestro amor aceptado y nuestra valía afirmada.

Maimónides sobre los sacrificios

La interpretación sobre el lugar que ocupan los sacrificios en la vida religiosa, que es a la vez la más conocida y la más controversial, pertenece a Moisés Maimónides en la *Guía de los perplejos*.

Maimónides, el rabino más importante de la Edad Media, antes de escribir la *Guía de los perplejos*, ya había escrito un comentario sistemático a la Mishná, así como también el *Mishné Torá*, el mayor de todos los códigos de ley judía. Era reconocido internacionalmente como una autoridad suprema en ley judía, y judíos de sitios tan lejanos como Provenza, Marsella y Lunel en Francia, hasta Yemen y Bagdad, se dirigían a él en busca de guía. Se había convertido en médico al servicio del sultán Saladino en El Cairo y fue autor de varios textos médicos. Desde hacía tiempo había tenido interés por la filosofía (una de sus primeras obras publicadas fue un tratado de lógica), y creía, tal como escribió en su código, que la ciencia natural y la filosofía eran formas de alcanzar el amor y el temor a Dios.[1]

Estas opiniones no fueron compartidas por la gran mayoría de sus contemporáneos, quienes, en todo caso, pensaban que un encuentro

1. Maimónides, *Mishné Torá, Hiljot Yesodei HaTorá* 2:2.

demasiado profundo con la "sabiduría griega" podría conducir únicamente a la herejía, o al menos a un debilitamiento y disminución de la fe. Sin embargo, un encuentro casual llevó a Maimónides a exponer con mayor detalle sus visiones sobre estos temas.

Un joven erudito judío llamado Yosef ibn Aknin, de Marruecos, se había acercado a Maimónides. Yosef, quien había sido educado no solo en estudios judíos tradicionales sino también en medicina y filosofía, vio cuestionada su fe hasta que leyó el *Mishné Torá* de Maimónides. Sintió que su autor era un hombre a quien podría plantearle sus preguntas y sus dudas, por lo que le escribió preguntándole si podía ir a estudiar con él en Fostat, cerca del El Cairo, donde el maestro vivía. Maimónides accedió, y a partir de 1185, Yosef vivió con él durante dos años, convirtiéndose no solamente en su discípulo, sino casi en un hijo adoptivo. Posteriormente Yosef se trasladó primero a Alepo y luego a Bagdad, pero maestro y alumno continuaron la relación en la forma de un intercambio epistolar regular que giraba siempre en torno a un mismo tema: cómo conciliar las enseñanzas tradicionales del judaísmo con la disciplina y las doctrinas de las filosofías neoplatónica y aristotélica, que habían vuelto a cobrar popularidad gracias a la obra de los filósofos y teólogos islámicos tales como Averroes (1126–1198).

Durante los siguientes tres años, en el limitado tiempo libre que le quedaba a Maimónides de sus obligaciones como médico, líder comunitario y autoridad legal judía, desarrolló extensamente sus respuestas bajo la forma del libro conocido como *la Guía de los perplejos*. Maimónides sabía que sus ideas serían controversiales y podrían parecer perturbadoras para quienes carecían de un entrenamiento filosófico. Pero tal como escribe en su introducción: "Cuando tengo un tema difícil ante mí, cuando encuentro que la senda resulta estrecha, y no veo otra manera de enseñar una verdad bien establecida salvo agradando a un hombre inteligente y disgustando a diez mil necios, prefiero dirigirme a un solo hombre, y no prestar atención alguna a la condena de la multitud".[2]

Así fue cuando llegó a explicar el sistema de los sacrificios de la Torá, pues fue aquí donde desarrolló un enfoque histórico respecto a la naturaleza de la ley bíblica. Argumentó que el único propósito de la

2. Maimónides, *Guía de los perplejos*, introducción.

Torá era apartar a las personas de la idolatría. Pero esto no podía ocurrir de un día para el otro. Tal como ocurre en la naturaleza en general, en la naturaleza humana los cambios ocurren por evolución más que por revolución. "Resulta imposible ir de repente de un extremo al otro; por lo tanto, de acuerdo con la naturaleza del hombre, a este le resulta imposible suspender bruscamente aquello a lo que está acostumbrado".[3]

Prueba de ello, dice Maimónides, puede hallarse en la Torá misma cuando dice: "Aconteció que cuando Faraón dejó salir al pueblo, Dios no los condujo por el camino de la tierra de los filisteos, a pesar de que era cercano; ya que Dios dijo: 'Quizás el pueblo cambie de opinión al ver la guerra y regrese a Egipto'" (Éxodo 13:17). Pasar repentinamente de la esclavitud a librar batallas por la posesión de la tierra de Canaán era una exigencia excesiva y resultaba demasiado pronto para los israelitas. Precisaban pasar por la experiencia de las dificultades del desierto para que estas les infundieran valor. La conquista de Canaán requería de una nueva generación, nacida en libertad.

Si preguntáramos por qué Dios, que puede cambiar la naturaleza por vía de un milagro, no puede cambiar también la naturaleza humana, Maimónides respondería que ello privaría a los seres humanos de su libertad. Precisamente porque ha concedido libertad a los humanos, Dios, por así decirlo, está sometido a una orden de autonegación de no intervenir directamente en el corazón humano. Si las personas son lentas para cambiar, Dios ejercita la paciencia. Así fue que Dios quiso apartar al pueblo de las diversas prácticas religiosas de aquellos días, pero ello debía hacerse gradualmente:

> En aquellos días la costumbre general entre todos los hombres, y el modo general de rendir culto en el que los israelitas habían crecido, consistía en sacrificar animales en templos que contenían determinadas imágenes, prosternarse ante ellas y quemar incienso en su honor.[4]

3. Ibid., III:32.
4. Ibid.

Interrumpir abruptamente este tipo de práctica religiosa habría resultado imposible: "Habría sido contrario a la naturaleza humana, que generalmente se apega a aquello a lo que está acostumbrada".

Entonces, en lugar de prohibir los sacrificios, Dios los restringió especificando que solamente podrían ser ofrendados en un sitio, el Santuario; solamente serían ofrendados por un subsector de la población, los sacerdotes; y habría un límite en lo que respecta a cuántos animales podían ser sacrificados y cuándo. El objetivo era circunscribir y restringir la práctica de los sacrificios, al tiempo que separar gradualmente a las personas de las creencias idólatras que alguna vez tuvieron bajo la influencia de la cultura predominante de la época.

Este es el primero y el más controversial de los puntos de Maimónides: el introducir una perspectiva de desarrollo en los mandamientos, pareciendo sugerir que lo que pudo haber sido necesario en algún momento podría ya no serlo en una etapa posterior, cuando los israelitas se hubieren liberado completamente de su dependencia al sacrificio.

Esto entra en conflicto con la afirmación categórica de Maimónides, tan solo dos capítulos más adelante en la *Guía,* en cuanto a que la ley de la Torá *no* cambia a lo largo del tiempo: "Las leyes no pueden cambiar... de acuerdo con las diferentes condiciones de las personas y los tiempos... No resultaría correcto hacer que los principios fundamentales de la ley dependan de un determinado tiempo y lugar".

Tampoco concuerda con su postura en su código legal donde alaba a los *jukim,* los "decretos divinos" para los cuales los motivos no se conocen, agregando:

> Todas las leyes relativas a los sacrificios ingresan en la categoría de decretos. Los sabios han dicho que el mundo se mantiene gracias a la ofrenda de los sacrificios, porque por el mérito del cumplimiento de los decretos y las leyes, los justos merecen la vida en el Mundo Venidero. De hecho, la Torá puso primero a los decretos, tal como fue dicho: "Guarden Mis decretos y leyes, ya que solamente por medio de su cumplimiento una persona puede (realmente) vivir. Yo Soy Dios" (Levítico 18:5).[5]

5. Maimónides, *Mishné Torá, Hiljot Me'ilá* 8:8.

Tal como lo señala Isadore Twersky, la explicación evolutiva que Maimónides da a los sacrificios en la *Guía* no se "integra fácilmente" con su postura en *Mishné Torá,* donde los sacrificios son vistos como virtuosos por mérito propio, y como mandamientos que no poseen explicación racional conocida.[6] Hay aquí una tensión real que no admite una solución simple.[7]

Sin embargo, de hecho, Maimónides hace dos observaciones importantes. Una es que los mandamientos no constituyen un set indiferenciado de imperativos y prohibiciones, cada uno de los cuales, por así decirlo, resulta ser independiente. Para Maimónides la ley posee una lógica general. La Torá es un sistema diseñado para generar ciertas transformaciones fundamentales: una sociedad construida sobre la base de la justicia y la compasión, individuos educados en lo que hoy se denomina "alfabetización emocional", y un conjunto de opiniones verdaderas ampliamente difundidas dentro de la sociedad sobre la naturaleza de la realidad y nuestro lugar en ella. La Torá también toma en cuenta aquello que los sistemas filosóficos raramente hacen, es decir, la dimensión del tiempo en la transformación social.

Los sistemas filosóficos apuntan a la simplicidad: esta es a la vez su fortaleza y su debilidad. Los hace fáciles de entender pero imposibles de aplicar –porque la vida nunca es tan sencilla como los filósofos creen que es. En contraste, la Torá trabaja con la esencia de la naturaleza humana. Reconoce que el cambio en las cuestiones humanas toma un largo tiempo, mucho más prolongado que una sola generación. El resultado es que los mandamientos abarcan la totalidad de un espectro. Algunos se acercan a un ideal, el punto final de una travesía, mientras que otros están más cercanos a la realidad existente, el punto de inicio del viaje.

Dentro de cualquier esfera de interés judaico, hay dimensiones tanto internas como externas. Así, por ejemplo, hay un liderazgo de *poder* (rey-súbdito) y un liderazgo de *influencia* (maestro-discípulo).

6. Isadore Twersky, *Introduction to the Code of Maimonides* (New Haven, CT.: Yale University Press, 1980), 413–15.
7. Para un intento de conciliar ambas afirmaciones, ver David Hartman, *Maimonides: Torah and Philosophic Quest* (Filadelfia: Jewish Publication Society, 1976), 181–83.

Las relaciones de poder son necesarias para el mantenimiento de la sociedad, pero no son un ideal. Las relaciones de influencia –como en la educación– son ideales, pero resultan insuficientes (en los tiempos pre-mesiánicos) para el gobierno de una nación. Por lo tanto, la realeza es una dimensión exterior del judaísmo, mientras que la docencia es una dimensión interior.

La mejor manera de saber qué es exterior y qué es interior, es ver si la ley judía busca *minimizar* o *maximizar* el fenómeno en cuestión. Cuando se trata de reyes, la tradición judía es restrictiva (no tendrá numerosos caballos, ni excesiva riqueza, ni varias esposas, o arrogancia, etc.). Cuando se refiere a los maestros es expansiva (honrarás a tu maestro más que a tu padre y solo un poco menos que a Dios). Aquellos fenómenos que la Torá busca minimizar, como el poder de los reyes, son mandamientos exteriores, más concesiones que ideales. Aquellos a los cuales procura maximizar, como la relación entre maestros y discípulos, son ideales.

El argumento de Maimónides es que lo mismo se aplica a la *avodá*, el servicio a Dios. La oración es una capa interior, el sacrificio una exterior. Él argumenta que por eso la totalidad de la estructura sacrificial en el judaísmo es restrictiva y no expansiva. Los sacrificios pueden ser ofrendados únicamente en determinados momentos, solamente a manos de un sacerdocio hereditario, utilizando animales específicos y en un sitio central. El énfasis está puesto en la limitación. Por el contrario, el rezo puede ser ofrecido en cualquier parte, en cualquier momento y por cualquiera (solo más adelante, en los días de Esdras, la plegaria se tornó también estructurada). De ello se deduce que la plegaria está más cercana a un ideal; el sacrificio es más bien una concesión.

El resultado de esta compleja estructura es la creación de una dinámica a lo largo del tiempo. Podemos verlo en el caso de la esclavitud. La Torá permite la esclavitud, aunque también la restringe. Al mismo tiempo crea un ideal, Shabat, un día en el cual todas las relaciones de jerarquía y dominación se suspenden de manera tal que, un día de cada siete, el esclavo es libre al igual que su dueño o dueña. Históricamente, llevó varios miles de años hasta que la esclavitud fuera abolida –en los Estados Unidos, no ocurrió sino hasta el siglo XIX y no sin que mediara una guerra civil. Esta es una de las gloriosas paradojas de la Torá, el ser un sistema atemporal que opera en y a través del tiempo histórico.[8]

Maimónides nos ayuda a entender la crítica profética a los sacrificios. Los profetas, desde su enfoque, decían que los sacrificios no eran una finalidad en sí mismos. Eran un medio para establecer firmemente en las mentes del pueblo que solo se debía servir a Dios. Sin embargo las personas confundieron los medios con el fin, viendo a los sacrificios como un fin en sí mismo, como si no hubiera un contenido más profundo en la idea del servicio a Dios.

Sería un eufemismo decir que la visión de Maimónides tuvo una recepción variada entre los pensadores judíos de épocas posteriores. Después de todo, preguntaron, si los sacrificios fueron solamente una concesión temporaria, ¿por qué rezamos a diario para que sean restituidos? Pero Maimónides brinda una respuesta convincente a otra pregunta no menos significativa: *Si los sacrificios son centrales para el judaísmo, ¿cómo pudo este sobrevivir a la destrucción del Segundo Templo?* ¿Cómo es que el judaísmo pudo vivir sin su corazón? Su respuesta implícita es que, si bien los sacrificios representan una forma de *avodá*, de "servicio" a Dios, son solamente una de sus formas, y una relativamente periférica. El rezo está mucho más cerca del ideal interior del judaísmo. De ese modo, el judaísmo fue capaz de sobrevivir a la destrucción del Templo porque si bien se perdieron los sacrificios, el rezo se mantuvo.

¿Son los sacrificios un ideal atemporal o una estación de pasaje en un lento viaje hacia el monoteísmo puro? Respecto a esto, Maimónides el filósofo dice una cosa; Maimónides el jurisprudente halájico y autor del *Mishné Torá* dice otra. La contradicción puede ser más aparente que real. O puede ser que simplemente la tensión existente en el interior de la mente de este gran pensador refleje la tensión dentro del propio judaísmo, entre el tiempo lineal de los profetas en el cual el mundo cambia, y el tiempo cíclico de los sacerdotes en el cual todo sigue igual. El hecho importante sigue siendo: el judaísmo sobrevivió a la pérdida de los sacrificios, pues tal como el salmista había declarado anteriormente:

8. Ver Nachum Rabinovitch, *Darka shel Torá* (Jerusalén: Maaliyot, 1998), 3–102.

A Ti no te deleitan los sacrificios, pues si fuera así, yo los ofrendaría.
A Ti no te agradan los holocaustos.
Mi sacrificio, oh Dios, es un espíritu quebrantado;
un corazón quebrado y contrito
Tú, Dios, no lo despreciarás (Salmo 51:18–19).

¿Qué es lo que sacrificamos?

Las leyes sobre los sacrificios que dominan los primeros capítulos del libro de Levítico están entre los pasajes de la Torá con los que nos es más difícil relacionarnos en la actualidad. Han pasado casi dos mil años desde la destrucción del Templo y de que el sistema sacrificial llegó a su fin. Pero los pensadores judíos, especialmente los más místicos, se esforzaron por comprender el significado interno de los sacrificios y lo que declaraban acerca de la relación entre la humanidad y Dios. De esa manera lograron rescatar su espíritu, aun si la materialización física de los sacrificios ya no era posible.

Entre los comentarios más simples pero a la vez más profundos está el del rabino Shneur Zalman de Liadi, el primer Rebe de Lubavitch, quien observó una rareza gramatical en la segunda línea de esta *parashá*:

> Habla a los hijos de Israel y diles: "Cuando *uno de ustedes ofrezca un sacrificio* al Eterno, el sacrificio debe ser tomado del ganado, ovejas o cabras" (Levítico 1:2).

O así *sería* leído el versículo si estuviera construido según las reglas gramaticales normales. Sin embargo, el orden de las palabras en hebreo es extraño e inesperado. Hubiéramos esperado leer: *adam mikem ki yakriv*, "cuando uno de ustedes ofrezca un sacrificio". En cambio, lo que dice es *adam ki yakriv mikem*, "cuando uno ofrezca un sacrificio de ustedes". La esencia del sacrificio, dijo el rabino Shneur Zalman, es que nos ofrecemos a nosotros mismos. Llevamos a Dios nuestras facultades, nuestras energías, pensamientos y emociones. La forma física del sacrificio –un animal ofrecido ante el altar– es solo la manifestación externa de un acto interno. El verdadero sacrificio es *mikem*, "de ustedes". Damos a Dios algo de nosotros mismos.[1]

¿Qué es exactamente lo que damos a Dios cuando ofrecemos un sacrificio? Los místicos judíos, entre ellos el rabino Shneur Zalman, hablaron de las dos almas que habitan dentro de cada uno de nosotros –el alma animal (*nefesh habeheimit*) y el alma Divina. Por un lado, somos seres físicos. Somos parte de la naturaleza. Tenemos necesidades físicas como comer, beber, tener resguardo. Nacemos, vivimos y morimos. Como mencionó Eclesiastés:

> El destino del hombre es como el de los animales; el mismo destino les aguarda a ambos: así como uno muere, también muere el otro. Ambos tienen el mismo aliento; el hombre no tiene ventaja alguna sobre el animal. Todo es un mero hálito fugaz (Eclesiastés 3:19).

Sin embargo, no somos simplemente animales. Tenemos aspiraciones inmortales. Podemos pensar, hablar y comunicarnos. Podemos, mediante actos de habla y escucha, llegar a otros. Somos la única forma de vida conocida en el universo que puede formular la pregunta "¿por qué?" Podemos articular ideas y ser movilizados por altos ideales. No estamos gobernados solo por impulsos biológicos. El Salmo 8 es un canto de asombro sobre este tema:

> Cuando considero Tus cielos,
> el trabajo de Tus dedos,

1. Rabino Shneur Zalman de Liadi, *Likkutei Torá* (Brooklyn, NY: Kehot, 1984), *Vayikra* 2aff.

> la luna y las estrellas,
> que Tú has puesto en su lugar,
> ¿qué es el hombre para que Tú te acuerdes de él, el hijo
> del hombre para que te preocupes por él?
> Sin embargo, Tú lo has hecho poco menor que los
> ángeles y lo has coronado con gloria y honor.
> Tú has hecho que gobierne sobre todas las obras de Tus manos;
> has puesto todo bajo sus pies (Salmo 8:4–7).

Físicamente, no somos casi nada; espiritualmente, nos rozan las alas de la eternidad. Tenemos un alma divina. La naturaleza del sacrificio, entendido psicológicamente, queda entonces clara. Lo que ofrecemos a Dios es (no solo un animal) sino el *nefesh habeheimit,* el alma animal que está en nosotros.

¿Cómo funciona esto en detalle? Los tres tipos de animales mencionados en el versículo dan una pista: *behemá* (animal), *bakar* (ganado) y *tzon* (rebaño). Cada uno de ellos representa un distinto rasgo animal de la personalidad humana.

Behemá representa el instinto animal en sí. La palabra se refiere a los animales domesticados. No implica los instintos salvajes del depredador. Significa algo más manso. Los animales pasan su tiempo buscando alimento. Sus vidas están ligadas a la lucha por sobrevivir. Sacrificar al animal que llevamos dentro es movernos por algo más que la mera supervivencia.

Cuando se le preguntó a Wittgenstein cuál era la tarea de la filosofía, respondió: "Mostrarle a la mosca como salir del frasco".[2] La mosca, atrapada en el frasco, golpea su cabeza contra el vidrio buscando la salida. En lo único que falla es en mirar hacia arriba. El alma divina dentro de nosotros es la fuerza que nos hace mirar hacia arriba, más allá del mundo físico, más allá de la mera supervivencia, en busca de un sentido, un propósito, una meta.

La palabra en hebreo *bakar,* ganado, nos recuerda a la palabra *boker,* "amanecer", literalmente "abrir camino", como los primeros rayos

2. Ludwig Wittgenstein, *Philosophical Investigations* (Nueva York: Macmillan, 1953), p. 309.

de sol se abren paso a través de la oscuridad de la noche. El ganado, al salir en estampida, se abre paso a través de las barreras. A menos que esté limitado por cercas, el ganado no respeta los límites. Sacrificar el *bakar* es aprender a reconocer y respetar los límites –entre lo sagrado y lo profano, puro e impuro, permitido y prohibido. Las barreras de la mente pueden a veces ser más fuertes que las murallas.

Finalmente, la palabra *tzon*, rebaño, representa el instinto gregario –el poderoso impulso de moverse en una determinada dirección porque los demás también lo hacen.[3] Las grandes figuras del judaísmo –Abraham, Moisés, los profetas– se distinguieron precisamente por esa capacidad de separarse del rebaño, de ser diferentes, de desafiar a los ídolos de la época, de negarse a capitular ante las modas intelectuales del momento. Eso, finalmente, es el significado de la santidad en el judaísmo. *Kadosh*, lo santo, es algo apartado, diferente, separado, distintivo. Los judíos fueron la única minoría en la historia en negarse en forma consistente a asimilarse a la cultura dominante o a convertirse a la fe dominante.

El sustantivo *korbán*, "sacrificio" y el verbo *lehakriv*, "ofrecer algo en sacrificio", significan en realidad "aquello que se acerca" y el "acto de acercar". El elemento clave no es tanto renunciar a algo (el significado habitual de sacrificio), sino acercar algo a Dios. *Lehakriv* es llevar ese elemento animal dentro de nosotros para ser transformado a través del fuego divino que alguna vez ardió en el altar, y que aún arde en el corazón de la plegaria si verdaderamente buscamos la cercanía con Dios.

Por una de las ironías de la historia, esta antigua idea se ha vuelto repentinamente contemporánea. El darwinismo, la decodificación del genoma humano y el materialismo científico (la idea de que lo material es todo lo que existe), ha llevado a la conclusión generalizada de que somos animales, nada más ni nada menos. Compartimos el noventa y ocho por ciento de nuestros genes con los primates. Somos, como lo

3. Las obras clásicas sobre el comportamiento de las multitudes y el instinto gregario son: Charles Mackay, *Extraordinary Popular Delusions and the Madness of Crowds* (Londres: Richard Bentley, 1841); Gustave le Bon, *The Crowd: A Study of the Popular Mind* (Londres: T. F. Unwin, 1897); Wilfred Trotter, *Instincts of the Herd in Peace and War* (Londres: T. F. Unwin, 1916); y Elias Canetti, *Crowds and Power* (Nueva York: Viking Press, 1962).

expresó Desmond Morris, "el mono desnudo".[4] Según esta visión, el Homo Sapiens existe por mero accidente. Somos el resultado de una serie aleatoria de mutaciones genéticas y por casualidad, estamos más adaptados a la supervivencia que otras especies. El *nefesh habeheimit,* el alma animal, es todo lo que hay.

La refutación de esta idea –y seguramente se encuentra entre las más reduccionistas que jamás hayan sostenido mentes inteligentes– reside en el mismo acto del sacrificio tal y como lo entendían los místicos. Podemos redireccionar nuestros instintos animales. Podemos elevarnos por sobre la mera supervivencia. Somos capaces de respetar los límites. Podemos salir de nuestro entorno. Como lo señaló el neurocientífico de Harvard, Steven Pinker: "La naturaleza no dicta lo que debemos aceptar o cómo debemos vivir", y agrega, "y si a mis genes no le gusta, pueden ir a saltar al lago".[5] O como le dijo majestuosamente Katharine Hepburn a Humphrey Bogart en *The African Queen (La reina de África),* "La naturaleza, Sr. Allnut, es aquello por lo que fuimos puestos en la tierra con el fin de elevarnos sobre ella".

Podemos trascender al *behemá,* el *bakar* y el *tzon.* Ningún animal es capaz de autotransformarse, pero nosotros sí. La poesía, la música, el amor, el asombro –las cosas que no tienen valor para la supervivencia pero que hablan a nuestro más profundo sentido del ser– nos dicen que no somos simples animales o ensamblajes de genes egoístas. Al acercar a Dios lo que es animal dentro de nosotros, permitimos que lo material se impregne de lo espiritual y nos convertimos en algo más: ya no esclavos de la naturaleza sino siervos del Dios vivo.

4. Desmond Morris, *The Naked Ape* (Nueva York: Dell Publishing, 1984).
5. Steven Pinker, *How the Mind Works* (Nueva York: W.W. Norton, 1997), p. 54.

Las dimensiones de la transgresión

Esta *parashá,* que trata sobre una variedad de sacrificios, dedica una larga sección al *jatat,* la ofrenda por la transgresión que era presentada por diferentes individuos: en primer lugar por el sumo sacerdote (4:3–12), luego por la comunidad en su conjunto (13–21), posteriormente por un líder (22–26) y finalmente por un individuo común (27–35).

Todo el pasaje suena extraño para oídos modernos, no solo porque en virtud de la destrucción del Segundo Templo no se han ofrendado sacrificios en los últimos dos milenios, sino porque además nos resulta difícil comprender los propios conceptos de la transgresión y la expiación tal como son tratados en la Torá.

El enigma es que las transgreciones por las cuales era necesario traer una ofrenda de este tipo eran aquellas que habían sido cometidas involuntariamente, *beshogueg.* El transgresor había olvidado la ley o algún hecho relevante. Para dar un ejemplo contemporáneo: suponga que el teléfono suena en Shabat y usted responde. Solamente tendrá la responsabilidad de ofrendar un sacrificio por la transgresión si olvidó la norma que le prohibía atender el teléfono en Shabat, u olvidó que ese día era en efecto Shabat. Si por un momento usted pensó que era viernes o domingo.

Es precisamente este tipo de acción la que no tendemos a percibir en absoluto como transgresión. Se trató simplemente de un error. Usted se olvidó. No tuvo la intención de hacer algo malo. Y cuando se da cuenta de que ha profanado el Shabat inadvertidamente, es probable que sienta más arrepentimiento que remordimiento. Lo lamentará pero no se sentirá culpable.

Pensamos en una transgresión como algo que hicimos intencionalmente, quizás cediendo a la tentación, o en un momento de rebelión. Esto es a lo que la ley judía llama en hebreo bíblico *bezadón* o en hebreo rabínico *bemezid*. Este es el tipo de acción que habríamos pensado que requiere de una ofrenda por la transgresión. Sin embargo, en la ley judía, semejante acción no puede ser expiada por medio de ofrenda alguna. Entonces, ¿cómo hemos de darle sentido a la ofrenda por la transgresión?

La respuesta es que hay tres dimensiones en el mal actuar entre nosotros y Dios. La primera es la culpa y la vergüenza. Cuando transgredimos deliberada e intencionalmente, sabemos en nuestro interior que hemos actuado mal. Nuestra consciencia –la voz de Dios en el interior del corazón humano– nos dice que hemos procedido mal. Esto es lo que les ocurrió a Adán y a Eva en el Jardín del Edén tras haber transgredido. Sintieron vergüenza. Trataron de esconderse.

Para este tipo de transgresión deliberada, consciente e intencional, la única respuesta moral adecuada es la *teshuvá*, el arrepentimiento. Este involucra (a) el remordimiento, *jaratá*, (b) la confesión, *vidui*, y (c) *kabalat heatid*, la resolución de no volver a incurrir en la transgresión nuevamente.[1] El resultado es *slijá umejilá*: Dios nos amnistía y nos perdona. Un simple sacrificio no es suficiente.

Sin embargo, hay una segunda dimensión. Independientemente de la culpa y la responsabilidad, si cometemos una transgresión habremos infringido objetivamente un límite. La palabra *jet* significa errar al blanco, desviarse, apartarse de la senda correcta. Hemos incurrido en un acto que de alguna manera perturba el equilibrio moral del mundo.

Para dar un ejemplo secular, imagine que su automóvil tiene un velocímetro defectuoso. Lo pillan conduciendo a cincuenta millas por hora en una zona en la que solo se permite viajar a treinta. Usted le dice

1. Maimónides, *Mishné Torá, Hiljot Teshuvá* 2:2.

al policía que lo detiene que no sabía. Su velocímetro estaba marcando solo treinta millas por hora. Puede que el policía simpatice con usted, pero usted ha infringido la ley, ha traspasado el límite y por ello tendrá que pagar la multa.

En eso consiste la ofrenda por la transgresión. Según los rabinos Samson Raphael Hirsch y David Zvi Hoffman, la ignorancia, ya sea de los hechos como de la ley, es una forma de negligencia.[2] Deberíamos conocer la ley, especialmente en los casos más serios. Deberíamos también ejercer la vigilancia; deberíamos ser conscientes de lo que hacemos. No es suficiente decir: "No sabía que hoy era Shabat". Debería saberlo. No saber si hoy es martes o miércoles puede resultar comprensible. Su poca importancia pudo ser el móvil de la ignorancia. Pero cuando una acción posee consecuencias significativas, existe el deber de prestar atención, de ser conscientes. Desde este punto de vista, la ofrenda por la transgresión es un castigo por la falta de cuidado.

Abravanel sostiene que la ofrenda por la transgresión no era tanto un castigo por lo que se había hecho, sino más bien una advertencia para evitar transgredir en el futuro. La ofrenda de un sacrificio, que implicaba un esfuerzo y gasto considerables, era un vívido recordatorio para el individuo de ser más cuidadoso en el futuro.[3]

El rabino Isaac Arama (España, siglo XV) dice que la diferencia entre una transgresión intencional y otra involuntaria es que en el primer caso tanto el cuerpo como el alma están en falta. En el caso de la transgresión involuntaria solamente el cuerpo está en falta, no el alma. Hubo un mal proceder físico, pero no una intención mental. Por lo tanto un sacrificio físico puede expiar, ya que lo único que estuvo mal fue la acción del cuerpo. Semejante sacrificio no puede expiar por una transgresión que haya sido cometida deliberadamente, porque no puede rectificar un defecto en el alma.[4]

También vale la pena señalar que lo que el sacrificio logra es la *kapará*, lo cual no significa el "perdón", sino la "cobertura" o la

2. Samson Raphael Hirsch, comentario a Levítico 4:2; David Zvi Hoffman, comentario a Levítico 4:1–2.
3. Abravanel, comentario a Levítico 4:2.
4. Isaac Arama, *Akedat Ytzjak* ad loc.

obliteración de la transgresión. A Noaj le fue dicho que "cubriera" (*vejafarta*) la superficie del arca con brea (Génesis 6:14). La cobertura del Arca en el Tabernáculo era llamada *kaporet* (Éxodo 25:17). Una vez que una transgresión ha sido simbólicamente cubierta, es perdonada; pero tal como lo señala el Malbim, en casos así el verbo perdonar, *s-l-j*, siempre se encuentra en la forma pasiva (*venislaj*, ver Levítico 4:20, 26, 31). El perdón no es directo como en el caso del arrepentimiento, sino indirecto; es una consecuencia del sacrificio.

Una tercera dimensión de la transgresión es que contamina. Deja una mancha en su carácter. Isaías, en presencia de Dios, siente que posee "labios inmundos" (Isaías 6:5). El rey David le dice a Dios: "Lávame completamente de mi iniquidad y límpiame de mi transgresión" (Salmo 51:4). Respecto a Yom Kipur la Torá dice: "En ese día se hará expiación para ustedes, para purificarlos (*letaher*). Luego ante el Eterno, serán limpios de todas sus transgresiones" (Levítico 16:30).

Najmánides dice que esta es la lógica de la ofrenda por el pecado. Todas las transgresiones, incluso aquellas que fueron cometidas inadvertidamente, "dejan una mancha en el alma y constituyen una imperfección para ella, y el alma solo puede encontrar a su Creador cuando ha sido limpiada de toda transgresión".[5] El resultado de la ofrenda por la transgresión es la limpieza, la purificación.[6]

El finado Rebe de Lubavitch, siguiendo la tradición midráshica, ofreció una interpretación diferente, aunque relacionada. Según este enfoque, incluso llas transgresiones inadvertidas dan testimonio de algo malo de parte de la persona involucrada. Las cosas malas no ocurren por medio de las personas buenas.[7] Los sabios dicen que Dios ni siquiera permite que los animales de los justos obren mal; cuánto más protege Él a los mismos justos del error y la desgracia.[8] Por lo tanto, debe haber algo mal con el individuo para que le haya ocurrido el percance. La

5. Najmánides, comentario ad loc.
6. Sobre transgresiones como contaminación ver Paul Ricœur, *The Symbolism of Evil* (Nueva York: Harper & Row, 1967).
7. Taanit 29a.
8. Yevamot 99b; Ketuvot 28b.

transgresión puede no *dejar* una mancha en el alma. Puede dar *testimonio* de la existencia de una mancha en el alma.

Esta visión característica del enfoque del movimiento Jabad, con su énfasis en la psicología de la vida religiosa, comparte más que una similitud pasajera con el análisis del inconsciente de Sigmund Freud, el cual dio origen a la expresión "lapsus freudiano".[9] Los comentarios o actos que parecen ser no intencionales, a menudo delatan deseos o motivaciones inconscientes. De hecho, a menudo podemos vislumbrar más fácilmente el inconsciente en esos momentos que cuando la persona actúa con pleno conocimiento y de manera deliberada. Las transgresiones inadvertidas sugieren que algo anda mal en el alma del transgresor. Es esta falla, que puede estar debajo del umbral de la consciencia, la que es expiada por medio de la ofrenda por la transgresión.

Entonces, la ofrenda por la transgresión no es sobre la culpa, sino sobre otras dimensiones de la transgresión. Una de las características más notables de la civilización occidental, en parte debido a la cristiandad paulina, y en parte por la influencia del filósofo Immanuel Kant, es que tendemos a pensar sobre la moral y la espiritualidad casi exclusivamente en términos de la mente y sus motivos. Según Kant, solamente la voluntad puede ser buena o mala.[10] Sin embargo, esta doctrina resultó ser peligrosa.[11]

¿Es completamente accidental que la cultura más influenciada por Kant haya sido también la que dio origen al Holocausto? No es –categóricamente no– que el sabio de Königsberg haya tenido algo que ver con esa tragedia.[12] Sin embargo, sigue siendo cierto que muchas

9. Freud introdujo esta idea en su libro *The Psychopathology of Everyday Life* (1901; reimpresión, Harmondsworth: Penguin Books, 1987).
10. Immanuel Kant, *Groundwork of the Metaphysics of Morals*, ed. Mary Gregor, Cambridge Texts in the History of Philosophy (Cambridge, R. U.: Cambridge University Press, 1998), 7.
11. Para una crítica sobre la ética kantiana ver Bernard Williams, *Morality* (Harmondsworth: Penguin, 1973) y *Ethics and the Limits of Philosophy* (Cambridge, MA.: Harvard University Press, 1985).
12. Sin embargo, ver Emil L. Fackenheim, *To Mend the World: Foundations of Post-Holocaust Jewish Thought* (Bloomington, IN.: Indiana University Press, 1994), 271. Fackenheim señala que durante su juicio, Adolf Eichmann demostró ser un exponente articulado de la ética kantiana.

personas buenas y decentes no hicieron nada para protestar el mayor crimen jamás cometido por hombres contra hombres mientras este tenía lugar. Seguramente muchos de ellos pensaban que no tenía nada que ver con ellos. Si no tenían animosidad alguna contra los judíos, ¿por qué deberían sentirse culpables? No obstante, el resultado de su acción o inacción tuvo consecuencias reales en el mundo físico. Una cultura que confina la moralidad a la mente, es una que carece de las defensas apropiadas contra conductas dañinas.

Nuestras acciones dejan huellas en el mundo. El mero hecho de que las transgresiones involuntarias requieran expiación, nos dice que no podemos desvincularnos de nuestros actos diciendo: "No tuve la intención de hacerlo". El mal fue hecho, y lo hicimos nosotros. Por lo tanto, debemos llevar a cabo una acción que señale nuestra contrición. No podemos simplemente alejarnos como si el acto no tuviera nada que ver con nosotros.

La ley de la ofrenda por la transgresión nos recuerda que podemos infligir daño involuntariamente, y que esto puede acarrear consecuencias tanto físicas como psicológicas. La mejor manera de arreglar las cosas es realizando un sacrificio: haciendo algo que nos cueste algo. En los tiempos antiguos, tomó la forma de un sacrificio ofrendado sobre el altar del Templo. En la actualidad, la mejor manera de hacerlo es dando dinero para la caridad (*tzedaká*) o efectuando un acto de bondad para con otros (*jesed*). El profeta dijo hace mucho: "Porque Yo deseo bondad amorosa y no sacrificios" (Oseas 6:6). La caridad y la bondad son nuestros sustitutos para el sacrificio, y al igual que la ofrenda por la transgresión de antaño, nos ayudan a reparar lo que está roto en el mundo y en nuestra alma.

La ofrenda por la transgresión nos dice que el mal que hacemos, o permitimos que suceda, aunque no hayamos tenido intención alguna, aún requiere de expiación. Aunque esté pasada de moda, una moralidad que hable sobre la acción y no solo sobre la intención –sobre lo que ocurre a través de nosotros aunque no haya sido nuestro propósito– resulta más convincente y más fiel a la condición humana, que una que hable únicamente de la intención.

Las transgresiones de un líder

A veces, la Torá transmite sus más profundas ideas mediante un simple matiz, que solo se hace evidente al escuchar con atención. La *parashá* de *Vaikrá* contiene un ejemplo fascinante.[1]

Ocurre en el contexto de las leyes de la ofrenda por la transgresión que era traída en el caso de una mala conducta involuntaria (*shegagá*).[2] La Torá prescribe cuatro tipos diferentes de ofrenda, dependiendo del transgresor. Uno es el sumo sacerdote, el segundo es "la totalidad de la comunidad" (entendido como el gran Sanedrín, la Corte Suprema), un tercero es "el líder" (*nasí*) y el cuarto es el individuo común y corriente. En tres de los cuatro casos la ley viene precedida del vocablo *im*, "si" –si tal persona comete una transgresión. Sin embargo, en el caso del líder, la ley es precedida por la palabra *asher*, "cuando". Es *posible* que un sumo

1. Otro ejemplo es el modo en que la Torá cambia de la segunda persona del singular ("harás") a la tercera del plural ("ellos harán") en la larga lista de instrucciones sobre la fabricación de diversos artículos para el Santuario como en el caso del Arca del Pacto, transmitiendo así que todos tienen parte en ella, en el conocimiento y la dignidad que transmite. Ver *Pacto y conversación: Éxodo - El libro de la redención*, 227–235.
2. Levítico 4:1–35.

sacerdote, la Corte Suprema o un individuo erren. Pero en el caso del líder, el *nasí*, es probable o incluso seguro que lo haga.

Para entender por qué, primeramente debemos aclarar qué significa la palabra *nasí*. *Nasí* es una palabra genérica para un líder, un gobernante, un rey, un juez, un anciano o un príncipe. Significa, en efecto, 'el poseedor del poder político'. El *nasí* no es un cohen, un sacerdote, un mediador entre Dios y el pueblo; ni es un *naví*, el portavoz de Dios ante el pueblo y del pueblo ante Dios. Más bien, es aquel que dirige los asuntos de la comunidad, resuelve las disputas y establece el estado de derecho.

En los tiempos de la Mishná, el *nasí* –los más famosos de los cuales fueron los líderes provenientes de la familia de Hilel– poseía un rol cuasi gubernamental como representante del pueblo judío ante los gobernadores romanos. El rabino Moisés Sofer (Bratislava 1762–1839), en una de sus responsas,[3] examina la cuestión de por qué cuando los puestos de liderazgo en la Torá nunca son dinásticos y no pasan de padres a hijos, el papel del *nasí* era una excepción. A menudo pasaba de padre a hijo. La respuesta que proporciona y que resulta reveladora desde el punto de vista histórico, es que con el declive de la monarquía durante el período del Segundo Templo y posteriormente, el *nasí* asumió muchas de las funciones de un rey. Su rol, tanto interna como externamente, fue tanto político como diplomático y religioso. En general, eso es lo que se entiende por la palabra *nasí*.

El pueblo judío ha experimentado muchas formas de liderazgo político: ancianos, jueces, reyes, consejos comunitarios y actualmente, en el Estado de Israel, un parlamento elegido democráticamente. Puede que haya o no una forma ideal de liderazgo político en el judaísmo, dependiendo de la cuestión tan debatida de si el precepto en Deuteronomio de nombrar a un rey[4] es una obligación, un permiso o una concesión. Sin embargo, hay limitantes dentro de las cuales cualquier forma de gobierno judaico debe operar. Una es la soberanía general de la Torá: la prioridad del derecho sobre el poder. Cualquier orden de un

3. *Responsa Jatam Sofer, Oraj Jaim*, 12.
4. Deuteronomio 17:14–20. Maimónides sostiene que nombrar a un rey es un precepto positivo, Ibn Ezra entiende que se trata de un permiso, Abravanel considera que es una concesión.

gobernante que entre en conflicto con una ley de la Torá es *ultra vires* y no necesita, tal vez no debería, ser obedecida.[5] Otra limitante es la responsabilidad que se tiene ante el pueblo. En la frase adoptada por la Declaración de Independencia de los Estados Unidos (un documento que debe mucho a la fe bíblica de los padres fundadores estadounidenses) se expresa que la autoridad del gobierno descansa en "el consentimiento de los gobernados".[6]

Entonces, ¿por qué la Torá considera a este tipo de liderazgo particularmente propenso al error? Hay tres amplias vías de explicación. El rabino Ovadia Sforno cita la frase: "Pero engordó Yeshurún y pateó" (Deuteronomio 32:15).[7] Aquellos que tienen ventajas sobre los demás, ya sea por su riqueza o poder, tienden a tener una conciencia embotada. Rabenu Bejaié sugiere que los gobernantes suelen tornarse arrogantes y altaneros. En estos comentaristas está implícita –de hecho se trata de un tema central del Tanaj en su conjunto– la idea que fue expresada más tarde por Lord Acton en el aforismo: "El poder tiende a corromper, y el poder absoluto corrompe absolutamente".[8]

El rabino Elie Munk, citando el libro del Zohar, ofrece una segunda explicación. El sumo sacerdote y el Sanedrín estaban en contacto permanente con lo sacro. Vivían en un mundo de ideales. En contraste, el rey o el líder político estaba involucrado en asuntos terrenales: la guerra y la paz, la administración del gobierno y las relaciones internacionales. Era más probable que incurriera en una transgresión porque sus preocupaciones diarias no eran de índole religiosa sino pragmática.[9]

El rabino Meir Simja HaCohen de Dvinsk proporciona un tercer motivo.[10] Un rey o un líder político es especialmente vulnerable a verse

5. En lo que refiere a la desobediencia civil en el judaísmo, ver los ensayos en Menachem Kellner, ed., *Contemporary Jewish Ethics* (Nueva York: Sanhedrin Press, 1978), 211–253.
6. Ver Rashi, comentario a Deuteronomio 1:13.
7. Sforno, comentario a Levítico 4:22.
8. Esta famosa frase proviene de una carta escrita por Lord Acton en 1887. Ver Martin H. Manser y Rosalind Fergusson, *The Facts on File Dictionary of Proverbs* (Nueva York: Facts on File, 2002), 225.
9. Elie Munk, *The Call of the Torah*, vol. 3 (Nueva York: Mesorah, 1992), 33.
10. *Meshej Jojmá*, comentario a Levítico 4:21–22.

descarriado por el sentir popular. Ni un sacerdote ni un juez del Sanedrín tenían que rendir cuentas al pueblo. Sin embargo, el rey se apoyaba en el respaldo popular. Sin él, podría ser depuesto. Pero esto está cargado de riesgos. Hacer lo que el pueblo desea no siempre es hacer lo que Dios desea. El rabino Meir Simja sostiene que eso fue lo que condujo al rey David a ordenar un censo (II Samuel 24) y al rey Sedequías a pasar por alto el consejo de Jeremías y rebelarse contra el rey de Babilonia (II Crónicas 36). Así, por toda una serie de razones, un líder político está más expuesto a la tentación y al error que un sacerdote o un juez.

Sin embargo, hay otra razón por la que los líderes políticos son especialmente vulnerables a cometer errores.[11] La política es una arena de conflicto. Se ocupa de asuntos –específicamente la búsqueda de riqueza o poder– que son juegos de suma cero a corto plazo. Cuanto más tenga yo, menos tendrás tú. Al procurar maximizar los beneficios para mi persona o mi grupo, entro en conflicto con otros que procuran maximizar sus propios beneficios o los de sus grupos. La política es la mediación del conflicto mediante la justicia respaldada por el poder. Cualquiera que sea el rumbo que tome un político, agradará a algunos y enfadará a otros. De esto no hay escapatoria.

La política implica también juicios difíciles. Un líder debe equilibrar reclamos contrapuestos, y en ocasiones se equivocará. Un ejemplo particularmente sorprendente fue el del hijo y sucesor de Salomón, Roboam:

> Roboam fue a Shejem porque todos los israelitas habían acudido allí para hacerlo rey... [Jeroboam] y la totalidad de la asamblea de Israel fueron donde Roboam y le dijeron: "Tu padre ha impuesto un pesado yugo sobre nosotros, pero ahora alivia el duro trabajo y el pesado yugo que él ha colocado sobre nosotros, y te serviremos".

11. Nótese que una ofrenda por la transgresión era traída solamente por una infracción cometida contra la ley judía, no por un error en el manejo político. Sin embargo, considero que el texto bíblico deja ver al menos algunas de las dificultades que enfrenta el líder para tomar decisiones acertadas.

> Roboam respondió: "Vayan por tres días y luego vuelvan a mí". Entonces el pueblo se fue.
>
> El rey Roboam consultó a los ancianos que habían servido a su padre Salomón durante su vida. "¿Cómo me aconsejan que responda a estas personas?" les preguntó.
>
> Ellos le respondieron: "Si hoy vas a ser el servidor de este pueblo y les sirves, y les das una respuesta favorable, ellos serán por siempre tus siervos".
>
> Pero Roboam rechazó el consejo que le habían dado los ancianos y consultó a los jóvenes que habían crecido con él y le estaban sirviendo. Les preguntó: "¿Cuál es vuestro consejo? ¿Cómo debería responder a esta gente que me dice 'alivia el yugo que tu padre ha colocado sobre nosotros'?"
>
> Los jóvenes que habían crecido con él le respondieron: "Dile a esa gente que te ha dicho: 'Tu padre ha colocado un pesado yugo sobre nosotros, alivia nuestro yugo' –diles, 'Mi dedo meñique es más grueso que la cintura de mi padre. Mi padre puso sobre vosotros un yugo pesado, yo lo haré aún más pesado. Mi padre los azotó con látigos, yo los azotaré con escorpiones'".
>
> Tres días después Jeroboam y todo el pueblo regresaron a Roboam, tal como el rey les había dicho: "Vayan por tres días y luego vuelvan a mí". El rey le respondió al pueblo con dureza. Rechazó el consejo que le dieron los ancianos, siguió el consejo que le dieron los jóvenes y dijo: "Mi padre puso sobre vosotros un yugo pesado, yo lo haré aún más pesado. Mi padre los azotó con látigos, yo los azotaré con escorpiones". Así fue como el rey no escuchó al pueblo (I Reyes 12:1–15).

Roboam había heredado una situación política tensa. Salomón, su padre, había sido un rey sabio y exitoso, pero el pueblo se había vuelto inquieto. La construcción del Templo había resultado enormemente exigente. Por un tiempo, Israel parecía un vasto campo de trabajo. Además, la corte real resultaba onerosa y se sostenía con impuestos elevados. El propio Salomón se había enriquecido mientras el pueblo gemía bajo la pesada carga.

Jeroboam, uno de los funcionarios de Salomón, encabezó una rebelión. Salomón intentó darle muerte, pero él escapó a Egipto y regresó tras la muerte del monarca. Entonces, Roboam tuvo que tomar una decisión estratégica. ¿Debía reforzar su autoridad por medio de una demostración de poder? ¿O sería mejor ganarse el favor del pueblo aliviando y disminuyendo sus cargas? Los asesores veteranos le recomendaron hacer lo segundo. Los "jóvenes turcos" argumentaron lo contrario, anticipando así la famosa regla de Maquiavelo de que es preferible que un gobernante sea temido a que sea amado.[12]

Fue un consejo equivocado, y el resultado fue trágico. El reino se dividió en dos, las diez tribus del norte siguieron a Jeroboam, dejando leales al rey solamente a las tribus del sur, genéricamente conocidas como "Judá". Para Israel como pueblo en su propia tierra, fue el principio del fin. Siempre una nación pequeña rodeada de imperios grandes y poderosos, requería de unidad, una elevada moral y un fuerte sentido de destino para sobrevivir. Dividida, era solo cuestión de tiempo hasta que ambas naciones, Israel en el norte y Judá en el sur, cayeran en manos de otras potencias.

Tanto Roboam como Jeroboam eran actores en el escenario político. Sin embargo, en una época posterior se produjo una ruptura similar, esta vez no entre políticos sino entre sabios. En tres ocasiones Rabán Gamliel, el *nasí*, y Rabí Yehoshua, el jefe del *Beit Din*, discreparon en cuestiones de Halajá. En cada ocasión Rabán Gamliel impuso su autoridad a costa de humillar a Rabí Yehoshua. Para los sabios, la tercera vez fue demasiado:

> Rabán Gamliel permaneció sentado y explicando mientras Rabí Yehoshua permaneció de pie, hasta que toda la gente allí presente comenzó a gritar y decirle a Jutzpit, el expositor: "¡Detente!" y este

12. Maquiavelo, *The Prince (El príncipe)*, ed. Quentin Skinner, Cambridge Texts in the History of Political Thought (Cambridge, R. U. Cambridge University Press, 1988), 59.

> se detuvo. Entonces dijeron: "¿Hasta cuándo [Rabán Gamliel] seguirá insultándolo? Vamos, depongámoslo".[13]

Luego, Rabán Gamliel fue despojado de su cargo hasta que hizo un acto de disculpa ante Rabí Yehoshua.

Nuevamente la cuestión era la autoridad frente al respeto. Cometeríamos una injusticia con Rabán Gamliel si consideráramos su conducta prepotente como una simple marca de una personalidad autoritaria. La explicación más probable es que había vivido durante los últimos días del período del Segundo Templo, época en la cual los judíos estaban fatídicamente divididos entre fariseos y saduceos, moderados y zelotes. Los propios rabinos estaban divididos entre las escuelas de Hilel y Shamai, al punto de que se decía que se corría el peligro de que la Torá misma se dividiera en "dos Torot". El afianzamiento de autoridad de Rabán Gamliel fue un intento honesto de evitar una mayor fragmentación. Sin embargo fue la política equivocada. A los rabinos les molestó el intento de limitar el debate y Rabán Gamliel fue removido de su cargo.

Cuando se trata de liderazgo no existen reglas universales. Es un arte, no una ciencia. No hay procedimiento que pueda garantizar que el gobernante acierte. Los líderes cometen errores. Tal como lo señala la Torá, es solo una cuestión de "cuándo", no de "si".

Además de la imposibilidad de saber de antemano las consecuencias de tus decisiones, hay otro motivo por el cual el liderazgo está plagado de riesgos. A esto se refiere el sabio de la Mishná, Rabí Nejemia, al comentar el versículo: "Hijo mío, si has salido como garante de tu prójimo, si has estrechado la mano por un extraño" (Proverbios 6:1):

> Mientras un hombre sea un asociado [o sea, solo esté preocupado por la piedad personal], no necesita preocuparse por la comunidad y no es castigado por ello. Pero una vez que un hombre ha sido puesto a la cabeza y se ha investido con el manto del cargo, no puede decir: "Debo velar por mi bienestar particular, no me preocupa la comunidad". Por el contrario, toda la carga de los asuntos comunitarios recae sobre él. Si ve a un hombre

13. Berajot 27b.

> violentando a su prójimo o incurriendo en una transgresión y no procura impedirlo, es castigado a causa de ello, y el Espíritu Santo clama: "Hijo mío, si has salido como garante de tu prójimo", es decir, eres responsable por él… Has ingresado en la arena de los gladiadores, y el que entra en ella, resulta vencido o vencedor.[14]

Un individuo particular es responsable solamente por sus propias transgresiones. Un líder es responsable por las transgresiones de quienes dirige, al menos de aquellas transgresiones que podría haber evitado. El Talmud lo expresa de una manera simple:

> Quien pueda impedir que los miembros de su hogar transgredan y no lo hace, será apresado por las transgresiones de su casa. Si él puede impedir a sus conciudadanos y no lo hace, es apresado por las transgresiones de sus conciudadanos. Si puede impedir que el mundo entero transgreda y no lo hace, será apresado por las transgresiones del mundo entero.[15]

El poder conlleva responsabilidad, y cuanto mayor es el poder, mayor es la responsabilidad.

No existe un libro de texto para el liderazgo. Cada situación es diferente y cada época conlleva sus propios desafíos. Un gobernante, en el mejor interés de su pueblo, a veces debe tomar decisiones que un individuo consciente jamás tomaría en su vida privada. Quizás tenga que decidir librar una guerra, sabiendo que algunos morirán. Quizás precise recaudar impuestos sabiendo que ello habrá de empobrecer a algunos. En muchos casos, solamente después del evento sabrá el gobernante si la decisión que tomó estaba justificada, y ello puede depender de factores fuera de su control.

Por lo tanto, el enfoque judío del liderazgo es una combinación inusual de realismo e idealismo: realista en su reconocimiento de que inevitablemente los líderes cometen errores, e idealista en su constante sometimiento de la política a la ética, del poder a la responsabilidad, del

14. Shemot Rabá 27:9.
15. Shabat 54b.

pragmatismo a las exigencias de la conciencia. Lo importante no es que los líderes jamás se equivoquen –ello es inevitable, dada la naturaleza del liderazgo– sino que siempre estén expuestos a la crítica profética y que estudien Torá constantemente para que recuerden siempre los estándares trascendentes y las metas finales. Desde la perspectiva de la Torá, lo más importante es que el líder sea lo suficientemente honesto como para reconocer sus errores. De ahí el significado de la ofrenda por la transgresión.

Rabán Yojanán ben Zakai lo resume con un brillante doble sentido de la palabra *asher,* "*Cuando* un líder transgrede". Él la relaciona a la palabra *ashrei,* "feliz", y dice:

> Feliz de aquella generación cuyo líder está dispuesto a traer una ofrenda por la transgresión cometida en virtud de sus errores.[16]

El liderazgo demanda dos tipos de valor: la fuerza para asumir un riesgo, y la humildad para reconocer cuando un riesgo falla.

16. Tosefta, Baba Kama 7:5.

Tzav

צו

Parashat Tzav continúa con las leyes de los sacrificios iniciadas en la porción de lectura anterior, esta vez desde la perspectiva de los sacerdotes que realizan el ritual. Se establecen reglas para los holocaustos y las ofrendas de cereales, las ofrendas por la transgresión y la culpa, y las ofrendas de paz; cada una con sus propios procedimientos específicos. Luego se establecen los detalles para la incorporación de Aarón y sus hijos a la función sacerdotal, previo a la inauguración del servicio en el Santuario.

En los ensayos que siguen, el primero analiza el lugar de los sacrificios en la civilización humana y la conexión existente entre la religión y la violencia. El segundo trata sobre la ofrenda de agradecimiento y el rol que juega la gratitud en la vida emocional. El tercero pregunta por qué la Torá es tan enfática en su prohibición de comer sangre. El cuarto se refiere a la transformación de la vida judía tras la destrucción del Templo. ¿Cómo es que el judaísmo sobrevivió a la pérdida de sus instituciones más centrales: el Templo, el sacerdocio y el servicio sacrificial? El quinto trata sobre un pasaje difícil en la *haftará,* en el cual Jeremías dice que originalmente Dios *no* les ordenó a los israelitas ofrendar sacrificios. ¿Qué podría significar esto?

La violencia y lo sagrado

El judaísmo es menos un sistema filosófico que un campo de tensiones –entre universalismo y particularismo, exilio y redención, sacerdotes y profetas, tiempo cíclico y lineal, y así sucesivamente a lo largo de una larga lista de polaridades. Pocas veces esto resulta más evidente que en las declaraciones contradictorias que existen en el interior del judaísmo respecto a los sacrificios.

Por una parte, al leer el libro de los Salmos, resulta imposible pasar por alto la emoción y el regocijo con el que las personas acudían a Jerusalén a rendir culto en el Templo y a ofrendar sacrificios a Dios:

> Te ofrendaré un sacrificio de acción de gracias e invocaré el nombre del Eterno.
> Cumpliré mis votos al Eterno en presencia de todo Su pueblo.
> En los atrios de la Casa del Eterno, en medio de ti, Jerusalén. Aleluya (Salmo 116:17–19).

Devolverle a Dios, agradecerle por el obsequio de la vida, expiar por tus transgresiones, unirte a tu pueblo cuando se reúne para rendir homenaje a su Rey Celestial, estar en el sitio que más que ningún otro fue el hogar de la Divina Presencia: de esto se trataba el sistema sacrificial. Era vívido, emotivo, a veces penitencial, a menudo alegre: la cita, el encuentro de amantes, entre Dios y Su pueblo con el cual estableció un pacto. La prosa seca del libro de *Vaikrá* y sus leyes sacrificiales no debe cegarnos ante el hecho de que el servicio tenía una dimensión profundamente afectiva. Hablaba al corazón, a sus esperanzas y temores. Se trataba de un gran drama religioso.

A pesar de esto, una y otra vez, al leer a los profetas nos sorprende lo apasionada que era su crítica al sistema de sacrificios. La escuchamos en Amós y Oseas, en Isaías y Jeremías. Miqueas le dio una de sus más conocidas expresiones:

> ¿Con qué he de venir ante el Eterno y prosternarme ante el Dios exaltado?...
> ¿Estará contento el Eterno con miles de carneros, con diez mil ríos de aceite?...
> Él te ha mostrado, oh hombre, lo que es bueno.
> ¿Qué pide el Eterno de ti?
> Que actúes con justicia, ames la compasión y camines humildemente junto a tu Dios (Miqueas 6:6–8).

El conflicto es profundo, pero se trata de una tensión, no de una contradicción. Lo que los profetas decían es que el judaísmo es un monoteísmo, no un dualismo. Hay un mundo, no dos. Si amamos a Dios, entonces debemos amar a nuestro prójimo, al vecino y al extranjero. Si buscamos la justicia de Dios, debemos practicar justicia. Si clamamos por el perdón de Dios, también nosotros debemos perdonar. Compartimentar nuestras relaciones con Dios y con nuestros semejantes, preocupándonos por uno al tiempo que descuidamos al otro, es precisamente ese tipo de dualismo. El sacerdote le recordaba al pueblo sus deberes para con Dios. El profeta le recordaba sus deberes para con la humanidad. La existencia de uno sin el otro resulta insostenible e indefendible.

Sin embargo, cualquiera que piense en profundidad sobre la vida religiosa debe preguntarse: ¿por qué sacrificios? ¿Por qué *esta* manera de servir a Dios? Maimónides dice que así se servía a los dioses de las demás naciones en aquellos días. Ordenar a los israelitas que procedieran de otra manera habría sido pedir demasiado, demasiado pronto, de una naturaleza humana que tarda en cambiar.[1] Sin embargo, Dios no dudó en prohibirles elaborar ídolos e íconos a pesar de que ello también era omnipresente en la antigüedad. Entonces, incluso en la teoría de Maimónides, surge todavía una pregunta. ¿Por qué Dios permitió una forma de culto que era compartida por otras naciones del mundo antiguo y que de alguna manera no era ideal? A lo largo de la historia del pensamiento judío se han ofrecido muchas respuestas a esta interrogante. Una de las más intrigantes la da el pensador judío de principios del siglo XV, Rabí Yosef Albo (España, 1380–1444), en su libro *Sefer HaIkarim* (*El libro de los principios*, 1425).[2]

La teoría de Albo no tomó como punto de partida los sacrificios sino otras dos preguntas. La primera: ¿Por qué después del diluvio Dios permitió que los seres humanos ingirieran carne? (Génesis 9:3–5). En un principio ni los seres humanos ni los animales comían carne (Génesis 1:29–30). ¿Qué causó que Dios, por así decirlo, cambiara de opinión? La segunda: ¿Qué estuvo mal en el primer acto de sacrificio, la ofrenda de Caín, de "algunos de los frutos de la tierra"? (Génesis 4:3–5). El rechazo de Dios a esa ofrenda condujo directamente al primer asesinato, cuando Caín mató a Abel. ¿Qué estaba en juego en la diferencia entre las ofrendas que Caín y Abel trajeron ante Dios?

La teoría de Albo es que matar animales para comerlos es intrínsecamente malo. Implica quitarle la vida a un ser sensible para satisfacer nuestras necesidades. Caín lo sabía. Creía que existía un fuerte lazo de parentesco entre el ser humano y los animales. Por eso no ofrendó un sacrificio animal sino vegetal (según Albo, su error radicó en que debió haber traído frutas y no verduras, lo más elevado y no lo más bajo de entre los productos no cárnicos). Por el contrario, Abel creía que había una diferencia cualitativa entre el hombre y los animales. ¿Acaso Dios no les había dicho a los primeros seres humanos: "Gobiernen sobre los peces del mar, las aves del cielo y sobre toda criatura viviente que se mueve en la tierra"? Por eso trajo un sacrificio animal.

1. Maimónides, la *Guía de los perplejos*, III:32.
2. Rabí Yosef Albo, *Sefer HaIkarim* III:15.

Una vez que Caín vio que el sacrificio de Abel había sido aceptado y el suyo no, razonó de la siguiente manera: si Dios, que nos prohíbe matar animales para comer, permite e incluso favorece matar animales como sacrificio, y si como creía Caín, no hay una diferencia fundamental entre los seres humanos y los animales, entonces debo ofrendar como sacrificio a Dios al ser vivo más elevado, o sea, a mi hermano Abel. *Caín mató a Abel a modo de sacrificio humano.*

Este es el motivo por el cual, después del Diluvio, Dios permitió el consumo de carne. Antes del Diluvio, el mundo "se había colmado de violencia". Quizá la violencia sea inherente a la naturaleza humana. Si a la humanidad se le iba a permitir existir, entonces Dios debía reducir Sus exigencias. Él dijo, *que los seres humanos maten animales en lugar de matar seres humanos* –la única forma de vida que no solamente es creación de Dios, sino que también lleva Su imagen. De ahí la secuencia de versículos que de otra manera resultaría incomprensible sobre Noaj y su familia tras emerger a tierra firme:

> Entonces Noaj edificó un altar para el Eterno, y tomando de todos los animales y aves puros, sacrificó sobre éste ofrendas ígneas. El Eterno olió el aroma agradable y dijo para Sí: "No volveré a maldecir a la tierra por causa del hombre, aunque toda inclinación de su corazón es mala desde su infancia..."
>
> Entonces Dios bendijo a Noaj y a sus hijos diciéndoles... "Todo lo que vive y se mueve será alimento para ustedes. Así como les otorgué las plantas verdes, ahora les concedo todo...
>
> Quien derrame la sangre del hombre, su sangre será derramada a manos del hombre; porque a imagen de Dios, Dios hizo al hombre" (Génesis 8:20–9:6).

Según Albo, la lógica del pasaje es clara. Noaj ofrenda un sacrificio animal como acción de gracias por haber sobrevivido al Diluvio. Dios ve que los seres humanos necesitan esta forma de expresarse. Están genéticamente predispuestos a la violencia ("toda inclinación de su corazón es mala desde su infancia"). Para que la sociedad sobreviva, los seres humanos necesitarían poder encauzar su violencia hacia animales no humanos, ya sea como alimento o como ofrendas de sacrificio. La línea crucial que es preciso trazar es entre lo humano y lo no humano. El permiso para matar animales viene acompañado de la prohibición absoluta de matar a seres humanos, "porque a imagen de Dios, Dios hizo al hombre".

No es que Dios apruebe el matar animales, ya sea para sacrificio o como alimento, sino que, dada la predisposición genética del hombre a derramar sangre, prohibírselo resulta utópico. No es para ahora sino para el final de los días. Hasta entonces, la solución menos mala es dejar que la gente mate animales en vez de que asesine a sus semejantes. Los sacrificios animales son una concesión a la naturaleza humana.[3] *Los sacrificios son un sustituto de la violencia dirigida contra la humanidad.*

El pensador contemporáneo que más ha hecho por revivir esta comprensión es el crítico literario y antropólogo filosófico franco-americano René Girard, en libros tales como *La violencia y lo sagrado*, *El chivo expiatorio* y *Cosas ocultas desde la fundación del mundo*. Él sostiene que el común denominador en los sacrificios es:

> ...violencia interna: todas las disensiones, rivalidades, celos y disputas al interior de la comunidad que los sacrificios están diseñados para suprimir. El propósito del sacrificio es restaurar la armonía en la comunidad, reforzar el tejido social. Todo lo demás se deriva de ello.[4]

La peor forma de violencia dentro y entre las sociedades es la venganza, "un proceso interminable e infinitamente repetitivo". Esto está en línea con lo dicho por Hilel al ver un cráneo humano flotando en el agua: "Porque ahogaste a otros, ellos te ahogaron, y aquellos que te ahogaron al final terminarán ahogados" (Mishná Avot 2:7).

No existe un final natural para el ciclo de las represalias y las venganzas. Los Montesco siguen matando a los Capuleto y siguen siendo ultimados por ellos. Lo mismo ocurre con los Tattaglia y los Corleone, y los otros grupos enemistados tanto en la ficción como en la historia.

3. Sobre por qué Dios nunca elige *modificar* la naturaleza humana, ver Maimónides, la *Guía de los perplejos*, III:32.
4. René Girard, *Violence and the Sacred* (Baltimore: John Hopkins University Press, 1977), 8.

Es un ciclo destructivo que ha devastado comunidades enteras. Según Girard, este fue el problema para cuya resolución se inventó el ritual religioso. Él dice que el acto religioso primario es el sacrificio, y el principal sacrificio es el chivo expiatorio. Si las tribus A y B que han estado peleando pueden sacrificar a un miembro de la tribu C, entonces ambas habrán saciado su deseo de derramar sangre sin invitar a la venganza, especialmente si la tribu C no está en condiciones de tomar represalias. Los sacrificios desvían la energía destructiva de la reciprocidad violenta.

Entonces, ¿por qué si la violencia está arraigada en la naturaleza humana, los sacrificios son característicos de las sociedades antiguas y no de las modernas? Según Girard, ello obedece a que existe otra manera más eficaz de acabar con la venganza:

> La venganza es un círculo vicioso cuyo efecto en las sociedades primitivas solo puede ser objeto de conjetura. Para nosotros el círculo se ha roto. Debemos nuestra buena fortuna sobre todo a una de nuestras instituciones sociales: nuestro sistema judicial, que sirve para desviar la amenaza de la venganza. El sistema no suprime la venganza; más bien, se limita en efecto a un solo acto de represalia que es el llevado a cabo por la autoridad soberana especializada en esta función particular. Las decisiones del poder judicial se presentan invariablemente como la última palabra sobre la venganza.[5]

La terminología de Girard aquí no es una a la que nos podamos suscribir. La justicia no es venganza. La retribución no es venganza. La venganza es inherentemente Yo-Tú o Nosotros-Ellos. Es personal. La retribución es impersonal. Ya no se trata de los Montesco contra los Capuleto, sino ambos bajo el juicio imparcial de la ley. Pero el punto sustancial de Girard es acertado y esencial. El único antídoto efectivo contra la violencia es el estado de derecho.

La teoría de Girard confirma la visión de Albo. El sacrificio (como la ingesta de carne) entró al judaísmo como un sustituto de la violencia. También nos ayuda a entender la profunda percepción de los profetas

5. Ibid., 15.

de que *los sacrificios no son una finalidad en sí mismos, sino parte del programa de la Torá para crear un mundo redimido del ciclo de la venganza que de otra manera resultaría interminable. La otra parte de este programa, y el mayor deseo de Dios, es un mundo gobernado por la justicia.* Ese, recordemos, fue el primer encargo que le dio a Abraham, "instruir a sus hijos y a su casa después de él a guardar el camino del Eterno *haciendo lo que es recto y justo*" (Génesis 18:19).

Por lo tanto, ¿hemos superado ya esa etapa de la historia de la humanidad en la cual los sacrificios animales tenían sentido? ¿Se ha convertido la justicia en una realidad suficientemente poderosa como para que ya no necesitemos de rituales religiosos que desvíen la violencia entre los seres humanos? Lamentablemente, la respuesta es no. El colapso de la Unión Soviética, la caída del Muro de Berlín y el final de la Guerra Fría, llevó a algunos pensadores a sostener que habíamos alcanzado "el final de la historia". No habría más guerras impulsadas por la ideología. En lugar de ello, el mundo se encaminaría hacia la economía de mercado y la democracia liberal.[6]

La realidad fue radicalmente diferente. Hubo oleadas de conflictos étnicos y violencia en Bosnia, Kosovo, Chechenia y Ruanda, seguidas por los aún más sangrientos conflictos en todo el Medio Oriente, el África subsahariana y partes de Asia. Michael Ignatieff, en su libro *El honor del guerrero,* ofrece la siguiente explicación de por qué esto ha ocurrido:

> El principal obstáculo moral en el camino de la reconciliación es el deseo de venganza. Ahora bien, comúnmente se considera a la venganza como una emoción baja e indigna, y debido a ello, rara vez se comprende el control moral que ejerce sobre las personas. Pero la venganza, moralmente considerada, es un deseo por mantener la lealtad hacia los muertos, honrar su memoria retomando su causa allí donde ellos la dejaron. La venganza preserva la lealtad intergeneracional…
>
> Este ciclo de recriminación intergeneracional no tiene un fin lógico… Pero es la propia imposibilidad de la venganza

6. Francis Fukuyama, *The End of History and the Last Man (El fin de la historia y el último hombre)* (Nueva York: Free Press, 1992).

> intergeneracional la que encierra a comunidades en la compulsión de repetir…
>
> La reconciliación no tiene ninguna posibilidad contra la venganza a menos que respete las emociones que la sustentan, a menos que pueda reemplazar el respeto que la venganza implica por medio de rituales en los que las comunidades que estuvieron en guerra, aprendan a llorar juntas a sus muertos.[7]

Lejos de hablar de una época ya desaparecida y olvidada, las leyes del sacrificio nos dicen tres cosas tan importantes ahora como entonces:

En primer lugar, la violencia es aún parte de la naturaleza humana y nunca resulta tan peligrosa como cuando se combina con una ética de venganza.

En segundo lugar, en vez de negar su existencia debemos buscar formas de redirigirla de modo tal que no reclame aún más sacrificios humanos.

En tercer lugar, la única alternativa definitiva para los sacrificios, animales o humanos, es aquella que fue propuesta hace miles de años por los antiguos profetas de Israel, pocos con más fuerza que Amós:

> Aunque me traigan holocaustos y ofrendas de cereal, no las aceptaré…
>
> Pero que la justicia fluya como un río, y la rectitud como un torrente inagotable (Amos 5:22–24).

7. Michael Ignatieff, *The Warrior's Honor: Ethnic War and the Modern Conscience* (Toronto: Penguin, 2006), 188–190.

Agradeciendo

Elaine y yo estábamos de luna de miel. Habíamos llegado a un pequeño pueblo en la costa italiana llamado Paestum. Tenía una larga y antigua historia y aún pueden verse las ruinas bien preservadas de numerosos templos griegos. Pero lo que nos atrajo a ese sitio fue el mar. El sol era deslumbrante, la playa gloriosa y el mar invitaba. Había un solo problema. Yo no sabía nadar. Mis padres no sabían que el Talmud indica que enseñar a nadar es uno de los deberes de los padres para con sus hijos, y de alguna manera yo nunca aprendí. Pero mientras miraba a la gente en el mar, noté que el agua era muy poco profunda. Había personas paradas a varios cientos de metros de la orilla, pero el agua solo les llegaba a la altura de las rodillas. ¿Qué podría resultar más seguro, pensé, que caminar agua adentro y detenerme antes de alcanzar mi límite de profundidad?

Lo hice. Caminé varios cientos de metros y realmente el agua solo alcanzaba a llegar hasta mis rodillas. Me di la vuelta y comencé a caminar de regreso. Para mi sorpresa y conmoción, de repente me encontré con que no hacía pie. Había ingresado en una profunda depresión en el lecho del mar. Luché por nadar y fracasé. No había nadie cerca de mí. Los nadadores se encontraban lejos. Mientras me hundía por quinta vez, supe que me estaba ahogando, mi vida estaba a punto de terminar. Hasta donde recuerdo, tenía dos pensamientos en mente: "Qué manera de comenzar una luna de miel" y "¿Cómo se dice 'ayuda' en italiano?"

Por supuesto que alguien me salvó, de otra manera no podría estar escribiendo estas líneas. Hasta el día de hoy no sé quién fue la persona que me rescató. Para entonces, yo ya estaba más o menos inconsciente. Alguien debe haberme visto luchar, nadó hacia mí, me agarró y me puso a salvo. Desde entonces, las palabras que decimos cada mañana al levantarnos tienen para mí un profundo significado: "Te agradezco Dios viviente y duradero por haberme devuelto la vida, grande es Tu fidelidad". Cualquiera que haya sobrevivido a un gran peligro sabe lo que es sentir una profunda gratitud, sabe existencialmente, no solo de manera abstracta, que la vida es un obsequio de Dios. Cada día es un motivo para dar gracias.

Es este sentimiento el que subyace a uno de los sacrificios detallados en *Parashat Tzav*: el *korbán todá*, la ofrenda de acción de gracias: "Si él ofrece [el sacrificio] como ofrenda de acción de gracias, luego junto con esta ofrenda de acción de gracias ofrecerá panes sin levadura amasados con aceite, galletas sin levadura untadas con aceite y hogazas de harina fina, bien amasadas y mezcladas con aceite" (Levítico 7:12).

Si bien no hemos tenido sacrificios durante casi dos milenios, un rastro de la ofrenda de acción de gracias sobrevive hasta el día de hoy bajo la forma de una bendición conocida como *HaGomel*: "Quien otorga cosas buenas a quienes son indignos", que se recita en la sinagoga durante la lectura de la Torá por alguien que haya sobrevivido a una situación peligrosa.

Los sabios definen a una situación peligrosa como la supervivencia a uno de los cuatro riesgos mencionados en el Salmo 107; un cántico sobre el tema de dar gracias, que comienza con las palabras de agradecimiento religioso más conocidas en el judaísmo: "Agradezcan al Eterno porque es bueno, pues Su benevolencia es eterna".[1] Los cuatro riesgos son:

1. Berajot 54b.

1. *Cruzar el mar*: "Algunos zarparon en barcos; ellos eran comerciantes sobre aguas poderosas… Subieron hasta los cielos y descendieron hasta las profundidades, en su peligro, su valor se desvaneció. Entonces clamaron al Eterno en su angustia y Él los libró de su desgracia. Calmó la tormenta transformándola en un susurro, las olas del mar se calmaron".

2. *Cruzar el desierto*: "Algunos vagaron por páramos desiertos sin encontrar camino a una ciudad en la que pudieran establecerse. Estaban hambrientos y sedientos y sus vidas se desvanecieron. Entonces, clamaron al Eterno en su angustia y Él los libró de su desgracia".

3. *Recuperarse de una enfermedad grave*: "Aborrecieron todo alimento y se acercaron a los pórticos de la muerte. Entonces clamaron al Eterno en su angustia y Él los libró de su desgracia. Él envió Su palabra y los curó; Él los rescató de la tumba".

4. *Ser liberado del cautiverio*: "Algunos se sentaron en la oscuridad y en la más profunda penumbra, eran prisioneros que sufrían en cadenas de hierro… Entonces clamaron al Eterno en su angustia y Él los libró de su desgracia. Los sacó de las tinieblas, de la más profunda oscuridad y rompió sus cadenas".

Estas siguen siendo las situaciones de peligro en virtud de las cuales recitamos *HaGomel* cuando ya estamos a salvo. Hoy en día hay quienes incluyen los viajes en avión.

En su libro *Rumor de ángeles*, el sociólogo estadounidense Peter Berger describe lo que él denomina "señales de trascendencia" –fenómenos en el marco de la situación humana que apuntan a algo más allá.[2] Entre estos, incluye el *humor* y la *esperanza*. No hay nada en la naturaleza que explique nuestra capacidad de reformular situaciones dolorosas de modo tal que podamos reírnos de ellas, ni hay nada que pueda explicar

2. Peter Berger, *A Rumor of Angels: Modern Society and the Rediscovery of the Supernatural* (Garden City, NY: Doubleday, 1969).

la capacidad humana de encontrar sentido incluso en las profundidades del sufrimiento.

En el sentido clásico, éstas no son pruebas de la existencia de Dios, pero sí son insinuaciones experienciales. Nos dicen que no somos concatenaciones aleatorias de genes egoístas que se reproducen ciegamente. Nuestros cuerpos pueden ser producto de la naturaleza ("del polvo vienes y al polvo volverás"), pero nuestras mentes, pensamientos y emociones –todo lo que se entiende por la palabra "alma"– no lo son. Hay algo en nuestro interior que se contacta con algo que nos trasciende: el alma del universo, el corazón palpitante de la existencia, el "Tú" divino al que le hablamos en nuestras plegarias y al cual nuestros ancestros, cuando el Templo estaba en pie, le ofrendaban sacrificios.

Si bien Berger no la incluye, una de las "señales de trascendencia" es seguramente el deseo humano instintivo de agradecer. A menudo esto es meramente humano. Alguien nos ha hecho un favor, nos ha obsequiado un presente, nos ha consolado en medio de nuestro dolor o nos ha rescatado de una situación de peligro. Sentimos que les debemos algo. Ese algo es *todá*, el vocablo hebreo que significa "reconocimiento" y "agradecimiento".

Pero a menudo sentimos algo más. No es solo al piloto al que le queremos agradecer cuando aterrizamos de manera segura tras un vuelo arriesgado, o al cirujano cuando sobrevivimos a una intervención quirúrgica. Es como si una fuerza mayor estuviera operando, como si sintiéramos la presencia de lo que Adam Smith denominó una "mano invisible" que mueve las piezas en el tablero de ajedrez humano. Sentimos como si el mismo cielo hubiera descendido y venido en nuestra ayuda. Como se cree que dijo John Milton: "La gratitud concede reverencia, permitiéndonos encontrar epifanías cotidianas, esos momentos trascendentes de asombro que cambian para siempre nuestra manera de experimentar la vida y el mundo".

Las compañías de seguros tienden a describir a las catástrofes naturales como "actos de Dios", pero nosotros hacemos lo contrario. Sentimos que Dios está en las buenas noticias, en la supervivencia milagrosa, en el escape de la catástrofe. Ese instinto –dar gracias a una fuerza, a una presencia protectora, por encima de las circunstancias naturales y la intervención humana– es en sí mismo una señal de trascendencia.

Eso es lo que una vez se expresó en la ofrenda de acción de gracias y está aún presente en la bendición de *HaGomel.*

No es solamente el sentimiento de gratitud el que busca una expresión religiosa. A veces, la causalidad va en la dirección opuesta. Es la expresión religiosa la que nos entrena en sentir gratitud. La plegaria puede ser una forma de transformación cognitiva.

Al leer o mirar las noticias del día, resulta fácil sentir que la vida es una sucesión de peligros y desastres, ya que son éstos los que llaman la atención. Estamos genéticamente condicionados a notar las cosas que son una amenaza potencial. La seguridad de nuestros antepasados dependía de ello. El resultado es que rara vez las buenas noticias logran capturar el interés periodístico. El avión que se estrella ocupa los titulares, no los diez mil que no lo hicieron.

Hay un sencillo experimento para mostrar cómo funciona esto. Dibuje un punto negro en un pedazo de papel, sosténgalo frente a una multitud y pregúnteles qué están viendo. Casi todos van a responder: "Un punto negro". Luego indíqueles que el punto ocupa menos del uno por ciento de la superficie del papel. Ellos simplemente no prestan atención al otro noventa y nueve por ciento. Se trata solamente del "trasfondo".

Nuestras oraciones matutinas comienzan con las Bendiciones del Amanecer en las que le damos gracias a Dios por devolvernos la conciencia después de dormir, por el cuerpo humano y nuestra alma restaurada, por la tierra que pisamos y la libertad con la que nos incorporamos, y así continuamos a través de toda una letanía de agradecimientos. Lo que esto hace es *poner el trasfondo en primer plano,* enfocando nuestra atención en cosas que normalmente damos por obvias. Se trata de un cambio cognitivo diseñado para volvernos atentos a las innumerables bendiciones que nos rodean. Y tal como lo ha demostrado un famoso experimento, quienes poseen una actitud de agradecimiento tienden a vivir más y en mejor estado de salud.[3] Tal como lo enseñó Ben Zoma,

3. Deborah D. Danner, David A. Snowdown y Wallace V. Friesen, "Positive Emotions in Early Life and Longevity: Findings from the Nun Study", *Journal of Personality and Social Psychology*, vol. 80, no. 5 (2001): 804–813. Para un estudio general del impacto del agradecimiento en la salud, ver: Robert A. Emmons, *Thanks!: How the New Science of Gratitude Can Make You Happier* (Boston: Houghton Mifflin, 2007).

dar las gracias por lo que tenemos es un mejor modo de vivir que dejarnos llevar por una percepción de lo que nos falta,[4] el modo cognitivo predeterminado de una sociedad de consumo.

Así que con profunda sabiduría, la tradición judía nos enseña que nuestras primeras palabras al despertar sean la plegaria que yo aprendí a decir con tanta pasión después de que me rescataran de ahogarme: "Te agradezco Dios viviente y duradero por haberme devuelto la vida, grande es Tu fidelidad". La primera palabra de esta oración, *modé,* no solo proviene de la misma raíz hebrea que *todá,* "acción de gracias", sino que también es la raíz del vocablo *iehudí,* "judío". Adquirimos el nombre del cuarto hijo de Jacob, Judá, cuyo nombre se lo dio su madre Lea, quien al nacer su hijo dijo: "Esta vez, le agradeceré a Dios" (Génesis 29:35). *Ser judío es dar las gracias.* Esta es la primera palabra que debemos pronunciar cada mañana, es el significado de nuestro nombre como pueblo y el gesto constitutivo de nuestra fe.

Hubo judíos que después del Holocausto procuraron definir la identidad judía en términos de sufrimiento, victimismo y supervivencia. Un teólogo habló del precepto número 614: No le otorgarás a Hitler una victoria póstuma. El historiador Salo Baron lo denominó la lectura "lacrimosa" de la historia: una historia escrita entre lágrimas. Sin duda, hay un sufrimiento judío. Sin embargo, si esto hubiera sido todo, los judíos no habrían transmitido su identidad a sus hijos como su legado más preciado. Ser judío es tener un sentido de gratitud, es ver la vida misma como un obsequio, es poder vivir el sufrimiento sin ser definido por él, y de esa manera conferirle a la esperanza la victoria por sobre el miedo. Ser judío es dar las gracias.

4. Mishná Avot 4:1.

Sangre, idolatría y guerra

Esta *sidrá*, al hablar sobre los sacrificios, prohíbe la ingestión de sangre:

> Donde sea que habites, no debes ingerir la sangre de ningún ave o animal. Si alguien come sangre, esta persona será cortada de su pueblo (Levítico 7:26–27).

Esta no es simplemente una de varias prohibiciones. La prohibición de comer sangre es fundamental para la Torá. Por ejemplo, ocupa un sitio central en el pacto que Dios establece con Noaj –y a través de él, con toda la humanidad– tras el Diluvio: "Pero no debes comer carne que contenga todavía en ella su sangre vital" (Génesis 9:4). Así también, Moisés regresa a este tema en sus grandes discursos finales del libro de Deuteronomio:

> Pero asegúrate de no comer la sangre, porque la sangre es la vida y no debes ingerir la vida junto con la carne. No debes comer la sangre; viértela sobre la tierra como si fuese agua. No la comas, para que te vaya bien a ti y a tus hijos después de ti, porque estarás

> haciendo lo que es correcto a los ojos del Eterno (Deuteronomio 12:23–25).

¿Qué tiene de malo comer sangre? Maimónides y Najmánides ofrecen interpretaciones contradictorias. Para Maimónides, consistente con su programa a lo largo de la *Guía de los perplejos*, se trata de una parte más en la extensa batalla de la Torá en contra de la idolatría. Él nota que la Torá utiliza un lenguaje idéntico tanto para la idolatría como para la ingestión de sangre:

> Pondré *Mi rostro contra* aquella persona que coma sangre y la cortaré de su pueblo (Levítico 17:10).

> Pondré *Mi rostro contra* aquel hombre (que se dedica a la adoración del dios Moloc) y su familia y lo cortaré de su pueblo (Levítico 20:5).

En ningún otro contexto salvo el de la sangre y el de la idolatría se hace uso de la expresión "pondré Mi rostro contra". Maimónides dice que los idólatras creían que la sangre era el alimento de los espíritus y que al ingerirla tendrían "algo en común con los espíritus". Está prohibido ingerir sangre en virtud de su asociación con la idolatría.[1]

Por el contrario, Najmánides dice que la prohibición tiene que ver con la naturaleza humana. Lo que comemos nos afecta:

> Si uno comiera la vida de toda carne, y luego esta se adhiriera a la propia sangre y las dos se unieran en el corazón, el resultado será la densificación y la tosquedad del alma humana, haciendo que esta se acerque más a la naturaleza del alma animal que residía en la carne ingerida…

Najmánides insinúa que ingerir sangre nos vuelve crueles, bestiales y parecidos a los animales.[2]

1. Maimónides, *Guía de los perplejos*, III:46.
2. Najmánides, comentario a Levítico 17:13.

¿Cuál explicación es la correcta? Actualmente poseemos abundante evidencia a través de la arqueología y de la antropología de que ambas explicaciones lo son. Maimónides tenía razón al considerar la ingesta de sangre como un ritual pagano. Los sacrificios humanos estaban muy extendidos en el mundo antiguo. Por ejemplo, entre los griegos el dios Cronos requería de víctimas humanas. Se decía que las ménades, las adoradoras de Dionisio, destrozaban a las víctimas vivas con sus propias manos y las comían. Los aztecas de Sudamérica practicaban los sacrificios humanos a gran escala, y creían que si no alimentaban al sol con porciones de sangre humana este se extinguiría: "Convencidos de que era necesario fortalecer al sol para evitar el cataclismo final, asumieron por sí mismos la misión de proporcionarle la energía vital que se encuentra únicamente en el precioso líquido que mantiene vivo al hombre".

Barbara Ehrenreich, de cuyo libro *Blood Rites: Origins and History of the Passions of War (Ritos de sangre: Orígenes e historia de las pasiones de la guerra)*[3] provienen estos datos, sostiene que una de las experiencias más formativas para los primeros seres humanos deber haber sido el terror de ser atacados por animales depredadores. Sabían que el resultado probable era que uno del grupo, por lo general un forastero, un inválido, un niño, o tal vez un animal, cayera presa de la fiera, dando a los demás la oportunidad de escapar. Fue este recuerdo incrustado en la memoria el que se convirtió en la base de los posteriores rituales de sacrificio.

La tesis de Ehrenreich es que "el sacrificio ritual imita en muchos sentidos a la crisis del ataque de un depredador. Un animal o quizás un miembro humano del grupo es seleccionado para ser sacrificado, a menudo de una forma espectacularmente sangrienta". La ingestión de la víctima junto con su sangre mantiene al depredador temporalmente ocupado, permitiéndole al resto del grupo escapar con seguridad. Este es el motivo por el cual se ofrece la sangre a los dioses. Tal como Mircea Eliade señaló: "Los seres divinos que participan de las ceremonias de iniciación suelen ser imaginados como animales salvajes: leones y

3. Barbara Ehrenreich, *Blood Rites: Origins and History of the Passions of War* (Nueva York: Metropolitan, 1997).

leopardos (animales iniciáticos por excelencia) en África, jaguares en Sudamérica, cocodrilos y monstruos marinos en Oceanía".[4] Los sacrificios de sangre aparecen cuando los seres humanos ya están lo suficientemente bien organizados en grupos como para hacer la transición de presa a depredador. Entonces reviven sus temores de ser atacados y devorados.

Sin embargo, Ehrenreich no termina allí. En su opinión, esta reacción emocional –el terror y la culpa– sobrevive hasta el presente como parte de nuestra carga genética proveniente de tiempos remotos. Nos deja dos legados: uno, la tendencia humana a unirse frente a un problema externo; el otro, la disposición a arriesgarse al autosacrificio en aras del grupo. Este tipo de emociones aparecen en tiempos de guerra. No son la *causa* de la guerra, pero la revisten de "sentimientos profundos –pavor, asombro y la voluntad de sacrificio– que la torna 'sagrada' para nosotros". Ayudan a explicar por qué resulta tan sencillo movilizar personas evocando el espectro de un enemigo exterior.

La guerra es una actividad destructiva y autodestructiva. Entonces, ¿por qué persiste? La visión de Ehrenreich sugiere una respuesta. Es la supervivencia disfuncional de los instintos, profundamente necesarios en la época de los cazadores-recolectores, en una era en la cual semejantes respuestas ya no son necesarias. Los seres humanos todavía se estremecen ante la perspectiva de derramar sangre.

Maimónides estaba en lo cierto al ver en el sacrificio de sangre una práctica idólatra central. Najmánides estaba igualmente en lo cierto al verlo como un síntoma de crueldad humana. Ahora percibimos la profunda sabiduría de la ley que prohíbe ingerir sangre. Solamente así los seres humanos se curarán gradualmente de un instinto profundamente arraigado, proveniente de un mundo de depredadores y presas, en el cual la elección clave es matar o morir.

La psicología evolutiva nos ha enseñado sobre estos residuos genéticos de épocas anteriores que, al no ser racionales, no pueden ser curados únicamente por medio de la razón, sino solamente por medio del ritual, la prohibición estricta y la habituación. El mundo contemporáneo

4. Mircea Eliade, *Rites and Symbols of Initiation: The Mysteries of Birth and Rebirth* (Dallas: Spring Publications, 1994).

sigue marcado por la violencia y el terror. Tristemente, la veda contra los sacrificios de sangre sigue siendo relevante. El instinto contra el cual representa una protesta, el de sacrificar la vida para exorcizar el miedo, todavía vive.

¿Por qué mueren las civilizaciones?

En su libro *The Watchman's Rattle* (lit. 'El sonajero del vigilante'), subtitulado "Thinking Our Way Out of Extinction" ("Pensando en salir de la extinción"), Rebecca Costa nos ofrece un relato fascinante sobre cómo mueren las civilizaciones. Ella sostiene que esto ocurre porque sus problemas se vuelven demasiado complejos.[1] Las sociedades alcanzan lo que ella llama un umbral cognitivo. Simplemente no pueden trazar un camino desde el presente hacia el futuro.

El ejemplo que ella presenta es el de los mayas. Durante un período de 3500 años, entre el 2600 a. e. c. y el 900 e. c., desarrollaron una extraordinaria civilización que se extendió por lo que hoy es México, Guatemala, Honduras, El Salvador y Belice, con una población estimada de quince millones de personas.

Ellos no solo eran maestros alfareros, tejedores, arquitectos y agricultores. Desarrollaron un intrincado sistema de calendario cilíndrico, con cartas celestes que permitían seguir el movimiento de las estrellas y pronosticar patrones climáticos. Poseían su propio sistema de escritura,

1. Rebecca D. Costa, *The Watchman's Rattle: Thinking Our Way Out of Extinction* (Nueva York: Vanguard, 2010).

así como un avanzado sistema matemático. Lo más impresionante es que desarrollaron una infraestructura de abastecimiento de agua que incluía una compleja red de embalses, canales, presas y diques.

Luego repentinamente, por motivos que aún no comprendemos del todo, la totalidad del sistema colapsó. En algún momento entre mediados de los siglos VIII y IX, la mayor parte del pueblo maya simplemente desapareció. Ha habido muchas teorías sobre por qué sucedió. Pudo haber sido una prolongada sequía, sobrepoblación, guerras internas, una epidemia devastadora, escasez de alimentos, o una combinación de estos y otros factores. De un modo u otro, habiendo sobrevivido durante treinta y cinco siglos, la civilización maya colapsó y se extinguió.

El argumento de Rebecca Costa es que sean cuales sean las causas, el colapso maya, al igual que la caída del Imperio romano y el Imperio jemer de la Camboya del siglo XIII, se produjo porque los problemas se tornaron demasiado numerosos y complicados como para ser resueltos por el pueblo de aquella época y lugar. Hubo una sobrecarga cognitiva y los sistemas se desmoronaron.

Puede ocurrirle a cualquier civilización. Dice que le puede estar sucediendo a la nuestra. La primera señal de desperfecto es el estancamiento. En lugar de lidiar con lo que todos perciben como los mayores problemas, la gente simplemente sigue su vida habitual y le pasa las dificultades a la siguiente generación. La segunda señal es un retroceso hacia la irracionalidad. Como la gente ya no puede enfrentar los hechos, se refugia en consuelos religiosos. En el caso de los mayas, comenzaron a ofrendar sacrificios.

Los arqueólogos han descubierto pruebas espantosas que evidencian la existencia de sacrificios humanos a gran escala. Parecería que al verse incapaces de resolver sus problemas racionalmente, los mayas se enfocaron en apaciguar a los dioses por medio de una exacerbada ofrenda de sacrificios. Al parecer, lo mismo ocurrió con los jemeres.

Lo cual hace que el caso de los judíos y el judaísmo resulte tan inusual, quizás único. Enfrentaron una crisis de dos siglos bajo el dominio romano, entre la conquista de Pompeyo en el año 63 a. e. c. y el colapso de la rebelión de Bar Kojba en el 135 de la era común. Estaban irremediablemente divididos en diferentes facciones. Mucho antes de la

Gran Rebelión contra Roma y de la destrucción del Segundo Templo, los judíos estaban esperando algún gran cataclismo.

Algunos grupos, como la secta de Qumrán, la cual conocemos gracias a los Rollos del Mar Muerto, de hecho se retiraron al ámbito de las visiones apocalípticas y a sus refugios en el desierto. Otros, como los saduceos, parecen haber actuado como si nada estuviera a punto de cambiar. Pero los fariseos y sus herederos, los rabinos, hicieron exactamente lo opuesto de los mayas y los jemeres. En lugar de enfocarse obsesivamente en los sacrificios, dedicaron sus energías a encontrar *sustitutos* para estos.

Uno de ellos fue *gmilat jasadim*, la realización de actos de bondad. Rabán Yojanán ben Zakai consoló a Rabí Yehoshua, quien se preguntaba cómo podría el pueblo de Israel expiar sus transgresiones en ausencia de los sacrificios, diciéndole: "Hijo mío, tenemos otra expiación tan efectiva como esa, la realización de actos de bondad, tal como está escrito (Oseas 6:6), 'Yo deseo generosidad y no sacrificios'" (*Avot DeRabí Natán 8*).

Otro sustituto fue el estudio de la Torá. Los sabios interpretaron las palabras de Malaquías (1:11): "En todo lugar se presentan ofrendas a Mi Nombre", para referirse a los sabios que estudian las leyes de los sacrificios (Menajot 100a). "Quien recita el orden de los sacrificios es como si los hubiera ofrendado" (Taanit 27b).

Otro fue el rezo. Oseas dijo: "Tomen palabras con ustedes y retornen al Eterno... Ofrendaremos nuestros labios cual sacrificios de bueyes" (Oseas 14:3), implicando que las palabras pueden sustituir a los sacrificios. "Aquel que reza en una casa de oración es como si ofrendara una oblación pura" (Berajot Talmud Yerushalmi 8:4).

Otro fue la *teshuvá*. El Salmo (51:19) dice: "Los sacrificios de Dios son un espíritu contrito". De esto los sabios infirieron que "si una persona se arrepiente, se considera como si hubiese ascendido a Jerusalén, construido el Templo, el altar y ofrecido sobre éste todos los sacrificios ordenados por la Torá" (Vaikrá Rabá 7:2).

Un quinto sustituto fue el ayuno. Dado que estar sin comer disminuye la grasa y la sangre corporal, se lo considera como un sustituto del sebo y la sangre de los sacrificios (Berajot 17a). Un sexto sustituto fue la hospitalidad. "Mientras el Templo estuvo en pie, el altar expió por el pueblo de Israel, pero hoy, la mesa de cada persona expía por ella" (Berajot 55a). Y así sucesivamente.

En retrospectiva lo que llama la atención, es cómo en vez de aferrarse al pasado, sabios como Rabán Yojanán ben Zakai, pensaron a futuro en la manera de lidiar con el peor de los escenarios posibles. La gran pregunta que plantea *Parashat Tzav* y su tema central, los diferentes tipos de sacrificio, es menos "¿por qué se habían ordenado los sacrificios en una primera instancia?", y más "dado lo centrales que eran en la vida religiosa de Israel en los días del Templo, ¿cómo sobrevivió el judaísmo sin ellos?"

La respuesta breve es que de un modo abrumador, tanto los profetas como los sabios, y los grandes pensadores medievales, se dieron cuenta de que los sacrificios son representaciones simbólicas de procesos de la mente, el corazón y las acciones que podían también expresarse de otras maneras. Podemos encontrar la voluntad de Dios por medio del estudio de la Torá, involucrarnos en el servicio a Dios por medio de la oración, realizar sacrificios financieros por medio de la caridad, crear una comunión sagrada por medio de la hospitalidad, y así sucesivamente.

Los judíos no abandonaron el pasado. Todavía nos referimos constantemente a los sacrificios en nuestras oraciones. Pero no se aferraron al pasado. Tampoco se refugiaron en la irracionalidad. Pensaron en el futuro y generaron instituciones tales como la sinagoga, la casa de estudio y la escuela, que podían ser construidas en cualquier lugar y preservar la identidad judía aun en las condiciones más adversas.

Ese no es un logro pequeño. A lo largo del tiempo, las más grandes civilizaciones se han extinguido mientras que el judaísmo sobrevivió. En cierto sentido, seguramente fue obra de la providencia divina. Pero en otro, fue la visión de gente como Rabán Yojanán ben Zakai, que resistieron el colapso cognitivo. Crearon soluciones en el presente para los problemas del futuro. No procuraron refugiarse en lo irracional. En lugar de ello, construyeron en silencio el futuro judío.

El judaísmo es la civilización que no murió, porque a pesar de su respeto y lealtad al pasado, es una fe fundamentalmente orientada hacia el futuro. Esto lo vemos en la Torá de una manera muy clara en su descripción del fallecimiento de Sara. En aquel entonces Abraham tenía 137 años. Acababa de perder a la mujer con la cual había compartido su travesía vital, y que le había salvado la vida en dos ocasiones. Debió haber quedado paralizado por el dolor. Sin embargo, esto es lo que leemos: "Abraham vino a hacer duelo por Sara y a llorar por ella. Entonces, Abraham se levantó de junto a su mujer fallecida" (Génesis 22:2–3). Solo diez palabras en el idioma hebreo.

Luego leemos cómo fue que Abraham adquirió el primer terreno en la tierra de Israel y consiguió una esposa para su hijo. Mucho antes, Dios le había prometido hijos y una tierra. Al momento de fallecer Sara, no poseía tierra alguna y tenía un único hijo que aún no se había casado. En lugar de quejarse ante Dios por las promesas incumplidas, entendió que él debía dar el primer paso. Primero tenía que construir el futuro. Fue así como honró el pasado.

Lo que hicieron los sabios tras la destrucción del Segundo Templo es uno de los mayores logros religiosos de todos los tiempos: crear una forma de fe que mantuviera a los judíos apegados a su identidad, conectándolos con Dios y entre sí a lo largo del más largo exilio soportado por pueblo alguno, y a pesar de una historia de dispersión y persecución sin parangón. Al encontrar sustitutos para los sacrificios, demostraron cómo una civilización inspirada por la eternidad puede derrotar a la muerte misma.

Jeremías sobre los sacrificios

Los rabinos poseían un don especial para hacer lo inesperado. Tomemos como ejemplo la *haftará* que eligieron para Yom Kipur. Es un día marcado por el ayuno y otras aflicciones. Expía únicamente las transgresiones para con Dios, no aquellas cometidas contra nuestros semejantes. Aun así, los sabios escogieron leer un pasaje de Isaías en el cual el profeta dice:

> ¿Es este el tipo de ayuno que he escogido,
> un día en el cual el hombre se afligirá a sí mismo?
> ¿Cuando inclina su cabeza cual ráfaga al viento,
> cuando cubre su cama de harapos y cenizas?
> ¿Es esto lo que llamas un ayuno,
> un día para el favor del Eterno?
> No, este es el ayuno que Yo elegí:
> soltar las cadenas de la injusticia
> y desatar las cuerdas del yugo,
> para liberar a los oprimidos
> y quebrar cualquier yugo.
> Comparte tu comida con el hambriento

> y proporciona refugio al vagabundo pobre,
> cuando veas a los desnudos, vístelos
> y no te apartes de tu propia carne y sangre (Isaías 58:5–7).

Esta es una elección sorprendentemente contraintuitiva, y aun así es claramente la correcta. Los rabinos se veían a sí mismos como los herederos de los profetas,[1] y esto es precisamente lo que un profeta hubiese dicho en Yom Kipur. No crean que podrán alcanzar el perdón divino humillándose ante Él y al mismo tiempo ignorando el sufrimiento humano. Dios quiere que lo honremos honrando a Su imagen, la humanidad.

La *haftará* de *Parashat Tzav* resulta aún más notable. La *parashá* habla sobre sacrificios: por la transgresión, por la culpa, y ofrendas de paz, sacrificios que debían quemarse y otras partes de los cuales debían comerse. Trata de la inducción de los sacerdotes que eran quienes debían efectuar los ritos sacrificiales. Es un texto que asume la centralidad del sistema de los sacrificios en el vínculo permanente entre los israelitas y Dios. Sin embargo, la tradición tomó por *haftará* la denuncia de Jeremías en contra de los sacrificios en nombre de Dios. Contiene también uno de los pasajes más sorprendentes de todo el Tanaj, en el que el profeta aparenta negar que los sacrificios formaran parte del plan divino original para Su relación con el pueblo de Israel:

> Porque cuando saqué de Egipto a vuestros padres, *no les hablé ni les ordené sobre holocaustos ni sobre sacrificios*, sino que les impartí esta orden: Obedézcanme y Yo seré vuestro Dios, y vosotros seréis Mi pueblo. Anden por el camino que Yo les ordeno, para que les vaya bien (Jeremías 7:22–23).

¿Cómo pudo decir Jeremías que Dios "no les habló ni les ordenó sobre holocaustos ni sobre sacrificios" cuando la Torá está llena de órdenes sobre los mismos? Este es un texto muy difícil. La mayoría de los comentaristas supusieron que no debía ser tomado literalmente. Según el rabino David Kimhi (Radak), el significado es que los primeros mandamientos ordenados a los israelitas en Mará, antes de arribar al Sinaí, estaban

1. Mishná Avot 1:1.

vinculados al Shabat y a la ley civil, no a los sacrificios.[2] Maimónides agrega que Jeremías estaba diciendo que Dios ordenó los sacrificios únicamente como un medio para alcanzar un fin, el conocimiento de Dios y la cercanía a Él. Sin embargo, el pueblo erró al percibirlos como un fin en sí mismos.[3] Eso no era lo que Dios ordenó.

No obstante hubo comentaristas, entre ellos Abravanel, que creyeron que Jeremías quiso decir lo que dijo. La totalidad del sistema sacrificial no era parte de la intención divina original. Solo lo fue después de la transgresión del Becerro de Oro. Para entenderlo, es preciso volver a leer ese episodio. La pista se encuentra en Éxodo 33, otro pasaje de difícil comprensión.

Recordemos que en Éxodo 32 se despliega toda la narrativa del Becerro de Oro. Los israelitas, al no saber qué ha sido de Moisés en el Monte Sinaí, entran en pánico. Se reúnen alrededor de Aarón, exigiendo un sustituto a través del cual puedan tener acceso a la palabra de Dios. Aarón elabora un becerro con los adornos de oro de la gente. Dios le comunica a Moisés lo que ha pasado y le ordena que descienda. Moisés reza implorando el perdón, baja, destruye el becerro, castiga al pueblo y regresa a la cima de la montaña para orar nuevamente por el perdón del pueblo. Dios no destruye al pueblo como inicialmente había amenazado hacerlo, pero insiste en que los que actuaron mal deben ser castigados.

Es el capítulo siguiente el que resulta prácticamente incomprensible. Los eventos suceden, pero su secuencia es difícil de entender. En algunos casos, parecen transcurrir al revés. Dios les dice a los israelitas que se quiten los adornos. Pero según el texto ellos ya lo habían hecho. Dios dice: "Mi 'rostro' irá contigo", luego Moisés dice: "Si Tu rostro no viene con nosotros, no nos dejes abandonar este lugar". Pero Dios le acaba de decir que Su rostro *sí iría* con ellos. Entonces Dios dice algo que debilita esto por completo: "Tú no puedes ver Mi rostro, pues nadie puede verme y vivir". Entonces, el 'rostro' de Dios irá y no irá con ellos. Nadie, ni siquiera Moisés, puede verlo. Pero tan solo un par de versículos antes la Torá dijo: "El Eterno hablaba con Moisés cara a cara, tal como

2. Comentario a Jeremías 7:22.
3. Maimónides, *Guía de los perplejos*, III:32.

alguien lo hace con un amigo". Este capítulo parece estar diciendo todo tipo de cosas contradictorias a la vez.

Todo el diálogo entre Moisés y Dios resulta oscuro. Moisés le pide a Dios que le enseñe Sus "caminos", que le muestre Su "gloria", y otras peticiones que nada tienen que ver con las consecuencias del episodio del Becerro de Oro, sino que más bien parecen ser una búsqueda de comprensión teológica. ¿Qué estaba haciendo Moisés formulando preguntas abstractas sobre la naturaleza de Dios cuando su pueblo se sentía traumatizado, abandonado, y confundido?

El incidente más desconcertante en el capítulo es la afirmación de que inmediatamente antes de su diálogo con Dios, *Moisés sacó su tienda del campamento*. De todas las cosas que Moisés pudo haber hecho en ese momento, seguramente esta fue la más inexplicable. El pueblo lo necesitaba cercano, no distante, especialmente cuando inmediatamente antes, Dios había dicho que Él mismo no estaría presente en el campamento.

La explicación más convincente es que esta fue una de las acciones más audaces que Moisés efectuó en ese momento. En el capítulo anterior lo vimos quebrar el primer set de tablas. Le escuchamos pronunciar una de las oraciones más audaces de toda la Biblia: "Por favor, perdona su transgresión, pero si no, bórrame del libro que Tú has escrito". El acto de retirar su tienda del campamento debe ser entendido bajo esa misma luz. Fue lo que los sabios denominan un acto de audacia hacia el Cielo mismo.[4]

En efecto, Moisés estaba declarando que no aceptaría el rol de representante de Dios dentro del campamento. Si el mismo Dios no estuviera allí, él tampoco. El diálogo que siguió es uno de los más trascendentales en la historia de la fe. Iba a cambiar para siempre la estructura del judaísmo. Es la razón por la cual existe el libro de *Vaikrá*.

Schopenhauer lo denominó el problema de los puercoespines en invierno.[5] ¿Qué hacen los puercoespines en el frío intenso? Si se amontonan demasiado, se lastiman entre sí con sus espinas. Si mantienen demasiada distancia el uno del otro, se congelan. Este problema,

4. Los sabios lo llaman *jutzpá klapei shmaia*, Sanedrín 105a.
5. Schopenhauer, *Parerga und Paralipomena*, vol. 2, cap. XXXI, sección 396.

trasladado a la relación entre Dios y la humanidad, es lo que domina la totalidad de la Torá.

En los primeros capítulos de Génesis, Dios está cerca de los seres humanos. Les habla a Adán, Eva y Caín como quien lo hace con un amigo cercano. Permite que sea Adán quien nombre a los animales. Actúa literalmente como su casamentero. Le advierte a Caín sobre el peligro que encierra el perder el control de su ira. Pero esto no ayuda. Los tres transgreden. En un versículo oscuro en Génesis 6, poco antes del Diluvio, leemos que "los hijos de Dios vieron que las hijas de los hombres eran hermosas y se casaron con las que ellos escogieron". No está del todo claro qué significa esto, pero nos dice que el cielo y la tierra estaban demasiado cerca, y los habitantes de ambas dimensiones cometieron transgresiones.

Durante el resto de Génesis, Dios interviene ocasionalmente: en la torre de Babel, así como en Sodoma y Gomorra. Por el contrario, Él es una presencia personal en las vidas de los patriarcas. En el inicio del libro de Éxodo emerge algo nuevo: la intervención divina por medio de la fuerza de los elementos naturales, liberando a los israelitas y poniendo de rodillas al gran imperio egipcio. Este es el Dios sobrenatural que hace milagros, envía plagas, transforma el mar en tierra seca, provee maná desde el cielo y suministra agua a partir de una roca.

La presencia de Dios resulta aterradora. Incluso Su mera voz es insoportablemente intensa. En el Monte Sinaí, los israelitas rogaron que cesara: "Si continuamos escuchando Su voz moriremos". En vez de ello, le pidieron a Moisés que fuera su intermediario. Pero su completa dependencia en Moisés como portavoz de Dios condujo al pueblo al pánico después de que se ausentara en la montaña durante cuarenta días.

Moisés comienza ahora un diálogo difícil con Dios. Pide que Su "rostro" acompañe al pueblo. Le pide a Dios que le ayude a comprender Sus "caminos". Luego pide ver la gloria de Dios, el *kavod*. Dios dice que hará pasar "toda Su bondad" delante suyo. Ninguno de estos términos resulta sencillo. Particularmente uno, el concepto de "rostro", resulta ambiguo. Dios "habla con Moisés cara a cara", pero unos pocos versículos más adelante, le dice: "Tu no puedes ver Mi rostro, pues nadie puede verme y vivir". Parece existir una diferencia entre hablar y verse cara a cara. Mucho de esto es oscuro, pero lo que es claro es que todos estos términos tienen que ver con diferentes modos por medio de los cuales Dios se manifiesta a los seres humanos.

Una cosa brilla a lo largo de todo el pasaje: la súplica apasionada y persistente de Moisés de que Dios permanezca cercano al pueblo de Israel. "Si Tu rostro no viene con nosotros, no nos dejes abandonar este lugar. Porque ¿cómo se sabrá que yo y Tu pueblo hemos hallado gracia ante Tus ojos? ¿Acaso el hecho de que nos acompañes no es aquello que nos distingue a mí y a Tu pueblo de cualquier otra nación sobre la faz de la tierra?" Lo que nos hace diferentes, dice Moisés, es que Tú estás cercano, no distante. Este es Tu pueblo, insiste, no solamente el mío. No puedes abandonarlos. No es suficiente con que envíes un ángel o un emisario delante de ellos. Tú debes estar allí en medio de ellos.

Hasta entonces, Moisés había sido el único intermediario entre el pueblo y Dios. Pero fue ese preciso hecho, parece insinuar Moisés, el que condujo a la elaboración del Becerro de Oro. El pueblo era tan dependiente de mí que mi ausencia los aterrorizó y los llevó a comportarse de un modo imprudente y lamentable. Ellos necesitan otra manera de relacionarse contigo, una que sea constante, regular, predecible, y que no dependa del azar o de las circunstancias. Ellos precisan alguna forma de entenderte a Ti, porque hasta ahora sencillamente no saben cuándo te habrás de enojar y cuándo habrás de perdonar.

Dios ya había dejado claro al inicio del capítulo que la cercanía personal directa podría resultar demasiado peligrosa. Si la gente transgrede y no hay intermediario alguno entre ellos y Él, no habrá manera de evitar la ira divina capaz de destruirlos. Ahora Él explica más. En un lenguaje sorprendentemente similar a las palabras con las cuales explicó Su identidad ante Moisés en la zarza ardiente, "Seré el que seré", ahora dice: "Tendré misericordia de quien Yo tenga misericordia, y tendré compasión de quien Yo tenga compasión".

Dios es libre. Y es solamente porque Dios es libre que los seres humanos también lo son. Por lo tanto, Dios no puede ser predicho ni restringido. La justicia y la compasión son cuestiones de elección final. Los jueces deben aplicar la justicia. Los padres pueden ejercer la compasión. Pero Dios es a la vez un juez y un padre ("Mi hijo, Mi primogénito Israel"). Por lo tanto, no hay manera de saber qué senda habrá de elegir Dios. Entonces no hay manera de eliminar la incertidumbre del encuentro entre Dios y el ser humano.

Además, Dios añade, incluso tú, Moisés, con quien *hablo* cara a cara, no puedes *ver* Mi rostro. Tú quieres que mi "rostro" vaya con el pueblo. Pero ellos ni siquiera pueden oír Mi voz directamente sin temer morir. Se trata de un momento sumamente conmovedor. Dios admite, por así decirlo, que Él es una presencia demasiado abrumadora como para que el pueblo la encuentre directamente. Moisés admite el punto, pero entonces cambia su pedido. Dice: "Por favor, muéstrame Tu gloria". La "gloria" es menos enceguecedora que el "rostro". Los israelitas habían visto anteriormente la gloria de Dios, al ingerir el maná (Éxodo 16). Luego sigue la gran teofanía en la cual Moisés, escondido en la grieta de una roca, ve la "espalda" de Dios y le escucha declarar: "El Eterno, el Eterno...". Entonces Dios le dice a Moisés que prepare un segundo set de tablas y el pacto se renueva.

No cabe duda de que a pesar de la oscuridad del pasaje, y quizás debido a ella, estamos en presencia de uno de los puntos de inflexión en la historia judía. Este guarda una increíble semejanza con el episodio en el cual Jacob lucha solo contra el ángel durante la noche. Ambos pasajes poseen una serie de características comunes. Comparten la palabra clave "rostro". Esta aparece múltiples veces en ambos textos. Tras el encuentro, Jacob llama al sitio en el cual esto tuvo lugar, Peniel, diciendo: "He visto a Dios cara a cara y he sobrevivido". Ambos hombres llevan consigo la marca física del encuentro. Jacob renguea. El rostro de Moisés brilla. Y a partir de ambos encuentros nace algo radicalmente nuevo. En el caso de Jacob, recibe un nuevo nombre. En el de Moisés, hay un nuevo pacto concretado bajo la forma del segundo set de tablas. Ambos encuentros representan crisis supremas en la vida de la fe, y luego cada uno emerge con renovado vigor.

Lo que surge del gran encuentro en Éxodo 33 no es el perdón. Ese es el tema de los capítulos 32 y 34. Más bien, ahora hay una nueva relación entre Dios y los israelitas, una que satisface la petición de Moisés de que Dios esté "en medio" del pueblo, y que al mismo tiempo no expone a las personas al peligro de una presencia abrumadora que podría resultarles intolerable. Dios tendrá que "filtrar" Su presencia, tal como

Moisés tuvo que "velar" su rostro una vez que brilló con la luz divina. Técnicamente, lo que iría junto al pueblo sería la "gloria" de Dios y no Su "rostro". Algo nuevo haría su ingreso a la vida religiosa de Israel. El Dios trascendente se volvería ahora inmanente. El Dios que está más allá de los cielos se volvería Aquel que habita en medio del campamento.

Una nueva palabra ingresa a la relación entre Dios y el pueblo: el verbo *shajén,* "vivir en medio de". Hasta ahora, este vocablo había sido utilizado únicamente para los humanos. Ahora le son conferidos una habitación local y un nombre. "Que hagan para Mí un Santuario (*mikdash*) y habitaré (*veshajanti*) en medio de ellos". Toda una coreografía es desplegada para el encuentro Divino-humano. Los sacrificios que hasta entonces habían sido ofrendados espontáneamente por Caín y Abel, Noaj y Abraham, serían ofrendados ahora solamente en momentos determinados y de maneras específicas. Una forma completamente nueva de liderazgo religioso sería introducida en la vida de los israelitas: el sacerdocio. Anteriormente hemos encontrado sacerdotes en la Biblia, pero hasta ahora no habían sido israelitas: Melquisedec de Salem, Itró el midianita, y los sacerdotes egipcios cuyas tierras José no nacionalizó.

Se establecería un riguroso conjunto de reglas para quienes entren al espacio sagrado del Santuario. Estas normas serían diferenciales: algunas estarían destinadas al sumo sacerdote, otras a los sacerdotes comunes, y otras al pueblo en su conjunto. El resultado final sería una forma de Presencia Divina conocida en hebreo rabínico como *Shejiná,* muy diferente del Dios de la creación que crea universos, y del Dios de la redención que derrumba imperios. Este es el Dios que está cerca, que puede ser encontrado en lugares fijos en tiempos predecibles, que viaja junto al pueblo por el desierto, y posteriormente los habrá de acompañar inclusive en el exilio. Este es Dios como *shajén,* como "vecino", y también como *kavod,* "gloria". Este es Dios al otorgar a los hombres un tipo específico de dignidad.

Podemos definir la naturaleza de esta dignidad, ya que es la diferencia singular más llamativa entre los capítulos que siguen al episodio del Becerro de Oro y los que lo preceden. Hasta ahora, Dios ha dado y los seres humanos han recibido. Dios ha actuado, mientras que los hombres han sido objetos de la acción Divina. Ahora por primera vez el pueblo se torna activo. Construyen el Tabernáculo. Contribuyen a su mantenimiento. Son capaces de traer sacrificios. Apoyan a un sacerdocio que a la vez actúa como guardián de lo sagrado por el bien del pueblo.

Hay orden y rutina en la vida religiosa. En lugar de la intercesión exclusiva de Moisés en el diálogo con Dios, ahora habrá un día anual de expiación en el cual el sumo sacerdote confesará y expiará por las transgresiones del pueblo. La vida religiosa ha sido rescatada de los caprichos del azar y traída a la previsibilidad del orden y la estructura.[6] El miedo que los israelitas sintieron ante la ausencia de Moisés ha sido reconocido, y se ha tomado la decisión de que no debería volver a suceder. La transgresión del Becerro de Oro sigue siendo una transgresión, pero se ha tenido el cuidado de que algo semejante no se repita.

Toda esta secuencia de eventos es a lo que Jeremías se refería cuando dijo en nombre de Dios: "Porque cuando saqué de Egipto a vuestros padres, *no les hablé ni les ordené sobre holocaustos ni sobre sacrificios,* sino que les impartí esta orden: Obedézcanme y Yo seré vuestro Dios, y vosotros seréis Mi pueblo". La intención original de Dios al sacar al pueblo de Israel de Egipto era ser su rey: su legislador, su gobernante, su protector, su juez. Israel habría de ser una nación bajo la exclusiva soberanía de Dios. Eso es a lo que Gedeón se refería en la época de los jueces, cuando le dijo al pueblo que lo quería coronar como rey: "Yo no gobernaré sobre ustedes, ni mi hijo lo hará. Dios los habrá de gobernar" (Jueces 8:23). Así es como Isaías vio a Dios en su gran visión: como un rey en el cielo sentado sobre un trono, rodeado por ángeles ministeriales.

Pero los israelitas necesitaban más. Esa era la esencia de la petición de Moisés. En efecto, ellos sabían que Dios, el Soberano del universo, era su rey. Pero necesitaban experimentarlo también como un *shajén,* un vecino. Precisaban sentirlo cerca, pero de un modo tal que Su luz no los enceguecierа ni Su voz los ensordeciera, abrumados por Su infinitud. Ellos también precisaban tiempos y lugares específicos donde pudieran acercarse, no solo en ocasiones irrepetibles tales como la división del Mar Rojo o la teofanía en el Monte Sinaí.

6. El rol del sistema sacrificial de proteger al pueblo contra la ansiedad del rechazo está enfatizado por Moshe Halbertal, *On Sacrifice* (Princeton, NJ: Princeton University Press, 2012).

De ahí la aparición del Santuario y los sacrificios, y posteriormente de la sinagoga, el estudio y la oración. Esta no fue la intención original de Dios, si es que hemos leído correctamente Éxodo 33 y Jeremías 7 como dos textos que se explican uno al otro. Fue un pedido al cual Dios accedió. Fue un cambio deslumbrante. Significó que Moisés, habiendo aceptado que el Becerro de Oro había sido una transgresión, entendió que bajo este episodio subyacía un anhelo genuino por parte del pueblo de tener un encuentro con un Dios con el cual pudieran relacionarse sin ansiedad y terror.[7]

Y en cierto sentido, esto ha permanecido así. En ninguna parte vemos esto más vívidamente que cuando comparamos las grandes catedrales de Europa con sinagogas tales como el Altneuschul en Praga, o las del Arí y Rabí Yosef Caro en Safed. Las catedrales fueron edificadas para expresar la inmensidad de Dios y la pequeñez de la humanidad. Las sinagogas, pequeñas y sencillas, transmitían la cercanía de Dios y el potencial de grandeza de la humanidad.

Tras la ira de Dios por el Becerro de Oro, vino Su amor, y a partir del llamado amoroso, que es el significado de la expresión *Vaikrá*, vino la coreografía de la devoción: otrora en el servicio de los sacrificios, y hoy en día, en la ofrenda de las palabras y las mentes.

7. Esta fue también la lectura hecha por parte de Yehudá Halevi en su libro *El Cuzarí*, 1:97. Según Halevi, el pueblo quería una señal visible de la presencia de Dios, tal como la habían tenido con la columna de humo y de fuego mientras marchaban por el desierto. Su transgresión radica en no haber esperado la instrucción divina respecto de cuál debía ser exactamente la señal.

Sheminí
שמיני

Esta *parashá* representa el clímax de una larga narración que se inicia en Éxodo 25 con la orden de construir el Santuario. Celebra el día en el que se inició su servicio. La que debería haber sido una ocasión feliz, se transformó en una tragedia cuando dos hijos de Aarón mueren tras haber traído un "fuego extraño". La *parashá* continúa con el relato de las leyes dietéticas, más específicamente qué animales, peces y aves pueden ser ingeridos.

En los siguientes ensayos, el primero analiza la frase que abre la *parashá*, "en el octavo día", y sugiere que es parte de un amplio patrón de la Torá, según el cual el octavo día representa la creatividad humana tras la creación divina del universo. El segundo y el tercero versan sobre la tragedia de los fallecimientos de Nadav y Avihú, los hijos de Aarón, en el día de la consagración del servicio en el Santuario. El cuarto trata sobre la conmovedora escena que tiene lugar entre Moisés y Aarón tras el fallecimiento de Nadav y Avihú, un momento que encapsula la tensión entre la faceta pública y el dolor privado de un líder.

El quinto trata sobre las leyes dietéticas. ¿Cuál es su lógica? El ensayo sugiere que la existencia de restricciones en lo que podemos comer y lo que podemos matar para comer, tiene que ver con la integridad de la naturaleza y el hecho de que como humanos, no somos los dueños del universo sino sus guardianes. Por lo tanto, las leyes dietéticas son parte de la dimensión ecológica de la Torá, redescubierta en nuestro tiempo.

El octavo día

El gran momento había llegado. Durante siete días, a partir del 23 del mes de Adar, Moisés había consagrado a Aarón y a los sacerdotes. Ahora, en Rosh Jodesh Nisán, había llegado el momento de que Aarón comenzara su servicio, ministrando al pueblo en nombre de Dios:

> Aconteció que al *octavo día* Moisés llamó a Aarón y a sus hijos, y a los ancianos de Israel y dijo a Aarón: "Toma un novillo para la ofrenda por la transgresión y un carnero para el holocausto, ambos sin defecto, y ofréndalos ante el Eterno" (Levítico 9:1–2).

¿Cuál es el significado del "octavo día", la expresión que le da el nombre a esta *parashá*? Para entender el profundo simbolismo del número ocho, debemos regresar a la creación misma.

En el principio, cuando todo era "desperdicio y vacío", Dios creó el universo. Día tras día el mundo se fue desarrollando. Primero se generaron los dominios: la luz y la oscuridad, las aguas superiores y las inferiores, el mar y la tierra seca. Luego aparecieron los objetos que llenaron estos dominios: el sol, la luna y las estrellas, posteriormente los peces y las aves, y finalmente los animales terrestres, culminando en la humanidad. Luego vino Shabat, el séptimo día, el de los límites y la santidad, en el cual primero Dios y luego Su pueblo del pacto, descansaron para demostrar que la creación tiene *límites* ("¿Por qué el nombre de Dios es *Shaddai*? Porque le dijo a Su universo 'Suficiente' [*dai*]").[1] La naturaleza posee integridad. Todo tiene su lugar, su nicho ecológico, su función y su dignidad en la totalidad del ser. *La santidad consiste en respetar los límites y honrar el orden natural.*

Así, los siete días. Pero ¿qué hay con el octavo, el día *posterior* a la creación? Para ello, debemos dirigirnos a la *Torá Shebealpé,* a la tradición oral.

El sexto día, Dios tomó Su decisión más crítica: crear a un ser que como Él, tendría la capacidad de crear. Sin lugar a dudas, existe una distinción fundamental entre la creatividad humana ("algo proveniente de algo") y la creatividad divina ("algo originado de la nada"). Es por esto por lo que los seres humanos están hechos "a la *imagen* de Dios" pero no son dioses en sí mismos.

Sin embargo, la capacidad de crear va de la mano con la posibilidad de destruir. No puede haber una sin la otra. Cada nueva tecnología puede ser utilizada para curar o dañar. Cada poder puede ser dirigido hacia el bien o hacia el mal. Es por esto que, a diferencia de todos los demás elementos de la creación, la Torá precede a la creación del hombre con una afirmación reflexiva: "Hagamos…", como para indicar el riesgo implícito en crear un ser con el don del habla, la imaginación y el libre albedrío: la única forma de vida capaz de desobedecer a Dios y de amenazar el orden y la metodología de la naturaleza.

El peligro se vuelve evidente de inmediato. Dios le dice al primer hombre que no coma del fruto de un árbol. La naturaleza del árbol es irrelevante; lo que importa es su función simbólica. Representa el hecho de que la *creación tiene límites,* siendo el más importante el que separa lo permitido de lo prohibido. Este es el motivo por el cual incluso en el paraíso tenía que haber algo que estuviera prohibido. Cuando los dos primeros seres humanos comieron del fruto prohibido, la armonía esencial entre el hombre y la naturaleza se quebró. La humanidad perdió su inocencia. Por primera vez, la *naturaleza* (el mundo que encontramos)

1. Jaguigá 12a.

y la *cultura* (el mundo que creamos) entraron en conflicto. El resultado fue la pérdida del paraíso.

Los sabios estaban intrigados por la cronología del relato. Según ellos, todo el drama de la creación y la desobediencia de Adán y Eva tuvo lugar en el sexto día. Ese mismo día fueron creados, se les ordenó sobre el árbol, transgredieron la orden, y fueron sentenciados al exilio. No solo fueron condenados a abandonar el jardín. Además, al culminar el día y comenzar a caer la noche, experimentaron por primera vez la oscuridad.[2]

En una muestra de compasión, Dios les permitió una suspensión de la sentencia. Se les concedió un día extra en el Edén, o sea, el Shabat. Durante todo ese día el sol no se puso. Cuando también este llegó a su fin, *Dios les enseñó a los primeros seres humanos cómo hacer luz:*

> Con la finalización del Shabat, la luz celestial comenzó a desvanecerse. Adán tenía miedo de ser atacado por la serpiente en la oscuridad. Por lo tanto, Dios iluminó su entendimiento y él aprendió a frotar dos piedras una con la otra y producir así luz para sus necesidades.[3]

Según los sabios esta es la razón por la cual encendemos una vela de *havdalá* al finalizar Shabat, como forma de inaugurar la nueva semana.

En otras palabras, existe una diferencia fundamental entre la luz del primer día ("Y dijo Dios: 'Hágase la luz'") y la del octavo. La luz del primer día es la iluminación hecha por Dios. La luz del octavo día es la iluminación que Dios *nos* enseña a hacer. Simboliza nuestra "sociedad con Dios en la labor de la creación".[4] No hay una imagen más bella que esta de cómo Dios nos empodera para que nos unamos a Él en la tarea de traer luz al mundo. En Shabat recordamos la creación de Dios. El octavo día (*Motzaei Shabat*) celebramos *nuestra* creatividad como imagen y socios de Dios.

Para comprender lo dicho por los sabios en toda su profundidad, es preciso remontarse a uno de los grandes mitos del mundo antiguo: la historia de Prometeo. Para los griegos, los dioses eran esencialmente

2. *Avot DeRabí Natán* 42; Devarim Rabá 13.
3. *Pesikta Rabatí* 23; *Pirkei DeRabí Eliezer* 20.
4. Shabat 10a, 119b.

hostiles hacia la humanidad. Zeus quería mantener en secreto el arte de hacer fuego, pero Prometeo robó una chispa y les enseñó a los hombres cómo hacerlo. Una vez que el robo fue descubierto, Zeus lo castigó encadenándolo a una roca, con un águila que le picoteaba el hígado.

En este contexto vemos el carácter revolucionario de la fe judía. Nosotros creemos que Dios *desea* que los seres humanos ejerzan poder de una manera responsable, creativa y dentro de los límites establecidos por la integridad de la naturaleza. El relato rabínico de cómo Dios enseñó a Adán y a Eva el secreto de hacer fuego es exactamente lo contrario del relato de Prometeo. Dios busca conferir dignidad a los seres que Él hizo a Su imagen como un acto de amor. Él no oculta de nosotros los secretos del universo. No busca mantener a la humanidad en estado de ignorancia o dependencia. El Dios creativo nos empodera a ser creativos y comienza por enseñarnos cómo. Quiere que seamos guardianes del mundo que Él nos ha confiado. Ese es el significado del octavo día. Es *la contraparte humana del primer día de la creación.*

Ahora entendemos el significado simbólico del octavo día en relación con el Tabernáculo. Tal como lo hemos señalado en otra parte, los paralelismos lingüísticos en la Torá nos muestran que la construcción del Tabernáculo en el desierto es un reflejo de la creación divina del mundo. El Tabernáculo estaba destinado a ser un universo en miniatura, construido por seres humanos. Tal como Dios hizo la tierra como hogar para la humanidad, de igual forma los israelitas construyeron en el desierto el Tabernáculo como un hogar simbólico para Dios. Ese fue *su* acto de creación.

Por lo tanto debía comenzar en el octavo día, tal como Adán y Eva iniciaron su esfuerzo creativo en el octavo día. Así como Dios les enseñó cómo hacer luz, varios siglos más tarde, les enseñó a los israelitas cómo hacer un espacio para la Presencia Divina, de modo tal que pudieran también ser acompañados por la luz –la luz de Dios, en la forma del fuego que consumía los sacrificios, y la luz de la Menorá. Si el primer día representa la creación divina, el octavo significa la creación humana bajo la tutela y la soberanía de Dios.

Ahora también podemos comprender el significado del otro gran tema de *Parashat Sheminí,* es decir, la lista de los alimentos permitidos y prohibidos.

Se han dado muchas explicaciones sobre las leyes dietéticas. Algunos las ven como reglas de higiene. Deben evitarse los animales potencialmente enfermos. Otros las ven como una disciplina de autocontrol. En palabras de Rav: "Los preceptos fueron dados para refinar a los seres humanos".[5] Sin embargo, otros ven en ellas un conjunto de leyes que no tienen otra lógica que el hecho de que fueron dadas por Dios. Según este enfoque, lo sagrado –nuestro atisbo a lo infinito– inevitablemente trasciende nuestra comprensión.

Sin embargo, la explicación más simple y profunda es la que se presenta en *Parashat Sheminí* por la propia Torá:

> Yo soy el Eterno tu Dios; *santificaos* y sed *santos,* porque Yo soy *santo*... Yo soy el Eterno que los sacó de Egipto para ser su Dios; por lo tanto, sean *santos,* porque Yo soy *santo*... Deben diferenciar (*lehavdil*) entre lo inmundo y lo limpio, entre los seres vivos que pueden comerse y aquellos que no deben comerse (Levítico 11:44–47).

Una afirmación similar aparece posteriormente en Levítico 20:24–26:

> Yo soy el Eterno tu Dios que te ha apartado (*hivdalti*) de las naciones. Por lo tanto, deben diferenciar (*vehivdaltem*) entre los animales limpios y los inmundos y entre las aves limpias y las inmundas. No se contaminen con animal o ave alguno ni con nada que se arrastre sobre la tierra, los que Yo he apartado (*hivdalti*) como impuros para ustedes. Deben ser *santos* para Mí porque Yo, el Eterno, soy *santo,* y los he apartado (*vaavdil*) de las naciones para que sean Míos.

Las palabras clave son "santo" (que aparece siete veces en estos dos pasajes) y *lehavdil,* "diferenciar" (que aparece cinco veces).

Ser santo es hacer distinciones, reconocer y honrar el orden divino de la creación. Según la Torá, originalmente los seres humanos (y los animales) debían ser vegetarianos ("Les doy cada planta que da semilla sobre la

5. Bereshit Rabá 44:1.

faz de la tierra y cada árbol que da fruto y contiene semilla; estos serán suyos para que se alimenten" [Génesis 1:29]). Después del Diluvio se le permitió a la humanidad comer carne, con la excepción de la sangre (que representa la santidad misma de la vida). Se hizo una concesión a la tendencia humana hacia la violencia. Es como si Dios hubiera dicho: si debes matar, entonces mata animales y no seres humanos.

Sin embargo, el pueblo de Israel debía servir como el modelo a seguir de un ideal superior. Se les permitió matar animales para alimentarse, pero solo aquellos que ejemplificaban de mejor manera el orden divino. Los animales anfibios fueron prohibidos porque carecen de un sitio definido. Otros fueron prohibidos porque carecen de una forma clara –criaturas marinas carentes de una forma definida por escamas y aletas; animales terrestres que no son rumiantes con pezuñas hendidas claramente marcadas. Criaturas que cazan a otras están también prohibidas. La lógica general de las leyes dietéticas –las normas de un pueblo llamado a ser santo– es permitir únicamente aquellos animales que son casos paradigmáticos y ejemplos claros, de orden. Sobre esto, no puedo hacer nada mejor que citar las inteligentes palabras de Leon Kass:

> Las leyes dietéticas levíticas se adaptan al animal humano en su rectitud distintiva: celebrando el principio de la separación racional, celebran no solo la participación del ser humano en la racionalidad sino también su apertura al misterio de la forma inteligible pero encarnada... Lo bajo se vuelve elevado, o al menos más alto, por medio del reconocimiento de su dependencia de lo alto; lo alto "se baja", se democratiza y se le confiere una expresión concreta en las formas que rigen la vida cotidiana y ordinaria. La monotonía de la existencia y el paso del tiempo son santificados cuando la sagrada separación del séptimo día se introduce en la vida humana cuando se conmemora como Shabat. Asimismo, la costumbre de comer es santificada por medio de la observancia de los mandamientos divinos, cuyos principios fundamentales recuerdan a los comensales conscientes la regla suprema del Santo Bendito Sea.[6]

6. Leon Kass, *The Hungry Soul* (Chicago: University of Chicago Press, 1999), 222.

Los seres humanos se vuelven santos cuando se transforman en animales capaces de hacer distinciones, cuando reconocen los límites de la naturaleza y los respetan.

Vemos ahora una conexión extraordinaria e íntima entre cinco temas:

1. la creación del universo;
2. la construcción del Santuario;
3. las leyes dietéticas;
4. la ceremonia de *havdalá* al concluir el Shabat;
5. el número ocho.

La historia de la creación nos cuenta que la naturaleza no es una lucha ciega entre fuerzas contendientes en la cual la más fuerte gana y el poder es la cualidad más importante. Por el contrario: el universo es fundamentalmente bueno. Es un lugar de armonía ordenada, el diseño inteligible de un solo creador. Esa armonía está constantemente amenazada por el ser humano. En el pacto establecido con Noaj, Dios establece un umbral mínimo para la civilización humana. En el pacto con Israel, establece un código de santidad más elevado. El principio de la santidad, como el de la creación misma, es el mantenimiento de límites, dentro de los cuales cada forma de vida recibe lo que le corresponde.

El Santuario, con sus particiones, representa la *delimitación en el espacio*. Las leyes dietéticas, con sus divisiones entre permitido y prohibido, representan la *delimitación en la vida,* en el acto de comer, la más natural de las acciones humanas. El sacerdote, la persona que mejor ejemplifica la santidad, es quien mantiene y defiende los límites. Su misión específica es hacer distinciones ("diferenciar [*lehavdil*] entre lo *santo* y lo profano, entre lo impuro y lo puro" –nótese nuevamente las palabras clave *santo* y *lehavdil*).

En la ceremonia de *havdalá,* marcamos el límite entre el tiempo sagrado y el secular al concluir Shabat e iniciar el octavo día. Es entonces cuando, al iniciarse la semana laboral, volvemos a ser socios de Dios en la continua labor de la creación. Al igual que Él, comenzamos *creando luz* y procedemos a *realizar distinciones* ("Bendito eres Tú... que diferencia entre lo sagrado y lo profano, la luz y la oscuridad..."). Así, el octavo día se convierte en un gran momento en el cual Dios confía Su trabajo creativo al pueblo que ha tomado como socio del pacto. Así fue con el Tabernáculo y así es con nosotros.

Esta visión personifica la voz sacerdotal dentro del judaísmo. Es una visión de gran belleza. Ve al mundo como un lugar de orden en el cual todo tiene su sitio y su dignidad, dentro del tapiz ricamente diferenciado de la creación. Ser santo es ser guardián de este orden, una tarea que Dios nos ha delegado. Es un reto intelectual y ético: intelectual porque requiere que seamos capaces de reconocer las fronteras y los límites de la naturaleza; ético, porque nos exige tener la humildad de preservar y conservar el mundo por el bien de las generaciones futuras.

Fuego sagrado y fuego profano

La conmoción es inmensa. Por varias semanas y muchos capítulos –el preludio más extenso de la Torá– hemos leído sobre los preparativos para el momento en que Dios haría descansar Su presencia en medio del pueblo. Cinco *parashot* (*Terumá, Tetzavé, Ki Tisá, Vayakel* y *Pekudei*) describen las instrucciones para construir el Santuario. Dos (*Vaikrá* y *Tzav*) detallan las ofrendas sacrificiales que se llevarán a cabo allí. Ahora todo está listo. Durante siete días los sacerdotes (Aarón y sus hijos) son consagrados en su cargo. Ahora viene el octavo día, en el que comenzará el servicio en el Tabernáculo.

Todo el pueblo ha cumplido su función en la construcción de lo que será el hogar visible de la Presencia Divina en la tierra. Con un simple y emocionante versículo el drama llega a su clímax: "Moisés y Aarón entraron a la Tienda de Reunión y al salir bendijeron al pueblo. La gloria de Dios fue entonces revelada a todo el pueblo" (Levítico 9:23).

Justo cuando pensamos que la narración ha llegado a su fin, se produce una escena estremecedora:

> Los hijos de Aarón, Nadav y Avihú, tomaron sus incensarios, pusieron fuego en ellos y agregaron incienso; y ofrecieron un

> fuego no autorizado delante de Dios, que Él no les había ordenado ofrecer. Y salió fuego de delante de Dios y los consumió, de manera que murieron delante de Dios. Entonces Moisés dijo a Aarón: "Esto es lo que habló Dios cuando dijo: 'Entre aquellos que se acercan a Mí, Yo me mostraré Santo; a la vista de todo el pueblo Seré honrado'" (Levítico 10:1–3).

La celebración se transformó en tragedia. Los dos hijos mayores de Aarón mueren. Los sabios y los comentaristas ofrecen muchas explicaciones. Nadav y Avihú murieron porque: entraron en el sanctasanctórum;[1] no vestían la ropa requerida;[2] tomaron fuego de la cocina y no del altar;[3] no consultaron con Moisés y Aarón;[4] ni tampoco consultaron entre sí.[5] Según algunos, fueron culpables de soberbia. Estaban impacientes por asumir ellos mismos los roles de liderazgo;[6] y no contrajeron matrimonio, considerándose superiores a esos menesteres.[7] Sin embargo, otros ven sus muertes como un castigo tardío por una transgresión anterior, cuando en el Monte Sinaí "comieron y bebieron" ante la presencia de Dios (Éxodo 24:9–11).

Estas interpretaciones representan lecturas minuciosas de los cuatro lugares de la Torá que mencionan las muertes de Nadav y Avihú (Levítico 10:2, Levítico 16:1, Números 3:4 y Números 26:61), así como la referencia a su presencia en el Monte Sinaí. Cada una de ellas es una meditación profunda sobre los peligros del entusiasmo excesivo en la vida religiosa. Sin embargo, la explicación más simple es la expuesta en la Torá misma. Nadav y Avihú murieron porque ofrecieron un fuego no autorizado –literalmente "extraño"–, es decir, "aquel que no había sido ordenado". Para comprender el significado de esto, debemos retroceder a los principios originales y recordar el significado de la palabra *kadosh*, "santo", y por lo tanto del *Mikdash* como el hogar de lo sagrado.

1. *Midrash Tanjuma* (Buber), *Parashat Ajarei Mot* 7.
2. Vaikrá Rabá 20:9.
3. *Midrash Tanjuma,* ad loc.
4. *Yalkut Shimoni,* I:524.
5. *Midrash Tanjuma,* ad loc
6. Agadá (Buber), *Vaikrá* 10.
7. Vaikrá Rabá 20:10.

Lo sagrado es ese segmento de tiempo y espacio que Dios reservó para Su presencia. *La creación involucra ocultamiento.* La palabra *olam,* universo, está ligada semánticamente a la palabra *neelam,* "oculto". Para dar a la humanidad algunos de Sus poderes creativos –el uso del lenguaje para pensar, comunicar, comprender, imaginar futuros alternativos y elegir entre ellos– Dios debe hacer algo más que crear al Homo Sapiens. Debe borrarse a sí mismo (lo que los cabalistas llaman *tzimtzum*) para dejar espacio a la acción humana. Ningún acto indica con mayor profundidad el amor y la generosidad implícitos en la creación. Dios, como lo vemos en la Torá, es como un padre que sabe cuándo contenerse, dejar actuar, abstenerse de intervenir, para que sus hijos lleguen a ser responsables y maduros.

Pero hay un límite. Borrarse por completo sería como abandonar el mundo, abandonando a sus propios hijos. Eso, Dios no lo puede hacer ni lo hará. ¿Entonces cómo hace Dios para dejar una huella de Su presencia en la tierra?

La respuesta bíblica no es filosófica. La respuesta filosófica (aquí me refiero a la filosofía occidental tradicional, comenzando en la antigüedad con Platón y en la modernidad con Descartes) sería la aplicable universalmente –o sea, en todo tiempo y lugar. Pero *no existe* respuesta aplicable a todo tiempo y lugar. *Es por eso que la filosofía no puede y nunca podrá entender la aparente contradicción entre la creación Divina y el libre albedrío humano, o entre la Divina Presencia y el mundo empírico en el que reflexionamos, elegimos y actuamos.*

El pensamiento judío es contra-filosófico. Insiste en que las verdades se encarnan precisamente en tiempos y lugares particulares. Hay tiempos sagrados (el séptimo día, el séptimo mes, el séptimo año, y el final de siete ciclos septenarios, el Jubileo). Hay personas santas (los hijos de Israel en su totalidad, y entre ellos los levitas y entre ellos, los sacerdotes). Y hay espacio sagrado (finalmente Israel; dentro de eso, Jerusalén; dentro de eso, el Templo; en el desierto estaban el Tabernáculo, el Santo, y el sanctasanctórum).

Lo sagrado es ese punto del tiempo y del espacio en el que la presencia de Dios es encontrada por el *tzimtzum* –la auto-renuncia– por parte de la humanidad. *Así como Dios hace espacio para el hombre mediante un acto de autolimitación, de igual forma el hombre hace espacio para Dios mediante un acto de autolimitación.* Lo sagrado es donde se experimenta a Dios como presencia absoluta. No accidentalmente sino esencialmente, esto solo puede ocurrir mediante la renuncia total a la voluntad e iniciativa humanas. No es que Dios no valore la voluntad y la iniciativa humanas. Al contrario: Dios ha empoderado a la humanidad para usarlas y así convertirse en Sus "socios en la obra de la creación".

Sin embargo, para ser fiel a los propósitos de Dios, debe haber tiempos y lugares en los que la humanidad experimente la realidad de lo divino. Esos tiempos y lugares requieren obediencia absoluta. El error más fundamental –el error de Nadav y Avihú– es tomar los poderes que corresponden al encuentro del hombre con el mundo y aplicarlos al encuentro del hombre con lo Divino. Si Nadav y Avihú hubieran utilizado su propia iniciativa para combatir el mal y la injusticia, habrían sido héroes. Porque usaron su propia iniciativa en el ámbito de lo sagrado, se equivocaron. Afirmaron su propia presencia en la presencia absoluta de Dios. Esa es una contradicción. Por eso murieron.

Nos equivocamos si pensamos que Dios es caprichoso, celoso, iracundo: un mito difundido por el cristianismo primitivo en un intento de autodefinirse como la religión del amor, reemplazando al cruel/duro/castigador Dios del "Antiguo Testamento". Cuando la misma Torá utiliza tal lenguaje "habla en el lenguaje de la humanidad"[8] –es decir, en términos que la gente pueda entender.

En realidad, el Tanaj es una historia de amor de principio a fin –el apasionado amor del Creador por Sus criaturas que sobrevive a todas las decepciones y traiciones causadas por la humanidad a lo largo de la historia. Dios necesita que lo encontremos, no porque Él necesite de la humanidad, sino porque nosotros necesitamos de Él. Si la civilización ha de ser regida por el amor, la justicia y el respeto por la integridad de la creación, debe haber momentos en los que dejemos de lado el "yo" para encontrar la plenitud del ser en todo su esplendor.

Esa es la función de lo sagrado –el punto en el que el "yo soy" guarda silencio ante la presencia desbordante del "Existe". Eso es lo que olvidaron Nadav y Avihú –que para entrar en el tiempo o el espacio santo

8. Berajot 31a.

se requiere una humildad ontológica, la renuncia total de la iniciativa y el deseo humanos.

El significado de este hecho no puede ser sobreestimado. Cuando confundimos la voluntad de Dios con la nuestra, convertimos lo sagrado –la fuente de vida– en algo profano y una fuente de muerte. El clásico ejemplo de esto es la "guerra santa", la yihad, la Cruzada –invistiendo al imperialismo (el deseo de reinar sobre otro pueblo) con un manto de santidad, como si la conquista y la conversión forzada fueran la voluntad de Dios.

La historia de Nadav y Avihú nos recuerda una vez más la advertencia hecha por primera vez en los días de Caín y Abel. *El primer acto de adoración llevó al primer asesinato.* Como la fisión nuclear, el culto genera poder, que puede ser benigno, pero también profundamente peligroso.

El episodio de Nadav y Avihú está escrito en tres tipos de fuego. Primero está el fuego del cielo:

> Salió fuego de delante de Dios y consumió la ofrenda ígnea (Levítico 9:24).

Este era el fuego de la gracia, consumando el servicio del Santuario. Después vino el "fuego no autorizado" ofrecido por los dos hijos:

> Los hijos de Aarón, Nadav y Avihú, tomaron sus incensarios, pusieron fuego en ellos y agregaron incienso; y ofrecieron un fuego no autorizado delante de Dios, que Él no les había ordenado [ofrecer] (Levítico 10:1).

Y finalmente apareció el cortafuego del cielo:

> Y salió fuego de delante de Dios y los consumió, de manera que murieron delante de Dios (Levítico 10:2).

El mensaje es simple e intensamente serio: La religión no es lo que la Ilustración europea pensó que llegaría a ser: muda, marginal y suave. Es fuego –y como el fuego, calienta, pero también quema. Y nosotros somos los guardianes de la llama.

La espontaneidad: ¿es buena o mala?

P*arashat Sheminí* cuenta la trágica historia de cómo la inauguración del Tabernáculo, un día del cual los sabios dicen que Dios se regocijó tanto como cuando creó el universo,[1] se vio eclipsado por las muertes de dos de los hijos de Aarón, Nadav y Avihú:

> Los hijos de Aarón, Nadav y Avihú, tomaron sus incensarios, los encendieron, agregaron incienso y ofrendaron ante el Eterno un fuego no autorizado, que Él no les había ordenado (ofrendar). Vino un fuego que salió de delante del Eterno y los consumió, de modo tal que murieron delante del Eterno (Levítico 10:1–2).

En el ensayo anterior mencionamos las muchas explicaciones dadas por los sabios y comentaristas posteriores sobre cuál fue la transgresión de Nadav y Avihú. Pero la respuesta más simple, dada por la Torá misma aquí y en otros lugares (Números 3:4, 26:61), es que *actuaron por iniciativa propia*. Hicieron lo que no se les había ordenado. Se comportaron espontáneamente, evidentemente motivados por el entusiasmo y el estado de

1. Meguilá 10b.

ánimo del momento, ofreciendo "fuego no autorizado". Evidentemente resulta peligroso actuar de manera espontánea en cuestiones del espíritu.

¿Pero, lo es? Moisés actuó de manera espontánea en circunstancias mucho más difíciles cuando rompió las tablas de piedra al ver a los israelitas danzando alrededor del Becerro de Oro. Las tablas –talladas y grabadas por Dios mismo– eran tal vez los objetos materiales más sagrados que jamás hayan existido. Sin embargo, Moisés no fue castigado por esta acción. Los sabios dicen que a pesar de que obró por propia iniciativa sin consultar previamente a Dios, Él estuvo de acuerdo con su acto.[2] Rashi se refiere a este momento en su último comentario a la Torá, cuyo versículo final habla sobre "la mano fuerte y el gran temor reverencial que Moisés realizó ante los ojos de todo Israel":

> [Esto se refiere a cuando Moisés] se tomó la libertad de romper las tablas ante los ojos del pueblo, tal como fue dicho: "Yo las rompí ante vuestros ojos". El Santo Bendito Sea estuvo de acuerdo con él, tal como fue dicho: "…que tú quebraste" –"¡*Yshar Koaj* por haberlas quebrado!"[3]

¿Por qué entonces la espontaneidad resultó equivocada para Nadav y Avihú, pero acertada para Moisés? La respuesta es que Nadav y Avihú eran sacerdotes. Moisés era un *naví*, un profeta. Estas son dos formas diferentes de liderazgo religioso. Implican tareas diferentes, sensibilidades diferentes, de hecho, aproximaciones diferentes al tiempo mismo.

El sacerdote sirve a Dios de una manera que jamás cambia con el tiempo (salvo, por supuesto, cuando el Templo fue destruido y su servicio, efectuado por los sacerdotes, llegó a su fin). El profeta sirve a Dios de un modo que cambia constantemente con el tiempo. Cuando la gente está cómoda, el profeta advierte sobre una catástrofe que se avecina. Cuando las personas sufren la catástrofe y se encuentran en la más profunda desesperación, el profeta trae consuelo y esperanza.

Las palabras dichas por el sacerdote son siempre las mismas. La bendición sacerdotal utiliza palabras idénticas, tanto hoy como en los

2. Shabat 87a.
3. Rashi, comentario a Deuteronomio 34:12.

días de Moisés y Aarón. Pero las palabras usadas por el profeta nunca son iguales. "No hay dos profetas que empleen el mismo estilo".[4] Por lo tanto, para un profeta la espontaneidad es esencial. Pero para el sacerdote, involucrado en el servicio divino, está completamente fuera de lugar.

¿Por qué la diferencia? Después de todo, el sacerdote y el profeta servían al mismo Dios. La Torá emplea un dispositivo que hemos reinventado recientemente en una forma algo diferente. El sonido estereofónico –sonido proveniente de dos altavoces diferentes– fue desarrollado en los años 30 para generar la sensación de perspectiva auditiva. En los años 50, fueron desarrolladas las películas en 3D para hacer con la vista lo que el estéreo había hecho con el sonido.

Desde la labor pionera de Pierre Broca en la década de 1860 hasta nuestros días, por medio del uso de Imágenes por Resonancia Magnética (IRM) y Tomografías de Emisión de Positrones (PET), los neurocientíficos se han esforzado por comprender cómo es que nuestro cerebro bicameral nos permite responder a nuestro entorno de una manera más inteligente de la que hubiera sido posible de otro modo. Se necesitan perspectivas gemelas para poder experimentar la realidad de forma plena.

La doble perspectiva del sacerdote y el profeta se corresponden con las perspectivas gemelas de la creación, representadas respectivamente por Génesis 1:1–2:3, hablada con la voz sacerdotal con un énfasis en el orden, la estructura, las divisiones y los límites; y Génesis 2:4–3:24, expresada con la voz profética, con un énfasis en los matices y las dinámicas de las relaciones interpersonales.

Hay otra área en la cual tuvo lugar una discusión continua entre estructura y espontaneidad, y esta es la de la *tefilá*, la oración, específicamente la *Amidá*. Después de la destrucción del Segundo Templo, Rabán Gamliel y su corte en Yavne establecieron un texto fijo para la *Amidá* de los días de semana que comprende dieciocho (posteriormente diecinueve) bendiciones estructuradas en un orden preciso.[5] Sin embargo, no todos estuvieron de acuerdo. Rabí Yehoshua sostuvo que los individuos podían recitar una forma abreviada de *Amidá*. Según algunas

4. Sanedrín 89a.
5. Mishná Berajot 4:3.

interpretaciones, Rabí Eliezer se opuso por completo a un texto fijo y sostuvo que uno debería decir algo diferente cada día.[6]

Este desacuerdo es precisamente paralelo a otro debate respecto al origen de los rezos diarios:

> Ha sido dicho: Rabí Yosei hijo de Rabí Janina dijo: Los rezos fueron instituidos por los patriarcas. Rabí Yehoshua ben Leví dijo: Los rezos fueron instituidos para reemplazar a los sacrificios diarios.[7]

Según Rabí Yosei hijo de Rabí Janina, el rezo de *Shajarit* fue establecido por Abraham, el de *Minjá* por Isaac y el de *Maariv* por Jacob. Según Rabí Yehoshua ben Leví, *Shajarit* corresponde al sacrificio matinal diario y *Minjá* al sacrificio vespertino. A primera vista, el desacuerdo no tiene consecuencias prácticas, pero en realidad sí las tiene.

Si los rezos fueron instituidos por los patriarcas, entonces su origen es profético. Si fueron establecidos para sustituir a los sacrificios, entonces su procedencia es sacerdotal. Los sacerdotes tenían prohibido actuar espontáneamente, pero los profetas lo hacían de manera natural. Alguien que veía el rezo desde una perspectiva sacerdotal, como Rabán Gamliel, enfatizaría la importancia de un texto preciso. Alguien que veía el rezo desde una perspectiva profética, como Rabí Eliezer según el Talmud Yerushalmi, valoraría la espontaneidad y procuraría decir algo nuevo cada día.

Finalmente, la tradición resolvió esta cuestión del modo más notable. Decimos cada *Amidá* dos veces, una privadamente y en silencio de acuerdo con la tradición de los profetas, luego una segunda vez pública y colectivamente por el *sheliaj tzibur,* denominada la "repetición del oficiante", de acuerdo con la tradición del sacerdote que ofrenda un sacrificio en el Templo. (No hay repetición del oficiante en el rezo de *Maariv* ya que no había sacrificio durante la noche). Durante la *Amidá* silenciosa se nos permite agregar palabras propias. Durante la repetición

6. Talmud Yerushalmi Berajot 4.
7. Berajot 26b.

no se autoriza. Esto se debe a que los profetas actuaban espontáneamente, pero los sacerdotes no.

La tragedia de Nadav y Avihú fue que cometieron el error de actuar como profetas cuando en realidad eran sacerdotes. Pero nosotros hemos heredado ambas tradiciones. Ya que sin estructura el judaísmo no tendría continuidad, pero sin espontaneidad, no tendría vida nueva. El desafío consiste en mantener el equilibrio sin confundir jamás el lugar de cada una.

Entre esperanza y humanidad

Debería haber sido el gran día de celebración. El Tabernáculo, la primera casa de culto colectivo de Israel había sido completado. Se habían hecho todos los preparativos. Durante siete días Moisés había realizado la inauguración. Había llegado el octavo día, el primero de Nisán. Los sacerdotes, liderados por Aarón, estaban listos para comenzar su servicio.

Fue entonces que ocurrió la tragedia. Dos de los hijos de Aarón, Nadav y Avihú, trajeron "un fuego extraño, que [Dios] no les había ordenado". Fuego "salió de delante del Eterno" y murieron. Luego siguen dos escenas entre Moisés y Aarón. La primera:

> Entonces Moisés dijo a Aarón: "Esto es lo que habló el Eterno cuando dijo: 'Entre aquellos que se acercan a Mí, Yo me mostraré Santo; a la vista de todo el pueblo Seré honrado'". Aarón permaneció en silencio (Levítico 10:3).

Entonces Moisés ordenó que removieran sus cuerpos, y prohibió a Aarón y a sus otros hijos practicar los rituales de duelo. Luego les dio instrucciones para evitar que sucedieran tragedias semejantes en el futuro, y procedió a comprobar que los sacrificios del día hubieran sido realizados. Descubrió que Aarón y sus hijos habían quemado la ofrenda por la transgresión , en lugar de comerla como estaba prescrito:

> Cuando Moisés preguntó por el macho cabrío de la ofrenda por la transgresión y comprobó que había sido quemado, se enojó con los hijos restantes de Aarón, Eleazar e Itamar, y preguntó: "¿Por qué no comieron la ofrenda por la transgresión en el área del Santuario? Es lo más sagrado; les fue dada para quitar la culpa de la comunidad haciendo expiación por ellos ante el Eterno. Como su sangre no fue llevada al Lugar Sagrado, debieron haber comido el macho cabrío en el área del Santuario, como yo ordené".
>
> Aarón respondió a Moisés: "Hoy ellos hicieron su ofrenda por la transgresión y su holocausto ante el Eterno, pero cosas como estas me han acontecido. ¿Se habría complacido el Eterno si hubiera comido hoy la ofrenda por la transgresión?"
>
> Cuando Moisés escuchó esto, lo aprobó (Levítico 10:16–20).

Sin entrar en detalles sobre estos intercambios, su aspecto psicológico es fascinante. Moisés trata de consolar a su hermano que ha perdido a dos de sus hijos. Le dice que Dios ha dicho: "Entre aquellos que se acercan a Mí, Yo me mostraré santo". Según Rashi, dijo lo siguiente: "Ahora veo que ellos (Nadav y Avihú) eran más grandes que tú y yo". Cuanto más santa es la persona, más exige Dios de ella.

Es como si Moisés le hubiera dicho a Aarón: "Hermano mío, no desfallezcas ahora. Hemos llegado tan lejos. Hemos escalado tan alto. Sé que tu corazón está roto. El mío también. ¿No habíamos pensado –tú y yo– que nuestros problemas habían quedado atrás, que después de todo lo que sufrimos en Egipto, en el Mar Rojo, en la batalla contra Amalec y con la transgresión del Becerro de Oro, finalmente estábamos seguros y libres? Y ahora ha ocurrido esto. Aarón, no te rindas, no desesperes, no pierdas la fe. Tus hijos murieron no porque fueran malos sino porque eran santos. Aunque actuaron mal, sus intenciones eran buenas. Simplemente se exigieron demasiado". Pero pese a las palabras de consuelo de Moisés, "Aarón permaneció en silencio", sumido en una pena más profunda que las palabras.

En el segundo diálogo, Moisés está preocupado por algo más –la comunidad, cuyas transgresiones deberían haber sido expiadas por la ofrenda por la transgresión. Es como si le hubiera dicho a Aarón: "Hermano, sé que estás en un estado de desconsuelo. Pero no solo eres una persona privada. Eres también el Sumo Sacerdote. La gente necesita que cumplas con tus funciones, cualesquiera que sean tus sentimientos internos". Aarón contesta: "¿Se habría complacido el Eterno si hubiera comido hoy la ofrenda por la transgresión?" Solo podemos adivinar el sentido preciso de estas palabras. Quizás significan lo siguiente: "Yo sé que en general, le está prohibido al sumo sacerdote estar de duelo como si fuera un individuo común. Esa es la ley, y la acepto. Pero si hubiera actuado en este día inaugural como si no hubiera pasado nada, como si mis hijos no hubieran muerto, ¿no le parecería al pueblo como si yo no tuviera corazón, como si la vida y la muerte humana no me significaran nada, como si el servicio a Dios significara una renuncia de mi humanidad?" Esta vez fue Moisés quien permaneció en silencio. Aarón tiene razón, y Moisés lo sabe.

En este intercambio verbal entre los dos hermanos, nace una trascendental valentía: el valor de un Aarón que tiene la fortaleza de hacer su duelo y no aceptar ningún consuelo fácil, y el valor de un Moisés que tiene la fortaleza de seguir adelante pese a su dolor. Es casi como si estuviéramos viendo el nacimiento de una configuración emocional que caracterizará al pueblo judío en siglos venideros. Los judíos son un pueblo que ha tenido una cuota adicional de sufrimiento. Como Aarón, no perdieron su humanidad. No permitieron que su sentido del dolor disminuyera, agonizara o perdiera sensibilidad. Pero tampoco perdieron la capacidad de seguir adelante, de continuar, de tener esperanza. Como Moisés, nunca perdieron su fe en Dios. Pero como Aarón, nunca permitieron que esa fe anestesiara sus sentimientos, su vulnerabilidad humana.

Me parece que es eso lo que ocurrió con el pueblo judío después del Holocausto. No hubo, ni hay palabras para silenciar el dolor o detener las lágrimas. Podemos decir –como le dijo Moisés a Aarón– que las víctimas eran inocentes, santas, que murieron *al kidush Hashem*, "santificando el nombre de Dios". Seguramente es cierto. Pero sin embargo,

"Aarón permaneció en silencio". Cuando se han dado todos los consuelos y explicaciones, el dolor permanece, sin alivio. No seríamos humanos si fuera de otra forma. Ese es, con certeza, el mensaje del libro de Job. Los que quisieron consolarlo tenían una intención piadosa, pero Dios prefirió el dolor de Job a la justificación de la tragedia.

Pero, como Moisés, el pueblo judío encontró la fuerza para continuar, para reafirmar la esperanza frente a la desesperación, la vida frente a la muerte. Apenas tres años después de encontrarse cara a cara con el Ángel de la Muerte, el pueblo judío, al establecer el Estado de Israel, enunció la afirmación singular más poderosa de los últimos dos mil años: *Am Israel jai,* el pueblo judío vive.

Moisés y Aarón eran como los dos hemisferios del cerebro judío: por un lado, la emoción humana; y por el otro la fe en Dios, el pacto y el futuro. Sin el segundo, habríamos perdido nuestra esperanza. Sin el primero, habríamos perdido nuestra humanidad. No es fácil mantener ese equilibrio, esa tensión. Pero es esencial. La fe no nos vuelve invulnerables a la tragedia, pero nos da la fortaleza para llorar y luego, a pesar de todo, seguir adelante.

La integridad de la naturaleza

La segunda mitad del libro de Éxodo y la primera parte de Levítico conforman una narrativa cuidadosamente estructurada. A los israelitas se les ordenó construir un Santuario. Cumplieron la orden. Esto es seguido por un recuento de los sacrificios que habrían de ser allí ofrendados. Luego, en la primera parte de esta *parashá,* los sacerdotes son instalados en sus cargos.

Sin embargo, lo que sucede a continuación es inesperado: las leyes dietéticas, una lista de especies, animales, peces y aves, permitidos y prohibidos. ¿Cuál es la lógica de estas leyes? ¿Por qué están ubicadas aquí? ¿Cuál es su conexión con el Santuario?

El finado rabino Elie Munk ofreció una sugerencia fascinante.[1] Tal como hemos mencionado anteriormente, el Santuario era la contraparte humana del cosmos. Varias palabras clave en el relato bíblico de su construcción son también palabras clave en la narrativa de la creación al principio del libro de Génesis. El Talmud compara la alegría de Dios al ver el Santuario terminado con la que le produjera la finalización de

1. Elie Munk, *The Call of the Torah*, vol. 2 (Nueva York: Mesorah, 2004), 99.

la creación del cielo y la tierra.[2] Las dos son paralelas: el universo es el hogar que Dios hizo para el hombre. El Santuario fue el hogar que los seres humanos hicieron para Dios.

El rabino Munk nos recuerda que la primera orden que Dios le dio al primer ser humano fue una ley dietética. "Eres libre de comer de cualquier árbol en el jardín; pero no debes comer del árbol del conocimiento del bien y el mal, pues cuando de él ingieras seguramente morirás" (Génesis 2:16–17). Las leyes dietéticas en *Parashat Sheminí* son paralelas a la prohibición recibida por Adán. Tal como entonces, también ahora, una nueva era en la historia espiritual de la humanidad que es precedida por un acto de creación, está marcada por leyes sobre qué debe uno comer y qué no.

¿Por qué? Tal como con el sexo, lo mismo ocurre con la alimentación: estas son las actividades más primarias, compartidas con la mayoría de las demás formas de vida. Sin sexo no hay perpetuación de las especies. Sin alimento, ni siquiera el individuo puede sobrevivir. Por lo tanto, estas acciones han estado en el foco de culturas radicalmente diferentes.

Por una parte, hay culturas hedonistas en las cuales el alimento y el sexo son vistos como placeres y perseguidos como tales. Por la otra, hay culturas ascéticas (marcadas por el aislamiento monástico) en las cuales el sexo es evitado y el alimento mantenido a un nivel mínimo. Las primeras enfatizan el cuerpo, las últimas el alma.

Por el contrario, el judaísmo ve la condición humana en términos de integración y equilibrio. Somos cuerpo *y* alma. Por lo tanto, el imperativo judío no es hedonista ni ascético sino transformativo: se nos ordenó *santificar* las actividades de la ingestión de alimentos y el sexo. De aquí es de donde provienen las leyes dietéticas y las de la pureza familiar (*nidá* y *mikve*), dos elementos clave de la *kedushá*, la vida de santidad.

Podemos ir más lejos. El capítulo primero de Génesis no es el único relato de la creación en el Tanaj, la Biblia hebrea. Hay varios más. Uno está incluido en los últimos capítulos del libro de Job. Es este el que merece especial atención.

Job es el paradigma del individuo justo que sufre. Pierde todo cuanto tiene, sin motivo aparente. Sus compañeros le dicen que debe

2. Meguilá 10b.

haber transgredido. Solo eso puede conciliar su destino con la justicia. Job insiste en su inocencia y exige una audiencia ante el tribunal celestial. Durante unos treinta y siete capítulos el argumento continúa, luego en el capítulo 38 Dios se dirige a Job "desde el torbellino". Dios no le ofrece respuesta alguna. En vez de ello, durante cuatro capítulos, formula Sus propias preguntas, preguntas retóricas carentes de respuesta. "¿Dónde estabas cuando puse el cimiento de la tierra?... ¿Has viajado a los manantiales del mar o caminado por los recovecos del abismo?... ¿Acaso la lluvia tiene padre?... ¿De qué útero proviene el hielo?"

Dios le muestra a Job la completa estructura de la creación, pero es una visión del universo muy diferente de la expuesta en los primeros dos capítulos de Génesis. Allí el centro del relato es la persona humana. El hombre y la mujer fueron los últimos en ser creados, fueron hechos a imagen de Dios, les fue concedido el dominio sobre todo cuanto vive. En los capítulos 38–41 de Job no vemos un universo antropocéntrico sino *teocéntrico*. Es como si no estuviéramos en la tierra sino en el cielo. Job es la única persona en el Tanaj que ve el mundo, por así decirlo, desde la perspectiva de Dios.

Resulta particularmente sorprendente el modo en que estos capítulos se refieren al reino animal. Lo que Job ve no son animales domésticos sino bestias salvajes, criaturas indomables de portentosa fuerza y magnífica belleza, que viven lejos de la humanidad y son totalmente indiferentes a ella:

> ¿Acaso le diste al caballo sus bríos o vestiste su cuello con una melena vibrante?
>
> ¿Acaso lo haces saltar como una langosta, infundiendo pavor con su altivo resoplido?...
>
> ¿Acaso el halcón alza vuelo y extiende sus alas hacia el sur gracias a tu sabiduría?
>
> ¿Acaso el águila se eleva y construye su nido en las alturas por orden tuya?...
>
> ¿Puedes jalar al Leviatán por medio de un anzuelo o amarrar su lengua con una cuerda?
>
> ¿Puedes pasarle una soga por la nariz o perforar su mandíbula por medio de un anzuelo?...

> Nada en la naturaleza se le asemeja, es una criatura carente de miedo.
> Desprecia a todos los altaneros;
> es rey por sobre todos los soberbios (Job 39:19–41:34).

Este es el pasaje más radicalmente no antropocéntrico de la Biblia hebrea. Nos dice que el hombre no es el centro del universo, ni somos la medida de todas las cosas. Algunos de los aspectos más gloriosos de la naturaleza no tienen nada que ver con las necesidades humanas, y todo que ver con la creación divina de la diversidad. Uno de los pocos pensadores judíos en afirmar esto claramente fue Maimónides:

> Considero la siguiente opinión como la más correcta de acuerdo con las enseñanzas de la Biblia y los resultados de la filosofía, es decir, que el universo no existe por causa del hombre, sino que cada ser existe por sí mismo y no en virtud de alguna otra cosa. Por lo tanto, creemos en la creación y, sin embargo, no necesitamos preguntar qué propósito sirve cada una de las especies entre los seres existentes, porque suponemos que Dios creó todas las partes del universo por Su voluntad; algunas por su propio bien, y otras, por el bien de otros seres.[3]

Y nuevamente:

> Considera cuán vastas son las dimensiones y cuán grande el número de estos seres corpóreos. Si la totalidad de la tierra no constituyera ni la parte más pequeña de la esfera de las estrellas inmóviles, ¿cuál es la relación de la especie humana con todas estas cosas creadas, y cómo es que cualquiera de nosotros puede imaginar que existen para su propio bien y que son instrumentos de su beneficio?[4]

3. Maimónides, *Guía de los perplejos*, III:13.
4. Ibid., III:14.

Ahora entendemos qué es lo que está en juego en la prohibición de ingerir ciertas especies de animales, aves y peces, muchas de ellas depredadoras como las criaturas descritas en Job 38–41. Existen por sí mismos, no para el beneficio de la humanidad. El vasto universo y la propia tierra con la miríada de especies que contiene, posee una integridad propia. En efecto, tras el Diluvio, Dios les concedió a los seres humanos el permiso de comer carne, pero esto fue una concesión, como si dijera: Mata si es necesario, pero que sean animales y no otros humanos a los que mates.

Por medio de Su pacto con los israelitas, Dios invitó a la humanidad a iniciar un nuevo capítulo en la historia. Este no era aún el Jardín del Edén, el paraíso recuperado. Pero con la construcción del Santuario –un hogar simbólico para la Presencia Divina en la tierra– algo nuevo había comenzado. Una señal de ello es el hecho de que a los israelitas no se les permitió matar a todas y a cada una de las formas de vida existentes para alimentarse. Algunas especies requieren ser protegidas, se les debe otorgar libertad y conceder su integridad sin que estén sujetas a los dispositivos humanos ni a sus deseos.

La nueva creación, el Santuario, marca una nueva dignidad para la vieja creación, especialmente para sus criaturas salvajes e indómitas. No todo en el universo fue creado para el consumo humano. Ante la naturaleza debe haber reverencia y moderación.

Tazria
תזריע

Parashat Tazria continúa con las leyes de pureza e impureza comenzadas en *Parashat Sheminí*. Una de las funciones centrales del sacerdote era ser capaz de distinguir *tahor* de *tamé,* lo puro de lo impuro, este último prohibía a un individuo ingresar al espacio sagrado del Santuario.

Estas categorías surgen del contraste entre Dios y los seres humanos. Dios es inmortal, los seres humanos son mortales. Dios es espiritual, los seres humanos son también físicos, y todo lo físico está sujeto a padecer enfermedades y a decaer. Las condiciones que vuelven *tamé* a una persona son aquellas que dan testimonio de nuestra mortalidad y fisicalidad. Las personas que tuvieron un recordatorio de mortalidad en formas especificadas por la Torá, no pueden ingresar en el espacio sagrado hasta que sean sanadas y purificadas.

La *parashá* comienza con las leyes relacionadas al parto, la impureza que este conlleva y también el mandamiento de circuncidar a un niño varón en el octavo día. Continúa con leyes relativas a la aún no identificada condición de *tzara'at,* a menudo traducida como lepra, pero que alude a algo mayor que una enfermedad, porque no solamente afecta a las personas sino también a la vestimenta y a las casas. La *parashá* describe algunos de los síntomas, que pueden aparecer tras una inflamación de la piel o una quemadura, en una parte de la piel cubierta por cabello, o en un punto carente de cualquier vello, así como sobre las vestimentas. Era tarea del sacerdote examinar tales síntomas y declarar si la persona estaba limpia o afectada, así como ponerla en cuarentena hasta que se pudiera efectuar un diagnóstico más claro. Los sabios ven en la *tzara'at* un castigo por la transgresión del mal hablar.

El primer ensayo es un intento de situar el *brit milá*, la circuncisión, en el contexto más amplio de la sexualidad y la violencia. El segundo versa sobre la radical sustitución del poder por el amor que tiene lugar en el judaísmo. El tercero es sobre las leyes del parto. El cuarto es sobre *tzara'at* y por qué los rabinos la entendieron como lo hicieron. El quinto es sobre la *haftará* y el fascinante encuentro entre el profeta Eliseo y Naamán, comandante del ejército sirio.

Circuncisión, sexo y violencia

Parashat Tazria abre con el mandamiento que, para los varones, es la marca distintiva de la identidad judía: la circuncisión.

> En el octavo día, la carne del prepucio (del niño) será circuncidada (Levítico 12:3).

El nombre tradicional para esto es *brit milá*, literalmente "el pacto de la circuncisión". Se trata del único mandamiento que contiene esta vinculación explícita con la asociación divino- humana entre Dios y el pueblo de Israel. Para los varones judíos es la señal de identidad, la marca que llevan por el resto de sus días. Es una señal ontológica –un estado de ser más que un estado de hacer– que atestigua la pertenencia al pueblo del pacto, "un reino de sacerdotes y una nación sagrada".

Este punto se expresa poderosamente en un pasaje talmúdico. Dice que cuando el rey David entró a la casa de baños y se encontró de pie y desnudo, dijo: "¡Ay de mí, ya que estoy desnudo sin un solo precepto en mi haber!" Pero tan pronto como recordó el pacto de la circuncisión en su carne, se consoló.[1] *Milá* es el precepto que los hombres judíos llevan consigo durante toda su vida.

Ya en los días de Abraham, en los albores de la historia judía, tenía este significado. Fue el primer precepto dado específicamente a un judío.[2] Aparece por primera vez en el gran pasaje de Génesis 17 en el cual Dios describe el pacto que está a punto de establecer con Abraham y sus descendientes:

> Abram cayó rostro a tierra y Dios le dijo: "En cuanto a Mí, este es Mi pacto contigo: Serás el padre de muchas naciones..." Entonces, Dios le dijo a Abraham: "En cuanto a ti, debes cuidar Mi pacto, tú y tus descendientes tras de ti para las generaciones por venir. Este es Mi pacto contigo y tu descendencia tras de ti, el pacto que deben guardar: Todo varón de entre ustedes deberá ser circuncidado... Por las generaciones venideras todo varón de entre ustedes que tenga ocho días deberá ser circuncidado" (Génesis 17:3, 9–12).

Hasta el día de hoy llamamos a la circuncisión "el pacto de nuestro padre Abraham".

En cuanto a porqué se repite aquí el mandamiento, Maimónides ofrece una respuesta en su comentario a la Mishná.[3] Si bien a Abraham le fue dado el precepto de la circuncisión como señal del pacto de Dios con él, el pacto de Dios con los israelitas en el Monte Sinaí reemplazó todos los mandamientos anteriores. Por lo tanto, el hecho de que en la actualidad llevemos a cabo la circuncisión, no se debe al precepto que recibiera Abraham, sino a que se repitió como parte del pacto en el Sinaí. El precepto está vinculado *históricamente* con Abraham, pero *legislativamente* se vincula con la revelación a Moisés.

Spinoza, el hijo de la Ilustración que abandonó el judaísmo y fue excomulgado por la comunidad judía de Ámsterdam, escribió en su

1. Menajot 43b.
2. Esta forma de plantearlo es por supuesto un anacronismo. La palabra "judío" no fue utilizada sino hasta varios siglos después. Abraham fue descrito como *ivrí*, un "hebreo".
3. Maimónides, comentario a la Mishná, Julín 7:6.

Tractatus Theologico-Politicus una frase notable: "La señal de la circuncisión, tal como la pienso, es tan importante que podría llegar a persuadirme de que ella sola podría preservar a la nación judía para siempre".[4] Como marca permanente de diferencia y singularidad, el *brit milá* es el garante de la identidad judía a lo largo de las generaciones.

Sin embargo, la pregunta obvia es: ¿Por qué *este* precepto más que cualquier otro? ¿Por qué la circuncisión se volvió la marca de la diferencia judía, la señal del pacto, y el símbolo de la identidad judía? ¿Por qué una marca en la carne y por qué en esa parte del cuerpo? No hay ninguna declaración explícita de ello en la Torá, pero seguramente debe haber un motivo, y debe ir al corazón de aquello que hace a los judíos y al judaísmo diferentes.

Los comentaristas ofrecen varias explicaciones:

1. Según el *Midrash Sejel Tov*[5] y *Sefer Hajinuj*,[6] la circuncisión existe para servir a modo de señal exterior que diferencie a los judíos de los gentiles. Es como las otras señales, *tzitzit, tefilín* y *mezuzá*, con la única diferencia de que en realidad es parte del propio cuerpo.

2. Según una explicación dada por Maimónides,[7] se trata de una marca unificadora que identifica a los judíos como parte de un pueblo, uniéndolos como nación del modo más definitivo y existencial.

3. Najmánides lo ve como una forma de conferir *kedushá*, santidad, al acto de la procreación.[8] Abravanel da una explicación similar.

4. Rabí Yosef Albo en *Sefer HaIkarim*[9] lo toma como una señal de continuidad y perseverancia a través de las generaciones.

4. Baruch Spinoza, "Sobre la vocación de los hebreos", en *Tractatus Theologico-Politicus*.
5. A Génesis 17:11.
6. Precepto 2.
7. Maimónides, la *Guía de los perplejos* III:49.
8. Comentario a Génesis 17:4.
9. Rabí Yosef Albo, *Sefer HaIkarim*, 4:45.

5. En su libro *El Cuzarí,*[10] Rabí Yehudá Haleví dice que fue dado para ayudar a las personas a controlar sus deseos corporales. Maimónides ofrece una explicación similar:

> De igual manera, respecto de la circuncisión, uno de los motivos para ello, es en mi opinión, el deseo de provocar una disminución de la actividad sexual y un debilitamiento del órgano en cuestión, de modo tal que esta actividad pueda ser reducida y el órgano esté en el estado más tranquilo posible… Ninguna de las actividades necesarias para la preservación del individuo se ve perjudicada por ello, ni la procreación se torna imposible, sino que lo que disminuye es la concupiscencia violenta y la lujuria que van más allá de lo necesario. Es indudable que la circuncisión debilita la facultad de la excitación sexual, y a veces quizás lleva a una disminución en el placer… En mi opinión, este es el motivo más poderoso para la circuncisión.[11]

Cada uno de estos comentarios forma parte de la respuesta, pero puede haber una manera de ver el precepto en el contexto más amplio de la Torá en su conjunto.

Para ver cuál podría ser, primero debemos formular una pregunta sobre el primer libro de la Torá, el Génesis. ¿Qué es lo que hace diferentes a los patriarcas? ¿Cómo es que Abraham marca un nuevo inicio? ¿Qué es lo que él trae al mundo que no existía previamente?

Génesis, el libro de los comienzos, cuenta la historia del desencanto de Dios con la humanidad. Habiéndoles dado libertad, descubre que abusan de ella. Adán y Eva transgreden. Caín mata a Abel. En poco tiempo el mundo "se colma de violencia". Dios trae un diluvio, salva a Noaj y a su familia, y comienza de nuevo.

Esta vez, Dios promete no volver a provocar un diluvio para destruir el mundo. Limita Sus exigencias hacia Noaj a una serie de mandamientos sencillos, el principal de los cuales es la prohibición del asesinato (Génesis 9:6). Por primera vez se le permite a los seres humanos

10. Yehudá Haleví, *El Cuzarí*, I:115.
11. Maimónides, la *Guía de los perplejos*, III:49.

matar animales para comer, siempre y cuando no se ejerza sobre ellos una crueldad innecesaria (el ejemplo mencionado es la prohibición de comer un órgano proveniente de un animal vivo). Nuevamente la humanidad decepciona, esta vez al intentar construir una torre que borre los límites entre el cielo y la tierra. Dios divide a la humanidad en muchas lenguas y culturas, los esparce sobre la faz de la tierra y comienza de nuevo con Abraham.

Pero ¿cuál es la religión de Abraham? Además de la circuncisión, no se le ordenó nada.[12] Tampoco lo encontramos desafiando a sus contemporáneos respecto a la idolatría. No habla como un profeta. No ofrece una crítica al politeísmo. No llama a toda la humanidad a rendir culto al Dios Único. Solamente en la tradición midráshica encontramos a Abraham como destructor de ídolos y hacedor de conversos. Estas cuestiones no están explícitas en el texto mismo.[13] ¿Entonces qué es lo que distingue al estilo de vida que Abraham representa?

El libro nos da una pista ineludible. Donde y cuando sea que un miembro de la familia del pacto se encuentre ingresando en otra sociedad o grupo, siempre hay un momento de peligro, y *el peligro está siempre originado por la ausencia de una* ética sexual. Hay seis episodios de este tipo.[14]

Abraham y Sara se ven obligados a abandonar su hogar dos veces por motivo de una hambruna. Una vez (Génesis 12) viajan a Egipto. La segunda vez se dirigen a Guerar (Génesis 20). Isaac y Rebeca se ven forzados a vivir una situación casi idéntica en Génesis 26, cuando ellos también viajan a Guerar.

En las tres ocasiones los hombres temen ser asesinados para que sus esposas puedan ser llevadas al harén real. En la primera ocasión

12. Los sabios le atribuyen a Abraham la institución del rezo matinal; ver Berajot 26b y Maimónides, *Mishné Torá, Hiljot Melajim Umiljamot* 9:1. Pero esto no le fue ordenado a él.
13. Josué 24 menciona a Teraj, el padre de Abraham, como un adorador de ídolos, pero nuevamente, no hay mención de ello en Génesis.
14. Hay un séptimo: la relación casual que mantuvo Judá con una mujer a la que toma por prostituta, pero que en realidad era su nuera Tamar. Este caso posee algunas características singulares que lo diferencian de los otros seis, por lo que no lo he incluido entre los ejemplos.

Abram le dice a Sarai: "Cuando los egipcios te vean dirán: 'Esta es su mujer'. Entonces me matarán, pero a ti te dejarán con vida" (Génesis 12:12). En la segunda, él dice: "Me dije a mí mismo: 'Seguramente aquí no haya temor de Dios y entonces me matarán por causa de mi esposa'" (Génesis 20:11). En la tercera, Isaac dice: "Los hombres de este lugar podrían matarme por causa de Rebeca dado que ella es hermosa" (Génesis 26:7).

En las tres ocasiones, Abraham e Isaac son forzados a hacer pasar a sus esposas como sus hermanas, algo que solamente harían ante la inminencia de un peligro real y tangible de ser asesinados.

El cuarto episodio tiene lugar cuando dos visitantes (ángeles en forma humana) vienen a Lot en Sodoma (Génesis 19). La población local rodea la casa, exigiendo a Lot que los saque "para que podamos tener sexo con ellos" (19:5) –una violación homosexual intencional.

El quinto ocurre cuando Dina "salió a visitar a las mujeres del país" y fue secuestrada y violada por Siquem, el príncipe local. Simeón y Leví, los hermanos de Dina, deben llevar a cabo una represalia sanguinaria para poder rescatar a su hermana (Génesis 34).

El sexto ocurre cuando José se queda a solas con la esposa de Potifar quien intenta seducirlo, y cuando fracasa, presenta en su contra una falsa acusación de violación. En este caso no hay violencia, pero José es encarcelado, aparentemente de por vida, por un delito que nunca cometió (Génesis 39:6–20).

Tenemos así seis episodios, en cinco de los cuales existe violencia potencial o efectiva, y un sexto en el cual tiene lugar un flagrante error judicial, y todos ellos tienen que ver con el deseo sexual. De ahí la inesperada conclusión de que *lo que hace la diferencia entre los patriarcas y las matriarcas de Génesis y sus vecinos, no es tanto una cuestión de creencia religiosa sino de ética sexual.* ¿Por qué es esto tan significativo?

La respuesta radica en la violencia, no en la sexualidad misma. El judaísmo no es crítico del impulso sexual como tal. No tiende a darle una lectura sexual a la transgresión de Adán y Eva. Abraham llama a Sara 'una mujer hermosa'. Vemos a Isaac y a Rebeca abrazados. El enfoque judío hacia el deseo sexual no tiene nada de puritano ni de ascético.

Lo que se está insinuando es una proposición formulada en términos de biología evolutiva por David Buss en su libro *The Murderer*

Next Door (El asesino al lado).[15] Él se pregunta ¿qué es aquello que lleva a los seres humanos a matarse entre sí? Su respuesta es: el deseo sexual.

En las sociedades de primates, los machos alfa, aquellos que son más fuertes que los demás, poseen una mayor libertad para elegir pareja. Es el deseo sexual el que los lleva a buscar ser dominantes, y ello a su vez los conduce a perpetrar actos de violencia contra los otros machos de su propio grupo o de otros grupos.

Los neodarwinistas como Buss creen que el principal móvil del comportamiento es la reproducción: el acto de transmitir los genes propios a la siguiente generación. No obstante, a este respecto existe una marcada diferencia entre hombres y mujeres. La inversión de la mujer en el parto es mucho mayor que la del hombre. La mujer carga a las crías durante el embarazo y las cuida durante su infancia. Por lo tanto, el interés de la mujer es que su varón sea aquel que mejor pueda protegerla, así como también proporcionarle alimento y refugio mientras lleva en su cuerpo o alimenta a la nueva generación.

El hombre no tiene ese interés. Su contribución termina con la eyaculación. Por lo tanto, lo que a él le interesa es fecundar al mayor número posible de mujeres, asegurando así el mayor número posible de portadores de sus genes. El único interés del varón en la fidelidad no es el suyo sino el de la mujer. Los hombres no están dispuestos a hacer sacrificios por niños que no portan sus propios genes. Incluso hoy en día, los niños tienen setenta veces más probabilidades de ser asesinados por un padrastro que por su padre biológico.[16]

El argumento ha sido reformulado recientemente por William Tucker en su libro *Marriage and Civilization: How Monogamy Made Us Human* (*Matrimonio y civilización: cómo la monogamia nos hizo humanos*). Él resume su argumento con las siguientes palabras:

15. David Buss, *The Murderer Next Door: Why the Mind Is Designed to Kill* (Nueva York: Penguin, 2005).
16. Martin Daly y Margo I. Wilson, "Some Differential Attributes of Lethal Assaults on Small Children by Stepfathers Versus Genetic Fathers", McMaster University, Hamilton, Ontario, Canadá, http://anthro.vancouver.wsu.edu/media/Course_files/anth-395-nicole-hess/daly-and-wilson-some-attributes-of-lethal.assaults-on-small-children-ethology-and-sociobiology.pdf.

> En casi todas las especies, los machos pasan la mayor parte del tiempo peleando entre sí por el acceso a las hembras. El singular contrato social de la monogamia –un hombre para cada mujer y una mujer para cada hombre– reduce la temperatura de la competencia sexual y libera a los miembros para que puedan trabajar juntos en cooperación. Es en esta coyuntura en la que nacen las sociedades e incluso las civilizaciones humanas.[17]

La historia de la Torá sigue siendo convincente a la luz de todo lo que sabemos sobre la historia de la sexualidad. Sugiere que en las sociedades más primitivas (de cazadores y recolectores) la vinculación bajo la forma de pareja era la norma. De ahí la declaración de monogamia en Génesis 2:24: "Por esta razón el hombre dejará a su padre y a su madre, se unirá a su mujer y se volverán una sola carne".

Sin embargo, con el desarrollo de la agricultura, las ciudades y los excedentes económicos, algunos seres humanos se volvieron más ricos y poderosos que otros. Vemos entonces una regresión a formas de conducta más primitivas e incluso prehumanas. Reyes, gobernantes y faraones –los machos alfa humanos– podían exigir una satisfacción casi ilimitada de su deseo sexual. La poligamia se volvió posible para una minoría de varones. Hicieron su aparición los harenes: de ahí el miedo de Abraham e Isaac de que pudieran ser asesinados para que sus esposas fueran llevadas al harén. Hasta bien entrada la Europa medieval, el fenómeno de *jus primae noctis*, el derecho del señor feudal a desflorar a la novia de cualquiera de sus vasallos en su noche de bodas, todavía persistía.

La Torá describe este fenómeno en un pasaje enigmático:

> El hombre comenzó a multiplicarse sobre la faz de la tierra y les nacieron hijas. Los hijos de Dios vieron que las hijas del hombre eran hermosas, por lo que desposaron a cualquiera de ellas que escogieran. Entonces el Eterno dijo: "Mi espíritu no seguirá juzgando al hombre para siempre, ya que no es sino carne. Sus días

17. William Tucker, *Marriage and Civilization: How Monogamy Made Us Human* (Washington, DC: Regnery, 2014), 5.

serán ciento veinte años". En esos días y también después, los titanes se encontraban sobre la tierra. Los hijos de Dios habían venido a las hijas de los hombres y les engendraron hijos. (Los titanes) eran los poderosos de la antigüedad, hombres de renombre. El Eterno vio que la maldad del hombre sobre la tierra iba en aumento. Cada impulso de su pensamiento más íntimo estaba dirigido solo al mal, durante todo el día. Dios se arrepintió de haber hecho al hombre sobre la tierra y esto le dolió en Su propia esencia (Génesis 6:1–6).

¿Quiénes eran los "hijos de Dios" y los titanes (*nefilim*)? La mayoría de los comentaristas traducen la primera frase como "hijos de los gobernantes, jueces". Eran personas en posiciones de poder. Saadia Gaon y Maimónides entienden que la expresión "hijas del hombre" se refiere a niñas o mujeres de las clases más bajas, plebeyas, siervas o esclavas. "Titanes" es la palabra más gráfica que podríamos desear para describir a los machos alfa. En resumen, la Torá nos dice aquí lo que hoy sabemos de otras fuentes, que en la evolución de poblaciones cazadoras-recolectoras a poblaciones sedentarias, y el crecimiento de la civilización, hubo un quiebre en la ética sexual.

Según la Torá, este fue el preludio de la declaración:

Ahora la tierra estaba corrupta a los ojos de Dios y estaba colmada de violencia (Génesis 6:11).

El mensaje central de Génesis es que la anomia sexual –el libre juego de las fuerzas darwinianas y los machos alfa– conduce a una sociedad marcada por la generalización de la violencia. William Tucker, en el libro citado anteriormente, presenta evidencia histórica convincente precisamente para esta ecuación. La Torá ve a todo este conjunto de conductas con un claro aborrecimiento.[18] Semejante comportamiento privilegia a alguna gente en detrimento de otra. Transforma a las mujeres

18. Debe notarse también que esto es lo que conduce al rey David y luego al rey Salomón a la transgresión. El Tanaj nos cuenta que incluso los hombres más grandes no están a salvo de la tentación ni son capaces de resistirla.

en instrumentos del deseo masculino. Ubica al poder y no al amor, en el corazón de las relaciones humanas. Trata a las mujeres como objetos y no como sujetos con igual dignidad e integridad. Divorcia el sexo de la compasión y la preocupación. Deshonra el más íntimo de los vínculos humanos, aquel en el cual más nos asemejamos a Dios mismo: el amor que trae nueva vida al mundo.

Pero, sobre todo, conduce a la violencia, y la Torá considera a la violencia –la causa del Diluvio– la mayor amenaza para la humanidad. El asesinato, la suprema prohibición del Código Noájico, no es simplemente un crimen sino una transgresión, dado que la persona humana es la imagen de Dios, y por ende, el asesinato es una forma de sacrilegio.

De ahí que la circuncisión sea la señal del pacto. El propósito de la circuncisión, tal como lo señalan todos los comentaristas de un modo u otro, es mitigar el placer sexual, controlar el deseo, y consagrar el imperativo biológico fundamental de la reproducción. Dada la asimetría evolutiva y genética entre hombres y mujeres –las mujeres dando prioridad a la fidelidad y los hombres al adulterio y la promiscuidad– es obvio por qué esto debería ser una limitación del deseo masculino y no del femenino. Ya que son los hombres quienes a lo largo de la historia han incurrido mayoritariamente en crímenes violentos. El ochenta y siete por ciento de los asesinatos son perpetrados por hombres.[19] Y el móvil principal de la violencia es el deseo sexual.

Ahora el significado del *brit milá* debería quedar claro. Contrarresta un conjunto de impulsos a los que el varón humano es propenso, que son socialmente disfuncionales y que a veces resultan peligrosos. El más significativo es la conexión entre la violencia y el deseo sexual masculino. Un segundo impulso es la tendencia masculina a la promiscuidad, al adulterio, a las relaciones múltiples y seriales, y a una relativa falta de interés en las continuas responsabilidades de la paternidad. En Gran Bretaña en el año 2012, cerca del 92 por ciento de los hogares monoparentales estaban encabezados por una mujer y solo un ocho por ciento por hombres.[20] Como dijo Margaret Mead, el principal desafío

19. Buss, op. cit., 22.
20. *Lone Parents with Dependent Children,* Enero 2012, Oficina Nacional de Estadísticas de Reino Unido.

de cualquier civilización es cómo socializar a los varones para que se vuelvan padres.[21]

El pacto es sobre la fidelidad en las relaciones humanas, especialmente en el vínculo entre el hombre y la mujer. Este vínculo debe ser consagrado. Debe ser exclusivo. Si bien la Torá no legisla la monogamia, y esta no se volvió obligatoria hasta el edicto de Rabenu Guershom en el siglo X, está claramente implícita en el segundo capítulo de Génesis, así como en los relatos sobre la tensión existente entre Sara y Agar, y entre Raquel y Lea.

Sigmund Freud, un judío aunque no uno creyente, ubicó a la sexualidad en el corazón de su análisis de la personalidad humana y de la propia civilización. La libido era uno de los instintos humanos primarios. Por una parte, era un deseo por la vida en contraposición al *thanatos*, el instinto de muerte. Por la otra, en ausencia de control, conducía al conflicto y al caos. Para Freud, el desarrollo de la civilización dependía de la capacidad de posponer la gratificación instintiva.

Esta es la clave para entender el *brit milá*. Es la consagración del deseo sexual. El judaísmo tiene una visión equilibrada de la personalidad humana. Nuestros instintos no son malos en sí mismos. La vida religiosa no es una cuestión de abnegación y renuncia. Pero tampoco es hedonismo, la búsqueda desenfrenada del placer. El instinto tiene su lado oscuro, que culmina en violencia. La buena vida involucra la educación de las pasiones y la adquisición de hábitos de autocontrol. La vida sagrada implica la santificación del instinto. Solamente así podremos crear una sociedad amable en la cual el amor, y no el poder, gobierne los asuntos de la humanidad.

21. Citado en Jerry Jensen y Larry Cyril Jensen, *Families: The Key to a Prosperous and Compassionate Society for the 21st Century* (Lewiston, NY: Edward Mellen, 1999), 91.

La circuncisión del deseo

En el ensayo anterior, sugerimos que la lógica subyacente detrás de la circuncisión, el *brit milá,* es la conexión existente entre la sexualidad masculina y la violencia. En el presente ensayo quisiera llevar esta idea un paso más allá.

Resulta difícil rastrear con precisión el momento en el que una nueva idea hace su aparición en la escena humana, especialmente una tan amorfa como la del amor. Pero el amor tiene una historia.[1] Está el contraste que encontramos en el pensamiento griego y posteriormente en el cristiano entre el *eros* y el *ágape*: el deseo sexual y el amor altamente abstracto por la humanidad en general.

Existe el concepto de caballerosidad, que hace su aparición en la época de las Cruzadas, el código de conducta que valoraba la galantería y las hazañas de valentía en pos de "ganarse el corazón de una dama". Hay un amor romántico que hace su aparición en las novelas de Jane Austen, recubiertas por la condición de que el hombre joven o no tan joven destinado para la heroína debe poseer el ingreso adecuado y una

1. Ver, por ejemplo, C. S. Lewis, *The Four Loves* (Nueva York: Harcourt, Brace, 1960); Simon May, *Love: A History* (New Haven, CT.: Yale University Press, 2011).

propiedad en el campo, para ejemplificar la "verdad universalmente aceptada, que un hombre soltero en posesión de una importante fortuna necesitar una esposa".[2] Y está ese momento del *Violinista en el tejado*, en el cual, expuesto por sus hijas a las nuevas ideas de la Rusia prerrevolucionaria, Tevye se dirige a su esposa Golde y se produce la siguiente conversación:

> Tevye: ¿Me amas?
> Golde: ¡Soy tu esposa!
> Tevye: ¡Lo sé! Pero, ¿me amas?
> Golde: ¿Acaso le amo? Durante veinticinco años he vivido con él, luchado con él y pasado hambre junto a él. Durante veinticinco años mi cama es la suya…
> Tevye: ¡Shh!
> Golde: Si eso no es amor ¿qué es?
> Tevye: ¡Entonces me amas!
> Golde: ¡Supongo que sí!

La historia interior de la humanidad es en parte la historia de la idea del amor. Y en algún momento, en el Israel bíblico aparece una nueva idea. Podemos rastrearla de mejor manera en un pasaje altamente sugerente del libro de uno de los grandes profetas de la Biblia, Oseas.

Oseas vivió en el siglo VIII a. e. c. Tras la muerte de Salomón, el reino se había dividido. El reino del norte en particular –en el cual vivía Oseas– tras un período de paz y de prosperidad había caído en la anomia, la idolatría y el caos. Entre los años 747 y 732 a. e. c. hubo no menos de cinco reyes como resultado de una serie de intrigas y luchas sanguinarias por el poder. También el pueblo se había relajado: "No hay fidelidad ni generosidad, ni conocimiento de Dios en la tierra; juran, mintien, matan, roban y cometen adulterio, rompen todos los límites y un asesinato sigue al otro" (Oseas 4:1–2).

Al igual que otros profetas, Oseas sabía que el destino del pueblo de Israel dependía de su sentido de misión. Fiel a Dios, era capaz de hacer cosas extraordinarias, como sobrevivir frente a los imperios y

2. La famosa primera línea de la novela de Jane Austen *Orgullo y Prejuicio*.

generar una sociedad única en el mundo antiguo, en la que todos disfrutaban de la misma dignidad como conciudadanos bajo la soberanía del creador del cielo y de la tierra. Sin embargo, si era infiel, Israel era solamente un poder menor en el antiguo Cercano Oriente, cuyas posibilidades de supervivencia frente a depredadores políticos de gran envergadura eran mínimas.

Lo que hace extraordinario al libro de Oseas es su episodio inicial. Dios le dice al profeta que se case con una prostituta y vea lo que se siente cuando un amor es traicionado. Solo entonces Oseas podrá vislumbrar el sentimiento de traición de Dios por parte del pueblo de Israel. Tras liberarlos de la esclavitud y traerlos a su tierra, Dios los vio olvidar el pasado, abandonar el pacto y adorar a dioses extraños. Sin embargo, Él no puede abandonarlos a pesar de que ellos lo han abandonado. Se trata de un pasaje poderoso que transmite la sorprendente afirmación de que *más de lo que el pueblo judío ama a Dios, Dios ama al pueblo judío.* La historia de Israel es la historia de amor entre el Dios fiel y Su pueblo a menudo infiel. Si bien a veces Dios se enoja, no puede sino perdonar. Él los llevará a una especie de segunda luna de miel y ellos renovarán sus votos matrimoniales:

> Por lo tanto, ahora voy a seducirla;
> la llevaré al desierto
> y le hablaré con ternura...
> Te desposaré para Mí para siempre;
> te desposaré para Mí en rectitud y justicia,
> en amor y en compasión.
> Te desposaré para Mí con fidelidad,
> y conocerás al Eterno (Oseas 2:16–22).

Es esta última frase –con su comparación explícita entre el pacto y un matrimonio– la que pronuncian los varones judíos cuando se colocan los *tefilín* en la mano, enrollando su correa alrededor del dedo como si se tratase de un anillo de bodas.

En medio de esta profecía, hay un versículo que merece la más cercana de las atenciones. Contiene dos metáforas complejas que se deben desenmarañar hilo por hilo:

> "En aquel día", declara el Eterno,
> "tú Me llamarás 'mi marido' [*ishí*];
> y ya no Me llamarás 'mi amo' [*baalí*]" (Oseas 2:18).

Se trata de un doble juego de palabras. En hebreo bíblico, *baal* significa "marido", pero en un sentido sumamente específico, es decir, "amo, propietario, poseedor, controlador". Este vocablo denotaba dominio físico, legal y económico. Este era también el nombre del dios cananeo, a cuyos profetas Elías desafió en el famoso enfrentamiento que tuvo lugar en el Monte Carmel. Baal (a menudo representado como un toro) era el dios de la tormenta que derrotó a Mot, el dios de la esterilidad y la muerte. Baal era la lluvia que impregnaba la tierra y la tornaba fértil. La religión de Baal es el culto a un *dios como poder*.

Oseas contrasta este tipo de relación con la otra palabra hebrea para marido, *ish*. Aquí recuerda las palabras del primer hombre a la primera mujer:

> Esto ahora es hueso de mis huesos
> y carne de mi carne.
> Ella será llamada "mujer" [*ishá*],
> porque fue extraída del hombre [*ish*] (Génesis 2:23).

Aquí, la relación hombre–mujer se basa en algo muy distinto al poder y al dominio, a la propiedad y al control. Hombre y mujer se enfrentan en igualdad y diferencia. Cada uno es una imagen del otro, aunque cada uno es separado y distinto. El único tipo de relación capaz de unirlos sin que medie el uso de la fuerza es el matrimonio como pacto, un vínculo de lealtad y amor mutuos en el que cada uno se compromete con el otro a servirse mutuamente.

No solo se trata de una forma radical de reconceptualizar la relación entre el hombre y la mujer. Oseas implica que también es la forma en que debemos pensar la relación entre los seres humanos y Dios. Dios se acerca a la humanidad no como poder –la tormenta, el trueno, la lluvia– sino como amor, y no un amor abstracto o filosófico, sino una pasión profunda y duradera que sobrevive todos los desencantos y traiciones.

Oseas dice que Israel no siempre se comporta de manera amorosa hacia Dios, pero Dios ama a Israel y nunca dejará de hacerlo.

La forma en que nos relacionamos con Dios afecta la forma en que nos relacionamos con otras personas. Ese es el mensaje de Oseas –y viceversa: *la forma en que nos relacionamos con otras personas afecta la manera en que pensamos acerca de Dios.* El caos político del Israel del siglo VIII a. e. c. estaba íntimamente relacionado con su rebeldía religiosa. Una sociedad construida sobre la base de la corrupción y la explotación es una en la que la fuerza prevalece por sobre el derecho. Eso no es judaísmo sino idolatría, culto a Baal.

Ahora entendemos por qué la circuncisión es la señal del pacto. Para que la fe sea algo más que un culto al poder, debe afectar la relación más íntima existente entre hombre y mujer. En una sociedad fundada en el pacto, las relaciones entre hombres y mujeres están construidas sobre algo diferente y más afable que la dominación del hombre, el poder masculino, el deseo sexual y el impulso por tener, controlar y poseer. *Baal* debe transformarse en *ish*. El macho alfa debe convertirse en el marido cariñoso. La sexualidad debe ser santificada y templada por el respeto mutuo. El impulso sexual debe ser circuncidado y circunscrito para que ya no procure poseer, y en lugar de ello se contente con amar.

Por lo tanto, hay más que una conexión accidental entre el *monoteísmo* y la *monogamia*. Si bien la ley bíblica no ordena la monogamia, la describe como la situación normativa desde el inicio de la historia humana: Adán y Eva, un hombre, una mujer. Cada vez que en el libro de Génesis algún patriarca se casó con más de una mujer, hubo tensión y angustia. El compromiso con un Dios se refleja en el compromiso con una persona.

La palabra hebrea *emuná*, a menudo traducida como "fe", de hecho significa fidelidad, lealtad, precisamente el compromiso que uno asume al contraer matrimonio. En cambio, para los profetas existe una conexión entre la idolatría y el adulterio. Así es como Dios describe a Israel a Oseas. Dios desposó a los israelitas, pero ellos, al servir a ídolos, se comportaron como una mujer promiscua (Oseas 1–2).

El amor entre marido y mujer –un amor que es a la vez personal y moral, apasionado y responsable– es lo más cerca que podemos estar de comprender el amor de Dios por nosotros y nuestro amor ideal por Él. Cuando Oseas dice: "Y conocerás al Eterno", no se refiere al conocimiento en un sentido abstracto. Se refiere al conocimiento de la intimidad y la relación, el contacto entre dos seres a través del abismo metafísico que separa una consciencia de otra. Ese es el tema del *Cantar de los Cantares,* esa expresión profundamente humana pero profundamente mística de *eros,* el amor entre la humanidad y Dios. Es también el significado de una de las frases definitivas del judaísmo: "Amarás al Eterno tu Dios con todo tu corazón, y con toda tu alma y con todas tus fuerzas" (Deuteronomio 6:5).

El judaísmo desde el inicio estableció una conexión entre la sexualidad y la violencia por un lado, y la fidelidad conyugal y el orden social por el otro. No es casualidad que el matrimonio se llame *kidushín,* "santificación". Como el pacto mismo, el matrimonio es una promesa de lealtad entre dos partes, en la que cada una reconoce la integridad de la otra, honrando sus diferencias incluso cuando se unen para traer una nueva vida al mundo. El matrimonio es a la sociedad lo que el pacto es a la fe religiosa: una decisión de hacer del amor –y no del poder, la riqueza o la fuerza mayor– el principio generador de la vida.

Así como la espiritualidad es la relación más íntima entre nosotros y Dios, el sexo es la relación más íntima entre nosotros y otra persona. La circuncisión es el signo eterno de la fe judía porque une la vida del alma con las pasiones del cuerpo, recordándonos que ambas deben estar gobernadas por la humildad, el autocontrol y el amor.

El *brit milá* ayuda a transformar al varón de *baal* a *ish,* de pareja dominante a esposo amoroso, tal como Dios le dice a Oseas que desea que sea Su relación con el pueblo del pacto. La circuncisión transforma la biología en espiritualidad. El impulso instintivo masculino por reproducirse se convierte en un acto de alianza y afirmación mutua. Fue, pues, un giro tan decisivo en la civilización humana como el del propio monoteísmo abrahámico. Ambos tratan sobre abandonar el poder como base de la relación, y en lugar de ello, alinearnos con lo que Dante denominó "el amor que mueve el sol y otras estrellas".[3] La circuncisión es la expresión física de la fe que vive en el amor.

3. *La divina comedia,* 30:143–45.

Los sacrificios del parto

Al comienzo de esta *parashá* aparece un conjunto de leyes que desafió y desconcertó a los estudiosos. Se refieren a una mujer que acaba de dar a luz. Si da a luz a un varón, permanece "impura durante siete días, como si fuera la impureza de la menstruación". Deberán transcurrir treinta y tres días más antes de que pueda entrar en contacto con objetos sagrados o ir al Templo. Si da a luz a una niña, ambos períodos se duplican: permanecerá impura por dos semanas y tendrá que esperar sesenta y seis días más, después de lo cual deberá traer dos ofrendas:

> Cuando el período de purificación para un hijo o una hija se ha completado, ella llevará al sacerdote a la entrada de la Tienda de Reunión un cordero de un año como holocausto, y una paloma o una tórtola como ofrenda por la transgresión. [El sacerdote] ofrecerá [el sacrificio] delante de Dios y expiará [por la mujer], purificándola así de la sangre que salió de su matriz. Esta ley se aplica ya sea que la mujer dé a luz a un varón o a una mujer (Levítico 12:6–7).

Los problemas son obvios. ¿Por qué necesita llevar un sacrificio? Lo podríamos comprender si tuviera que llevar una ofrenda de acción de gracias, agradeciendo por su recuperación y por su hijo o hija. Pero eso no es lo que se le ordena. En lugar de eso, debe llevar un holocausto – que habitualmente se ofrecía por una trasgresión grave– junto con una ofrenda por la transgresión. Entonces, ¿cuál es su delito? ¿Cuál es su transgresión? Ha cumplido con el primer precepto de la Torá: "fructificar y multiplicarse" (Génesis 1:28). No ha hecho nada malo. ¿Por qué necesita expiación?

Los estudiosos sugieren algunas explicaciones:

1. Tanto Rabenu Bajaié como el rabino Shlomo Efraim ben Aaron Luntschitz (*Kli Yakar*, 1550–1619) sugieren que las ofrendas recuerdan la transgresión de Eva en el Edén y el castigo de Dios: "Haré que tu dolor en el parto sea muy intenso; con dolor darás a luz a tus hijos" (Génesis 3:16).[1]

2. Ibn Ezra, siguiendo una sugerencia en el Talmud, dice que una mujer durante la angustia del parto puede tener pensamientos o expresar ideas pecaminosas o de las que ahora se arrepiente (coma jurar que no tendrá relaciones con su esposo en el futuro).[2]

3. Najmánides dice que los sacrificios son una especie de "rescate" u ofrenda de alivio por haber sobrevivido a los peligros del parto, así como un tipo de plegaria por una recuperación plena.[3]

4. Sforno plantea que la mujer ha estado enfocada intensamente en el proceso físico que acompaña al parto. Necesita tiempo y una ofrenda para volver a dedicar sus pensamientos a Dios y a los asuntos del espíritu.[4]

1. Rabenu Bajaié y *Kli Yakar,* Comentario a Levítico 12:6.
2. Nidá 31b; Ibn Ezra, Comentario a Levítico 12:6.
3. Najmánides, Comentario a Levítico 12:7.
4. Sforno, Comentario a Levítico 12:8.

5. El rabino Meir Simja de Dvinsk dice que la ofrenda ígnea es como un *olat re'iya,* una ofrenda que se trae al presentarse en el Templo en las festividades, siguiendo el precepto "No te presentarás delante de Mí con las manos vacías" (Éxodo 23:15). La mujer celebra su capacidad de presentarse ante Dios en el Templo.[5]

Sin descartar ninguna de estas ideas, podemos sugerir otra serie de perspectivas. La primera trata de los conceptos fundamentales que dominan esta sección de Levítico, las palabras *tamé* y *tahor,* generalmente traducidas como (ritualmente) "impuro/puro" o "contaminado/limpio". Es importante señalar que estas palabras no resuenan de la misma forma en hebreo que en español. *Tamé,* no significa impuro o contaminado. Es un término técnico que significa que la persona está en una condición tal que no le está permitido entrar al Tabernáculo o al Templo. *Tahor* es lo opuesto, que *sí* puede entrar.

¿Cómo debemos entender esto? El Tabernáculo, y más adelante el Templo, eran símbolos de la presencia de Dios en el ámbito humano –en el corazón del campamento durante los años en el desierto, y en el centro de la nación durante la época de la monarquía.

Pero eran solo símbolos, porque en el monoteísmo Dios está en todas partes por igual. Los mismos conceptos de lugar y tiempo en relación con Dios son metafóricos. No es que Dios esté aquí y no en otro lugar, sino que nosotros como seres humanos, sentimos Su presencia aquí y no en otro lado. Por lo tanto, era esencial que desde la perspectiva humana, la experiencia de estar en el ámbito de lo sagrado fuera una experiencia de trascendencia pura.

Dios es eterno. Dios es espiritual. Nosotros y el universo somos entes físicos y todo lo que es físico está sujeto al nacimiento, crecimiento, declive, deterioro y muerte. Son estas cosas las que hay que excluir del Santuario si deseamos tener la experiencia de estar parados en presencia de la eternidad.

Por lo tanto, lo que nos impide entrar en lo sagrado es cualquier cosa que nos recuerde a nosotros o a otros de nuestra mortalidad: el

5. *Meshej Jojmá,* Comentario a Levítico 12:6.

hecho de que hemos nacido y algún día moriremos. El contacto con la muerte e *incluso con el nacimiento* tiene este efecto. Ambos, por lo tanto, impiden el acceso al ámbito de lo sagrado a la persona que ha tenido ese tipo de contacto. Procesos especiales, aunque diferentes, de purificación debían ser realizados tanto por quienes habían estado en contacto con los muertos (Números 19:1–22) como por la madre que había dado a luz.

Lo mismo ocurre con cualquier cosa que llame la atención sobre nuestro aspecto físico. Es por eso, por ejemplo, que las personas afectadas con la enfermedad cutánea llamada *tzara'at* ("lepra"), por flujo menstrual o por secreción seminal, debían también realizar un rito de purificación. De la misma forma, un sacerdote con un defecto físico estaba descalificado para servir en el sacerdocio (Levítico 21:16–23) y le estaba prohibido acercarse al altar para ofrecer los holocaustos.[6]

Por lo tanto, la mujer que acababa de dar a luz era *teme'a*, no por la transgresión de Eva, sino porque el nacimiento, al igual que la muerte, es una señal de mortalidad, que no tiene cabida en el Templo, el espacio reservado a la conciencia de la eternidad y la espiritualidad.

En cuanto al holocausto, este es un recordatorio de la atadura de Isaac y del animal sacrificado como ofrenda ígnea en su lugar (Génesis 22:13).

He argumentado en otra parte[7] que la atadura de Isaac tenía como objetivo protestar contra el poder absoluto que los padres tenían sobre sus hijos en el mundo antiguo –*patria potestas*, como era llamado en el derecho romano. Esencialmente, los hijos eran considerados propiedad de sus padres. El padre tenía el poder legal total sobre su hijo, incluso hasta el punto de vida o muerte. Ese es uno de los motivos por

6. Maimónides hace la interesante observación de que la prohibición contra un sacerdote con un defecto físico de servir en el Templo no tenía nada que ver con la santidad per se, sino que se debía a la percepción popular: "Porque la multitud no estima al hombre por su verdadera forma sino por la perfección de sus miembros corporales y la belleza de su vestimenta, y el Templo debía ser tenido en gran reverencia por todos". *Guía de los Perplejos,* III:45.
7. Jonathan Sacks, *The Great Partnership: God, Science and the Search for Meaning* (Londres: Hodder, 2011), 177–181.

los cuales la práctica del sacrificio humano estaba tan difundida en el mundo antiguo.[8]

La Torá hace un comentario implícito al respecto al nombrar al primer niño humano. Eva lo llamó Caín –del hebreo "propiedad"– diciendo: "He *adquirido* un hijo a través de Dios" (Génesis 4:1). El texto da a entender que tratar a un hijo como posesión podría convertirlo en asesino.

La narrativa de la atadura de Isaac constituye una afirmación para todos los tiempos de que *los padres no son dueños de sus hijos*. Toda la historia del nacimiento de Isaac apunta en esa dirección. Nació cuando Sara ya había entrado en la menopausia (Génesis 18:11) y por lo tanto era incapaz de dar a luz en forma natural. Isaac fue claramente un regalo especial de Dios. Siendo el primer niño judío, se convirtió en el precedente para todas las generaciones posteriores. La atadura de Isaac tuvo como objetivo establecer que los hijos pertenecen a Dios. Los padres son solo sus tutores.

Eso, en relación con el primogénito, fue también el mensaje de la décima plaga en Egipto. Todos los primogénitos debían ser sacerdotes al servicio de Dios. Fue solo después de la transgresión del Becerro de Oro que esta función pasó a la tribu de Leví. La misma idea subyace en el ritual de la redención de los primogénitos. Jana dedicó a su hijo, Samuel, a Dios, al igual que lo hizo la esposa de Manoa, la madre de Sansón. Una madre llevaba un holocausto, como hizo Abraham, en lugar del niño. Al hacerlo reconocía que ella no era la dueña del niño, sino solo su tutora. Al traer la ofrenda era como si hubiera dicho: "Dios, yo sé que debería dedicar este niño enteramente a Tu servicio. Por favor acepta esta ofrenda en su lugar".

En cuanto a la ofrenda por la transgresión, existe un fascinante pasaje rabínico que arroja luz sobre el tema. Describe una conversación entre Dios y los ángeles antes de la creación del hombre:

8. Sobre el sacrificio infantil, ver Jon D. Levenson, *The Death and Resurrection of the Beloved Son: The Transformation of Child Sacrifice in Judaism and Christianity* (New Haven, CT.: Yale University Press, 1995).

> Cuando el Santo, Bendito sea, vino a crear al hombre, creó un grupo de ángeles ministradores y les preguntó: "¿Están de acuerdo en crear al hombre a Nuestra imagen?"
>
> Ellos contestaron, "Soberano del universo, ¿cuáles serán sus acciones?" Dios les mostró la historia de la humanidad.
>
> Los ángeles le contestaron: "¿Qué es el hombre para que te acuerdes de él?" [Que el hombre no sea creado].
>
> Dios destruyó a los ángeles.
>
> Creó un segundo grupo y les hizo la misma pregunta, y obtuvo igual respuesta.
>
> Dios los destruyó.
>
> Creó un tercer grupo de ángeles, y le contestaron: "Soberano del universo, el primer y segundo grupo de ángeles Te dijeron que no crearas al hombre y no les sirvió de nada. No escuchaste. Qué podemos decir sino esto: El universo es Tuyo. Haz con él lo que quieras".
>
> Y Dios creó al hombre.
>
> Pero cuando llegó la generación del Diluvio, y después la generación que construyó la Torre de Babel, los ángeles le dijeron a Dios: "¿No tenían razón los primeros ángeles? Ve cuán grande es la corrupción de la humanidad".
>
> Y Dios respondió (Isaías 46:4), "Incluso en mi vejez no cambiaré, y aun teniendo canas, seré paciente".[9]

Los ángeles se opusieron a la creación del hombre porque sabían de antemano que de todas las formas de vida, solo los humanos eran capaces de transgredir y de así poner en peligro la obra del Creador. El pasaje da a entender que Dios sabía que los humanos desobedecerían y sin embargo persistió en crear a la humanidad. Esta puede ser la explicación de la ofrenda por la transgresión que se hacía al nacer un hijo.

El niño transgredirá algún día: "No hay persona en la tierra que sea tan justa que haga solamente el bien y nunca transgreda", dice Eclesiastés (7:20). Por eso la madre trae una ofrenda por la transgresión anticipadamente, para expiar, de alguna manera, por cualquier transgresión que

9. Sanedrín 38b.

el niño pueda cometer mientras aún es niño, como diciendo: "Dios, Tú sabías que los seres humanos desobedecerían, y sin embargo los creaste y nos ordenaste traer más vidas a este mundo. Por lo tanto, por favor acepta esta ofrenda por la transgresión en anticipación de cualquier maldad que mi hijo pueda cometer".

Según la ley judía, los padres son responsables por las transgresiones que cometen sus hijos. Es por eso que cuando los hijos celebran su bar o bat mitzvá, uno de sus padres dice la bendición agradeciendo a Dios "por haberme exceptuado del castigo que me pudiera haber correspondido por este hijo".[10]

Por eso los sacrificios que trae una madre por el nacimiento de un hijo, y el período durante el cual no puede entrar al Templo, no tienen nada que ver con cualquier transgresión que haya cometido o cualquier "contaminación" que ella pudo haber sufrido. Más bien tienen que ver con el hecho básico de la mortalidad humana, junto con la responsabilidad que asume un padre por la conducta de un hijo, y un reconocimiento de que cada nueva vida es un regalo de Dios.

10. Bereshit Rabá 63:10.

De las enfermedades de la piel, el moho y el mal hablar

Gran parte de *Parashat Tazria* y de la siguiente, *Parashat Metzorá,* tratan sobre la afección conocida como *tzara'at.* Fue la Septuaginta, la primera traducción griega de la Biblia hebrea, la que la tradujo como *lepra,* dando así lugar a una larga tradición que la identifica con la lepra.

Ciertamente, un padecimiento semejante que involucra la decoloración de la piel y la aparición de llagas está implícito en las historias de Miriam y Naamán, quienes fueron afectados por el *tzara'at.* Sin embargo, este no puede ser todo el sentido del término, al menos no en el contexto actual, porque tal como Maimónides y Sforno –ambos médicos– señalaron, los síntomas descritos en la Torá no corresponden con los de la lepra ni con los de ninguna otra dolencia conocida.[1]

La afección de *tzara'at,* tal como es descrita en las *Parashot Tazria* y *Metzorá,* no se refiere solamente a diversas afecciones de la piel, sino también a la presencia de moho en la ropa y en las paredes de las casas.

1. Ver Sforno, comentario a Levítico 13:2; Maimónides, *Mishné Torá, Hiljot Tumat Tzara'at* 16:10 y la *Guía de los perplejos,* III:47.

Maimónides lo enfatiza cuando escribe: "*Tzara'at* es un término amplio que abarca un cúmulo de diferentes afecciones. Así, la blancura en la piel de una persona es denominada *tzara'at*. La caída de algunos de los cabellos de la cabeza o el mentón es denominada *tzara'at*. Un cambio en el color en las vestimentas o en las viviendas es denominado *tzara'at*".[2] No hay enfermedad que afecte no solamente a las personas sino también a las vestimentas y a las paredes.

En cualquier caso, la Torá no es un libro de medicina. Ocasionalmente se refiere a ella. El que daña a otro debe pagar, entre otras cosas, los gastos médicos del afectado hasta que este se cure (Éxodo 21:19). Pero un sacerdote no es un médico, y eran los sacerdotes quienes supervisaban los casos de *tzara'at*. El lenguaje de la *tumá* y la *tahará*, la impureza y la pureza, en el que está redactado este pasaje de la Torá, difiere bastante de los conceptos de enfermedad y salud, de contraer una afección y curarse de la misma.

Todo esto plantea una pregunta fundamental: ¿Qué vamos a hacer con un fenómeno que no se corresponde con nada que hayamos experimentado? ¿Cómo podía existir una condición que tuviera sentido para Moisés y los israelitas, pero no para nosotros?

Un fascinante estudio realizado por un primer ministro británico del siglo XIX, William Ewart Gladstone, nos aporta una pista. Guy Deutscher cuenta la historia en su libro *Through the Language Glass* (*El prisma del lenguaje*).

En su tiempo libre Gladstone fue un formidable clasicista, que de acuerdo con *The Times*, trataba a Homero con "una veneración casi rabínica". Le había desconcertado una frase utilizada por Homero: "El mar oscuro como el vino". Se mire por donde se mire, el mar no se parece al vino. Puede parecer azul, verde o gris, pero no el rojo o el morado del vino griego. La única otra cosa que Homero describe como vino oscuro son los bueyes. Pero estos pueden ser negros, castaños o marrones. No parecen de color vino tinto.

Igual de desconcertante resulta el uso de la palabra *chlôros*, que significa "verde". Homero aplica este vocablo a las ramas frescas, a la maza de madera de olivo de los cíclopes y a la miel. Con un poco de

2. Maimónides, *Mishné Torá, Hiljot Tumat Tzara'at* 16:10.

imaginación uno puede imaginarse a las ramas y a la madera de olivo de color verde, pero no a la miel.[3]

Gladstone arribó a una conclusión radical: Homero no estaba usando estas palabras para referirse al color. Su argumento era que la sensibilidad al color evolucionó más tarde. Los griegos del tiempo de Homero veían al mundo en términos de matices de blanco y negro con un toque de rojo, pero nada más. Así, "vino oscuro" no significaba "rojo" por contraposición al azul, al verde, al amarillo o al gris, sino simplemente "oscuro". En la época de Homero, *chlôros* no significaba "verde" sino "pálido, claro, fresco y de aspecto juvenil".

En otras palabras, puede ser que malinterpretemos completamente el modo en el cual Homero usó ciertas palabras, porque estamos proyectando en ellas sensibilidades y susceptibilidades que no existían en sus días. Lo que para nosotros son palabras que describen color, para Homero tenían que ver con matices: no rojo y verde, sino claro y oscuro.

Otro conjunto de ejemplos que no tienen que ver con el tiempo, sino con el lugar, los ofrece Richard E. Nisbett en su libro *The Geography of Thought* (*La geografía del pensamiento*). En él, documenta las sorprendentes diferencias en la forma de percibir el mundo de los occidentales y los orientales, como los chinos. Los occidentales son mucho más propensos a pensar en términos de objetos aislados e ideas abstractas. Los orientales piensan en términos de relaciones dinámicas. Así, por ejemplo, cuando se le muestran tres imágenes: una de una gallina, otra de una vaca y otra de pasto, y se le pregunta "¿cuáles dos van juntas?" Los niños occidentales son más propensos a decir: "la vaca y la gallina" porque ambos son animales. Pertenecen a la misma categoría o concepto. Por su parte, es más probable que los niños chinos digan "la vaca y el pasto", porque donde hay vacas, hay pasto.[4]

Esta idea resulta muy sorprendente. Lo que vemos no está únicamente determinado por lo que hay. La percepción está condicionada por las palabras que usamos y los conceptos que tenemos disponibles

3. Guy Deutscher, *Through the Language Glass: How Words Colour Your World* (Londres: Heinemann, 2010), 25–40.
4. Richard E. Nisbett, *The Geography of Thought: How Asians and Westerners Think Differently – and Why* (Nueva York: Free Press, 2003), 140.

en un momento dado en la civilización a la que pertenecemos. Cuando en el occidente científico encontramos, en la Torá, una condición tal como el *tzara'at,* tendemos a suponer que se está hablando en lenguaje médico y nos resulta desconcertante el vínculo entre las enfermedades de la piel y la decoloración de ropa y paredes.

Sin embargo, es mucho más probable que lo que tengamos ante nosotros sea un fenómeno similar al uso que da Homero a la palabra "oscuro como el vino" o el modo en cómo los niños chinos asocian a las vacas con el pasto; esto es, un modo de pensar que resulta bastante diferente del nuestro y nada tiene que ver con la medicina. Ciertamente, los antiguos israelitas eran capaces de pensar que el *tzara'at* era una enfermedad de la piel. Eliseo le dice a Naamán cómo curarse de esta afección por medio de inmersiones en el río Jordán, de un modo que para nada está relacionado con los procedimientos expuestos en el libro de *Vaikrá,* que no lidian con la cura sino con la purificación.

Entonces, ¿qué es lo que vincula a la piel humana con la vestimenta y las paredes de las casas? La respuesta es que *todos ellos marcan un límite entre el interior y el exterior.* Son las superficies exteriores que cubren algo cuyo significado esencial se encuentra en el interior.

Los sacerdotes, y la sensibilidad que encarnaban, estaban intensamente preocupados por los límites: entre lo sagrado y lo secular, lo puro y lo impuro, lo permitido y lo prohibido. Esa es la lógica de las prohibiciones de comer carne y leche juntos, vestir ropas que mezclan lana y lino, sembrar un campo con semillas mixtas o cruzar animales. La decadencia en un límite, ya sea piel, ropa o paredes, es para la mente sacerdotal un signo de desorden interior.

¿Qué podría ser esto? Los sabios se guían aquí por el principio según el cual "las palabras de la Torá pueden ser pobres en un lugar, pero ricas en otro",[5] lo cual significa que un texto críptico puede a veces ser comprendido a la luz de otros pasajes que se encuentran en otros lugares. La pista más obvia es la advertencia de Moisés en el libro de Deuteronomio:

5. Talmud Yerushalmi, Rosh Hashaná 3:5.

> Ten mucho cuidado con la afección del *tzara'at,* para que observes (las leyes) diligentemente y procedas de acuerdo con todo lo que los sacerdotes los levitas te enseñen, tal como les ordené, así habrás de observar y hacer. *Recuerda lo que el Eterno tu Dios le hizo a Miriam* en el camino cuando salieron de Egipto (Deuteronomio 24:8–9).

La conexión entre *tzara'at* y "lo que el Eterno tu Dios le hizo a Miriam" se encuentra en un episodio del libro de Números, en el cual Miriam y Aarón hablaron despectivamente de Moisés:

> Miriam y Aarón comenzaron a hablar contra Moisés a raíz de su mujer cusita, ya que había desposado a una cusita. Ellos preguntaron: "¿Acaso el Eterno habló solamente a través de Moisés? ¿No ha hablado también a través nuestro?" Y el Eterno escuchó esto (Números 12:1–2).

El preciso tenor de su queja no está explícito en el texto. Sin embargo, Moisés no respondió porque era "el hombre más humilde sobre la faz de la tierra". Entonces, Dios vengó el honor de Moisés. Les dijo a Miriam y a Aarón que Moisés era único y que se equivocaban al hablar en su contra. Su "ira ardió contra ellos". Luego leemos:

> Cuando la nube se levantó de sobre la tienda, la piel de Miriam era *metzoraat* –se había vuelto blanca como la nieve (Números 12:10).

Así, Miriam fue castigada con *tzara'at* porque habló despectivamente de su hermano. (Por qué Aarón no fue también afectado con el mismo padecimiento es una buena pregunta que no responderemos aquí). De ahí la conclusión de los sabios de que el *tzara'at* es un castigo por *lashón hará,* por el habla malintencionada o despectiva.

Los sabios ofrecen una explicación similar para un detalle curioso del encuentro entre Dios y Moisés en el episodio de la zarza ardiente. En un punto Moisés dice: "Pero ellos [los israelitas] no creerán en mí" (Éxodo 4:1). Entonces, Dios le dio tres señales: un bastón que se convirtió en serpiente, la mano de Moisés que se volvió leprosa (*metzoraat*) como la nieve, y el agua que se convirtió en sangre. Dos de estas señales, la serpiente y la sangre, se repiten más adelante cuando Moisés, acompañado de Aarón, enfrenta a Faraón y a sus magos. Pero la mano leprosa no vuelve a aparecer.

Los sabios concluyen que la mano que se volvió leprosa no era una *señal* sino un *castigo*. En referencia a este episodio, dicen que: "Quien calumnia a un inocente, es afligido físicamente". ¿Cómo es que Moisés había calumniado a un inocente? El Talmud explica lo siguiente:

> Moisés dijo: "Ellos no creerán en mí". Pero el Santo Bendito Sea, sabía que ellos creerían. Le dijo a Moisés: "Ellos son creyentes, hijos de creyentes, pero al final, tú mismo no creerás, tal como fue dicho: 'porque no creíste en Mí'" (Números 20:12).[6]

Moisés habló mal de los israelitas y en virtud de ello fue castigado con su mano que se volvió blanca –otra conexión entre *tzara'at* y *lashón hará,* el mal hablar.

Sin embargo, ¿por qué un castigo así para esta transgresión? La respuesta parece residir en la naturaleza del *tzara'at*. Se trata de una condición difícil de ocultar. Una enfermedad cutánea no es un síntoma interno del que los demás no son conscientes. Llama la atención. Y el hecho de que las prendas e incluso las paredes de una casa pudieran verse afectadas, hacía que pareciera como si los propios objetos que rodeaban a la persona la señalaran como el centro de una atención indeseada.

La naturaleza del castigo daba testimonio del tipo de transgresión que lo había provocado. Se trataba de una transgresión que se procuraba ocultar, y por eso, se volvía pública. Era una transgresión que buscaba hacer a otro un paria y por lo tanto quien incurría en ella se convertía en paria: "Mientras padezca la enfermedad permanecerá impuro. Deberá vivir solo y residir fuera del campamento" (Levítico 13:46).

Esta es la naturaleza del chisme malicioso. Es el tipo de cosas que la gente murmura en voz baja y a menudo niega cuando se la acusa de ello. Siembra sospechas y discordia. Destruye comunidades. Puede acabar con carreras y reputaciones. Daña relaciones, socavando el respeto

6. Shabat 97a.

y la confianza de los que dependen tanto las familias como las comunidades. Es secreto y devastador.

Nada podía ser más pernicioso para el tipo de nación que Dios estaba invitando a los israelitas a convertirse por medio de sus experiencias colectivas en Egipto y en el desierto: una comunidad construida sobre la base de memorias compartidas, esperanzas, expectativas y un sentido de responsabilidad colectiva otorgado por el pacto.

En su comentario a Deuteronomio, Rashi cita un midrash que dice que Moisés era a menudo objeto de *lashón hará*. Si dejaba su tienda temprano, la gente decía que había discutido con su mujer. Si la dejaba tarde, la gente decía: "Ha estado conspirando contra nosotros".[7] El propio Moisés, tal como vimos en relación con su hermana y hermano, era lo suficientemente humilde como para no verse afectado por esto, pero de todas maneras fue perjudicial. Chismes de este tenor destruyen el tejido social de la comunidad y la autoridad de la cual depende el liderazgo.

Entonces, el *tzara'at* representa una especie de justicia poética. Así es como la describe Maimónides:

> Todos coinciden en que la lepra es un castigo por la calumnia. La enfermedad comienza en las paredes de las casas. Si el transgresor se arrepiente, se alcanza el objetivo. Si permanece en su desobediencia, la enfermedad afecta su cama y los muebles de su casa. Si continúa transgrediendo, la lepra ataca a sus propias vestimentas y luego a su cuerpo.[8]

Incluso cuando alguien que practicaba la habladuría negaba por completo haber dicho algo negativo, sus paredes, sus vestimentas y eventualmente su propia piel testificaban en su contra. Es como si Dios hubiera dicho: si transgredes en privado anunciaré tu culpa en público. Demostraré al mundo tu culpa y tu malicia.

Así un pasaje aparentemente aburrido e incluso ininteligible de la Biblia que trataba de una enfermedad oscura se convirtió, según se

7. Rashi, comentario a Deuteronomio 1:12, basado en Sifré ad loc.
8. Maimónides, la *Guía de los perplejos*, III:47.

entiende en la Tradición Oral, en una lección convincente de moralidad cuya relevancia nunca se desvanecería.

Para *Torat Cohanim*, la mentalidad del sacerdote, el hecho de que hay en el universo una ley moral tal como existen las leyes físicas y científicas, resulta fundamental. A largo plazo, las transgresiones no quedan impunes, especialmente aquellas que la gente cree que puede cometer sin que nadie se entere. Quienes transgreden en privado quedarán eventualmente expuestos en público.

Las palabras hieren. Las palabras dañan. Las lesiones verbales pueden incluso herir más profundamente que las físicas. Desgarran el tejido de la sociedad. Dañan las relaciones y destruyen la confianza –y sin confianza no hay sociedad que pueda sobrevivir. El destino del calumniador que procuraba socavar las relaciones de confianza, era ser condenado a vivir fuera del campamento como un paria moral. El poder de este mensaje permanece vigente.

El general y el profeta

El tema principal de la *haftará* de *Parashat Tazria,* extraída del segundo libro de Reyes, es una historia fascinante sobre dos individuos completamente distintos unidos por las circunstancias: Naamán, el comandante del ejército sirio y por ende enemigo de Israel, y el profeta Eliseo, el sucesor de Elías, un hombre de Dios, visionario y hacedor de milagros.

La conexión entre la *haftará* y la *parashá* es el tema del *tzara'at,* la enfermedad de la piel que suele traducirse generalmente como lepra. La narración inicia con una detallada descripción de Naamán. Él es un "gran hombre", "sumamente respetado", un "soldado valiente". Esas tres expresiones, que en su conjunto dibujan una imagen del héroe militar convencional, son seguidas por una sola palabra, incisiva por su aparición inesperada: *metzorá*. Es un leproso.

Sea cual sea la interpretación que le demos a esta afección en la propia *parashá,* donde los sabios la consideran algo más y diferente a una simple enfermedad cutánea, aquí queda claro que debe entenderse en su sentido literal. El héroe está desfigurado.

La historia se pone en marcha por medio de un pequeño detalle. Un grupo de soldados sirios que había participado en ataques fronterizos contra Israel, tomaron prisionera a una niña israelita que trabajaba como sirvienta para la esposa de Naamán. La niña le dice a la mujer que si su marido tan solo visitara al profeta, que no nombra, en Samaria, está segura de que este podría curar su lepra.

Naamán oye esto y se lo cuenta a su señor, el rey de Siria, quien otorga su aprobación a la visita y envía una carta al rey de Israel junto con un gran regalo de plata, oro y vestimentas, pidiéndole al monarca que se encargue de que Naamán sea curado. Es una escena divertida. Al no ser consciente de los poderes curativos de Eliseo, el rey de Israel entiende la misiva como una provocación y un pretexto para salir a la guerra. "¿Acaso soy Dios? ¿Acaso puedo matar y hacer resucitar?" El monarca israelita tiembla y rasga sus vestimentas por temor a un ataque sirio.

Eliseo se entera de ello, se da cuenta de que es a él a quien busca el soldado, y le envía un mensaje al rey diciéndole que dirija a Naamán a su persona. Naamán viaja con su gran séquito de caballos y carros hasta la casa del profeta. El profeta, quien no aparece en persona, envía a un mensajero con una simple instrucción: "Báñate siete veces en las aguas del Jordán y tu piel será sanada".

Ante esto, Naamán se enfurece. Él esperaba que apareciera un curandero convencional, que primeramente pronunciara palabras de elogio a este importante visitante, y luego enunciara una fórmula mágica, "que agitara su mano sobre el sitio de la afección y curara así mi lepra". No solo se ofende porque el profeta no sale a saludarlo y a realizar los habituales gestos de debido respeto. Incluso propone que la curación se efectúe con las aguas del río Jordán. ¿Acaso no sabe, dice Naamán, que en Damasco tenemos mejores ríos que en todo Israel?

Está a punto de marcharse furioso cuando sus sirvientes le instan a no precipitarse. Después de todo, razonan, si el profeta te hubiera ordenado efectuar una tarea pesada, ¿no la habrías emprendido? Dado que solo te sugiere que te bañes siete veces en un río, ¿qué pierdes si obedeces sus palabras?

El general lo hace y se cura. "Entonces su carne se restauró y quedó limpia como la de un niño". Con una sencillez conmovedora y asombrado por la repentina desaparición de su desfiguramiento, Naamán regresa y esta vez sí se encuentra con el profeta. Declara: "Ahora sé que no hay Dios en todo el mundo salvo en Israel". Le ruega al profeta que acepte el presente que le ha traído, pero Eliseo lo rechaza.

Ahora, Naamán hace una petición. Pide dos burros cargados de la tierra de Israel para poder adorar al Dios de Israel a su regreso a Siria. Le pide perdón al profeta por tener que acompañar todavía a su amo, el rey de Siria, cuando adora en el templo de Rimón, el dios sirio, y le pide que no considere como una acción idólatra cuando se incline allí junto al monarca. El profeta le responde amablemente: "Ve en paz".

Naamán, un enemigo clave de Israel, ahora cree en el Dios de Israel, pero aún no ha comprendido la diferencia entre el monoteísmo y las deidades locales. De ahí su petición por tierra de Israel para poder adorar a su Dios.

La historia está llena de encanto. Se destaca por el modo en el cual la sabiduría se distribuye entre los personajes secundarios del relato. Es la niña israelita prisionera la que le sugiere inicialmente ir a Israel, y son los siervos de Naamán los que persuaden a su amo para seguir las instrucciones del profeta. Las figuras convencionalmente importantes carecen de entendimiento. El rey de Israel malinterpreta por completo la situación. Y el propio Naamán no logra darse cuenta de cómo es un verdadero profeta. Está indignado por el hecho de que Eliseo no se conduce como un hacedor de milagros estándar, con genuflexiones, gestos, y la expectativa de una abultada recompensa.

No menos significativo resulta el modo en que muestra cómo un gentil puede convencerse de la veracidad del Dios de Israel. No hay sugerencia alguna de parte de Naamán ni de Eliseo de que esto deba conducir a alguna forma de conversión –quizás abandonar Siria para mudarse a la tierra de Israel, o adoptar alguna de las costumbres israelitas. Basta con que ahora sepa que hay un solo Dios verdadero.

En este relato quedan claramente evidenciados los valores centrales del Tanaj. La curación no viene por medio de alguna acción mágica sino a través de un simple acto de obediencia. La dignidad conferida a los personajes secundarios, y la ironía que acompaña a los principales, confirman la proposición mencionada anteriormente en el primer libro de Samuel: "El Eterno no mira las cosas que mira el hombre. El hombre mira la apariencia exterior, pero el Eterno mira el corazón" (I Samuel 16:7).

Hay una conmovedora sencillez en muchos de los relatos asociados con Eliseo. Sin duda, el mundo en el cual estas historias tienen lugar es uno de guerras, poder e intrigas políticas. Pero sugieren que existe una realidad diferente, en la cual la virtud no viene asociada al cargo, en la que el bien es recompensado, y el mal, aunque pueda tener influencia a corto plazo, al final es derrotado. Historias como estas, tan diferentes de las epopeyas de otras culturas antiguas, todavía nos hablan hoy, y su mensaje sigue siendo válido. La cura de Naamán puede ser milagrosa, pero de alguna manera, este no es el punto de la historia.

La simple obediencia a la palabra del Eterno, sin alborotos ni fanfarrias, sin ambigüedades o excusas: ese es el valor que impulsa a los profetas, abriéndose paso a través de la política, a menudo cruel y maquiavélica, del mundo antiguo.

Metzorá
מצורע

Parashat Metzorá continúa con el proceso de purificación para el fenómeno conocido como *tzara'at,* el deterioro que causa una enfermedad cutánea en los seres humanos, así como la decoloración de la ropa y las paredes de las casas. Luego sigue con el procedimiento de purificación para las secreciones corporales de hombres y mujeres.

En *Parashat Tazria* notamos la conexión, ya insinuada por la Torá, entre el *tzara'at* y el *lashón hará,* el mal hablar. Entonces el primer ensayo versa sobre el habla en el judaísmo, y el segundo se refiere a por qué el mal hablar resulta tan disruptivo en las relaciones humanas. El tercero trata sobre el precio que han pagado los judíos a lo largo de la historia por haber hablado mal los unos de los otros. El cuarto pregunta si el judaísmo tiene un concepto de buen discurso en contraposición al mal hablar. El quinto se refiere a las leyes de pureza en general, mientras que el sexto dirige su mirada a la *haftará,* y a cómo a veces las personas de afuera perciben las buenas noticias que los de adentro todavía no logran ver.

El poder de la palabra

Como pudimos ver en *Parashat Tazria,* los sabios identificaron el tzara*'at* –la condición que afecta la piel humana, las vestimentas y las paredes de las casas– no como una enfermedad sino como un castigo; y no por cualquier transgresión sino por una en específico, *lashón hará,* el hablar mal de otro.

Esto suscita la pregunta obvia: ¿Por qué el mal hablar y no otra transgresión? ¿Por qué hablar mal de otro es peor que, digamos, la violencia física? Hay un viejo dicho inglés que dice: "Palos y piedras me pueden romper los huesos / pero las palabras nunca me dañarán". Es desagradable escuchar cosas malas de uno, pero seguramente no es más que eso.

Ni siquiera hay en la Torá una prohibición directa de hablar mal de otro. Sí existe una prohibición contra el chisme: "No andes de chismoso entre tu pueblo" (Levítico 19:16). *Lashón hará* es parte de este precepto más amplio. Maimónides lo define de la siguiente forma: "Hay una transgresión mucho mayor que entra dentro de esta prohibición (del chisme). Es la 'mala lengua', que se refiere a cualquiera que habla despectivamente de su semejante, aun cuando lo que dice sea verdad".[1]

1. Maimónides, *Mishné Torá, Hiljot Deot* 7:2.

Los sabios van más lejos para enfatizar su gravedad. Ellos dicen que es tan malo como los tres pecados cardinales juntos –la idolatría, el derramamiento de sangre y las relaciones sexuales ilícitas.[2] Cualquiera que hable con mala lengua, dicen, es como si negara a Dios.[3] Asimismo afirman que está prohibido vivir en la cercanía de los maledicentes, y aún más, sentarse con ellos y escuchar sus palabras.[4] ¿Por qué las meras palabras son tratadas tan seriamente en el judaísmo?

La respuesta se conecta con uno de los principios más básicos de la creencia judía. Las culturas antiguas adoraban a sus dioses porque los veían como poderes: rayos, truenos, la lluvia, el sol, el mar y el océano que representaban las fuerzas del caos; y a veces animales salvajes que representaban el peligro y el miedo. El judaísmo no era una religión que alabara el poder, a pesar de que Dios es más poderoso que cualquier deidad pagana.

El judaísmo, como otras religiones, tiene lugares sagrados, personas sagradas, tiempos sagrados, y rituales consagrados. Sin embargo, lo que diferencia al judaísmo es que es supremamente *una religión de palabras sagradas.* Mediante palabras Dios creó el universo: "Y Dios dijo: que se haga... y así fue". A través de las palabras Él se comunicó con la humanidad. En el judaísmo, el lenguaje en sí es sagrado. Es por eso que el *lashón hará,* el uso del lenguaje para dañar, no es simplemente una ofensa menor. Significa tomar algo que es sagrado y utilizarlo con fines no santos. Es una especie de profanación.

Después de crear el universo, el primer regalo de Dios al primer hombre fue el poder de usar palabras para nombrar a los animales, y así usar el lenguaje para clasificar. Ese fue el comienzo del proceso intelectual que es la marca distintiva del Homo Sapiens. El Targum traduce la frase, "Y el hombre se transformó en *un ser viviente*" (Génesis 2:7) como "un espíritu parlante". Los biólogos evolucionistas consideran hoy en día que fueron las exigencias del lenguaje y la ventaja que él les daba a

2. Arajin 15b.
3. Ibid.
4. Arajin 15a.

los humanos sobre cualquier otra forma de vida, lo que dio lugar a la expansión masiva del cerebro humano.[5]

Cuando Dios buscó frenar el plan de los hombres de Babel de construir una torre que llegara al cielo, simplemente "confundió su lenguaje" para que no pudieran comunicarse. El lenguaje sigue siendo fundamental para la existencia de los grupos humanos. Fue el auge del nacionalismo en el siglo XIX lo que llevó a la disminución gradual de los dialectos regionales a favor de un único lenguaje compartido en todo el territorio sobre el cual una autoridad política tenía soberanía. Hasta el día de hoy, las diferencias lingüísticas, cuando existen dentro de una misma nación, son fuente de continua fricción social y política, como en el caso de los angloparlantes y francófonos en Canadá; los que hablan holandés, francés, alemán y valón en Bélgica; y los idiomas español y vasco (también conocido como euskera) en España. *Dios creó con palabras el universo natural. Nosotros creamos –y a veces destruimos– con palabras el universo social.*

Por lo tanto, el primer principio del lenguaje en el judaísmo es que es creativo. Creamos mundos con palabras. El segundo principio no es menos fundamental. El monoteísmo abrahámico introdujo en el mundo el concepto de un Dios que trasciende el universo, y que por lo tanto no puede identificarse con ningún fenómeno dentro del mismo. Dios es invisible. De ahí que en el judaísmo los íconos y toda imagen religiosa sean señales de idolatría.

¿Cómo hace entonces un Dios invisible para revelarse? La revelación no era problema para el politeísmo. Los paganos veían dioses en la panoplia de la naturaleza que nos rodea, haciéndonos sentir pequeños en su vastedad e impotentes ante su furia. Un Dios que no puede ser visto ni representado mediante imágenes, exige un tipo de sensibilidad religiosa totalmente distinta. ¿Dónde se puede encontrar a un Dios así?

5. Ver Steven Pinker, *The Language Instinct* (Nueva York: William Morrow, 1994); Robin Dunbar, *Grooming, Gossip and the Evolution of Language* (Cambridge, MA.: Harvard University Press, 1996); Guy Deutscher, *Through the Language Glass: Why the World Looks Different in Other Languages* (Nueva York: Metropolitan/Henry Holt, 2010).

La respuesta nuevamente es: en las palabras. Dios habló. Le habló a Adán, Noaj, Abraham, Moisés. En la revelación en el Monte Sinaí, Moisés le recordó a los israelitas: "El Eterno les habló desde el fuego. Escucharon el sonido de las palabras, pero no vieron forma alguna; hubo solo una voz" (Deuteronomio 4:12). En el judaísmo las palabras constituyen el vehículo de la revelación. Profeta es el hombre o la mujer que escucha y enuncia la palabra de Dios.

Ese fue el fenómeno que ni Spinoza ni Einstein pudieron comprender. Podían aceptar la idea de un Dios que creó el cielo y la tierra, la fuerza de las fuerzas y la causa de las causas, el que originó lo que hoy en día llamamos el Big Bang, el Dios arquitecto de la materia y generador del orden. Según la famosa frase de Einstein, "Dios no juega a los dados con el universo". De hecho, la fe en el universo como producto de una única inteligencia creativa, subyace a la mentalidad científica desde sus inicios.

El judaísmo llama a este aspecto de Dios *Elokim.* Pero nosotros creemos también en otro aspecto de Dios que llamamos *Hashem,* el Dios de las relaciones –y las relaciones existen en virtud del lenguaje. Porque es este el que nos permite comunicarnos con otros y compartir con ellos nuestros temores, esperanzas, amores, planes, sentimientos e intenciones. El lenguaje nos permite transmitir nuestra interioridad a otros. Está en el corazón mismo del vínculo humano. Un Dios que pudiera crear universos pero no hablar ni escuchar sería un dios impersonal –un dios incapaz de comprender lo que nos hace humanos. Adorar a tal dios sería como inclinarse ante el sol o una computadora gigantesca. La podríamos cuidar pero ella no podría hacer lo mismo con nosotros. Ese no es el Dios de Abraham.

Las palabras también son notables de otra manera. Podemos usar el lenguaje no solo para describir o afirmar. También podemos usarlo para crear nuevos hechos morales. El filósofo de Oxford J. L. Austin llamó a este uso especial del lenguaje "expresión performativa".[6] El ejemplo clásico es hacer una promesa. Cuando hago una promesa, creo una obligación que hasta ese momento no existía. Nietzsche consideró que

6. J. L. Austin, *How to Do Things with Words* (Cambridge, MA.: Harvard University Press, 1962).

la capacidad de hacer una promesa era el nacimiento de la moralidad y la responsabilidad humana.[7]

Así arribamos a la idea que está en el corazón del judaísmo: el *brit*, pacto, que no es otra cosa que *una promesa mutuamente vinculante entre Dios y los seres humanos.* Lo que define la relación especial entre el pueblo judío y Dios no es que Él los condujo de la esclavitud a la libertad. También hizo eso con otros pueblos, dice el profeta Amos: "¿No saqué a Israel de Egipto, a los filisteos de Caftor y a los arameos de Quir?" (Amos 9:7). Es el hecho de que en Sinaí, Dios e Israel entraron en una promesa mutua que los unió en un vínculo eterno.

Pacto es la palabra que une al cielo con la tierra, la palabra hablada, la palabra escuchada, la palabra aceptada y honrada en la confianza. Por esa razón los judíos pudieron sobrevivir el exilio. Pueden haber perdido su hogar, su tierra, su poder, su libertad, pero aún tenían la palabra de Dios, la palabra que Él dijo que nunca rompería o rescindiría. La Torá en el sentido más profundo, es la palabra de Dios, y el judaísmo es la religión de las palabras sagradas.

Se comprende que el mal uso o abuso del lenguaje para sembrar sospecha o disensión no solo es destructivo. Es sacrílego. Toma algo sagrado, la capacidad humana de comunicarse y de esa forma unir alma con alma, y la usa para los fines más bajos, para dividir alma de alma y destruir la confianza de la cual dependen las relaciones no coercitivas.

Según los sabios, ese es el motivo por el cual el que hablaba *lashón hará* era castigado con la lepra y forzado a habitar como paria fuera del campamento. El castigo era proporcional a la acción, medida por medida:

> ¿Qué tiene de especial la persona afectada por *tzara'at* que según la Torá, "Debe vivir solo; debe habitar fuera del campamento"? (Levítico 13:46). El Santo, Bendito Sea, dijo, "Ya que esta persona buscó crear división entre el hombre y su esposa, o entre una persona y su vecino, (será castigado siendo separado de la

7. Friedrich Nietzsche, ensayo número 2 en *On the Genealogy of Morality,* ed. Keith Ansell-Pearson, trad. Carol Diethe (Cambridge, R. U.: Cambridge University Press, 1994).

> comunidad), que es el motivo por el cual dice, 'Que viva solo, fuera del campamento'".[8]

En el judaísmo, el lenguaje es la base de la creación, de la revelación y de la vida moral. Es el aire que respiramos como seres sociales. De ahí la afirmación en Proverbios (18:21): "La muerte y la vida están en poder de la lengua". De la misma manera, el versículo en Salmos: "Quien ama la vida y desea ver muchos días buenos, que guarde su lengua de la maldad y su boca de la mentira" (Salmo 34:13–14).

El judaísmo emergió como respuesta a una serie de preguntas: ¿Cómo pueden los seres humanos finitos conectarse con un Dios infinito? ¿Cómo pueden conectarse unos con otros? ¿Cómo puede haber cooperación, colaboración, acción colectiva, familias, comunidades y una nación, sin el uso coercitivo del poder? ¿Cómo podemos construir relaciones de confianza? ¿Cómo podemos redimir al ser humano de su soledad? ¿Cómo podemos crear la libertad colectiva de tal forma que la mía no se compre a costa de la tuya?

La respuesta es: mediante las palabras, palabras que comunican, palabras que unen, palabras que honran al Otro Divino y al otro humano. *Lashón hará,* "mal hablar", al envenenar el lenguaje destruye la base misma de la visión judaica. Cuando hablamos despectivamente de otros, los disminuimos, nos disminuimos a nosotros mismos y dañamos la ecología misma de la libertad.

Es por eso que los sabios toman tan seriamente el *lashón hará,* por eso lo consideran la más grave de las transgresiones, y por eso creen que todo el fenómeno del *tzara'at,* la lepra en las personas, moho en las vestimentas y en las casas, era la forma de Dios de hacerlo público y estigmatizarlo.

Nunca tomes el lenguaje a la ligera, nos da a entender la Torá. Pues fue a través del lenguaje que Dios creó el mundo natural, y a través del lenguaje que nosotros creamos y sostenemos nuestro mundo social. Es tan esencial para nuestra supervivencia como el aire que respiramos.

8. *Yalkut Shimoni* I:552.

Lenguaje y relación

Una de las cosas más sorprendentes en el judaísmo en relación con el *lashón hará,* el mal hablar, es que *se refiere a dichos que son verdaderos.* Las falsedades, la difamación o la calumnia, son otra cosa y están incluidas bajo una prohibición diferente. He aquí a Maimónides, explicando esta distinción:

> Hay una transgresión mucho mayor que cae bajo esta prohibición (la de chismear). Se trata de *la mala lengua,* que se refiere a aquella persona que habla de su prójimo despectivamente, *incluso cuando lo que dice es cierto.* Pero a quienquiera que diga una mentira se le denomina "aquel que da mala fama a su prójimo" (*motzí shem ra*). Sin embargo, quien posee una mala lengua es aquel que se sienta y dice: "Determinada persona hizo esto y aquello. Sus antepasados eran así y así. Escuché de él tal y tal cosa". Sobre quienes hablan despectivamente de los demás, las escrituras dicen: "Que el Eterno corte todos los labios suaves, la lengua que dice cosas soberbias" (Salmo 12:4).[1]

1. Maimónides, *Mishné Torá, Hiljot Deot* 7:2.

Sin embargo, esta definición es bastante extraña. ¿Por qué habría de ser una transgresión decir la verdad, incluso si esta arroja una luz negativa sobre la persona de la cual fue dicha? ¿Acaso la verdad es siempre agradable y positiva? Todos tenemos defectos. Todos transgredimos. El judaísmo lo acepta. Jamás ha idealizado la condición humana. Seguramente la honestidad requiere que digamos la verdad, por difícil que esta sea.

Esta paradoja sugiere que el judaísmo posee una comprensión diferente del lenguaje que la que prevalece en occidente y tiene su origen en la antigua Grecia. Los filósofos, los herederos del legado griego, tendían a ver al lenguaje como un transmisor de información. Lo que importa es si es verdadero o falso. Si la afirmación fáctica contenida en una frase corresponde con la forma en que son las cosas, es verdadero. Si no, es falso. Usamos el lenguaje para compartir información. Ese es su rol en la condición humana. Por lo tanto, lo único que importa es la verdad.

El judaísmo ve las cosas de un modo diferente. Una forma de encarar esta cuestión es a través de un descubrimiento realizado por el antropólogo Bronislaw Malinowski. Durante la Primera Guerra Mundial, el joven Malinowski se dedicó al trabajo de campo entre los isleños trobriandeses de Nueva Guinea. En su intento por ingresar en el mundo de vida de las personas que estaba estudiando, desarrolló un interés por cómo las estructuras sociales responden a las necesidades humanas básicas.

Un fenómeno que captó su atención fue el hecho de que los isleños trobriandeses pasaban buena parte de su tiempo conversando, pero relativamente poco en la transmisión de información. Los isleños no hablaban para informar a otros de cosas que estos no sabían. Lo hacían simplemente para estar juntos, para cimentar sus vínculos de amistad. Malinowski llegó a la conclusión de que su conversación "servía para establecer lazos de unión personal entre quienes estaban reunidos por la simple necesidad de hacerse compañía".[2]

2. Bronislaw Malinowski, "The Problem of Meaning in Primitive Languages", en *The Meaning of Meaning: A Study of the Influence of Language upon Thought and of the Science of Symbolism* por C. K. Ogden y I. A. Richards (Londres: K. Paul Trench, Trubner, 1923).

Él llamó a esto "comunión fática", y esto es lo que hacemos, por ejemplo, cuando le preguntamos a alguien, "¿Cómo estás?" o le decimos "Que tengas un buen día". La pregunta no es un intento por obtener información y el deseo no es una orden. Estos son actos de comunicación cuyo contenido es casi irrelevante. Tienen lugar simplemente para afirmar el vínculo social. De hecho, las conversaciones profundas entre amigos pueden implicar a veces la sensación casi tangible de la presencia del otro. A la comunicación la llamamos "mantenerse en contacto", como si se tratara de un tipo de abrazo.

La comunión fática es la conexión que se forma cuando dos personas hablan, independientemente de lo que digan. Es el encuentro de dos personas en el cual cada una de ellas reconoce en la otra una presencia que le responde. Dice que alguien más está ahí, atendiéndonos, escuchando y respondiendo a nuestro ser, confirmando así nuestra existencia. El habla está íntimamente vinculada a lo social, a nuestra necesidad de pertenecer a algo más grande que el propio yo.

El psicólogo evolutivo Robin Dunbar ha ido más lejos y argumentó que el habla surgió entre los seres humanos para cumplir la misma función que el aseo en los primates.[3] Todos los animales sociales precisan encontrar formas de mantener unido al grupo, gestionar disputas, apaciguar emociones irritadas, ayudar a los individuos dentro del grupo a recuperar el equilibrio luego de un encontronazo doloroso. Los primates lo hacen al asearse, acariciándose unos a otros. Pero este grado de intimidad es posible únicamente en un grupo relativamente pequeño. Los seres humanos, al emplear el lenguaje como sustituto del abrazo, pueden mantener más relaciones y construir así grupos más grandes.

Lo que Malinowski y Dunbar han hecho a su manera es recordarnos que el lenguaje no se trata únicamente de transmitir información. Por lo tanto, la verdad no es la única consideración. La conversación consiste en establecer y mantener relaciones de modo tal que el grupo (la familia, el pueblo, la tribu y, en última instancia, la nación en su conjunto) pueda funcionar de manera fluida y cohesionada sin dividirse cada vez que surge un conflicto entre dos personalidades fuertes.

3. Dunbar, op. cit.

Si esto es así, explica por qué los sabios se refirieron tan duramente al *lashón hará*. Los judíos han sido siempre una nación de individuos fuertes. Esto destaca claramente en las páginas del Tanaj y en los debates que conforman el Midrash y el Talmud. El Eterno puede ser nuestro pastor, pero sin duda ningún judío fue jamás una oveja. Cada judío tiene su propia opinión. Cada judío necesita sentirse valorado, importante, significativo en el esquema de las cosas, escuchado, oído.

En un grupo así el mantenimiento de la cohesión resulta difícil, pero es esencial. Esta es una de las razones por la cual en el judaísmo el habla no ha sido vista simplemente como un medio de transmisión de información, aunque también lo sea, sino también y esencialmente como un medio de mantener al grupo unido sin necesidad del uso de la fuerza de coerción. Este es el motivo por el cual una afirmación puede ser *lashón hará* aunque sea verdadera. Ya que lo importante no es solamente la información que transmite sino el efecto que tiene en las relaciones dentro del grupo. Si divide al grupo, envenena las relaciones y enfrenta a una persona contra otra, entonces es destructivo para las relaciones y para el grupo como tal.

Esto lo vemos claramente en la Torá, más obviamente en el episodio de José y sus hermanos. Al principio de la historia leemos que José "trajo un mal reporte" a su padre sobre algunos de sus hermanos (Génesis 37:2). Este y otros factores condujeron a una total ruptura de la comunicación entre ellos: "Cuando sus hermanos vieron que su padre lo amaba más a él que a cualquiera de ellos, lo odiaron, y no podían tener para con él una palabra amable" (literalmente, "no pudieron hablar paz con él", 37:4). Finalmente, conspiraron para matarlo y terminaron vendiéndolo como esclavo. Cuando las relaciones resultan dañadas por el mal hablar, la comunicación se rompe y a menudo la violencia acecha a la vuelta de la esquina.

La ilustración literaria más convincente de *motzí shem ra*, la calumnia, y de *lashón hará*, el mal hablar, la encontramos en la tragedia de Shakespeare *Otelo*. Yago, un soldado de alto rango, siente un gran resentimiento hacia Otelo, un general moro al servicio del ejército de Venecia. Otelo ha promovido al joven Casio por sobre el más experimentado Yago, quien decide cobrar venganza. Lo hace por medio de una larga y cruel campaña que incluye, entre otras cosas, engañar a Otelo haciéndole creer que su esposa Desdémona mantiene un romance adúltero con Casio. Otelo le pide a Yago que mate a Casio, y él mismo mata a Desdémona asfixiándola en su cama. Emilia, la esposa de Yago y la asistente de Desdémona, descubre a su ama muerta, y cuando Otelo explica por qué la asesinó, se da cuenta de la naturaleza del complot de su marido y lo desenmascara. Otelo, culpable y afligido, se suicida, mientras que Yago es arrestado y llevado para ser torturado y posiblemente ejecutado.

Es una obra de teatro que gira enteramente alrededor de la maldad de la calumnia y la sospecha, retratando literalmente lo que los sabios habían descrito figurativamente al decir que "el mal hablar mata a tres personas: a quien lo dice, a quien lo escucha y aquel de quien se dice".[4]

La tragedia de Shakespeare deja dolorosamente claro en qué medida el mal hablar vive y prospera en los rincones oscuros de la sospecha. Si los demás hubiesen sabido que lo que Yago estaba diciendo tenía como objetivo sembrar el miedo y la desconfianza, los hechos se habrían conocido y se habría evitado la tragedia. Sin embargo, pudo engañar a varios de los personajes, manipulando sus debilidades emocionales y su envidia, y haciéndoles creer lo peor de los demás. Todo terminó en derramamiento de sangre y desastre.

La era de las computadoras, los teléfonos inteligentes y las redes sociales, ha agregado una nueva dimensión a las posibilidades destructivas del mal hablar. Por poner un ejemplo de Gran Bretaña: Hannah Smith era una alumna de secundaria de catorce años que vivía en la localidad de Lutterworth, en Leicestershire. Brillante y extrovertida, disfrutaba de una activa vida social y parecía tener por delante un futuro emocionante. En la mañana del 2 de agosto de 2013, Hannah fue hallada ahorcada en su dormitorio. Se había suicidado.

Al intentar desentrañar lo sucedido, su familia rápidamente descubrió que había sido objeto de insultos anónimos en una plataforma social. Hannah había sido víctima de la última variante del cuento más antiguo de la historia humana: el uso de palabras como armas por parte de quienes procuran infligir dolor. Esta nueva versión se denomina acoso cibernético (cyberbullying).

4. Arajín 15b.

Hannah no fue la única víctima. Ha habido muchas más. Otro caso sumamente difundido, esta vez en los Estados Unidos, fue el de Amanda Todd, de quince años, quien cometiera suicidio el 10 de octubre de 2012, tras ser explotada, chantajeada y sujeta a un perfil atormentador en una conocida red social. Michael Harris cuenta su historia en su libro sobre el impacto de las relaciones en línea titulado *The End of Absence* (*El fin de la ausencia*).[5] El abuso en línea se ha convertido en una de las mayores amenazas para las relaciones virtuales.

El acoso cibernético es el *lashón hará* del siglo XXI. En general, el internet tiene lo que se denomina un "efecto desinhibidor".[6] Este permite a las personas expresar lo que nunca dirían bajo las convenciones normales del encuentro cara a cara. El mito griego nos cuenta la historia del anillo de Giges que tenía la facultad de tornar invisible a quien lo portara, para que de esa manera pudiera salirse con la suya.[7] Las redes sociales que le permiten a las personas publicar comentarios anónimos o adoptar falsas identidades, son lo más cerca que alguien ha estado de inventar el anillo de Giges. Esto es lo que resulta tan peligroso.

De ahí la renovada relevancia de la idea implícita en la conexión entre el mal hablar y el *tzara'at*, la condición que afectaba no solo a los seres humanos, sino también a las vestimentas y a las paredes. Así es como Maimónides lo describe:

> El [*tzara'at*] era una señal prodigiosa entre los israelitas para advertirles contra las calumnias. Porque si un hombre calumniaba, las paredes de su casa sufrirían un cambio. Si se arrepentía, la casa volvía a estar limpia. Pero si persistía en su maldad hasta que la casa resultaba derribada, los objetos de cuero de su hogar sobre los cuales se sentaba o recostaba, sufrirían un cambio. Si se arrepentía, estos objetos volvían a estar limpios. Pero si persistía en su maldad hasta que fueran quemados, las prendas que vestía sufrirían un cambio. Si se arrepentía, volverían a estar limpias. Pero si persistía en

5. Michael Harris, *The End of Absence* (Nueva York: Current, 2014), 49–72.
6. John Suler, "The Online Disinhibition Effect" ("El efecto de desinhibición en línea"), *CyberPsychology & Behavior* 7(3), 2004: 321–326.
7. Ver Platón, *La república*, libro 2, 359a–360d.

> su maldad hasta que fueran quemadas, su piel sufriría un cambio y se infectaría de *tzara'at* y sería apartado (de la comunidad) hasta que no volviera a incurrir en la conversación de los malvados que es burla y calumnia.[8]

El mal hablar es subversivo, es una transgresión que busca ocultarse. Las personas que hablan mal de los demás lo hacen en privado, en voz baja y en tono conspirativo, y a menudo niegan haberlo hecho. Yago mantiene sus intenciones ocultas. Las redes sociales dan a las personas la oportunidad de ocultarse tras un manto de anonimato e identidades falsas. Pero el efecto es profundamente destructivo. Esto se debe a que el habla es mucho más que transmitir información. Es la sustancia de la relación, y cuando esta se envenena, la confianza y los vínculos sociales se ven minados. Utilizamos la expresión "asesinato de carácter" justamente porque se está cometiendo una forma de violencia, aunque esta sea verbal y no física.

Por eso, mientras existió la afección de *tzara'at,* lo que se había hecho en privado era difundido en público, primero por medio de las paredes de la casa del infractor, luego por sus vestimentas y finalmente por su piel. No se trataba meramente de un castigo. Era un avergonzamiento público. En esta idea hay un elemento de justicia poética, y si bien el *tzara'at* ya no existe en su forma bíblica, la enseñanza moral aún perdura.

Las historias de las víctimas del mal hablar, desde el ficticio Otelo hasta las tragedias de la vida real de Hannah Smith y Amanda Todd, son un doloroso recordatorio de cuán acertados están los sabios al rechazar la idea de que "las palabras jamás pueden dañarme", e insisteir en lo contrario, que el mal hablar mata. La libertad de expresión no es una expresión gratuita. Es un discurso que respeta la libertad y la dignidad de los demás. Si se olvida esto, la libertad de expresión se vuelve muy costosa.

8. Maimónides, *Mishné Torá, Hiljot Tumat Tzara'at* 16:10.

La herida autoinfligida

Tal como lo hemos visto en los ensayos anteriores, no hubo ningúna transgresión respecto a la cual los sabios hayan sido tan enfáticos en su denuncia como el mal hablar. Ellos vincularon el vocablo *metzorá*, leproso, con la expresión *motzí shem ra*, aquél que habla negativamente sobre su prójimo. No solo se trata de una acción que en sí misma es profundamente errada, sino que además conduce a una pérdida completa de la fe:

> Este es el progreso de los escarnecedores y los malvados. Primero se entregan a las charlas ociosas… Luego hablan mal de los justos… Esto los lleva a hablar en contra de los profetas y de su mensaje… Y de allí pasan a hablar contra Dios y a negar Su existencia.[1]

El hecho de que el *metzorá* debiera vivir como un paria fuera del campamento era, según dicen los sabios, un castigo proporcional del tipo de

1. Maimónides, *Mishné Torá, Hiljot Tumat Tzara'at* 16:10.

"medida por medida". Por medio de su mal hablar procuró dividir a la sociedad, por lo que está condenado a vivir fuera de ella temporalmente.[2]

De todas maneras, se trata de una falla que podemos rastrear a lo largo de la historia judía. José le dio a su padre un reporte negativo sobre algunos de sus hermanos. Según los sabios, Moisés fue culpable cuando dijo de los israelitas: "Ellos no creerán en mí". Como ocurrió con Miriam cuando habló en contra de su hermano, y con los espías cuando trajeron un informe negativo sobre la tierra de Israel. Y así sucesivamente.

Durante los períodos de dominio griego y romano, hubo judíos que actuaron como informantes contra su propio pueblo. Fueron judíos helenizados, en el siglo II a. e. c., los que invitaron al monarca seléucida Antíoco IV a imponer la helenización forzosa sobre la población judía de Israel; proceso que condujera a la rebelión que recordamos cada año en Janucá. Más que una guerra entre griegos y judíos, la revuelta macabea se trató de un *kulturkampf*, una guerra cultural entre los propios judíos.

Dos siglos más tarde se produjeron deserciones similares hacia Roma. Tiberios Julius Alexander, el jefe de estado mayor de Tito, el general romano que conquistó Jerusalén y destruyó el Segundo Templo, era un judío que había renunciado a su judaismo –sobrino del filósofo judeo-alejandrino Filón.

El problema resultó tan profundo que los sabios agregaron un párrafo especial a las plegarias de los días de la semana: "Para los delatores no habrá esperanza".[3] Lamentablemente, el fenómeno continuó.

Durante la Edad Media, numerosas denuncias públicas contra los judíos y el judaísmo fueron lideradas por judíos que habían abjurado de su fe. Nicolás Donin, un ex alumno de Rabí Yejiel ben Yosef de París, compiló una lista de treinta y cinco acusaciones contra el Talmud, lo que condujo a la Disputa de París de 1240 y a la quema de veinticuatro carros cargados con tomos del Talmud en 1242.

2. *Yalkut Shimoni* I:552.
3. Hubo varias versiones de esta plegaria a principios de la época rabínica, algunas se referían a los "herejes", otras a los "sectarios". Sin embargo, la palabra "delatores" sugiere que se refería a judíos que traían informes negativos sobre sus hermanos a las autoridades romanas o gentiles.

Otro judío convertido al cristianismo, Pablo Christiani, fue el responsable de la Disputa de Barcelona de 1263, en la cual debatió con Najmánides (Rambán). Al no conseguir derrotarlo con argumentos, recurrió a otros medios, y dos años más tarde fue el responsable del exilio forzado de Najmánides. Fue Christiani quien persuadió a Luis IX de Francia de obligar a los judíos a portar en sus vestimentas una insignia distintiva que los hiciera reconocibles en público.

Fue un judío convertido al cristianismo, Joseph (más adelante Johannes) Pfefferkorn, quien a principios del siglo XVI escribió una serie de tratados antijudíos en los que pedía la expulsión de los judíos de las principales ciudades alemanas, y persuadió al emperador Maximiliano para confiscar libros judíos, especialmente copias del Talmud. El gran humanista Erasmo de Rotterdam llamó a Pfefferkorn "un judío criminal (antes de su conversión había sido acusado de asalto y hurto) que se había convertido en el más criminal de los cristianos".

Las discusiones internas dentro de la comunidad judía también produjeron desastre. Por ejemplo, a inicios del siglo XIII, se desató una amarga disputa entre los partidarios y los detractores de Maimónides. Para los primeros, él era una de las mentes judías más brillantes de todos los tiempos. Para los últimos, era un pensador peligroso cuyas obras contenían herejía y cuya influencia conducía a las personas a abandonar la observancia de los preceptos.

Hubo intercambios feroces. Cada bando emitió condenas y promulgó excomuniones contra el otro. Hubo panfletos y contra panfletos, sermones y contra sermones, y durante un tiempo los judíos españoles y franceses se vieron convulsionados por la controversia. Luego, en el año 1232, los dominicos quemaron los libros de Maimónides. La conmoción producida por este hecho trajo un breve respiro, pero luego, extremistas profanaron la tumba de Maimónides en la ciudad de Tiberíades. A inicios de la década de 1240, tras la Disputa de París, los cristianos quemaron todas las copias del Talmud que caían en sus manos. Esta fue una de las mayores tragedias de la Edad Media.

¿Es posible que los dominicos hayan aprovechado las acusaciones judías de herejía contra Maimónides para presentar sus propios cargos? ¿O acaso simplemente aprovecharon las divisiones internas entre los judíos para llevar adelante sus propias persecuciones, sin temor a posibles represalias judías concertadas? De un modo u otro, muchas de las peores persecuciones cristianas contra judíos a lo largo de la Edad Media fueron promovidas por judíos convertidos, o simplemente explotaron debilidades internas de las comunidades judías.

Pasando a la edad moderna, uno de los exponentes más brillantes de la ortodoxia religiosa judía fue el rabino Meir Lev ben Yehiel Michel, mejor conocido como Malbim (1809–1879), quien ocupó el puesto de Gran Rabino de Rumania. Un erudito excepcional cuyo comentario al Tanaj es una de las glorias del siglo XIX. En un inicio fue bien recibido por todos los grupos en la comunidad judía como un hombre culto y de integridad religiosa. Sin embargo, rápidamente los judíos más "iluminados" descubrieron, para su consternación, que era un vigoroso tradicionalista, y comenzaron a incitar a las autoridades civiles en su contra. En pancartas y panfletos lo retrataron como una reliquia ignorante de la Edad Media, un hombre opuesto al progreso y al espíritu de la época.

Un Purim, le enviaron a modo de presente un paquete de comida que incluía cerdo y cangrejos, y venía acompañado de un mensaje que decía: "Nosotros, los progresistas locales, tenemos el honor de presentarle estas delicias y estos sabrosos platillos de nuestra mesa como obsequio para nuestra luminaria". Finalmente, en respuesta a esta campaña, las autoridades le retiraron el reconocimiento oficial a la comunidad judía y a Malbim como su Gran Rabino, prohibiéndole así pronunciar sermones en la Gran Sinagoga. El viernes 18 de marzo de 1864, policías rumanos rodearon su domicilio temprano en la mañana, lo arrestaron y lo encarcelaron. Pasado el Shabat, lo subieron a un barco y lo llevaron a la frontera con Bulgaria donde fue liberado, a condición de que no volviera jamás a Rumania. Así es como la *Enciclopedia Judaica* describe la campaña:

> M. Rosen ha publicado varios documentos que revelan las falsas acusaciones y las calumnias que los judíos asimilacionistas, enemigos de Malbim, escribieron contra él a las autoridades rumanas. Lo acusaron de deslealtad y de impedir la asimilación de los judíos entre los no judíos al insistir en la observancia de las leyes dietéticas, diciendo: "Este rabino, por medio de su conducta y de sus prohibiciones procura impedir nuestro progreso". Como

> resultado de ello, el primer ministro rumano emitió una proclama contra el "ignorante e insolente" rabino… Como consecuencia, el ministro se negó a concederle derechos a los judíos de Bucarest, alegando que el rabino de la comunidad era un "enemigo acérrimo del progreso".[4]

Se podrían narrar historias similares sobre otros eruditos destacados –entre ellos, los rabinos Tzví Hirsch Chajes, Azriel Hildesheimer, Ytzjak Reines, e incluso el finado rabino Joseph Soloveitchik, de bendita memoria, quien fue llevado ante una corte judicial en Boston en 1941, para enfrentar falsas acusaciones de parte de la comunidad judía local. Incluso estos vergonzosos episodios, fueron solamente la continuación de la despiadada guerra librada contra el movimiento jasídico por sus oponentes, los *mitnagdim.* Numerosos líderes jasídicos (entre ellos el primer Rebe de Jabad, rabino Shneur Zalman de Liadi) fueron encarcelados a raíz de falsos testimonios presentados por otros judíos ante las autoridades locales.

Un fenómeno no muy disímil ocurrió en Rusia durante el ascenso del comunismo. Su profeta, Karl Marx, descendía de una dinastía de rabinos; su padre lo había convertido al cristianismo a la edad de seis años. El desprecio de Marx por los judíos era salvaje. Su ensayo de 1843 "Sobre la cuestión judía" se basó en gran medida en las teorías antisemitas de Bruno Bauer. Los judíos eran la personificación del orden capitalista que procuraban derribar.[5] Muchos judíos se sintieron atraídos a la causa revolucionaria, y fueron también seducidos por su universalismo mesiánico, lo cual los llevó a oponerse no solo al judaísmo sino también al sionismo y al socialismo judío (el bundismo), a los que percibían como particularistas y provincianos.

Por ejemplo, la teórica marxista Rosa Luxemburg, se negó decididamente a identificarse como judía. Les escribió a los seguidores de Marx que "la cuestión judía como tal no existe". Cuando un judío le escribió, llamando su atención a las atrocidades que estaban siendo

4. Gershom Scholem, *Encyclopaedia Judaica,* 11:822.
5. Sander Gilman, *Jewish Self-Hatred* (Baltimore: Johns Hopkins University Press, 1986), 188–208.

cometidas contra su pueblo, ella le respondió: "¿Por qué vienes con tus especiales penas judías?" Ella dijo que sentía el dolor de cada pueblo, ninguno más que otros. "No logro encontrar en mi corazón un rincón especial para el gueto". Finalmente fue asesinada.[6]

El Talmud incluye un pasaje sorprendente respecto a los profetas que hablan negativamente sobre su propio pueblo:

> El Santo Bendito Sea le dijo a (el profeta) Oseas: "Tus hijos han transgredido", ante lo cual debería haber respondido: "Ellos son Tus hijos, los hijos de Tus agraciados, hijos de Abraham, Isaac y Jacob. Extiende Tu compasión sobre ellos". No solo no dijo eso, sino que le respondió: "Soberano del universo, todo el mundo es Tuyo, cámbialos por otra nación". Dijo el Santo Bendito Sea: "¿Qué he de hacer con este anciano? Le ordenaré: Ve y cásate con una mujer promiscua y ten hijos nacidos en la promiscuidad. Luego, le ordenaré: Aléjala de tu presencia. Si él puede echarla, entonces yo también haré lo mismo con Israel".[7]

Este es un texto notable que merece ser analizado. El libro de Oseas comienza con Dios ordenando al profeta que despose a una mujer infiel. Él lo hace. Luego ella tiene hijos. Dios le ordena que llame a dos de ellos Lo Rujamá, "no querida" y Lo Amí, "no Mi pueblo". El Talmud, ante su desconcierto por estos eventos, sugiere que el mismo profeta estaba siendo puesto a prueba por haber hablado mal de su propio pueblo, diciéndoles a los israelitas que Dios ya no los amaba ni los consideraba Su nación. Dios le estaba mostrando que resulta difícil repudiar a aquellos a quienes alguna vez amaste, incluso si te han sido infieles.

Los profetas eran críticos sociales. Su tarea era amonestar al pueblo. Pero *no puedes ser un profeta a menos que ames, y demuestres que amas, a las personas a las que estás criticando*. Este es el punto que el Talmud está

6. J. L. Talmon, *Israel Among the Nations* (Londres: Weidenfeld & Nicolson, 1970), 43–45.
7. Pesajim 87a.

señalando.[8] Puede ser que la línea divisoria entre la crítica constructiva de un amigo y la crítica destructiva de un enemigo sea delgada, pero por lo general podemos percibir la diferencia. A menudo los profetas decían cosas duras a sus contemporáneos, pero se identificaban con ellos y siempre incluían un mensaje subyacente de esperanza.

La división de los judíos a lo largo de los siglos y su deseo de calumniar a sus oponentes ante las autoridades gentiles, representa una profunda falla moral y espiritual, por la cual eventualmente pagaron un alto precio. Los sabios saben lo que dicen cuando afirman que el mal hablar y la calumnia son destructivos para la comunidad. Es como si entendieran que Dios dice: *Si quieres que Yo te ame, entonces ustedes deben amarse los unos a los otros*. El amor no significa no ser crítico, pero sí significa ser leal. Si tú me criticas pero sé que te preocupas por mí, puedo aceptar la crítica y crecer en virtud de ella. Pero si me criticas ante un tercero, entonces sé que tu intención es dañarme, y ya no puedo diferenciar entre la crítica válida y la difamación maliciosa.

Ya no conocemos la afección que la Torá denomina como *tzara'at,* pero aun podemos entender lo que los sabios tienen que decir sobre los judíos que denuncian a sus compañeros, también judíos, ante los demás.

8. El filósofo político Michael Walzer tiene dos excelentes libros sobre este tema: *Interpretation and Social Criticism* (Cambridge, MA.: Harvard University Press, 1987) y *The Company of Critics* (Nueva York: Basic Books, 1988).

¿Existe tal cosa como lashón tov?

El judaísmo, especialmente en su enfoque sobre *lashón hará*, el mal hablar, dedica una meditación sostenida sobre el poder de las palabras para curar o dañar, para reparar o destruir. Tal como Dios creó el mundo con palabras, así nosotros creamos y podemos destruir relaciones con palabras.

Sin embargo, lo que resulta extraño es que los sabios hablaron poco sobre el corolario, *lashón tov*, "el hablar bien". Esta expresión no aparece en el Talmud Babilónico ni en el Talmud Yerushalmi. Figura únicamente en dos pasajes midráshicos, en donde se refiere a alabar a Dios. Pero *lashón hará* no significa hablar mal de Dios. Significa hablar mal de los seres humanos. Si es transgresión hablar mal de las personas, ¿acaso es una *mitzvá* hablar bien de ellas? Mi argumento será que lo es.

En la *Ética de los padres* leemos lo siguiente:

> Rabán Yojanán ben Zakai tuvo cinco discípulos [preeminentes], estos son: Rabí Eliezer ben Hircano, Rabí Yehoshua ben Janania , Rabí Yose el sacerdote, Rabí Shimon ben Netanel y Rabí Elazar ben Araj. Él solía contar sus elogios: Eliezer ben Hircano: un pozo enlucido que nunca pierde una gota. Rabí Yehoshua ben Janania:

> feliz es la mujer que lo dio a luz. Yose el sacerdote: un hombre piadoso. Shimon ben Netanel: un hombre que teme a la transgresión. Elazar ben Araj: un manantial que fluye permanentemente.[1]

Sin embargo, la práctica de Rabán Yojanán de alabar a sus discípulos parece contradecir un principio talmúdico:

> Rav Dimi, el hermano de Rav Safra, dijo: Que nadie elogie nunca a su prójimo, porque el elogio conduce a la crítica.[2]

Rashi[3] ofrece dos explicaciones a esta afirmación. Habiendo pronunciado elogios excesivos (*ioter midai*), el mismo orador llegará a calificar sus comentarios, admitiendo en aras del equilibrio que la persona de la cual está hablando también tiene defectos. Alternativamente, otros señalarán sus defectos. Para Rashi, la consideración crucial es si el elogio es juicioso, exacto, verdadero o desmesurado. Si es lo primero, estará permitido; si es lo segundo, estará prohibido. Evidentemente, Rabán Yojanán tuvo el recaudo de no exagerar.

Sin embargo, Maimónides ve las cosas de un modo diferente. Escribe: "Quienquiera que hable bien de una persona *en presencia de sus enemigos* es culpable de una forma secundaria de mal hablar [*avak lashón hará*], ya que provocará que hablen mal de él".[4] Para Maimónides la cuestión no es si el elogio es moderado o excesivo, sino el contexto en el que se hace. Si tiene lugar en presencia de amigos de la persona de la cual se está hablando, está permitido. Está prohibido únicamente cuando se está en presencia de enemigos o detractores del sujeto en cuestión. En ese caso, el elogio se transforma en una provocación de graves consecuencias.

¿Son estas simplemente dos opiniones o hay aquí en juego algo más profundo? Hay un famoso pasaje del Talmud en el cual se debate cómo se debe de alabar a una novia en el día de su matrimonio:

1. Mishná Avot 2:10–11.
2. Arajín 16a.
3. A Arajín ad loc.
4. Maimónides, *Mishné Torá, Hiljot Deot*, 7:4.

> Nuestros rabinos enseñaron: ¿Cómo se debe de bailar delante de la novia? (O sea, ¿qué se debe cantar?)
>
> La escuela de Shamai dice: (Canta), "La novia es como es".
>
> La escuela de Hilel dice: (Canta), "La novia es hermosa y llena de gracia".
>
> La escuela de Shamai le dijo a la escuela de Hilel: "¿Si fuera ciega o renga, aun entonces cantarían que es hermosa y llena de gracia? ¿Acaso la Torá no dice: 'Te alejarás de palabras falsas'?"
>
> La escuela de Hilel respondió a la escuela de Shamai: "Según vuestra opinión, si alguien ha realizado una mala compra en el mercado, ¿deberías elogiarla o depreciarla delante suyo? Sin duda, se la debería alabar ante sus ojos".[5]

Los discípulos de Hilel sostienen que en un casamiento se debe cantar que la novia es hermosa, lo sea o no. Los discípulos de Shamai disienten. Sea cual sea la ocasión, mentir está mal. Los hilelistas responden: "¿Acaso llamas a eso una mentira?" Al menos a los ojos del novio la novia es hermosa, tal como quien acaba de regresar del mercado con su adquisición cree haber hecho un buen negocio, incluso si en tu opinión no sea así.

Lo que aquí está realmente en juego no es solamente una cuestión de temperamento –los shamaítas puritanos versus los hilelistas afables– sino dos puntos de vista diferentes sobre la naturaleza del lenguaje. Los shamaítas consideran el lenguaje como una manera de hacer afirmaciones, las cuales pueden ser verdaderas o falsas. Los hilelistas entienden que el lenguaje es algo más que hacer afirmaciones. Podemos emplear el lenguaje para animar, empatizar, motivar e inspirar. O en su defecto, podemos emplearlo para desalentar, menospreciar, criticar y deprimir. El lenguaje hace más que transmitir información. Transmite emociones. Crea o perturba un estado de ánimo. El uso sensible del habla implica inteligencia social y emocional. El lenguaje, en el famoso relato de J. L. Austin, además de informativo puede ser performativo.

La discusión entre Hilel y Shamai es similar a la que tuvieron Rashi y Maimónides. Para Rashi, al igual que para Shamai, la pregunta clave respecto al elogio es: ¿Es verdadero o excesivo? Para Maimónides,

5. Tratado de Ketuvot 16b-17a.

al igual que para Hilel, la pregunta central es: ¿Cuál fue el contexto? ¿Está siendo pronunciado en presencia de amigos o de enemigos? ¿Generará calidez y estima o envidia y resentimiento?

Podemos ir un paso más allá y decir que el desacuerdo entre Rashi y Maimónides respecto al elogio puede estar vinculado a un desacuerdo más fundamental respecto a la naturaleza del precepto: "Amarás a tu prójimo como a ti mifmo" (Levítico 19:18). Rafhi interpreta que el mandamiento significa: no le hagas a tu prójimo aquello que no te gustaría que él te hiciera a ti.[6] Sin embargo, Maimónides afirma que el precepto incluye el deber de "alabarlo".[7] Evidentemente que para Rashi alabar al prójimo es una opción, mientras que para Maimónides ello se desprende del mandamiento de amar.

Ahora podemos responder a una pregunta que podríamos haber formulado al principio acerca de la enseñanza del Tratado de Avot que habla de los discípulos de Rabán Yojanán ben Zakai. El Tratado de Avot se ocupa de cuestiones éticas, no de historia ni de biografías. Entonces, ¿por qué nos relata que Rabán Yojanán tenía discípulos? Seguramente eso es un hecho, no un valor, una pieza de información, no una guía de cómo vivir.

Sin embargo, ahora podemos darnos cuenta de que la Mishná nos está diciendo algo profundo. La primera afirmación del Tratado de Avot incluye el principio de "formar numerosos discípulos". ¿Pero, cómo se crean discípulos? ¿Cómo se inspira a las personas a efectivizar la plenitud de su potencial? La respuesta sugerida por la Mishná es: actuando tal como lo hizo Rabán Yojanán ben Zakai cuando elogiaba a sus alumnos, haciéndoles ver sus fortalezas individuales.

No los aduló. Los guio para que fueran conscientes de sus talentos específicos. Eliezer ben Hircano, el "pozo enlucido que nunca pierde una gota", no era creativo, pero tenía una memoria destacable –algo para nada desdeñable en la época anterior a que la Torá Oral fuera escrita en libros. Elazar ben Araj, el "manantial que fluye permanentemente", era creativo, pero necesitaba ser alimentado de las aguas de la montaña

6. Rashi, comentario a Sanedrín 84a.
7. Maimónides, *Mishné Torá, Hiljot Deot* 6:3.

(años más tarde se apartó de sus compañeros y olvidó todo cuanto había aprendido).

Rabán Yojanán ben Zakai adoptó la visión de Hilel y Maimónides respecto al elogio. Lo empleó no tanto para describir sino para motivar. Eso es *lashón tov*. El mal hablar nos disminuye, el hablar bien nos ayuda a crecer. El mal hablar humilla a las personas, el hablar bien las enaltece. Los elogios enfocados y específicos, basados en un juicio mesurado de las fortalezas individuales y sostenidos por la fe en las personas y en su potencial, son los que hacen a los maestros grandes y a sus discípulos aún más grandes de lo que habrían sido de otro modo. Eso es lo que aprendemos de Rabán Yojanán ben Zakai.

Por lo tanto, existe algo como el *lashón tov*. Según Maimónides, cae en la órbita del mandamiento de "Amarás a tu prójimo como a ti mismo". Según el Tratado de Avot, es una manera de "formar numerosos discípulos". El *lashón tov* es tan creativo como el *lashón hará* resulta destructivo. Ver lo bueno en las personas y decírselo es una forma de ayudar a que se haga realidad, convirtiéndonos en las parteras de su propio crecimiento personal. Si es así, entonces no solamente debemos alabar a Dios. Debemos también elogiar a las personas.

Las leyes de pureza

La serie de pasajes que comienza con el capítulo 11 de Levítico (casi al final de *Parashat Sheminí*) y ocupa la totalidad de las *Parashot Tazria* y *Metzorá*, para culminar en el capítulo 16 (el inicio de *Parashat Ajarei Mot*), es una secuencia estrechamente organizada de leyes que giran alrededor de las palabras clave *tamé* y *tahor*, "impuro" y "puro".

La palabra *tamé* en una u otra de sus formas, aparece no menos de ciento seis veces, al tiempo que la raíz *tahor* aparece sesenta y dos veces. Se trata de una densidad extraordinaria. La raíz *tamé* aparece solamente 285 veces en todo el Tanaj, y *tahor* solo 207, de modo tal que el libro de Levítico representa alrededor de un tercio de todas las apariciones de estos vocablos en los treinta y nueve libros de la Biblia hebrea. El único rival para esta cuestión es el libro de Ezequiel. Ezequiel fue a la vez profeta y sacerdote, y la suya es la voz sacerdotal más claramente identificable en los libros bíblicos hebreos que no son los mosaicos.

Esta secuencia de "pureza" está precedida por una declaración general sobre la función de los sacerdotes: "distinguir entre lo sagrado [*kodesh*] y lo común [*jol*], y entre lo ritualmente impuro [*tamé*] y lo puro [*tahor*]" (Levítico 10:10). Este era uno de los deberes fundamentales del sacerdocio, "distinguir", diferenciar y mantener los límites entre los diferentes estados y condiciones, especialmente aquellos que tenían que ver con las estrictas exigencias del espacio sagrado, primero el Tabernáculo, y posteriormente el Templo.

Los pasajes sacerdotales suelen estar marcados por la precisión matemática y la simetría lingüística, y ello queda claramente en evidencia aquí. Las leyes se dividen en siete grupos:

1. La impureza producida por comer o tocar cadáveres de animales clasificados como repulsivos para su ingestión (11:1–47);
2. la impureza producida por el parto (12:1–8);
3. la impureza causada por la lepra en la piel y en la ropa (13:1–59);
4. rectificación de la impureza producida por la lepra en la piel (14:1–32);
5. la impureza producida por la lepra en las paredes de las casas (14:33–57);
6. la impureza causada por las secreciones corporales (15:1–33);
7. la impureza generada a raíz de una transgresión, la cual es reparada en el Día de Expiación (16:1–34).

Los siete pasajes comienzan con las palabras "El Eterno le habló [*vaidaber*] a Moisés", y todos ellos contienen cerca o al final, la frase o la expresión: "Esta es la ley de… [*zot torat*]", con la única excepción del último, la ley referente a Yom Kipur que culmina con una frase similar: "Este será para vosotros un estatuto perpetuo" (16:34).

El séptimo grupo, la impureza a raíz de una transgresión, es diferente a los demás ya que la pureza en cuestión es más metafórica que literal. A diferencia de las otras, carece de síntomas corporales o de causas físicas, tales como el contacto. Hay, por cierto, una séptima forma literal de impureza, la más fundamental de todas, la causada por el contacto o la proximidad a un cadáver, pero ello es tratado por la Torá en otra parte, en Números 19:1–22. El motivo por el cual está ubicada allí y no aquí, es casi seguramente porque está vinculada con el fallecimiento de dos de los líderes del pueblo de Israel, Miriam y Aarón, y el anuncio de la muerte de Moisés. En cambio, la ley del Sumo Sacerdote y el Día de Expiación aparecen aquí y no en otro lugar (en alguno de los pasajes que se ocupan de los días sagrados), probablemente para preservar la estructura séptuple, la cual recuerda a otro pasaje escrito con la voz sacerdotal, el esquema de los siete días de la creación en Génesis 1:1–2:3.

¿Cómo debemos entender los conceptos de pureza e impureza?

Primero y ante todo, se trata de conceptos que se aplican principalmente en relación con el espacio sagrado del Santuario. Para ingresar a sus recintos, uno debe estar puro o haber sido purificado. La principal excepción es el flujo de sangre menstrual de una mujer, del cual debe ser purificada no para entrar al Templo, sino para retomar las relaciones físicas con su marido. Por lo general, "puro" e "impuro" no son categorías que se apliquen a la vida en su conjunto. No son términos éticos como bueno y malo, correcto e incorrecto, permitido y prohibido, que se aplican tanto al espacio y al tiempo secular como al sagrado.

Más bien, tienen que ver con la vocación de Israel de ser "un reino de sacerdotes y una nación sagrada", con el campamento de los israelitas en el desierto como un espacio en cuyo centro se encontraba el Tabernáculo, y con la tierra de Israel, especialmente en aquellos tiempos sagrados del año en los cuales se esperaba que la gente se hiciera presente en el Templo.

La segunda cuestión para tener en cuenta, la cual es a la vez sutil y puede malinterpretarse con facilidad, está mejor expresada en la conocida historia sobre Rabán Yojanán ben Zakai y el romano que le preguntó sobre el ritual de la vaca roja (Números 19) que purificaba a las personas que habían tenido contacto con un muerto. El ritual en cuestión incluía rociar a los afectados con un agua especial en la que se habían disuelto las cenizas de la vaca junto con las de la madera de cedro, el hisopo, y la lana carmesí que con ella se habían quemado. El romano le dijo a Rabán Yojanán que esto le parecía un ritual supersticioso. Rabán Yojanán le dio una respuesta diseñada para dejar contento a un romano. Le dijo que en efecto se trataba de una forma de exorcismo para echar a los espíritus impuros. El romano quedó satisfecho con esta respuesta, pero los discípulos del rabino no.

Luego respondió a sus alumnos con una afirmación sumamente radical: "Los muertos no impurifican ni las aguas purifican. La verdad es que el ritual de la vaca roja es un decreto divino. El Santo Bendito Sea dijo: He ordenado un estatuto y he emitido un decreto, y no tienes permiso de transgredirlo".[1]

A primera vista, Rabán Yojanán estaba diciendo que el ritual de la vaca roja trasciende la comprensión humana y que representa la insondable voluntad de Dios. Sin embargo, creo que la cuestión que plantea Rabán Yojanán es diferente. Hay dos tipos de ley: reglamentaria y constitutiva. La ley reglamentaria es aquella que controla y establece límites a una actividad que existe independientemente de la ley. Por ejemplo, la ley no creó el empleo, la esclavitud o la violencia. Sino que más bien procuró y procura regularlos: en algunos casos vedarlos, y en otros establecer reglas y límites claros.

Algo muy diferente ocurre, por ejemplo, en el caso de las reglas del ajedrez. Las leyes crearon el juego, y sin ellas no hay ajedrez. El derecho constitutivo crea un fenómeno, no se limita a regularlo. Esto es lo que Rabán Yojanán decía respecto a las leyes de *tumá* y *tahará*. Estas no se refieren a estados del ser que existen independientemente del Tabernáculo, de las leyes de la Torá y del mandato divino. Simplemente existen porque Dios así lo ha estipulado, como por ejemplo Shabat, que existe únicamente porque Dios así lo ha ordenado. No hay nada en la realidad física que haga que Shabat sea diferente de los demás días de la semana como para que digas que determinado día es Shabat en virtud de la calidad de la luz o del aire o la temperatura. Las leyes de pureza, al igual que las de la santidad, son constitutivas, no reglamentarias. Por lo tanto, el concepto de impureza no se asemeja al de la contaminación, el cual puede tener manifestaciones físicas. *Tumá* y *tahará* son categorías especiales creadas por el mandato de Dios.

Entonces, ¿qué es lo que representan? Cabe recordar que existen principalmente en relación con espacios sagrados como el Templo. Se debe recordar también que el Templo es el "hogar" de Dios solamente en el más metafórico de los sentidos. Dios está en todas partes, dentro y fuera del Templo, dentro y fuera de la tierra santa. Es solamente desde

1. Bemidbar Rabá 19:1; *Pesikta de Rav Kahana* 4:7; *Pesikta Rabatí* 14:14.

el punto de vista humano que un sitio es diferente de otro, en que en el Templo, uno está especialmente consciente de estar ante la directa e inmediata presencia de Dios.

Los conceptos de santidad y pureza, los dos principios organizadores de la mente sacerdotal, representan la presencia percibida de la eternidad, el infinito y la espiritualidad pura. Son los polos opuestos de lo que hace a los seres humanos mortales, finitos y corpóreos. Dios es radicalmente Otro. Él es eso que no es mortal, finito, ni físico. Por lo tanto, cualquier cosa que nos recuerde de manera ineludible nuestra corporeidad y nuestra mortalidad –ya sea el nacimiento o la muerte, una enfermedad cutánea, el flujo de sangre menstrual, la secreción inusual de un fluido corporal, o el contacto con el cadáver de un animal repulsivo– transmite *tumá*, es decir, nos genera un estado del cual debemos purificarnos antes de ingresar al dominio de lo sagrado.

No hay nada intrínsecamente impuro en nuestra materialidad. Por el contrario, la Torá nos pide que busquemos a Dios dentro del mundo material para santificar los deleites físicos tales como comer, beber o el vínculo marital, en vez renunciar a ellos. No hay nada ascético o de otro mundo en la ética de la Torá. Algunos rabinos llegaron incluso a decir que un nazareo que renunció al vino y a los derivados de la uva, debía traer una ofrenda por la transgresión, ya que se había privado de un placer legítimo. Uno de los principios clave del libro de Deuteronomio sobre la vida en la tierra prometida es: "Te regocijarás en todas las cosas buenas que el Eterno tu Dios te ha dado a ti y a tu familia" (Deuteronomio 26:11). En el Tanaj no hay un sentido de oposición entre el alma y el cuerpo, tal como la encontramos en ciertos textos griegos y otros pertenecientes al cristianismo temprano, según los cuales resulta necesario afligir al segundo para poder disfrutar de la primera. De eso no se tratan la *tumá* y la *tahará*.

Estas son sobre la preparación intensa y cuidadosa que debemos realizar antes de ingresar, por así decirlo, al espacio de Dios. Debemos asegurarnos de habernos despojado de todo rastro persistente de aquello que nos recuerda nuestra mortalidad y fisicalidad, nuestra vulnerabilidad a la enfermedad, al deterioro y a la muerte, no porque podamos escapar de ellas ni porque debamos negarlas, sino simplemente para recordarnos que Dios trasciende absolutamente todos esos accidentes y atributos de la materialidad. En el Templo nos encontramos en presencia de una trascendencia radical.

No es que Dios necesite que estemos puros si Él va a estar con nosotros. Respecto de la expresión sobre la Tienda de Reunión "permanece con los israelitas incluso cuando están impuros" (Levítico 16:16), los sabios dicen: "Aunque ellos [los judíos] se hallen en estado de impureza, la Presencia Divina se encuentra entre ellos".[2] Más bien, *nosotros* necesitamos estar puros si es que queremos abrirnos a la Presencia Divina. El acto de purificación es un acto de preparación para entrar en contacto con lo Divino.

Ya no poseemos un Templo, por lo que muchas de estas leyes resultan inaplicables hoy en día, salvo en el caso de la norma de purificación tras el flujo menstrual y las reglas especiales observadas por los *cohanim*, los miembros del linaje sacerdotal. Sin embargo, aunque tan solo sea metafóricamente, todavía podemos conmovernos con las palabras del salmo:

> Lava toda mi iniquidad
> y límpiame de mi transgresión.
> Purifícame con hisopo, y seré limpio;
> lávame y seré más blanco que la nieve.
> Esconde Tu rostro de mis transgresiones,
> y borra todas mis iniquidades.
> Oh Dios, crea en mí un corazón puro
> y renueva un espíritu firme dentro de mí.
> No me arrojes de delante de Tu presencia,
> ni me quites Tu espíritu sagrado (Salmo 51:4–13).

Sigue existiendo un sentido psicológico en el cual procuramos la pureza al llegar a la presencia de Dios.

2. Sifra, *Parashat Ajarei Mot* 16:5.

El marginado

La *haftará* de *Parashat Metzorá* cuenta una historia notablemente vívida sobre individuos y una nación en crisis. La lectura comienza en el segundo acto del drama. El primer acto prepara el escenario. Israel, el reino del norte, se está acercando al final de su resistencia. Samaria, la ciudad capital, está sitiada. Rodeándola se encuentra el ejército de Siria al mando de Ben Hadad. Dentro de la ciudad, la comida casi se ha terminado. Los precios se han disparado. La cabeza de un burro se vende por ochenta shekels (siclos) de plata. Las mujeres están matando a sus hijos. Una mujer recurre al rey en busca de ayuda. Éste le responde: "Si Dios no te ayuda ¿de dónde puedo yo conseguir ayuda para ti?"

El rey, en el límite de sus fuerzas, está furioso con Eliseo, aparentemente creyendo que si el profeta hubiese rezado lo suficiente, Dios habría enviado el rescate. Amenaza con cortarle la cabeza. Envía un mensajero al profeta, y él le asegura con toda tranquilidad que el asedio se habría de levantar al día siguiente, y la comida estaría tan fácilmente disponible que una medida de harina se vendería por solamente un shekel. El enviado se burla de él diciendo que esto es imposible. El profeta le responde: "Lo verás con tus propios ojos, pero no comerás del alimento". Con eso comienza la *haftará*.

El escenario ha cambiado. Ahora nos encontramos en compañía de cuatro leprosos –de ahí la conexión con la *parashá* que trata sobre la lepra– que se encuentran fuera de la ciudad, ya que por su condición estaban condenados a vivir "alejados del campamento". Para un ojo y un oído modernos, parecen personajes de una obra de Samuel Beckett. El mundo está llegando a su fin, y los marginados miran la situación con un aire de desapego.

Ellos consideran sus opciones. Si van a la ciudad, morirán porque allí no hay comida. Si se quedan donde están, morirán porque tampoco poseen alimentos. Deciden ir al campamento sirio y rendirse. Es casi seguro que serán ejecutados, pero... ¿qué tienen para perder?

Ellos llegan al campamento al anochecer y se encuentran con un espectáculo sorprendente. No hay nadie allí. El ejército sirio ha escapado dejando tras de sí todas sus provisiones, vestimentas, oro y plata. Los leprosos no pierden tiempo preguntándose qué habrá pasado. Comen, beben, y toman algo del oro y de la plata para sí mismos. De repente se detienen. Se acuerdan de las personas que están desfalleciendo de hambre en Samaria. Dicen que deben ir inmediatamente y compartir las buenas noticias con ellos. "Este es un día de buenas nuevas y nos las guardamos para nosotros mismos. Si esperamos hasta que amanezca, el castigo nos alcanzará. Vayamos inmediatamente e informemos de esto al palacio real".

Ellos van y cuentan su historia. El rey sospecha. Piensa que se trata de una trampa. Los sirios están al acecho, saben que la gente está pasando hambre. Ni bien entren al campamento a buscar comida, el ejército enemigo atacará. Por otra parte, no pueden simplemente quedarse sin hacer nada, porque de actuar así todos morirán. El rey envía a algunos exploradores para evaluar la situación. Al regresar, confirman lo que los leprosos habían dicho.

La gente sale corriendo a recolectar la comida abandonada con el resultado de que, tal como lo había predicho el profeta, al día siguiente una medida de harina se vendía por un siclo. El funcionario real que se había burlado de la profecía, había sido puesto a cargo del portón de la ciudad, pero muere pisoteado por la turba que corre por los alimentos. Una vez más las palabras del profeta resultaron ciertas. El oficial vio la comida, pero no vivió para comerla.

¿Qué había pasado que hizo que el ejército sirio huyera? El texto bíblico nos dice que oyeron "el estruendo de carros, de caballos y de un gran ejército". Creyeron que pertenecía a los hititas y a los egipcios quienes habían acudido en ayuda de Israel, por lo que huyeron, abandonando el campamento y todo lo que había en él.

Stephen Rosenberg[1] conjetura que el episodio tuvo lugar durante el reinado de Ben Hadad III, quien reinó a partir del 810 a. e. c. Durante ese tiempo, los asirios bajo el mando de Adad-Nirari III atacaron Siria y tomaron tributo del país. En el 805 a. e. c. enviaron una expedición militar a las fronteras de Siria, y esto debe haber sido lo que los sirios pensaron que era el ejército hitita. En cuanto al ejército egipcio, que venía desde el suroeste, Rosenberg sugiere que podría haberse tratado de filisteos decididos a vengar el ataque sirio a Gat algunos años antes. Al oír a los ejércitos acercarse desde ambos lados, ciertamente el rey sirio debió haber abandonado el sitio a Samaria para regresar a casa y defender su propio territorio.

Lo que resulta fascinante es la forma en que esta secuencia sumamente significativa de eventos es vista a través de los ojos no solo del rey, de su funcionario y del profeta, sino por gente que se encuentra totalmente fuera de la sociedad, los leprosos. Son ellos los primeros en llegar al lugar, los primeros en darse cuenta de lo que ha ocurrido, y los primeros en traer las buenas nuevas al pueblo. Ellos no son héroes en el sentido convencional, pero sirven para ejemplificar una verdad importante: a veces los de afuera ven lo que los de adentro no pueden percibir.

El ejemplo clásico es el propio Moisés. Él era un doble forastero, un israelita que había crecido en el palacio del faraón, más aún, porque había pasado muchos de sus años de formación lejos de ambos, en la tierra de Midián junto a su esposa Tzipora y su suegro Itró, un sacerdote pagano. No resulta sorprendente que llamara a su primer hijo Gershon, diciendo: "He sido un extraño en tierra extraña". Para los egipcios era un israelita, para los israelitas en un principio parecía ser un egipcio. A menudo, los de afuera son agentes de cambio que logran ver y oír lo que otros no pueden.

1. Stephen Rosenberg, *The Haphtara Cycle* (Northvale, NJ: Jason Aronson, 2000), 115–118.

Lo mismo pasó con Abraham. Los sabios interpretan su descripción como *HaIvrí*, "el hebreo", para significar que "el mundo entero estaba a un lado (*ever*) y él estaba al otro".[2] Él estaba en su mundo, pero no era de él. Él peleó por sus vecinos y oró por ellos, pero se reservó para sí mismo y para su fe.

Los judíos han sido considerados forasteros durante gran parte de su historia. Según el sociólogo Max Weber,[3] en la Europa cristiana eran considerados parias. Los intelectuales judíos de la era moderna estaban doblemente alienados: eran ajenos a sus sociedades por ser judíos, y eran ajenos a la comunidad judía porque habían abandonado su fe y gran parte de su identidad.

En un ensayo sobre "la preeminencia intelectual de los judíos", Thorstein Veblen dijo que el judío se convierte en "un perturbador de la paz intelectual… es un vagabundo en la tierra de nadie de los pensadores, procurando otro lugar para descansar, más adelante en el camino, en algún sitio más allá del horizonte".[4]

Hicieron falta cuatro personas casi completamente ajenas al judaísmo para iniciar un movimiento que eventualmente llegó a ser conocido como el sionismo: Moses Hess, Leon Pinsker, Max Nordau y Theodor Herzl. Sin duda dos rabinos, Zvi Hirsch Kalischer y Yehuda Alkalai, ya habían escrito los primeros textos proto-sionistas, pero incluso ellos se encontraban lejos de la corriente rabínica dominante de la época. Kalischer sirvió como rabino en Thorn, hoy en día Torún, en Polonia. Alkalai fue el rabino de Semlin (Zemun), hoy parte de la ciudad de Belgrado, en aquel entonces en la frontera de la Serbia ocupada por los otomanos. Ninguno fue el líder reconocido de algún movimiento importante.

No hay forma de equiparar a estas figuras. Eran completamente diferentes y ninguno era un paria. Sin embargo, lo que hace tan fascinante a la *haftará* es la imagen que nos da de los cuatro leprosos, los más

2. Bereshit Rabá 41.
3. Max Weber, *Ancient Judaism* (Nueva York: Free Press, 1967), 336–55.
4. Thorstein Veblen, "The Intellectual Pre-eminence of Jews in Modern Europe," *Political Science Quarterly* (Marzo 1990): 1919.

bajo de lo bajo, convirtiéndose en los heraldos de las buenas nuevas que solamente ellos, por su condición marginal, estaban en condición de ver.

A veces los marginados ven lo que el resto del mundo pasa por alto, y a veces son buenas noticias.

Ajarei Mot
אחרי מות

Parashat Ajarei Mot describe el servicio del sumo sacerdote en el Día de Expiación. Era un ritual dramático y altamente cargado, durante el cual echaba suertes sobre dos machos cabríos idénticos, uno de los cuales era ofrendado en sacrificio al tiempo que el otro, el así llamado "chivo expiatorio", era enviado al desierto para morir. El ingreso del sumo sacerdote al Sanctasanctórum marcaba el punto espiritual culminante del año judío.

La *parashá* describe también la prohibición de ingerir sangre y las leyes referidas a las relaciones sexuales prohibidas, ambos aspectos de la vida de pureza que Dios requiere del pueblo judío.

El primero de los siguientes ensayos analiza la transformación de la expiación a partir de las súplicas de Moisés tras la transgresión del Becerro de Oro y el posterior servicio del sumo sacerdote. El segundo, tercero y cuarto, analizan diferentes aspectos del ritual del chivo expiatorio. Uno versa sobre la diferencia entre los dos procesos clave de Yom Kipur: expiación y purificación. El siguiente trata sobre el "chivo expiatorio" en otras culturas. Resulta que su idea de él no es la misma que la del judaísmo, sino más bien la opuesta. El cuarto se ocupa de los dos machos cabríos y la idea de que simbolizan a los gemelos, en especial, a Jacob y Esaú. ¿Cuál es la conexión entre los dos hermanos y Yom Kipur?

El quinto ensayo trata sobre la notable transformación de Yom Kipur tras la destrucción del Segundo Templo y el papel de Rabí Akiva en rescatar la esperanza en medio de la tragedia. El último es sobre la comprensión de Najmánides del capítulo 18 de *Vaikrá* y la centralidad de la tierra de Israel para la vida y la fe del judaísmo.

De nunca más a para siempre

Consideremos dos eventos en la Torá que a primera vista no podrían ser más disímiles. El primero es uno de los momentos más dramáticos en la historia judía. Los israelitas acaban de presenciar la revelación de Dios en el Monte Sinaí. Por primera y última vez en la historia, un pueblo entero recibió una teofanía y estableció un pacto con el Creador del cielo y la tierra. Luego, Moisés ascendió a la montaña y por cuarenta días y cuarenta noches recibió la Torá, los detalles del código del pacto. Entonces, con una conmoción que no ha disminuido a lo largo de los milenios, Dios le dice a Moisés que se detenga y descienda de la montaña, "porque el pueblo que has sacado de Egipto se ha corrompido". Desde las alturas, los israelitas habían descendido a las profundidades. Habían hecho un becerro de oro.

Lo que sigue es un drama que se desarrolla a alta velocidad. De inmediato Moisés ruega a Dios que contenga Su ira. Su plegaria es urgente y abrupta. No hace defensa alguna de los israelitas. Todavía no ha visto qué es lo que han hecho. En cambio, le dice a Dios que por Su propio bien no debe destruir al pueblo, ya que de hacerlo los egipcios dirán que Él los sacó de Egipto no para liberarlos sino para matarlos. Además de ello, dice Moisés, Tú ya prometiste a los patriarcas que darías a sus hijos la tierra de Israel. Entonces, por Tu propio bien, si no por el bien del pueblo, reconsidera. Dios está de acuerdo.

Luego Moisés desciende de la montaña, escucha el revuelo y ve al pueblo retozando alrededor del becerro. Sin demorarse, quiebra las tablas de piedra que Dios Mismo había grabado como registro del pacto. Quema el becerro, lo pulveriza, mezcla el polvo con agua y hace que el pueblo la beba. Convoca a su hermano Aarón para oír su versión de lo que había ocurrido. Entonces le pregunta al pueblo: "¿Quién está del lado del Eterno?" Los levitas se reúnen a su alrededor y ejecutan el castigo sobre los promotores del becerro y los instigadores de su adoración. Tres mil personas mueren ese día. Al día siguiente, Moisés vuelve a suplicarle a Dios, esta vez apostando su propia vida en el resultado, diciéndole: Si Tú no has de perdonarlos, entonces "bórrame ahora de este libro que has escrito".

Moisés continúa suplicándole a Dios durante cuarenta días y cuarenta noches, rogándole que no quite Su presencia del campamento. En una escena extraordinaria, Dios pasa delante de Moisés, tras aclararle: "verás Mi espalda ya que Mi rostro no puede ser visto", y pronuncia las palabras que se conocen como los Trece Atributos de la Misericordia Divina, "Eterno, Eterno, Dios compasivo y piadoso, lento para la ira y abundante en amor y fidelidad…" (Éxodo 34:6–7). Posteriormente, este texto se transformaría en la base de las *Selijot*, las plegarias de súplica por el perdón divino. Moisés mismo lo entendió, y empleó estas palabras después durante la transgresión de los espías (Números 14:17–20).

Entonces, Dios le ordena a Moisés que talle un segundo par de tablas para reemplazar a las primeras que estaban rotas. Tras otros cuarenta días, Moisés desciende con las nuevas tablas, un símbolo visible de que Dios había perdonado al pueblo y aún mantenía vigente su pacto con ellos. Esta es la primera historia.

El segundo evento ocupa el capítulo inicial de *Parashat Ajarei Mot*. Una vez al año, el sumo sacerdote debía ingresar al Sanctasanctórum y buscar expiación, en primer lugar para sí mismo, luego para su "casa" (su familia o sus compañeros sacerdotes) y luego para todo el pueblo. La ceremonia era elaborada e inusual. En su núcleo se encontraba un ritual singular. Dos machos cabríos de idéntica apariencia eran tomados y sorteados, uno "para el Eterno" y el otro "para Azazel". El primero era presentado como ofrenda por la transgresión. Sobre el segundo, el sumo sacerdote confesaba "todas las iniquidades de los hijos de Israel, sus transgresiones y sus pecados", mientras colocaba sus manos sobre el animal. El macho cabrío "que llevaba todas sus iniquidades" era llevado al desierto donde finalmente moría arrojado a un precipicio.

Había que tener sumo cuidado con todos los detalles del ritual. La Torá lo dramatiza, iniciando su relato del servicio del sumo sacerdote con una mención de que dos de los hijos de Aarón habían muerto en el día de la inauguración del Santuario por haber realizado una acción que no se les había ordenado. En el servicio del Santuario no hay espacio alguno para la improvisación, la innovación o la alteración. No menos impactante resulta el simbolismo visual del día. El sumo sacerdote, normalmente vestido con espléndidas prendas de oro, a la hora de ingresar al Sanctasanctórum debía usar únicamente las vestiduras de lino más sencillas, y debía estar completamente solo mientras realizaba su expiación.

Los dos relatos son completamente diferentes. El primero está lleno de pasión y emoción: la ira de Dios, las intensas súplicas de Moisés, su propia ira al ver el becerro y la disolución del pueblo, la impotencia de Aarón ante la multitud, las escenas sangrientas de represalia. Se podría escribir una novela o hacer una película sobre esto. Es el tipo de material a partir del cual se crea el drama.

El segundo es puro ritual. El sujeto resulta ser Aarón porque era el Sumo Sacerdote en los tiempos de Moisés, pero las mismas acciones, las mismas ofrendas, confesiones y aspersiones de sangre, el mismo sorteo de los machos cabríos y la misma conducción de uno de ellos al desierto, ocurrieron año tras año hasta la destrucción del Templo. No hay ninguna emoción, subjetividad, variación ni diálogo entre el sacerdote y Dios. Sí, había drama y sentido de la ocasión. De fuentes post bíblicas tanto judías como gentiles sabemos cuán espectacular era la escena del Templo en Yom Kipur. Pero no hay nada impredecible en ella, al menos en lo que respecta a la acción humana. Nada era espontáneo como cuando Moisés oró o cuando quebró las tablas. Ambos eventos pertenecen a mundos diferentes.

No obstante, en un sentido profundo, son dos versiones de una misma cosa. Ambos trataban sobre la contrición humana y el perdón divino. Ambos estaban destinados a reparar la relación entre Dios y el pueblo a pesar de sus transgresiones. Ambos estaban enfocados en el mismo día. Fue un diez de Tishrei cuando Moisés descendió de la montaña con el segundo par de tablas, la última escena del primer drama. Fue también un diez de Tishrei el día en el que durante todos los años siguientes, el sumo sacerdote realizaba los ritos de expiación en Yom Kipur.

Lo que vemos en estas dos escenas es un proceso cuya lógica resulta vital si es que deseamos entender la compleja naturaleza del judaísmo como una tradición viva.

El pensador de los tiempos modernos que dio nombre a este fenómeno fue el sociólogo alemán Max Weber. Weber notó que hay un tipo particular de personalidad que suele encontrarse en el nacimiento de un nuevo orden social. A este tipo lo llamó *carismático*.[1] En el caso del judaísmo, esta personalidad fue la de Moisés, aunque precisamente porque el judaísmo es inusual, opositor y a menudo una protesta contra las prácticas existentes, Moisés era el más improbable de los líderes carismáticos. No era un orador nato. Se encontraba –especialmente después del evento del Becerro de Oro– deliberadamente distante del pueblo. Lejos de atraer masas de devotos, a menudo la gente se le oponía, a veces incluso su propio hermano y hermana. Pero era carismático en el sentido de que, en su rol de portavoz y emisario de Dios, puso su sello en el pueblo, definiendo su misión y su forma de vida para todos los tiempos. Solo hubo un Moisés.

Pero ¿qué sucede una vez que el líder carismático se ha ido? ¿Qué pasa con un pueblo una vez que su euforia inicial por la libertad obtenida se ha esfumado? ¿Cuál es el destino de una religión tras la epifanía? ¿Cómo recapturar un momento único para todos los momentos? Ese es el desafío que Weber definió en una expresión un tanto carente de gracia como "la rutinización del carisma".

El ejemplo supremo de esto es Yom Kipur tal como aparece en esta *parashá*. A medida que los israelitas pasan de Éxodo a Levítico, del primer año de su recorrido por el desierto al segundo, la labor de asegurar

1. Max Weber, "The Nature of Charismatic Authority and Its Routinization" ("La naturaleza de la autoridad carismática y su rutinización"), en *Theory of Social and Economic Organization (Teoría de la organización social y económica)*, trad. Talcott Parsons (Nueva York: Free Press, 1964).

la expiación se transfiere de Moisés a Aarón, del profeta al sacerdote, del drama impredecible al ritual regulado por las normas, y *así es como debe ser.* No toda generación tiene un Moisés. No todas las épocas se prestan para grandes dramas religiosos. La vida sería insoportable si nunca supiéramos de antemano qué debemos hacer para ser perdonados.

Esta es la diferencia entre *Torat Neviím* y *Torat Cohanim,* entre los mundos respectivos del profeta y el sacerdote. Es la diferencia entre lo singular y lo universal, entre el "nunca más" y el "para siempre", el acontecimiento que marca una época y los rituales duraderos y repetidos sin cesar que le confieren a una nación su carácter y continuidad. El judaísmo vive, respira y se mantiene joven porque nunca resuelve del todo la tensión entre estos dos modos de vida religiosa: entre la Agadá y la Halajá, entre la pasión profética y la consistencia sacerdotal, entre lo siempre cambiante pero a su vez inalterado. Se requiere de un profeta para discutir con Dios, pero hace falta un sacerdote para transformar a un pueblo por medio de rutinas profundas que reconfiguran la naturaleza humana en hábitos de santidad.

El chivo expiatorio: vergüenza y culpa

El elemento más extraño y dramático del servicio de Yom Kipur, expuesto en la *parashá Ajarei Mot* (Levítico 16:7–22), era el ritual de los dos machos cabríos, uno ofrecido como sacrificio y el otro enviado al desierto "para Azazel". Eran, a todos los efectos, indistinguibles el uno del otro: eran elegidos específicamente para ser lo más parecidos posible en tamaño y apariencia. Se los llevaba ante el sumo sacerdote y se echaban suertes, uno con la inscripción "Para el Eterno" y el otro "Para Azazel". Aquel sobre el que caía la suerte "Para el Eterno" era ofrecido en sacrificio. Sobre el otro, el sumo sacerdote confesaba las transgresiones de la nación, y luego era llevado a las montañas del desierto en las afueras de Jerusalén, donde se precipitaba a su muerte. La tradición nos dice que tendría un hilo escarlata atado a sus cuernos, la mitad del cual era retirado antes de que el animal fuera expulsado. Si el rito resultase efectivo, el hilo rojo se volvería blanco.

Muchas cosas del ritual resultan desconcertantes. Primero, ¿cuál es el significado de "para Azazel", a donde era enviado el segundo macho cabrío? No aparece en ningún otro lugar de las Escrituras. Surgieron tres teorías principales sobre su significado. Según los sabios y Rashi, significa "un lugar empinado, rocoso o difícil", en otras palabras, era la descripción de su destino. Según la Torá, el macho cabrío era enviado "a un área desolada" *(el eretz gezerá,* Levítico 16:22). Los sabios interpretan que era llevado a un barranco empinado desde donde caería a su muerte. De acuerdo a la primera explicación, ese es el significado de Azazel.

La segunda, crípticamente sugerida por Ibn Ezra y explícitamente por Najmánides, es que Azazel era el nombre de un espíritu o un demonio, uno de los ángeles caídos mencionados en Génesis 6:2, similar al espíritu-cabra llamado 'Pan' en la mitología griega, 'Faunus' en latín. Esta es una idea difícil, razón por la cual Ibn Ezra aludió a ella, como hizo en otros casos, por medio de una adivinanza, un acertijo que solo los sabios podrían descifrar. Escribió: "Voy a revelarles parte del secreto por medio de una insinuación: cuando lleguen a treinta y tres lo sabrán". Najmánides revela el secreto. Treinta y tres versículos más tarde, la Torá ordena: "No deberán ofrecer ningún sacrificio a los ídolos cabríos [*se'irim*] tras los cuales se extravían" (Levítico 17:7).

Azazel, según esta lectura, es el nombre de un demonio o una fuerza hostil, a veces llamado Satanás o Samael. Los israelitas tenían categóricamente prohibido adorar a tal fuerza. De hecho, la creencia de que en el universo actúan poderes distintos o incluso hostiles a Dios, es incompatible con el monoteísmo judaico. Sin embargo, algunos sabios sí creían que había fuerzas negativas que eran parte del séquito celestial, como Satanás, quien presentaba acusaciones contra los humanos o los tentaba a transgredir. El macho cabrío enviado al desierto para Azazel era una forma de conciliar o propiciar esas fuerzas para que los rezos de Israel pudieran elevarse al cielo sin, digamos, voces disidentes. Esta forma de comprender el rito es semejante a lo dicho por los sabios, en el sentido de que tocamos el shofar dos veces en Rosh Hashaná "para confundir a Satanás".[1]

La tercera interpretación, y la más simple, es que Azazel es un sustantivo compuesto que significa "el macho cabrío [*ez*] que fue enviado lejos [*azal*]". Esto llevó a la incorporación de una nueva palabra al idioma inglés. En 1530, William Tyndale produjo la primera traducción inglesa de la Biblia hebrea, un acto que entonces era ilegal y por el cual pagó con su vida. Viendo cómo traducir Azazel al inglés, lo llamó "the

1. Rosh Hashaná 16b.

escapegoat" (el chivo expiatorio), o sea el macho cabrío que se enviaba fuera y era liberado. Con el correr del tiempo la primera letra, la *e*, fue eliminada y nació la palabra "scapegoat".

Sin embargo, la verdadera pregunta es: ¿De qué trataba realmente el ritual? Era único. Las ofrendas por la transgresión y por la culpa son rasgos familiares en la Torá y una parte normal del servicio del Templo. El servicio de Yom Kipur era distinto en un aspecto destacado. En todos los demás casos, la transgresión se confesaba sobre el animal que iba a ser sacrificado. En Yom Kipur, el sumo sacerdote confesaba las transgresiones del pueblo sobre el animal que *no* sería sacrificado, el chivo expiatorio que era enviado a "llevar sobre sí todas sus iniquidades" (Levítico 16:21–22).

La respuesta más simple y contundente fue dada por Maimónides en la *Guía de los Perplejos:*

> No cabe duda de que las transgresiones no pueden ser llevadas como una carga y sacadas de los hombros de un ente para ser colocadas sobre otro. Pero estas ceremonias son de carácter simbólico y sirven para impresionar a la gente con una idea determinada e inducirlos al arrepentimiento –como si dijéramos, nos hemos liberado de nuestros hechos anteriores, los hemos arrojado detrás de nosotros y los hemos enviado lo más lejos posible.[2]

La expiación requiere un ritual, una representación dramática de la eliminación de la transgresión y la limpieza del pasado. Eso está claro. Sin embargo, Maimónides no explica por qué Yom Kipur exigía un rito que no se utilizaba durante otros días del año en que se traían ofrendas por la transgresión o por la culpa. ¿Por qué no fue suficiente el primer macho cabrío, el sorteado "para el Eterno" y ofrecido como ofrenda por la transgresión? (Levítico 16:9).

La respuesta está en el carácter dual del día. La Torá dice:

> Esta será una ley eterna para ustedes: En el décimo día del séptimo mes deben ayunar y no hacer ningún trabajo... Porque en

2. Maimónides, la *Guía de los Perplejos*, III:46.

> este día serán expiadas todas sus transgresiones [*iejaper*] para que sean purificados [*letaher*]. Ante Dios quedarán purificados de todas sus transgresiones (Levítico 16:29–30).

Dos procesos muy distintos entran en juego en Yom Kipur. Primero estaba la *kapará*, expiación. Esta es la función normal de una ofrenda por la transgresión. En segundo lugar estaba la *tahará*, purificación, algo normalmente hecho en un contexto totalmente distinto, como la remoción de la *tumá*, impurificación ritual, que podía deberse a diferentes causas, entre ellas el contacto con un muerto, enfermedades de la piel, o una emisión nocturna. La expiación tiene que ver con la culpa. La purificación, con la contaminación o polución. Estos son habitualmente[3] dos mundos distintos. En Yom Kipur se juntan. ¿Por qué?

Debemos a los antropólogos como Ruth Benedict la diferenciación entre las culturas de la culpa y las de la vergüenza.[4] La vergüenza es un fenómeno social. Es lo que sentimos cuando nuestra mala acción queda expuesta ante otros. Puede ser incluso algo que sentimos al solo imaginar que otras personas puedan ver o saber lo que hemos hecho. La vergüenza es la sensación de haber sido expuestos, y nuestra reacción instintiva es la de ocultarnos. Eso es lo que hicieron Adán y Eva en el Jardín del Edén después de haber comido el fruto prohibido. Se avergonzaron de su desnudez y se ocultaron.

La culpa es un fenómeno personal. No tiene nada que ver con lo que otros puedan decir si supieran lo que hemos hecho, y todo que ver con lo que nos decimos a nosotros mismos. La culpa es la voz de la conciencia, y es ineludible. Se puede evitar la vergüenza escondiéndose o evitando ser descubierto, pero no se puede evitar la culpa. La culpa es autoconocimiento.

Existe otra diferencia que explica por qué el judaísmo es fundamentalmente una cultura de la culpa más que una de la vergüenza. La

3. Existían excepciones. Un leproso, o más precisamente alguien que sufría de la enfermedad conocida en la Torá como *tzara'at*, debía llevar una ofrenda por la culpa [*asham*] además de realizar los ritos de purificación (Levítico 14:12–20).
4. Ruth Benedict, *The Chrysanthemum and the Sword (El crisantemo y la espada)* (Londres: Secker & Warburg, 1947).

vergüenza se conecta con la persona. La culpa se conecta con el acto. Es casi imposible eliminar la vergüenza una vez que has sido expuesto públicamente. Es como una mancha indeleble en la piel. Shakespeare hace exclamar a Macbeth luego de su crimen: "¿Nunca serán limpias estas manos?" En las culturas de la vergüenza, los malhechores tienden a exiliarse, donde nadie conoce su pasado, o a suicidarse. Los dramaturgos los hacen morir.

La culpa hace una clara distinción entre el acto delictivo y la persona del malhechor. El acto estuvo mal, pero el actor, en principio, permanece intacto. Es por eso que la culpa puede ser eliminada, "expiada" mediante la confesión, el remordimiento y la restitución. "No odies al transgresor sino a la transgresión", es el axioma básico de una cultura de la culpa.

Normalmente las ofrendas por la transgresión y por la culpa, como sus nombres lo indican, tienen que ver con la culpa. Expían. Pero Yom Kipur no trata solamente con nuestras transgresiones como individuos. También confronta nuestras transgresiones como una comunidad ligada por la responsabilidad mutua. Se ocupa, en otras palabras, de las dimensiones tanto social como personal del delito. Yom Kipur trata tanto de la vergüenza como de la culpa. Por eso debe haber una purificación (la remoción de la mancha), así como una expiación.

La psicología de la culpa es bastante distinta a la de la vergüenza. Podemos descargar la culpa logrando el perdón –y el perdón solo puede ser brindado por la víctima de nuestra mala acción, que es el motivo por el cual Yom Kipur solo expía las transgresiones contra Dios. Incluso Dios no puede –con toda lógica– perdonar las transgresiones cometidas contra nuestros congéneres hasta que ellos mismos nos perdonen.

La vergüenza no puede ser eliminada por el perdón. La víctima de nuestro delito puede habernos perdonado, pero seguimos sintiéndonos impuros por el conocimiento de que nuestro nombre ha sido deshonrado, nuestra reputación dañada y nuestra posición herida. Todavía sentimos el estigma, el deshonor, la degradación. Es por eso que tenía que realizarse una ceremonia inmensamente poderosa y dramática, durante la cual el pueblo pudiera sentir y ver simbólicamente que sus transgresiones eran llevadas al desierto, a una tierra de nadie. Una ceremonia similar se hacía cuando un leproso era purificado. El sacerdote tomaba dos palomos, mataba a uno y soltaba al otro para que volara por los campos (Levítico 14:4–7). Nuevamente, era un acto de *purificación,* no de *expiación,* y tenía que ver con la vergüenza, no con la culpa.

El judaísmo es una religión de esperanza y sus grandes rituales de expiación y arrepentimiento son parte de esa esperanza. No estamos condenados a vivir eternamente con las equivocaciones y los errores de nuestro pasado. Esa es la gran diferencia entre una cultura de la culpa y una cultura de la vergüenza. Pero el judaísmo también reconoce la existencia de la vergüenza. De ahí el elaborado ritual del chivo expiatorio que parecería llevarse la *tumá,* la impurificación que es la marca de la vergüenza. Solo era posible llevarlo a cabo en Yom Kipur porque ese era el único día del año en que todos compartían, al menos vicariamente, el proceso de confesión, arrepentimiento, expiación y purificación. Cuando una sociedad entera confiesa su culpa, los individuos pueden ser redimidos de la vergüenza.

El chivo expiatorio: la perversión de una idea

Una de las grandes ironías de la historia se encuentra en el cambio del significado que se le ha adjuntado a la expresión inglesa "scapegoat" - "chivo expiatorio". Tal como lo hemos señalado en el ensayo anterior, la palabra nació en 1530 cuando William Tyndale tradujo por primera vez la Biblia hebrea al inglés. Buscando una palabra para el macho cabrío que era enviado al desierto en Yom Kipur, lo denominó "the (e)scapegoat" (el chivo del escape). Desde entonces, esta expresión que en español recibe el nombre de "chivo expiatorio", ha pasado a significar algo superficialmente similar, pero en realidad completamente diferente, de hecho opuesto en significado.

Al erudito francés René Girard le debemos uno de los relatos más convincentes de los tiempos modernos sobre la conexión entre la religión y la violencia. La tesis de Girard es que la violencia se encuentra en el corazón del ritual religioso. El principal ritual es el sacrificio, y la forma más fundamental de sacrificio es el chivo expiatorio.

Sostiene que el sacrificio nace en el intento de escapar del círculo mortal de la represalia en sociedades que carecen de un sistema judicial y de un proceso legal imparcial:

> La venganza profesa ser un acto de represalia, y toda represalia llama a otra represalia… Entonces, la venganza resulta ser un proceso interminable e infinitamente repetitivo. Cada vez que esta aparece en alguna parte de la comunidad, amenaza con involucrar a la totalidad del cuerpo social. Existe el riesgo de que el acto de venganza inicie una reacción en cadena cuyas consecuencias resulten rápidamente fatales para cualquier sociedad de modesto tamaño. La multiplicación de represalias pone instantáneamente en peligro la existencia misma de la sociedad, y por este motivo está universalmente proscrita.[1]

Este es un fenómeno que conocemos por la literatura. Es una trama estándar de tragedia, desde los Montesco y los Capuleto en *Romeo y Julieta*, pasando por los Jets y los Sharks en *West Side Story* (*Amor sin barreras*) y llegando hasta los Corleone y los Tattaglia en *El padrino*. Un miembro de una familia (grupo o tribu) "X" mata a un miembro de la familia "Y" –intencional o accidentalmente, no hace diferencia alguna. Un miembro de la familia "Y" se venga. Luego un miembro de la familia "X" toma represalias, y así la dinámica continúa. No hay un cierre natural para la secuencia hasta que la masacre acaba con una u otra de las tribus, o con ambas.

Según Girard, la solución a la que se llegó en determinadas sociedades fue la de desviar la violencia interna de ambos lados, dirigiéndola hacia el exterior contra una víctima: un tercero que no es miembro de ninguno de los grupos, pero cuya muerte pone fin a la violencia. Alguien que está relativamente desprotegido, y por lo tanto puede ser asesinado sin temor a que se produzcan represalias. Por ejemplo, en la antigua Atenas existía la institución del *pharmakos*, un lisiado, mendigo o criminal al que se mantenía con vida para que pudiera ser expulsado de la ciudad y morir si se cernía sobre la ciudad la amenaza de un desastre.

Para Girard, esto es un chivo expiatorio: una víctima inocente, alguien de afuera, a quien se daba muerte a los efectos de detener el ciclo de venganza entre tribus en guerra. Su muerte está cargada de un aura de santidad. Este ritual del asesinato de un ser humano inocente genera

1. Girard, op. cit., 14–15.

asombro y exaltación. Las tribus en disputa saben que algo profundo ha ocurrido. Dejan de luchar entre sí. Las emociones violentas de ambos bandos son purgadas. Tiene lugar la catarsis. Regresa la paz. El orden es restablecido. La víctima se ha convertido en el chivo expiatorio:

> La muerte del individuo posee algo de la cualidad del tributo, que es cobrado en aras de la existencia continuada de la colectividad. Un ser humano muere, y la solidaridad de los sobrevivientes se ve reforzada en virtud de su muerte. La víctima entregada muere para que toda la comunidad, que se ve amenazada por un mismo destino, pueda renacer en un orden cultural nuevo o renovado.[2]

Por supuesto que esto requiere de un mito. Es preciso contar alguna historia en la que el forastero, aquel que es sacrificado ritualmente, sea considerado el responsable de todos los males que le han sucedido al grupo.

> En definitiva, los perseguidores siempre se convencen a sí mismos de que un pequeño número de personas, o incluso un solo individuo, a pesar de su relativa debilidad, es extremadamente dañino para la totalidad de la sociedad... Hay solo una persona responsable de todo, un responsable absoluto y él será responsable de la cura, porque ya es culpable de la enfermedad.[3]

Trágicamente, por supuesto, a los judíos se les ha asignado a menudo este papel, ya sea durante el período del cristianismo primitivo en su lucha con Roma, en los tiempos de la cristiandad medieval en su lucha contra el islam, en la Europa del siglo XIX con sus revoluciones política e industrial, en la Alemania del siglo XX tras su humillación en la Primera Guerra Mundial o en el Medio Oriente de nuestros días.

En una serie de estudios fascinantes,[4] el psiquiatra de la Universidad de Virginia, Vamik Volkan, le ha agregado una dimensión psicológica

2. Ibid., 255.
3. Ibid., 15, 43.
4. Vamik Volkan, *The Need to Have Enemies and Allies* (Northvale, NJ: Jason Aronson, 1988). Una serie de ensayos escritos por Volkan pueden ser hallados en línea. Ver

a este fenómeno. Él sostiene que la raíz del conflicto étnico y religioso es el trabajo incompleto –ya sea por individuos o grupos enteros– de integración personal. De niños, idealizamos la imagen de la madre buena y de nosotros mismos. Con el correr del tiempo, somos capaces de internalizar una autoimagen poseedora de matices en la cual nos vemos a nosotros y a los demás como una mezcla de bien y mal, de virtudes y defectos. Pero hay algunos para los que esta integración nunca llega a producirse con éxito. No pueden reconocer el mal que anida en su propio interior o la complejidad de la personalidad humana. Desarrollan una visión dualista del mundo: está nuestro bando, el de los hijos de la luz, que son buenos, y están los otros, los hijos de las tinieblas, que son malvados y perversos, y que representan una amenaza para nosotros y para aquellos que amamos.

Para poder verte a ti mismo y a tu grupo como buenos, debes proyectar el mal que eres incapaz de reconocer en ti mismo en una entidad externa: algún otro grupo, aquellos que no son como tú. Cuanto más fuerte resulte la disonancia cognitiva, más intensa será la proyección. El otro se transforma en la personificación del mal. Esto entonces da lugar a la patología del victimismo y es la fuente última de la búsqueda de chivos expiatorios: "No fuimos nosotros, fueron ellos". A partir de esto, a lo largo de los años, fluyeron ríos de sangre de sacrificios humanos. Todavía lo hacen hoy.

Si esto es así, podemos comenzar a comprender algunas de las dimensiones más fundamentales del judaísmo. Casi al inicio de la historia humana, nos enfrentamos con el fenómeno de la violencia humana. Las primeras ofrendas religiosas, las de Caín y Abel, condujeron al primer asesinato, al primer fratricidio. A partir de ahí, dice la Torá, solo hubo una corta distancia hasta la generación del Diluvio, en la que "la tierra se colmó de violencia". Inmediatamente después del Diluvio, Dios establece un pacto con la humanidad cuyo principio fundamental es la prohibición

especialmente: "The Need to Have Enemies and Allies: A Developmental Approach" ('La necesidad de tener enemigos y aliados: un enfoque evolutivo') (1985), "Suicide Bombers" ('Terroristas suicidas') (2000), y "Chosen Trauma, the Political Ideology of Entitlement and Violence" ('El trauma escogido, la ideología política del privilegio y la violencia') (2004).

del asesinato: "El que derramare la sangre del hombre, a manos del hombre su sangre será derramada, porque a imagen de Dios el Eterno creó al hombre" (Génesis 9:6). El asesinato se convierte no solamente en el crimen supremo sino también en la transgresión suprema.

El propio Girard señala que la verdadera solución al ciclo de represalias y venganzas no es el chivo expiatorio sino el estado de derecho. Pues ya no se trata de los Montesco contra los Capuleto, sino ambos grupos bajo el reinado imparcial de la justicia. Ahora comprendemos el significado del hecho de que el judaísmo sea una religión de derecho. Solamente el estado de derecho y la preeminencia de la justicia pueden rescatar a una sociedad de la amenaza siempre presente de la violencia intergrupal. Por este motivo, casi desde el inicio mismo de la historia judía, Dios define con estas palabras el papel de Abraham como abuelo de la fe: "Lo he escogido para que instruya a sus hijos y a su hogar después de él para que guarden el camino de la ley haciendo lo que es recto y justo" (Génesis 18:19). En definitiva, solamente una justicia regida por la ley puede redimir a una sociedad de la violencia.

Ahora entendemos cuán fundamental resultó para la Torá legislar en el mismo versículo que nos ordena "Amarás a tu prójimo como a ti mismo", los dos preceptos negativos: "No te vengarás, ni guardarás rencor contra nadie de tu pueblo" (Levítico 19:18). Igualmente, vemos por qué era tan fundamental para los valores de la Torá que se reservaran en la tierra de Israel una serie de ciudades de refugio, para proteger a las personas a las que se encontraba culpables de homicidio involuntario, del "redentor de la sangre", esto es, un miembro de la familia de la víctima que sentía la necesidad y hasta se veía en el deber de matar al asesino, incluso cuando la muerte había sido accidental. Aquí la Torá nos está diciendo cuán profundo es el instinto de venganza en el corazón humano, incluso cuando se ha llevado a cabo un proceso legal y el acusado ha sido hallado inocente de asesinato. De ahí la necesidad de esta singular doble protección.

Más que esto, ahora podemos ver que la institución del chivo expiatorio en el Israel bíblico era en sí misma una protesta contra los sacrificios humanos que estaban muy extendidos en el mundo antiguo. Dos características del ritual del sumo sacerdote eran cruciales: (1) que el sacrificio fuera un animal y no una persona, y (2) que no fuera una ocasión para negar la responsabilidad culpando a la víctima, sino que, por el contrario, se tratara de una aceptación de la responsabilidad en el contexto del arrepentimiento y la expiación.

La ironía es que el ritual diseñado para eliminar el uso del chivo expiatorio en el sentido moderno se ha transformado, en la imaginación occidental, en la fuente de la idea misma del chivo expiatorio. Esto es un error. El chivo expiatorio bíblico no era un chivo expiatorio en el sentido de Girard. Proyectar la violencia dentro del grupo sobre un extraño inocente, que es declarado culpable y ejecutado para preservar al propio grupo, es una de las ideas más crueles que jamás haya desfigurado la mente humana. Subsiste hoy bajo la forma de teorías conspirativas, terror, atentados suicidas y conflictos étnicos. Frente a esto, el judaísmo presentó la alternativa: una cultura penitencial en la que seamos capaces de aceptar la responsabilidad de nuestros propios fallos gracias al perdón divino y a la capacidad humana de cambiar.

Enfrentado a problemas que no logra resolver, con demasiada frecuencia un grupo asegura su supervivencia psíquica proyectando sus conflictos internos en una causa externa, a la que se considera responsable de la difícil situación que atraviesa la comunidad. De ahí la demonización que una y otra vez ha conducido a pogromos, masacres e intentos de genocidio. A las sociedades les resulta más sencillo culpar a un chivo expiatorio que enfrentar sus propios problemas abierta y honestamente. "Chivo expiatorio", tal como empleamos el concepto en la actualidad, significa culpar a otro por nuestros propios problemas. El chivo expiatorio de Yom Kipur existió para que este tipo de culpa jamás encontrara asiento en la vida judía. Nosotros no culpamos a otros por nuestro destino. Aceptamos la responsabilidad. En nuestro rezo decimos: "Por causa de *nuestras* transgresiones (fuimos exiliados)", y no "por causa de *vuestras* transgresiones".

Quienes acusan a otros, definiéndose a sí mismos como víctimas, están destinados a seguir siendo víctimas. Quienes aceptan su responsabilidad transforman el mundo, porque han aprendido a transformarse a sí mismos.

Pensando rápido y despacio

Si unimos los descubrimientos recientes en neurociencia con la tradición midráshica, es posible que podamos arrojar una nueva luz sobre el significado del misterio central de Yom Kipur: los dos machos cabríos, idénticos en apariencia, sobre los cuales el sumo sacerdote echa las suertes, sacrificando a uno como ofrenda por la transgresión, y enviando al otro, el chivo expiatorio, a morir en el desierto.

En ensayos anteriores hemos visto al chivo expiatorio como se lo muestra en la tradición judía, y en forma muy distinta en otras culturas. Pero existen otras dimensiones del rito que piden a gritos una explicación. Argumentamos que había dos machos cabríos porque Yom Kipur representa el proceso dual de *kapará*, expiación, y *tahará*, purificación, conectados respectivamente con la culpa y la vergüenza. Pero eso no explica por qué los dos animales debían ser lo más similares posible entre sí, ni explica la función de echar suertes (*goralot*). Aparentemente, estos procedimientos fueron ideados para inspirar sentimientos de temor y penitencia por parte de las masas que colmaban el Templo en el día más sagrado del año, pero ¿cómo? y ¿de qué manera?

A través de los siglos, los sabios trataron de descifrar el misterio. Dos animales de similar apariencia pero distinto destino, sugieren la idea de mellizos. Esta y otras pistas llevaron al Midrash, el Zohar y a comentaristas clásicos como Najmánides y Abravanel a la conclusión de que de algún modo, los dos machos cabríos simbolizaban a los mellizos más famosos de la Torá: Jacob y Esaú.

También hay otras pistas. La palabra *se´ir*, "macho cabrío", se asocia en la Torá con Esaú. Él y sus descendientes habitaron en la tierra de Seir. La palabra *se´ir* se relaciona con *se'ar*, "peludo", que es como nació Esaú: "todo su cuerpo era como una vestimenta peluda" (Génesis 25:25). Cuando Rebeca instó a Jacob a hacerse pasar por Esaú para recibir la bendición de Isaac, Jacob dijo: "Mi hermano Esaú es un hombre peludo [*sa'ir*] mientras que yo tengo la piel lisa" (Génesis 27:11). Según la Mishná, se ataba un hilo rojo al chivo expiatorio, y "rojo" (Edom) era el nombre alternativo de Esaú. Por lo tanto, existía una tradición de que de alguna forma el chivo expiatorio simbolizaba a Esaú. Azazel, el misterioso lugar o entidad a la que estaba destinado el macho cabrío era Samael, el ángel guardián de Esaú.

Particularmente, la expresión "dos cabritos de entre las cabras", shnei se'irei izim, mencionada en los rituales del sumo sacerdote, nos recuerda a la expresión muy similar, "dos cabritos de entre las cabras", *shnei gedi'ei izim*, mencionada en Génesis 27, en la escena del engaño de Jacob. Isaac le pide a Esaú que capture un animal salvaje y le prepare una comida para que pueda bendecirlo. Rebeca le dice a Jacob: "Sal al rebaño y tráeme *dos cabritos selectos de entre las cabras*, para que pueda preparar una comida sabrosa para tu padre, como a él le gusta. Luego llévasela a tu padre para que coma, para que te dé su bendición antes de morir". Estos paralelismos verbales en la Torá no son mera coincidencia. Son parte de su sostenida intertextualidad, su prosa finamente enhebrada en la que un versículo arroja luz sobre otro.

Así, los dos machos cabríos del servicio del sumo sacerdote evocan de múltiples maneras las figuras de Jacob y Esaú, y específicamente la escena en la que Jacob se hace pasar por Esaú vistiendo sus ropajes para sentirse y oler como su hermano. Fue ahí que, en respuesta a la pregunta de su padre, "¿Quién eres, hijo mío?" Jacob dijo las palabras: "Yo soy tu primogénito, Esaú", lo que llevó a Isaac a responder: "La voz es la de Jacob, pero las manos son las de Esaú" (Génesis 27:22).

¿Quiénes eran entonces Jacob y Esaú? ¿Qué representaban y qué relevancia tiene esto con Yom Kipur y la expiación? La tradición midráshica tiende a retratar a Jacob como perfecto y a Esaú como malvado. Sin embargo, la Torá es mucho más matizada. Esaú no es la personificación del mal. Su padre lo amaba y procuraba bendecirlo. Los sabios dicen que de alguna forma –al honrar a su padre– era un modelo supremo a seguir.[1] Dios insistió en que los israelitas no deben hacer ningún intento de conquistar la tierra de los descendientes de Esaú: "Estás a punto de pasar por el territorio de tus parientes, los descendientes de Esaú, que habitan en Seir. Te tendrán miedo, pero sé muy cuidadoso. No los provoques a la guerra, porque no les daré nada de su tierra, ni siquiera lo suficiente para poner un pie en ella. Le he dado a Esaú el Monte Seir como suyo" (Deuteronomio 2:4–5). Moisés ordena: "No desprecies al edomita [es decir, a un descendiente de Esaú], porque es tu hermano" (Deuteronomio 23:8).

En la Torá, Esaú no es la personificación del mal. Más bien es el hombre del impulso. Esto lo vemos en la escena en la cual vende su primogenitura a Jacob. Al llegar un día exhausto de cazar, ve que Jacob está preparando un guiso de lentejas:

> Él le dijo a Jacob: "¡Rápido, déjame comer algo de ese guiso rojo! ¡Estoy hambriento!"... Jacob le contestó: "Primero véndeme tu primogenitura". "Mira, estoy por morir", dijo Esaú. "¿Para qué me sirve la primogenitura?" Pero Jacob dijo: "Primero júrame". Esaú pronunció el juramento, vendiéndole la primogenitura a Jacob. Entonces Jacob le dio a Esaú un poco de pan y del guiso de lentejas. Comió, bebió y luego se levantó y se fue. De esa forma Esaú despreció su primogenitura (Génesis 25:30–34).

Esta viñeta de la impetuosidad de Esaú –la venta de una parte de su herencia por un plato de sopa– se refuerza por la singular descripción de la acción en la forma entrecortada de cinco verbos (literalmente "comió, bebió, se levantó, se fue, despreció"). Cada vez que vemos a Esaú tenemos la impresión de una figura impetuosa siempre llevada

1. Ver Shemot Rabá 46:4, Bemidbar Rabá 1:15.

por la emoción del momento, ya sea hambre, devoción filial, deseo de venganza o al final, generosidad de espíritu.

Jacob es lo opuesto. No se deja llevar por sus sentimientos. Piensa y actúa a largo plazo. Eso es lo que hace cuando aprovecha la oportunidad de comprar la primogenitura de Esaú, cuando trabaja durante siete años por Raquel (un período que "le pareció solo unos días"), y cuando fija los términos para el pago de su trabajo con Labán. Cuando reprende a su hijo José por la aparente presunción de sus sueños, la Torá nos dice que sus hermanos estaban celosos de José "pero su padre guardó el asunto en su mente". Jacob nunca actúa impulsivamente. Piensa mucho y cuidadosamente antes de decidir.

La impetuosidad no solo le es ajena, sino que la critica cuando la ve en sus hijos. En su lecho de muerte, maldice a sus tres hijos mayores con estas palabras:

> "Rubén, tú eres mi primogénito... Inestable como el agua, no sobresaldrás... Simón y Leví son hermanos. Sus espadas son armas de violencia... han matado hombres en su ira y han desjarretado bueyes a su antojo. ¡Maldita sea su ira, tan feroz, y su furia, tan cruel!" (Génesis 49:3–7).

Actuar sobre la base del enojo es para él signo de una personalidad indigna con la cual no quiere estar asociado.

¿Qué tiene que ver todo esto con el pecado, la transgresión, la expiación y los dos machos cabríos?

En años recientes ha habido una revolución en nuestra comprensión del cerebro humano, y con él, de la mente humana. Un texto clave fue el libro de Antonio Damasio, *Descartes' Error* (*El error de Descartes*).[2] Damasio descubrió algo inusual sobre los pacientes que habían sufrido un daño cerebral en la corteza prefrontal ventromedial. Su capacidad de *pensar* permaneció intacta, pero su capacidad de *sentir* se redujo casi a cero. El resultado fue que eran incapaces de tomar decisiones. Podían razonar sin parar, pero no podían decidirse por una acción u otra.

2. Antonio R. Damasio, *Descartes' Error: Emotion, Reason, and the Human Brain* (Nueva York: Putnam, 1994).

Una gran cantidad de trabajos posteriores ha demostrado que Descartes y Kant estaban equivocados al afirmar que somos, ante todo, animales racionales. Hume tenía razón en su concepto de que somos principalmente seres emocionales, que tomamos decisiones en base a sentimientos, deseos, e impulsos de los cuales somos apenas conscientes. Justificamos nuestras elecciones, pero los escáneres cerebrales muestran que pudimos haber tomado esas decisiones antes de darnos cuenta de ello.

Estamos más impulsados por la emoción y menos por la razón de lo que creían los pensadores de la Ilustración. Este descubrimiento ha llevado a nuevos campos de estudio como la economía del comportamiento (lo que las personas realmente hacen en lugar de lo que la teoría dice que hacen), la inteligencia emocional, y estudios interdisciplinarios que ligan a la neurociencia con la política y la moralidad.

Tenemos, de hecho, un cerebro de doble sistema o de doble vía. A esto se refiere Daniel Kahneman con el título de su famoso libro *Pensar rápido, pensar despacio.*[3] Una vía es rápida, instintiva, emocional y subconsciente. La otra es más lenta, consciente, deliberativa y calculadora. La primera nos permite reaccionar rápidamente a situaciones de peligro potencial inmediato. Sin ella, nosotros y nuestros antepasados no habríamos sobrevivido. Muchas de nuestras reacciones instintivas son benignas. Es natural tener empatía, y con ella, la tendencia a sentir el dolor del prójimo y acudir en su ayuda. Desarrollamos un fuerte sentido de apego que nos conduce a defender a los miembros de nuestra familia o comunidad. Pero no todos los instintos son benévolos. La ira, la envidia, los celos, el temor, el odio y el deseo de venganza, pueden haber sido funcionales alguna vez, pero con frecuencia son profundamente destructivos en situaciones sociales. Es por eso que la capacidad de "pensar despacio", hacer una pausa y reflexionar, es tan importante. Todos los animales tienen deseos. Solo los seres humanos son capaces de juzgar los deseos –de preguntarse, ¿debo o no debo satisfacer este deseo?

Estos descubrimientos recientes en neurociencia y disciplinas relacionadas no nos dicen nada nuevo. Más bien, han reivindicado una idea antigua que fue frecuentemente oscurecida por el racionalismo de la

3. Daniel Kahneman, *Thinking, Fast and Slow* (Nueva York: Farrar, Straus and Giroux, 2011).

Ilustración. No podemos vivir, elegir, ni amar sin emoción. Pero uno de los temas fundamentales de Génesis es que no toda emoción es benigna. El comportamiento instintivo e impulsivo puede llevar a la violencia. Lo que se necesita para ser portador del pacto con Dios es la capacidad de "pensar despacio" y actuar deliberadamente. Ese es el contraste entre Isaac e Ismael (de quien fue dicho "Será un hombre como asno salvaje; su mano se alzará contra todos y la mano de todos contra él", Génesis 16:12). Aún mayor es el contraste entre Jacob y Esaú.

Lo que nos lleva a Génesis 27 y al momento en que Jacob se viste la ropa de Esaú y le dice a su padre: "Yo soy Esaú, tu primogénito". Los dos machos cabríos del servicio del sumo sacerdote y los dos machos cabríos preparados por Rebeca simbolizan la dualidad dentro de cada uno de nosotros: "Las manos son las de Esaú, pero la voz es la de Jacob". *Cada uno de nosotros alberga un Esaú y un Jacob en nuestro interior*, el cerebro impulsivo y emocional, y el reflexivo y deliberativo. Podemos pensar rápido o despacio. Nuestro destino, nuestro *goral*, nuestro guión de vida será determinado por cuál de los dos elegimos. ¿Viviremos nuestra vida "para el Eterno" o "para Azazel", para las vicisitudes aleatorias del azar?

Este es el drama moral simbolizado por los dos machos cabríos, uno dedicado "para Eterno", y el otro "para Azazel" y echado al desierto. El poder del ritual es que no habla con abstracciones –razón versus emoción, aplazamiento instintivo en lugar de gratificación. Es apasionante, visceral, más aún cuando evoca, conscientemente o no, la memoria de los mellizos, Jacob y Esaú, juntos al nacer, pero totalmente divergentes en carácter y destino.

¿Quién soy yo? Es la pregunta que Yom Kipur nos obliga a plantearnos. Para ser Jacob, tenemos que liberarnos y renunciar al Esaú que tenemos dentro, a la impulsividad que puede llevarnos a vender nuestra primogenitura por un plato de sopa, perdiendo la eternidad en busca del deseo.

Sobreviviendo a la catástrofe

P*arashat Ajarei Mot* se ocupa del servicio del sumo sacerdote en el Día de Expiación. En este ensayo quiero analizar lo que sucedió cuando este ritual ya no fue posible y el servicio del sumo sacerdote llegó a su fin.

Los acontecimientos del primer siglo de la era común precipitaron la peor crisis en la historia judía hasta los tiempos modernos. Los diferentes grupos de la vida judía respondieron de manera diferente. Algunos, como los saduceos y los esenios, simplemente desaparecieron. Sus visiones del mundo no pudieron sobrevivir a una catástrofe de semejante magnitud. Sin embargo, una respuesta resultó decisiva a futuro: la de los sabios y la tradición rabínica. En esta historia, un nombre se destaca como gigante de la imaginación rabínica, Rabí Akiva, la persona que transformó la tragedia en esperanza.

Mientras el Templo estuvo en pie, una vez al año se llevaba a cabo una ceremonia nacional de expiación. Esta tenía lugar en el día más sagrado, Yom Kipur, en el sitio más sagrado, el Sanctasanctórum del Templo en Jerusalén, y era realizada por la persona más santa, el sumo sacerdote. Era un rito de intenso dramatismo. En una serie ascendente de declaraciones, el sumo sacerdote expiaba, primero por sí mismo, luego por su familia y posteriormente por la totalidad de la nación. Se traían dos animales, uno para ser ofrendado en sacrificio, y el otro, el "chivo expiatorio", era enviado al desierto para morir, llevando simbólicamente con él las transgresiones del pueblo.

Cuando el Segundo Templo fue destruido, toda esta constelación se perdió. Ya no había Santuario, sacrificios, ni sacerdocio en funciones. Uno de los salmos registra la crisis que se sintió cuando el Primer Templo fue destruido: "Junto a los ríos de Babilonia nos sentábamos y llorábamos al recordar a Sion… ¿Cómo podemos entonar los cánticos del Eterno en tierra extraña?" (Salmo 137:1–4). Pero la pérdida del Primer Templo estuvo acompañada de esperanza. La gente habría de volver. El Santuario sería reconstruido. Así lo había dicho Jeremías. También Ezequiel. Y tenían razón. Al cabo de dos generaciones, el pueblo regresó.

Al final del período del Segundo Templo ya no imperaba tal optimismo. El pueblo de Israel estaba profundamente dividido. Los romanos eran más fuertes y menos vulnerables que los babilonios. Además, no había profetas –o quizás había demasiados. Los primeros cristianos, si bien no eran conocidos aún bajo ese nombre, eran solamente uno de varios grupos –los sectarios del Mar Muerto era otro– que estaban a la espera del apocalipsis, el "final de la historia", y el inicio de una nueva era en los asuntos de la humanidad.

Tenemos la impresión, por muchas fuentes de aquella época, de que había una sensación generalizada de que estaba por ocurrir una catástrofe. Y lo hizo. Fue precipitada por la Gran Rebelión contra Roma del año 66 e. c. La batalla duró siete años. Fue una tarea inútil. Los romanos eran altamente disciplinados. Podían recurrir a los vastos recursos de un imperio. Los judíos poseían un indómito coraje, pero estaban divididos. Les faltaba una visión unificada, una estructura eficaz de liderazgo y cohesión nacional. Tal como escribió posteriormente Maimónides en su *Epístola a los sabios de Marsella,* "descuidaron las artes de la defensa marcial y el ejercicio del gobierno".

Los sabios rabínicos del tiempo de la Mishná hablaban de *sinat jinam,* "odio (interno) infundado". La imagen que surge de ambas fuentes rabínicas y de los escritos de Flavio Josefo es la de un pueblo fatalmente fragmentado, a veces más decidido a luchar entre sí que contra el enemigo exterior. En el año 70 Jerusalén cayó y el Templo fue destruido. En el año 73, el último punto de resistencia en Masada prefirió el suicidio colectivo antes que entregarse a los romanos. Fue una derrota terrible.

La crisis no solo fue militar y política. Fue también y fundamentalmente, de carácter espiritual. La expiación era una parte central del judaísmo. ¿Cómo podría ser de otra manera? La vida misma de la nación dependía de su relación con Dios. Si un individuo no puede evitar fracasos ocasionales –transgresiones– ¿cuánto menos puede hacerlo una nación en su conjunto? Y si esos fracasos no podían ser reparados o eliminados, ¿qué podría entonces aliviar la carga de llas transgresiones acumuladas y la de aquellas que siguen acumulándose?

Sin la capacidad de restaurar su integridad ante Dios, no había esperanza para la nación israelita. Y en virtud de la pérdida del Templo, del sacerdocio y de los sacrificios, la base institucional de la expiación ya no existía. El servicio de Yom Kipur tal como está descrito en esta *parashá* resultaba imposible de practicar. Entonces, ¿cómo podrían las personas restaurar su relación con Dios, tanto individual como colectivamente? ¿Cómo podrían vivir sin cargar con un abrumador sentimiento de culpa? Quizás para nosotros, que vivimos en esta época libre de culpa, nos resulte difícil entenderlo; pero en aquel entonces (e incluso en la actualidad, si no hemos perdido aún la voz de la consciencia) se trataba de una crisis sin paralelo que afectaba la raíz misma de la vida en la presencia consciente de Dios.

Es de ese período que aparece una declaración notable en la Mishná:

> Dijo Rabí Akiva: Feliz de ti Israel, pues ¿quién es aquel ante el cual se purifican y quién los purifica? Vuestro Padre Celestial. Tal como fue dicho: *Y arrojaré sobre ustedes agua pura y serán purificados.* Y además dice: *La esperanza de Israel es el Eterno.* Así como el manantial purifica lo impuro, de igual forma el Santo Bendito Sea, purifica a Israel.[1]

Esta declaración es una de las ideas más transformadoras de la historia del pueblo judío.

1. Mishná Yoma 8:9.

En primer lugar, nótese la lectura midráshica radical del texto. Las palabras *mikve Israel Hashem* significan "Dios es la *esperanza* de Israel". Sin embargo, la raíz *k-v-h* posee dos acepciones. Una es "esperanza". La otra es "reunión o confluencia", esto es, "la recolección de agua", y por lo tanto, la *mikve*, el baño ritual, el sitio al cual acudimos para purificarnos. Rabí Akiva emplea este *doble sentido* o ambigüedad para leer en la frase que "Dios es el baño ritual de Israel", generando así una visión atrevidamente mística. En su lectura, Dios es el baño ritual en el cual nos sumergimos para purificarnos. No solamente Dios entra en nosotros. Según Rabí Akiva, nuestras transgresiones en Dios. Nos sumergimos en Él y emergemos puros, nuestros pecados se disuelven.

En un segundo y más significativo lugar, Rabí Akiva había convertido uno de los eventos más trágicos de la historia del pueblo de Israel en la sorprendente revelación de una nueva posibilidad espiritual. Según él, cuando el Templo estaba en pie, el pueblo de Israel era expiado por intermedio de otro, a través del servicio del sumo sacerdote quien actuaba como representante del pueblo, como el intermediario entre ellos y Dios. Ahora que no había Templo ni sumo sacerdote, no se precisaba intermediario alguno. Dios y el pueblo estaban directamente ligados. El cielo se había acercado de repente. Al expiar en Yom Kipur, cada judío se transformó en un sumo sacerdote. Cada lugar donde se reunían judíos para rezar se transformó en un Templo. La plegaria tomó el lugar del sacrificio. La confesión y el arrepentimiento tomaron el lugar del chivo expiatorio. En vez de estar conectados a Dios por medio de las palabras y las acciones del sumo sacerdote, cada judío estaba ahora parado directamente ante la Divina Presencia. La expiación había sido democratizada, y la esperanza había sido salvada.

Así es como lo expresa Maimónides en una árida prosa jurídica:

> En la actualidad, cuando el Templo ya no existe y carecemos de altar para la expiación, nada queda sino el arrepentimiento. El arrepentimiento expía por todas las transgresiones. Incluso si una persona fue malvada durante toda su vida, si se arrepiente al final de esta, no se le recuerda su maldad, tal como fue dicho: "En cuanto a la maldad de los impíos, no tropezará por ella en el día que se aparte de su maldad". El Día de Expiación en sí expía

> al penitente, tal como fue dicho: "Porque en este día la expiación será efectuada para vosotros".[2]

A veces, una revolución del pensamiento resulta difícil de comprender retrospectivamente. Para nosotros, siglos o milenios más tarde, se ha convertido en parte de nuestro sentido común, en nuestra interpretación obvia de la realidad. Ya no creemos que la tierra es plana, ni que se encuentra en el centro del universo y que el sol gira a su alrededor. Sin embargo, hubo un tiempo en el cual la gente creía estas cosas, y sugerir que la verdad pudiera ser diferente resultaba tan radical como inquietante. De ahí la batalla entre el Vaticano y Galileo. La revolución implícita en la idea de Rabí Akiva fue no menos dramática, a pesar de que no generó controversia.

Para entender lo que estaba haciendo, primero debemos darnos cuenta de que durante el período bíblico había dos interpretaciones bastante diferentes de cómo la gente podía encontrar el camino de regreso a Dios después de haber transgredido. Una es la expuesta con gran detalle en el libro de *Vaikrá,* y era esencialmente sacerdotal. Esta forma de reparación involucraba sacrificios y un ritual. Tenía lugar en el Templo, en momentos específicos y de acuerdo con un conjunto de procedimientos estructurados con precisión. Empleaba palabras clave como confesión, expiación y purificación.

La otra era profética y empleaba el verbo "retornar". La escuchamos varias veces en la literatura profética:

> Retorna, Oh Israel, al Eterno tu Dios. Pues tus transgresiones han sido tu perdición. Tomen consigo palabras y regresen al Eterno. Díganle: Perdona todas nuestras transgresiones y recíbenos con gracia, para que podamos ofrendar nuestros labios en lugar de sacrificios de toros (Oseas 14:2–3).

> Por eso dice el Eterno: Si se arrepienten los restauraré para que puedan servirme (Jeremías 15:19).

2. Maimónides, *Mishné Torá, Hiljot Teshuvá* 1:3.

> He barrido cual nube tus ofensas, y tus transgresiones cual niebla matinal. Vuelve a Mí, porque Yo te he redimido (Isaías 44:22).
>
> "¿Acaso me complazco con la muerte de los impíos?" declara el Eterno Soberano. "¿Acaso, en vez de ello, no me agrada más que se aparten de sus (malos) caminos y vivan?" (Ezequiel 18:23).

El arrepentimiento profético no se trataba de ritual o sacrificios. Se trataba sobre el cambio de corazón –"retorno"– que cambia vidas. Involucra el arrepentimiento y el reconocimiento de que hemos perdido nuestro rumbo. Es espontáneo e interno. Representa una profunda transformación en la vida de las personas y de la nación que surge solamente a partir de una sensación de crisis. Resulta central para el drama del pacto que se desarrolla a lo largo de la historia. Implica la aceptación de que nos suceden cosas malas porque hemos hecho cosas malas. Solo recuperaremos nuestro aplomo y nuestra estabilidad si regresamos al camino del cual nos hemos desviado: la senda de la decencia y la rectitud, cuidando tanto de los demás como de Dios.

El concepto rabínico de *teshuvá* fue una casi milagrosa conjunción de las tradiciones sacerdotal y profética. Al igual que el ritual del sumo sacerdote, posee un tiempo específico, el Día de Expiación. Contiene palabras prescritas, una liturgia de confesión. Sin embargo, para los profetas, la expiación era menos una cuestión de acciones exteriores y tenía más que ver con una rededicación interna: un proceso psicológico de remordimiento, arrepentimiento y la determinación de cambiar. El surgimiento del concepto de *teshuvá* que combinaba a la vez elementos sacerdotales y proféticos, se asemeja al descubrimiento de que la luz es a la vez una serie de partículas y un conjunto de ondas.

Por supuesto que en un sentido real, esta convergencia entre las dos tradiciones estaba implícita desde el principio. Tal como dicen los sabios: "Cualquier nueva interpretación que un discípulo experimentado ofrezca en el futuro, ya le fue dada a Moisés en el Monte Sinaí".[3] No obstante, se requirió de la más profunda crisis histórica para traerla a la superficie. No es demasiado decir que el concepto de *teshuvá* –la

3. Talmud Yerushalmi, Peá 2:4.

expiación sin sacrificio y sin sumo sacerdote– salvó al pueblo judío tras la destrucción del Segundo Templo. Hizo más que salvarlo. Invistió de la máxima dignidad espiritual al individuo como tal. Ya no necesitaba que alguien más expiara en su nombre. En el mismo momento que la redención parecía distante, Dios se había vuelto sumamente cercano.

Sabemos varias cosas sobre Rabí Akiva. Era conocido por su expresión: "Todo lo que el Todopoderoso hace, es para bien".[4] En una famosa escena del Talmud, lo vemos consolando a sus contemporáneos cuando estos ven al Templo en ruinas desde el Monte Scopus, y avistan un zorro caminando en lo que una vez fue el Sanctasanctórum.[5]

No era un optimista, era un hombre de esperanza. Este no es un logro sencillo. Requiere de una combinación de fe, imaginación y confianza. Significa lo que en la psicología contemporánea se llama la capacidad de replanteamiento. Por más profunda que sea la angustia, hay una senda que va de aquí a la esperanza, pero a veces se necesita un gigante del espíritu para identificarla. Esto fue lo que hizo y fue Rabí Akiva. Él fue el hombre que miró a través del velo de la desesperación y atisbó bajo este una posibilidad trascendental: que en vez de una jerarquía de sacerdotes y personas, los judíos podrían transformarse, en palabras que Dios dijera inmediatamente antes de la revelación en el Monte Sinaí, en un "reino de sacerdotes", en el que cada uno de sus miembros fuera santo.

La expiación ya no era un rito sacrificial, sino un *retorno* del alma a Dios. Esto siempre estuvo implícito en el judaísmo, pero fue necesario que Rabí Akiva lo viera y lo hiciera explícito. Esto es lo que él descubrió: que todo lo que se necesita para que Dios retorne a nosotros, es que nosotros retornemos a Dios.

4. Berajot 60b.
5. Makot 24b.

Por qué el judaísmo necesita una tierra

En esta *parashá*, Najmánides plantea una pregunta fundamental sobre el significado religioso de la tierra de Israel. ¿Cuál es nuestra relación con ella? ¿Acaso es meramente histórica: siendo la tierra a la cual Abraham viajó en respuesta al llamado divino y a la que Moisés condujo a su pueblo cuando salió de la esclavitud a la libertad? ¿O es más que eso?

En su libro *The Theme of the Pentateuch* (*El tema del Pentateuco*),[1] D. J. Clines argumenta convincentemente que el relato central de la Torá es la promesa de la tierra de Israel y el viaje hacia ella. ¿Por qué es esto así? ¿Por qué el pueblo del pacto necesita tener su propia tierra? ¿Por qué es que, por una parte, el judaísmo no era una religión que pudiera ser practicada por individuos dondequiera que estén, y por la otra, tampoco era como el cristianismo o el islam, cuyo último propósito era convertir o conquistar el mundo de modo tal que todos practiquen la única fe verdadera?

1. David J. A. Clines, *The Theme of the Pentateuch* (Sheffield, Inglaterra: Departamento de Estudios Bíblicos, Universidad de Sheffield, 1978).

Najmánides llega a una respuesta desde un inesperado punto de partida. Levítico 18 establece una larga lista de relaciones sexuales prohibidas. Luego dice:

> No se contaminen de ninguna de estas maneras, porque así es como se contaminaron las naciones que Yo he de expulsar ante ustedes. La tierra fue contaminada, por lo que la castigué por su transgresión, y la tierra vomitó a sus habitantes. Guarda pues Mis decretos y Mis leyes… Si profanan la tierra, esta los vomitará tal como vomitó a las naciones que estuvieron antes que ustedes (Levítico 18:24–28).

Hay aquí un problema obvio. El castigo y la recompensa en la Torá se basan en el principio de *midá kenegued midá*, medida por medida. El castigo debe adaptarse a la transgresión o al crimen. Tiene sentido decir que si los israelitas descuidaron o transgredieron las *mitzvot hatluiot baaretz*, los preceptos relativos a la tierra de Israel, el castigo consistirá en ser exiliados de ella. Esto es lo que dice la Torá en las maldiciones de *Parashat Bejukotai*: "Durante todo el tiempo que yazca desolada, la tierra tendrá el descanso que no tuvo durante los Shabat que tú la habitaste" (Levítico 26:35), lo cual significa: este será el castigo por no observar las leyes de *Shemitá*, el año sabático. *Shemitá* es un mandamiento vinculado a la tierra. Por lo tanto, el castigo por no observarlo es el exilio de la tierra. Pero los delitos sexuales nada tienen que ver con la tierra. Son *mitzvot hatluitot baguf*, preceptos relativos a la persona, no al lugar.

La respuesta de Najmánides es fundamental:

> Este es el significado de lo dicho por los rabinos: "Todo aquel que vive fuera de la tierra [de Israel] es como si careciera de Dios"… Cuando ustedes no están en la tierra de Canaán Yo no soy su Dios, si fuera posible decir cosa semejante… *Porque la principal [observancia] de los mandamientos es cuando se reside en la tierra de Dios.* Por lo tanto, los rabinos dijeron en el Sifré: "'Y ustedes la poseerán y habitarán en ella y observarán todos estos estatutos'…

> esto nos enseña que vivir en la tierra de Israel equivale en importancia a todos los mandamientos de la Torá".[2]

Najmánides dice que *todos* los preceptos están dirigidos fundamentalmente a la tierra de Israel. Sin duda, no todos están condicionados por ella, pero es allí donde alcanzan su plena realización. ¿Por qué es esto así? La respuesta de Najmánides es de índole mística. Afirma que fuera de Israel es imposible encontrar a Dios directamente. Sobre todas las demás tierras Dios ha puesto intermediarios (ángeles, estrellas, poderes celestiales). Solamente en Israel Su providencia es directa e inmediata. Esto es lo que le confiere a la tierra su santidad. Por lo tanto, la tierra no "tolera a idólatras o a quienes practican la inmoralidad".

Este es el motivo por el cual los cananeos fueron castigados por su idolatría y su inconducta sexual, al tiempo que los egipcios, que incurrieron en transgresiones similares, no resultaron amonestados, porque los primeros, a diferencia de los segundos, vivían en la tierra santa. Según Najmánides, este es también el motivo por el cual Jacob se sintió capaz de desposar a dos hermanas, Lea y Raquel, mientras residía con Labán en Harán, a pesar de que ello contradice la ley de la Torá (Levítico 18:18). Los patriarcas observaron la Torá antes de que fuera entregada, *pero solo mientras se encontraban en la tierra santa* (Najmánides sugiere que ese es el motivo por el cual Raquel murió en el camino de regreso a Canaán, al llegar a la frontera de la tierra santa). De ahí lo dicho por los sabios y que fuera citado por Najmánides que "Todo aquel que vive fuera de la tierra [de Israel] es como si careciera de Dios".

Al exponer su argumento, Najmánides cita dos midrashim notables. Este es el primero:

> "Y perecerán rápidamente de la buena tierra" –aunque Yo los expulse de la tierra [dice Dios], sean distintos por medio de los mandamientos de modo tal que cuando regresen no les resulten nuevos. Esto se asemeja a un marido que se enoja con su mujer y la manda de regreso a la casa de su padre, pero le dice: "Sigue

2. Najmánides, comentario a Levítico 18:25.

> adornándote con ornamentos, para que cuando regreses no te resulten nuevos".[3]

Según este midrash, los mandamientos que cumplimos fuera de Israel son una manera de marcar el tiempo hasta que regresemos a la tierra, son un mero ensayo, no son lo real.

El segundo midrash se basa en un versículo del libro de Ezequiel:

> Dices: "Queremos ser como las naciones, como los pueblos del mundo que adoran la madera y la piedra". Pero lo que tienes en mente jamás ocurrirá (Ezequiel 20:32).

Según el Talmud, los judíos exiliados en Babilonia se acercaron al profeta Ezequiel y le dijeron: "Nuestro señor Ezequiel, si un siervo es vendido por su amo, ¿acaso el amo tiene todavía algún derecho sobre él?"[4] ¿Qué está ocurriendo en estos pasajes extraños?

Irónicamente, la respuesta la proporcionó uno de los grandes herejes del judaísmo, Spinoza. Él argumentó que toda ley –con excepción de los principios universales de ética– depende de la existencia de un marco político, de un estado-nación soberano. Eso es precisamente lo que era la Torá: la constitución de Israel, su marco legal, como un cuerpo político en su propia tierra. Según Spinoza, de ello se deduce que una vez que Israel perdió su tierra y su soberanía, ya no estaba sujeto a la Torá. La alianza había llegado a su fin.[5] El pueblo de Israel había dejado de ser una nación bajo la soberanía de Dios porque ya no era una nación soberana en absoluto. Estaban diseminados, dispersos, bajo el gobierno de reyes no judíos, y no eran dueños de su propio destino.

Según los sabios, este era el reclamo de los exiliados en la época de la conquista babilónica. El Templo yacía en ruinas. La tierra ya no estaba bajo dominio judío. Muchas personas del pueblo habían sido llevadas cautivas a un país extranjero. Un salmo famoso transmite su sensación de devastación: "Junto a los ríos de Babilonia nos sentábamos y llorábamos

3. Sifré, *Parashat Ekev*, 43.
4. Sanedrín 105a.
5. Baruch Spinoza, *Tractatus Theologico-Politicus*, parte I, cap. 3.

al recordar a Sion… ¿Cómo podemos entonar los cánticos del Eterno en tierra extraña?" La ley indica que si el dueño de un esclavo lo vende a otra persona, ya no tiene reclamo sobre él. Seguramente, argumentaban los exiliados, esa es nuestra situación ante Dios. Él nos ha vendido a los babilonios. ¿Seguimos siendo entonces Su pueblo y estando sujetos a Sus leyes? Con seguridad que no.

El argumento es insostenible, porque de ser cierto, el judaísmo habría terminado allí mismo.[6] Lo sorprendente es hasta qué punto, tanto los sabios como el propio Najmánides, reconocen la fuerza del argumento. Sin duda, Dios no puso fin a Su pacto con el pueblo judío. Dios dice: incluso "cuando estés en la tierra de tus enemigos" no habré de "romper Mi pacto" contigo (Levítico 26:44). Isaías dice que en el matrimonio entre Dios y Su pueblo no hay divorcio (Isaías 50:1). Los sabios dicen que cuando el pueblo de Israel salió al exilio, la *Shejiná*, la Presencia Divina, fue con ellos.[7]

Sin embargo, hubo una fractura profunda en la relación. Fuera de Israel, los judíos están sometidos a otros poderes. No se encuentran bajo el gobierno directo e inmediato de Dios. Por eso *es como si carecieran de Dios*. Los preceptos siguen vigentes. Pero ya no son las leyes de un pueblo independiente. Son un tipo de ensayo continuo, siglo tras siglo, de un estado de cosas que ya no es real pero que de todas maneras, es recordado del pasado y esperado en el futuro, cuando Israel una vez más regrese a casa y viva como el pueblo de Dios en Su tierra.

El relato de Najmánides es místico pero la visión de Spinoza nos permite comprenderlo de un modo práctico, reflexionando sobre la historia que cuenta la Torá sobre la condición humana. Habiendo buscado una humanidad que pudiera elegir libremente hacer la voluntad de su creador, Dios sufrió repetidas decepciones. Adán y Eva transgredieron. Caín asesinó a su hermano Abel. En cuestión de poco tiempo "la tierra

6. La razón por la que el argumento resulta insostenible es el hecho, único en la historia, de que el pueblo de Israel recibió sus leyes *antes* de su entrada a la tierra. Por lo general, primero viene la tierra y solamente después llegan las leyes. En el caso de los israelitas, primero llegaron las leyes y solo después, una generación más tarde, llegó la tierra. Por lo tanto, aunque habían perdido la tierra aún poseían las leyes. El pacto seguía estando vigente.
7. *Mejilta DeRabí Ishmael, Parashat Bo*, 14.

se colmó de violencia". Dios trajo un diluvio y volvió a comenzar, esta vez con el justo Noaj, pero nuevamente la humanidad decepcionó al construir una torre por medio de la cual deseaba alcanzar el cielo. Entonces Dios escogió otra manera de hacer que la humanidad lo reconociera – esta vez no por medio de reglas universales (si bien estas permanecieron bajo la forma de un pacto con toda la humanidad a través de Noaj), sino mediante un ejemplo vivo: Abraham, Sara y sus hijos.

En Génesis 18, la Torá hace explícito lo que Dios quería de Abraham: que enseñara a sus hijos y a los miembros de su hogar después de él a "guardar el camino del Eterno haciendo lo que es recto y justo". Somos animales sociales y la rectitud y la justicia son condiciones para una buena sociedad. Por la historia de Noaj y el arca sabemos que los individuos justos pueden salvarse a sí mismos, pero no a la sociedad en la que viven, a menos que la transformen.

Tomados en su conjunto, los preceptos de la Torá son una prescripción para la construcción de una sociedad en cuyo centro se encuentra la consciencia de Dios.

Dios le pide al pueblo judío que se convierta en un modelo a seguir para la humanidad a través de la forma y la textura de la sociedad que construyan sobre los principios de la justicia y el estado de derecho, el bienestar y la preocupación por los pobres y los vulnerables, una sociedad en la cual todos tengan la misma dignidad bajo la soberanía de Dios. Semejante sociedad se ganaría la admiración, y eventualmente la emulación de los demás:

> Vean, les he enseñado decretos y leyes… de modo tal que puedan seguirlos en la tierra a la que están entrando para tomar posesión de ella. Obsérvenlos cuidadosamente, porque son su sabiduría y su entendimiento ante las naciones, las cuales oirán sobre estos mandamientos y dirán: "Seguramente esta gran nación es un pueblo sabio y comprensivo"… ¿Qué otra nación es tan grande para tener decretos y leyes tan justos como este cuerpo de leyes que estoy presentando hoy ante ustedes? (Deuteronomio 4:5–8).

Una sociedad necesita una tierra, un hogar, una ubicación en el espacio en la cual una nación pueda moldear su propio destino de acuerdo con sus aspiraciones e ideales más profundos. El pueblo judío ha tenido una larga y variada historia en los casi cuatro mil años desde que Abraham comenzó su viaje. Durante ese tiempo vivieron en cada país que existe sobre la faz de la tierra, bajo condiciones buenas y malas, en libertad o sometidos a persecución. No obstante en todo ese tiempo, hubo un solo lugar en el cual ellos formaron una mayoría y ejercieron la soberanía: la tierra de Israel, un país diminuto de terreno difícil y con muy poca lluvia, rodeado de enemigos e imperios.

Solo en Israel la observancia de los preceptos es un ejercicio de construcción social, dando forma a los contornos de una cultura en su conjunto. Solamente en Israel podemos observar los preceptos en una tierra, un paisaje y un lenguaje saturados de memorias y esperanzas judías. Solo en Israel el calendario está acompasado al ritmo del año judío. En Israel, el judaísmo es parte de la plaza pública y no solamente el espacio privado y apartado de la sinagoga, la escuela y el hogar.

El judaísmo es más que una fe metafísica, un drama privado al interior del alma. Es más que una serie de principios morales y espirituales que pueden ser vividos en cualquier lugar. Es la constitución de una nación sagrada en una tierra santa. Los grandes principios de la Torá –libertad, justicia, respeto por la dignidad humana, y un código de santidad que gobierna todos los aspectos de la vida, desde el comer y beber, hasta el matrimonio y la fidelidad sexual– tienen que ver con la forma en que estructuramos una sociedad y sus leyes, y requieren de una existencia nacional independiente.

Ese es el significado del retorno a Sion en los tiempos modernos. Emil Fackenheim lo denominó "el retorno judío a la historia", pero es más que eso. Es el regreso judío a los términos completos del pacto. Fuera de Israel, nos esmeramos por observar los preceptos como individuos y comunidades. Solo en Israel estos son parte del dominio público, moldeando su cultura y su carácter como nación. Los judíos son el pueblo del pacto encargado de traer la Presencia Divina a la tierra en los espacios compartidos de nuestra vida colectiva. Un pueblo sagrado necesita una tierra santa.

Kedoshim
קדושים

Con *Parashat Kedoshim* las leyes de santidad se expanden y amplían, desde el mundo del Santuario y los sacerdotes al de los israelitas en su conjunto, ordenándoles que sean santos porque "Yo el Eterno su Dios Soy santo". El capítulo inicial contiene el famoso "código de santidad" con sus preceptos de amar al prójimo y al extranjero, así como otras leyes de un carácter más ritual. La segunda mitad de la *parashá* trata sobre las relaciones sexuales prohibidas y otras prácticas paganas vedadas.

El primer ensayo explora la idea de la democratización de la santidad en el judaísmo. Se espera que no solo los sacerdotes sino todos los miembros de la nación sean santos. El segundo analiza la conexión entre las leyes aparentemente no vinculadas del código de santidad, demostrando que representan una visión moral única, la de la conciencia sacerdotal, que es uno de los tres enfoques diferentes de la moralidad en la Torá y en el judaísmo en general.

El tercer ensayo pregunta qué es "ser santo" más allá de las exigencias específicas de la ley judía. El cuarto explora la centralidad del amor en el judaísmo, y el quinto analiza la prohibición de vengarse.

De sacerdote a pueblo

Ocurre algo fundamental al comienzo de esta *parashá* cuya historia es una de las más grandes, aunque raramente reconocida, contribuciones del judaísmo al mundo.

Hasta ahora, *Vaikrá* ha tratado principalmente sobre sacrificios, pureza, el Santuario y el sacerdocio. En resumen, ha sido acerca de un lugar santo, ofrendas santas, y la élite y personas santas –Aarón y sus descendientes– que oficiaban allí. De repente, en el capítulo 19, el texto se abre para abarcar a todo el pueblo y a toda la vida:

> El Eterno le dijo a Moisés: "Habla a *toda la asamblea de Israel* y diles: 'Sean santos porque Yo el Eterno vuestro Dios soy santo'" (Levítico 19:1–2).

Esta es la primera y única instancia en Levítico en que se ordena un discurso tan inclusivo. Los sabios explican que esto señala que el contenido de este capítulo fue proclamado por Moisés ante un encuentro formal de toda la nación (*hak'hel*). Es al pueblo en su totalidad al que se le ordena "ser santo", no solo a la élite de los sacerdotes. Es la vida misma la que debe ser santificada, como aclara más adelante el mismo capítulo. La santidad debe manifestarse en la forma en que la nación fabrica sus vestimentas, siembra sus campos, administra la justicia, paga a sus trabajadores y conduce sus negocios. Los vulnerables –los sordos, los ciegos, las personas mayores y el extranjero– deben recibir una protección especial. Toda la sociedad debe regirse por el amor, sin resentimientos ni venganza.

En otras palabras, somos testigos de la radical *democratización de la santidad*. Todas las sociedades de la antigüedad tenían sacerdotes. Hemos encontrado hasta el momento cuatro instancias en la Torá de sacerdotes no israelitas: Melquisedec, contemporáneo de Abraham, descrito como sacerdote del Dios Altísimo; Potifera, suegro de José; los sacerdotes egipcios en su conjunto, cuya tierra no fue nacionalizada por José; e Itró, sacerdote midianita y suegro de Moisés. El sacerdocio no era exclusivo de Israel, y en todas partes constituía una élite. Aquí encontramos por primera vez un código de santidad dirigido al pueblo en su conjunto. Todos somos llamados a ser santos.

Aunque parezca extraño, esto no es una sorpresa. La idea, si no los detalles, ya había sido insinuada. La instancia más explícita se encuentra en el preludio de la gran ceremonia del pacto en el Monte Sinaí, cuando Dios le dice a Moisés que hable al pueblo diciendo: "Ahora si ustedes me obedecen plenamente y guardan Mi pacto, entonces de entre todas las naciones ustedes serán mi posesión atesorada. Aunque toda la tierra es Mía, ustedes serán para Mí *un reino de sacerdotes y una nación sagrada*" (Éxodo 19:5–6), es decir, un reino en el que *todos* sus integrantes serán en cierto sentido sacerdotes, y una nación que es sagrada en su totalidad.

El primer indicio ocurre incluso mucho antes, en el primer capítulo de Génesis, con su afirmación monumental: "'Hagamos a la humanidad a Nuestra imagen, a Nuestra semejanza'... Así Dios creó a la humanidad a Su propia imagen, a la imagen de Dios Él los creó, macho y hembra Él los creó" (Génesis 1:26–27). Lo revolucionario de esta declaración no es que el ser humano pueda ser creado a imagen de Dios. Es precisamente así como eran considerados los reyes de los países mesopotámicos y los faraones de Egipto. Eran vistos como los representantes, las imágenes vivientes de los dioses. De ahí derivaron su autoridad. La revolución de la Torá es la declaración de que no solo algunos, sino *todos* los seres humanos comparten esta dignidad. Independientemente de clase, color, cultura o credo, todos somos creados a la imagen y semejanza de Dios.

Así nació el conjunto de ideas que, aunque tardaron muchos milenios en concretarse, dieron lugar a la cultura distintiva de Occidente: la dignidad no negociable del ser humano, la idea de los derechos humanos y posteriormente la expresión política y económica de estas ideas: la democracia liberal por un lado y el libre mercado por el otro.

El punto central no es que estas ideas estuvieran formadas plenamente en la mentalidad de los seres humanos durante la época bíblica. Evidentemente, no es así. El concepto de los derechos humanos es producto del siglo XVII. La democracia no fue completamente implementada hasta el siglo XX. Pero la semilla ya había sido sembrada en Génesis 1. Eso es lo que quiso decir Jefferson en sus famosas palabras: "Sostenemos como evidentes estas verdades, que todos los hombres son creados iguales", y a lo que John F. Kennedy aludió en su Discurso Inaugural cuando habló de la "creencia revolucionaria" de que "los derechos del hombre no provienen de la generosidad del Estado, sino de la mano de Dios".

Lo irónico es que estos tres textos, Génesis 1, Éxodo 19:6 y Levítico 19, fueron todos enunciados por la voz sacerdotal que el judaísmo llama *Torat Cohanim.*[1] A primera vista, los sacerdotes no eran igualitarios. Todos provenían de la misma tribu, la de los levitas, y de una sola familia dentro de esa tribu, la de Aarón. Sin duda, la Torá nos dice que esa no fue la intención original de Dios. Inicialmente, debían ser los primogénitos –aquellos que se salvaron de la última de las Diez Plagas– los encargados de una santidad especial como ministros de Dios. Fue solo después del episodio del Becerro de Oro, en el cual la tribu de Leví se negó a participar, que se efectuó el cambio. Aun así, el sacerdocio hubiera sido una élite, un papel reservado exclusivamente para los

1. Por supuesto, también hay un llamado profético a la igualdad. Escuchamos, de todos los profetas, una crítica al abuso del poder y la explotación de los pobres y desvalidos. Lo que hizo a la voz sacerdotal tan importante es que es la voz de la ley y, por lo tanto, de las estructuras legales que aliviaron la pobreza y pusieron límites a la esclavitud.

primogénitos varones. Tan profundo es el concepto de la igualdad grabado en el monoteísmo que emerge precisamente de la voz sacerdotal, de donde menos lo hubiéramos esperado.

La razón es esta: la religión en el mundo antiguo era, no accidentalmente sino esencialmente, una defensa de las jerarquías. Con el desarrollo, primero de la agricultura y después de las ciudades, lo que emergieron fueron sociedades altamente estratificadas con un gobernante en la cima, rodeado de una corte real, bajo la cual estaba una élite administrativa y en la base, una masa analfabeta que era reclutada de vez en cuando ya sea como ejército o como mano de obra utilizada en la construcción de edificaciones monumentales.

Lo que mantuvo a la estructura en pie fue una doctrina elaborada de una jerarquía celestial cuyos orígenes fueron narrados como mito, cuyo símbolo natural más común era el sol, y cuya representación arquitectónica era la pirámide o el zigurat, una construcción monumental, ancha en la base y angosta en la cima. Los dioses habían luchado y establecido un orden de dominio y sumisión. Rebelarse contra la jerarquía terrenal era desafiar a la realidad misma. Esta creencia era universal en el mundo antiguo. Aristóteles creía que algunos habían nacido para gobernar y otros para ser gobernados. Platón construyó un mito en su *La República,* en el que la división de clases existía porque los dioses habían construido a algunas personas con oro, a otras con plata y a otras con bronce. Esta era la "mentira noble" que debía ser contada si una sociedad quería protegerse contra el disenso interno.

El monoteísmo suprime toda la base mitológica de las jerarquías. No existe un orden entre los dioses porque no hay dioses, hay un solo Dios creador de todo lo existente. Alguna forma de jerarquía siempre existirá: los ejércitos necesitan comandantes, las películas necesitan directores, y las orquestas, conductores. Pero estas son funcionales, no ontológicas. No son cuestión de nacimiento. Por lo tanto, es aún más impresionante detectar que los sentimientos más igualitarios provienen del mundo del sacerdote, cuya función religiosa *era* cuestión de nacimiento.

El concepto de igualdad que encontramos en la Torá específicamente, y en el judaísmo en general, no trata de una igualdad de riqueza: el judaísmo no es comunismo. Tampoco es una igualdad de poder: el judaísmo no es anarquía. Se trata fundamentalmente de una igualdad de dignidad. Somos todos ciudadanos iguales en la nación cuyo soberano es Dios. De ahí la elaborada estructura, tanto política como económica establecida en Levítico y organizada en torno al número siete, la señal de la santidad. Cada séptimo día es día libre. Cada séptimo año, el producto del campo pertenece a todos, los esclavos israelitas deben ser liberados, y las deudas saldadas. Cada medio siglo la tierra ancestral es devuelta a sus dueños originales. Por lo tanto, las desigualdades que son el resultado inevitable de la libertad quedan mitigadas. La lógica de todas estas medidas es la percepción sacerdotal de que Dios, el Creador de todo lo existente, es el propietario final de todo: "La tierra no debe ser vendida en forma permanente, porque la tierra es Mía, y ustedes residen en Mi tierra como extranjeros y residentes temporarios" (Levítico 25:23). Por lo tanto, Dios tiene el derecho, no solo el poder, de fijar límites a la desigualdad. Nadie debería ser privado de su dignidad por la pobreza total, servidumbre permanente o endeudamiento sin alivio.

Sin embargo, lo que es realmente impactante, es lo que ocurrió *después* de la época bíblica y la destrucción del Segundo Templo. Enfrentado con la pérdida de toda la infraestructura de la santidad, el Templo, sus sacerdotes y sus sacrificios, el judaísmo traspasó todo el sistema de *avodá*, el servicio divino, a la vida diaria del judío común. En el rezo, cada judío se convirtió en un sacerdote ofrendando un sacrificio. En el arrepentimiento, se convirtió en sumo sacerdote, expiando por sus transgresiones y por las de su pueblo. Cada sinagoga, en Israel o en cualquier otro lugar, se convirtió en un fragmento del Templo de Jerusalén. Cada mesa se convirtió en un altar, cada acto de caridad o de hospitalidad, una forma de sacrificio.

El estudio de la Torá, que alguna vez fue la especialidad del sacerdocio, se transformó en el derecho y obligación de todos. No todos podían portar la corona del sacerdocio, pero todos podían llevar la corona de la Torá. Los sabios dijeron que un *mamzer talmid jajam*, un estudioso de la Torá de nacimiento ilegítimo, es más grande que un *am haaretz Kohen Gadol*, un sumo sacerdote ignorante. A partir de la devastadora tragedia de la pérdida del Templo, los sabios crearon un orden religioso y social que se acercó más al ideal del pueblo como "reino de sacerdotes y nación sagrada" que cualquier otro intento previo. La semilla había sido plantada mucho antes, al comienzo de Levítico 19: "Habla a *toda la asamblea de Israel* y diles: 'Sean santos porque Yo el Eterno vuestro Dios soy santo'".

La santidad nos pertenece a todos cuando volcamos nuestras vidas al servicio de Dios, y convertimos a la sociedad en un hogar para la Presencia Divina.

La imaginación moral sacerdotal

La estructura de Levítico 19, el llamado código de santidad, es una de las más desconcertantes de toda la Torá. Contiene los grandes mandamientos morales. Amarás a tu prójimo como a ti mismo. Amarás al extranjero. No robarás. No dirás mentiras. No irás difundiendo chismes y calumnias. No tomarás venganza ni guardarás rencor. No odiarás a tu hermano en tu corazón.

Contiene los grandes mandatos sociales por cuyo intermedio se estructura una sociedad justa y compasiva. Dejar porciones de la cosecha para los pobres. No retener el pago de un trabajador asalariado. Emplear pesos justos y medidas honestas. No procurar interferir en el proceso judicial. No sacar ventaja de las personas desamparadas. No maldecir al sordo ni colocar un obstáculo delante del ciego. Mostrar respeto en presencia de personas mayores.

Pero también contiene toda una serie de mandamientos aparentemente rituales o irracionales que parece como si pertenecieran por completo a algún otro capítulo. No cruzar diferentes tipos de animales. No vestir prendas elaboradas a partir de la mezcla de lana y lino. No sembrar un campo con semillas mezcladas. No comer carne que aún contenga la sangre en su interior. No cortar el cabello de los costados de la cabeza.

¿Cuál es el nexo entre todos estos preceptos? ¿Por qué algunos de ellos tratan sobre cuestiones éticas mientras otros no? ¿Cuál es el principio compositivo que estructura el capítulo? ¿Cuál es el enfoque que percibe a estos preceptos y prohibiciones heterogéneos como parte de un mismo código, de una misma visión de la humanidad y de su lugar en el universo? Muchos han intentado identificar una lógica en esta lista y su orden. La mayoría de ellos se ha rendido en total desesperación. Sin embargo, el texto proporciona la respuesta en la primera frase: "Santos serán, porque Yo, el Eterno su Dios Soy santo". Lo que se nos presenta en Levítico 19 es una forma muy distintiva de imaginación moral, una que prácticamente hemos perdido en la era moderna. El nombre rabínico para ella era *Torat Cohanim*.

En el transcurso de la Ilustración, con su búsqueda de respuestas simples a preguntas complejas, se perdió una verdad fundamental: la verdad de que no existe un solo sistema que pueda hacer justicia a la vida moral. Lo que necesitamos es una combinación de varios. Intenta reducirlos a "un solo principio simple", parafraseando a Stuart Mill, y no lograrás hacer justicia a la moralidad misma.

Este es el motivo por el cual en la Torá y en el judaísmo en su conjunto, no encontramos una sino tres voces morales básicas, que se corresponden con los tres tipos de liderazgo en el Israel bíblico: el rey, el profeta y el sacerdote. Los rabinos las denominaron "las tres coronas". Pero la distinción entre estas ya se hace presente en la Torá. En *Parashat Shoftim* (Deuteronomio 17–19) están establecidas secuencialmente. También están explicadas en un versículo de Isaías: "Porque el Eterno es nuestro *juez*, el Eterno es nuestro *legislador*, el Eterno es nuestro *rey*" (Isaías 33:22). En los tiempos bíblicos, *juzgar* era parte del rol del sacerdote. *Legislar* era la función del profeta, siendo Moisés el caso supremo. El *rey* era el líder político de la nación. Lo que Isaías está diciendo es que por encima de todos los poderes terrenales está Dios, pero nótese cómo tiene el cuidado de articular la *separación* de los poderes entre estos tres roles.

Tanto Jeremías como Ezequiel hablan de las diferentes sensibilidades de las tres funciones:

> Porque la enseñanza de la ley [*Torá*] por parte del sacerdote no cesará, ni tampoco el consejo [*etzá*] del sabio [*jajam*], ni la palabra [*davar*] de los profetas (Jeremías 18:18).

> Irán en busca de una visión [*jazón*] por parte del profeta, la instrucción sacerdotal en la ley [*Torá*] cesará, el consejo [*etzá*] de los ancianos llegará a su fin (Ezequiel 7:26).

Los sacerdotes tienen la Torá. Los profetas tienen "la palabra" o "una visión". Los ancianos y los sabios tienen *etzá,* el buen consejo. Estos son los tres enfoques diferentes de la vida moral.

Un sistema ético en el judaísmo está asociado a la *sabiduría: jojmá, etzá* y sus sinónimos. El Tanaj contiene varios libros dedicados a la sabiduría, más notoriamente Proverbios y Eclesiastés. Por lo general, la sabiduría es una cualidad asociada a los reyes, especialmente a Salomón, y a las cortes reales. Es la forma de conocimiento más universal en el judaísmo, y la literatura de la sabiduría es la que más se acerca en la Biblia hebrea a otras literaturas del Cercano Oriente, así como también a los filósofos y sabios de las antiguas Grecia y Roma. La moral basada en la sabiduría es práctica, pragmática, basada en la experiencia y en la observación. Es sensible, sensata, juiciosa y prudente. Es una receta para una vida equilibrada, moderada y enfocada en el largo plazo. La sabiduría evita los excesos y los extremos. Es la virtud de los reyes que tienen que escuchar atentamente a una multiplicidad de voces, equilibrar consideraciones encontradas, y obrar en el mejor interés a largo plazo de la nación en su conjunto. Es la voz del poder combinada con la responsabilidad.

Por el contrario, la voz profética es apasionada, vívida y radical en su crítica al abuso del poder y a la búsqueda explotadora de la riqueza. El profeta habla en nombre del pueblo, los pobres, los oprimidos, los abusados. Él o ella piensa en la vida moral en términos de relaciones: entre Dios y la humanidad y entre los seres humanos entre sí. Los términos clave para el profeta son *tzedek* (justicia distributiva), *mishpat* (justicia retributiva), *jesed* (bondad amorosa) y *rajamim* (piedad, compasión). El profeta posee inteligencia emocional, compasión, empatía y siente la difícil situación de las personas solitarias y oprimidas. La profecía nunca es abstracta. No piensa en términos universales. Responde al aquí y ahora del tiempo y lugar. Mientras que el sacerdote escucha la palabra de Dios para *todos* los tiempos, el profeta escucha la palabra de Dios para *este* tiempo.

La tercera voz, que en la propia Torá resulta ser la dominante, es la del sacerdote, y el pasaje más potente de todos los textos sacerdotales en la Torá es el capítulo inicial de Génesis, la historia de la creación. Para *Torat Cohanim,* la consciencia sacerdotal, la idea del orden es fundamental. El sacerdote representa la mayor protesta del judaísmo contra una visión del mundo, desde el mito antiguo hasta el darwinismo social, que ve al conflicto como la estructura básica de la realidad. En Génesis 1, a diferencia de todos los relatos de la creación del mundo antiguo, no hay batallas entre los dioses ni colisión entre los elementos. Dios habla y el universo surge. Dios crea orden, y allí donde impera el orden hay *shalom* (la última palabra de la bendición sacerdotal). *Shalom* significa más que paz. Significa culminación, totalidad, integración de las partes en un único sistema de interconexión, complejidad ordenada, armonía.

Para el sacerdote, el orden es cuestión de distinción y separación. Un verbo clave en el vocabulario sacerdotal y que aparece cinco veces en Génesis 1, es *lehavdil,* separar y dividir. Durante los primeros tres días, Dios separa los elementos en diferentes dominios: el día y la noche, las aguas superiores e inferiores, el mar y la tierra seca. Durante los siguientes tres días, llena dichos dominios con su contenido apropiado: el sol y la luna, las aves y los peces, los animales y el ser humano. El resultado de ello es el séptimo día, Shabat, la apoteosis de la creación, la armonía en medio del tiempo, lo primero que la Torá llama santo, la palabra clave en el vocabulario sacerdotal.

Para el sacerdote, la creación es en sí misma moral. Eso es lo que nos resulta difícil de comprender. En Génesis 1 la palabra "bueno" aparece siete veces, la última de estas con la adición del vocablo "muy", lo cual significa que el universo no solo es bueno en sus elementos individuales, sino también en su compleja interacción. Para el sacerdote, la ley natural (o "científica"), la ley moral y la ley "religiosa" o "ritual" son todas parte del mismo fenómeno: la estructura de la realidad dada por Dios y gobernada por leyes. Cuando esta es respetada por los seres humanos, impera el orden. Cuando es violada, se impone el caos y la violencia.

El sacerdote es el guardián del orden en la vida de la nación sagrada. Él lo hace en parte fungiendo como juez, trayendo el orden legal a las partes en contienda, en parte realizando las discriminaciones necesarias entre lo sacro y lo secular, lo puro y lo impuro, en parte por medio del oficio en el Santuario, ofrendando sacrificios que restauren el orden en la relación entre el pueblo y Dios, y en parte enseñando la ley a la gente para que puedan también honrar el principio del orden en sus vidas diarias.

La tarea del sacerdote es proteger el orden ante la siempre presente amenaza del caos, que no es el resultado de alguna dimensión última de la realidad –el universo es esencialmente armonioso y fundamentalmente bueno– sino de la continua obstinación de los seres humanos de buscar su propio beneficio en vez del de la sociedad, la humanidad y la creación en su conjunto. Esto requiere del mantenimiento de límites tanto en el tiempo como en el espacio. Hay tiempos y espacios sagrados, y cada tiempo y cada espacio posee su propia integridad, su propio rol en el esquema general de las cosas. Lo que el sacerdote denuncia es el desdibujamiento de los límites –tan común en las religiones paganas– entre los dioses y los seres humanos, entre la vida y la muerte, entre los sexos y así sucesivamente. Para el sacerdote, una transgresión es un acto realizado en el sitio equivocado y su castigo es el exilio, ser expulsado del sitio al cual perteneces. Para el sacerdote, una buena sociedad es aquella en la que todo tiene su lugar y en la cual se muestra una sensibilidad especial hacia el extranjero, la persona que carece de un lugar propio.

Por lo tanto, la extraña colección de mandamientos que encontramos en Levítico 19 resulta no ser extraña en absoluto. *Torat Cohanim* ve el amor y la justicia como parte de la visión total de un universo ordenado en el cual cada cosa, persona y acción tiene su propio lugar, y es este el orden que se ve amenazado cuando el límite entre los diferentes tipos de animales, cereales o telas es violado, cuando el cuerpo humano es desgarrado, cuando las personas ingieren sangre, el signo de la muerte, para alimentar la vida, y así sucesivamente.

En el occidente secular estamos familiarizados con la voz de la sabiduría. Se trata del terreno común entre Proverbios y Eclesiastés y los grandes sabios, desde Aristóteles a Marco Aurelio y Montaigne. También estamos acostumbrados a la voz profética, a la que Albert Einstein denominó "un amor casi fanático por la justicia". Estamos menos familiarizados con la voz sacerdotal y su mensaje de que, así como existe un orden científico en la naturaleza, de igual manera existe un orden moral, y consiste en mantener separadas las cosas que deben estarlo, y mantener los límites que respetan la integridad del mundo que Dios creó y siete veces pronunció "bueno".

Nadie expresó mejor la visión sacerdotal de un universo estructurado y calibrado con precisión que Shakespeare en su obra *Troilo y Crésida*:

> La bóveda celeste, los planetas,
> e incluso este centro, mantienen jerarquías,
> prioridad, paso, proporción, constancia,
> lugar, función y forma, y todo está en orden.

Y nadie describió mejor lo que sucede cuando este delicado orden se ve quebrantado, es decir, cuando un conflicto es resuelto por medio de la violencia:

> Y ya veréis cuánta discordia emerge.
> Una cosa chocará sin tino con la otra…
> Y todo ello será violencia, solo violencia.
> Todo se incluirá en el poder,
> el poder en la voluntad, la voluntad en apetito,
> y el apetito en un lobo universal,
> que cual fiera devorará al universo como a una presa,
> Y acabará también por devorarse a sí mismo.[1]

Esto, el mundo previo al Diluvio, es aquello a lo que la mente sacerdotal más le teme: el caos que sobreviene cuando no respetamos la integridad del universo y de la vida misma mientras perseguimos nuestros propios deseos mediante el uso de la fuerza.

La voz sacerdotal no es marginal en el judaísmo. Es central y fundamental. Es la voz del primer capítulo de la Torá. Es la voz que definió la vocación judía como "un reino de sacerdotes y una nación sagrada". Domina *Vaikrá*, el libro central de la Torá. Y mientras que el espíritu profético vive en la Agadá, la voz sacerdotal prevalece en la Halajá. El propio nombre de *Torá*, proveniente del verbo *lehorot*, es de origen sacerdotal.

1. William Shakespeare, *Troilo y Crésida*, Acto 1, escena III.

Quizás la idea de la *ecología,* uno de los descubrimientos clave de los tiempos modernos, nos permitirá comprender mejor la visión sacerdotal y su código de santidad, los cuales ven a la ética no solo como sabiduría práctica o justicia profética, sino también como una manera de honrar la estructura profunda –la ontología sagrada– del ser. Un universo ordenado es un universo moral, un mundo en paz con su Creador y consigo mismo.

Ser santo

Santos serán, porque Yo, el Eterno su Dios Soy santo.
LEVÍTICO 19:2

¿Qué significa ser santo? Más específicamente, ¿qué significa ser santo *porque* Dios *es santo*? Seguramente la santidad es aquello que *separa* a Dios de los seres humanos. "Porque Yo Soy Dios, no un hombre, el Santo entre vosotros" dice el profeta Oseas (11:9). *Kadosh,* "santo", significa "distinto, apartado", que se encuentra por encima, más allá. La santidad es lo que hace a Dios ser Dios: trascendente, eterno, todopoderoso, más allá de toda imagen o imaginación. ¿Cómo podemos nosotros, simples mortales –esta "quintaesencia de polvo" como dijo Hamlet– ser como Dios?

Sin embargo, esa es la paradoja expresada sin rodeos al comienzo del gran capítulo 19 de Levítico. Dios no es como nosotros, pero a nosotros se nos ordena ser como Dios. ¿Cómo debemos entender esta idea?

Los sabios[1] entienden que el mandamiento de ser santos significa "ser *perushim*" (vocablo del cual deriva la expresión "fariseo"), esto

1. Sifra, *Parashat Kedoshim* 19:1.

es, "estar apartados, practicar la abstinencia, ejercitar el autocontrol". En su comentario a la Torá, Rashi entiende esto de manera estricta, aplicándolo puntualmente a la conducta sexual.[2] Najmánides, tal como veremos más adelante, no está de acuerdo y sostiene que se aplica de manera más general a la moderación y el autocontrol en todas las cuestiones. Los sabios añaden también que la frase "porque Yo el Eterno su Dios soy santo" significa "Si se santifican, lo consideraré como si me hubiesen santificado a Mí".[3]

La idea es que al ser distintivos en su comportamiento, los judíos testifican a Dios. Así como Dios está fuera del universo natural aunque actúa dentro de él, de igual manera los hijos de Israel, aunque viven en el mundo, se colocan a una distancia calibrada de él. Están llamados a hacerlo estableciendo un ejemplo de auto restricción. No deberían dar paso al instinto o al deseo. Deben practicar el autocontrol. De ese modo demuestran que el Homo sapiens no es un mero fenómeno biológico. Los seres humanos no son simples "simios desnudos" o "la forma en la que un gen crea a otro". Podemos trascender la red de causalidad que ve a la conducta humana como determinada genéticamente, como un cúmulo de respuestas ante estímulos. Los animales tienen deseos, pero solo los seres humanos pueden involucrarse en "evaluaciones de segundo orden",[4] al escoger qué deseos satisfacer y cuáles no. Esa es la libertad que Dios nos concedió al hacernos a Su imagen. Ser santo significa demostrar que tenemos un alma así como también un cuerpo, que poseemos principios espirituales y no solamente apetitos físicos. Sigmund Freud sostuvo que la marca de la civilización era la capacidad de aplazar la gratificación del instinto. Así es precisamente como los sabios entienden la idea de la santidad en la conducta humana.

Najmánides lleva esta idea un paso más allá con una formulación poderosa:

2. Rashi aquí está influenciado por el hecho de que el mandamiento aparece inmediatamente después de Levítico 18, que detalla las prácticas y las relaciones sexuales prohibidas. El capítulo 20 regresa también sobre este tema.
3. Sifra ad loc.
4. Tomo prestada esta forma de expresión de Charles Taylor, *Sources of the Self* (Cambridge, R. U.: Cambridge University Press: 1992), 62–65.

> El significado es el siguiente: la Torá nos ha advertido contra la inmoralidad y los alimentos prohibidos, pero permite las relaciones sexuales entre marido y mujer y la ingesta de ciertos tipos de carne y de vino. Dado que esto es así, una persona podría pensar que está permitido ser apasionadamente adicto a las relaciones sexuales con su esposa, o con muchas esposas, y ser uno de los que "se atiborran de vino y engullen la carne" (Proverbios 23:20) y hablar libremente de todo tipo de blasfemias dado que esto no está explícitamente prohibido. El resultado es que se convertirá en un sinvergüenza dentro del ámbito de lo permitido por la Torá [*naval birshut haTorá*]. Por lo tanto, tras enumerar las conductas específicas que están prohibidas, la Torá continúa con un mandato general de practicar la moderación incluso en aquellas cosas que están permitidas.[5]

Najmánides continúa explicando que esta es una característica general de la ley judía: ejemplos detallados seguidos por un mandato general. Así, en el caso de la ética, la Torá prohíbe explícitamente ciertos tipos de conducta como el robo, el hurto y el sobreprecio en el comercio. Pero también contiene reglas generales tales como: "Harás lo recto y lo bueno" (Deuteronomio 6:18), que incluye ir "más allá del estricto requerimiento de la ley" y una voluntad, en aras de la equidad, de renunciar a la plenitud de sus derechos legales.

Maimónides llega a una idea similar, aunque lo hace partiendo de una fuente diferente:

> Porque el Eterno los establecerá como Su pueblo santo, tal como se los ha jurado, si guardan los mandamientos del Eterno su Dios, *y caminan por Sus sendas* (Deuteronomio 28:9).

De esto, infirió[6] que se nos ordena desarrollar ciertos rasgos de carácter: ser piadoso, compasivo y santo, como Dios es piadoso, compasivo y santo. Tal como su hijo, Rabí Abraham, lo explica en una de sus

5. Najmánides, comentario a Levítico 19:2.
6. Maimónides, *Mishné Torá, Hiljot Deot* 1:5.

responsas,[7] Maimónides sostiene que además de prescribir o prohibir determinadas acciones, el judaísmo demanda de nosotros desarrollar ciertas virtudes, lo que Alexis de Tocqueville llamó "los hábitos del corazón". La Torá no se preocupa solo por el comportamiento, sino también por el carácter; no solo con *lo que hacemos,* sino también con el *tipo de persona en la que nos transformamos.*

El punto es fundamental. Para decirlo técnicamente, Maimónides y Najmánides se oponen al *reduccionismo* y *positivismo* halájicos. El primero, el reduccionismo, es la idea de que la Halajá, la ley judía, es todo lo que hay en el judaísmo: la creencia de que si hemos obedecido todas las leyes del *Shulján Aruj* ya hemos hecho todo lo que se requiere de nosotros. No hay nada más. El judaísmo es un cúmulo de leyes, un código de conducta, una coreografía del comportamiento y nada más que eso.

La segunda idea, la del positivismo halájico, es que la ley judía es un sistema autónomo y autosuficiente, sin otra lógica subyacente que la obediencia a la palabra de Dios. No tiene ningún otro propósito, fin último, o razón de ser, o al menos ninguna que podamos conocer.

Maimónides y Najmánides creen lo contrario. Sostienen que hay cuestiones de gran importancia religiosa que se encuentran más allá del ámbito de la legislación precisa. No pueden ser explicadas en términos de reglas exactas y exhaustivas, porque la vida no obedece a reglas de este tipo.

Lo que Najmánides implica es que puedes observar todas las leyes del *kashrut* y seguir siendo un glotón. Puedes beber únicamente vino kasher y seguir siendo un borracho. Puedes ser fiel a las leyes matrimoniales y aun así seguir siendo un sensualista. Él llama a una persona así un *naval birshut haTorá,* esto es, alguien burdo, grosero y autoindulgente que justifica su conducta afirmando, quizás sinceramente, que observa la ley de manera estricta. Asimismo, Maimónides se preocupa por refutar la idea de que se puede ser un judío observante y al mismo tiempo una persona arrogante, insensible, carente de tacto, propensa al enojo o al orgullo. Ambos creen que gente así fracasa profundamente en la comprensión de la naturaleza del judaísmo.

7. *Teshuvot Rabí Abraham ben HaRambam,* 63.

La propia ley apunta a algo que está más allá de la ley. Najmánides ubica esto en el mandamiento: "Santos serán". Maimónides lo encuentra en la expresión "caminar por Sus sendas". Sin embargo, ambos están convencidos de que hay una dimensión de la vida moral y espiritual que no puede concretarse en la forma de una legislación precisa. Tiene que ver con el autocontrol, la moderación, la gentileza, la sensibilidad y las muchas otras formas de alfabetización moral que no pueden ser aprendidas de un libro de reglas, sino únicamente por medio de la experiencia y el ejemplo.

El Talmud cuenta que Rabí Akiva seguía a Rabí Yehoshúa dondequiera que fuera para ver cómo se comportaba.[8] Uno de los grandes místicos judíos, el rabino Leib Saras, solía decir que viajó donde Rabí Dov Ber de Mezeritch no para aprender interpretaciones bíblicas sino para ver cómo ataba los cordones de sus zapatos. El Talmud habla de los judíos "necios" de Babilonia que "se paran en presencia de un rollo de Torá, pero no en presencia de un gran ser humano".[9] Un gran sabio *es* un rollo de Torá viviente. Hay libros de texto y hay personas que son un texto. Las reglas las aprendemos de los libros. Pero la virtud la aprendemos hallando personas virtuosas y observando cómo se conducen.

La ley no lo es todo en el judaísmo. Por eso la Torá contiene no solo leyes sino también narrativa, y por eso la literatura rabínica incluye no solo Halajá sino también Agadá: relatos, especulaciones y reflexiones éticas. Además de comentarios y códigos, los judíos medievales produjeron tratados de ética tales como *Los deberes de los corazones* (*Jovot Halevavot*) de Bahya ibn Paquda y la gran obra de espiritualidad judeo-alemana del rabino Judá de Regensburg, *El libro de los piadosos* (*Sefer Jasidim*). Esta tradición fue continuada en los siglos XVIII y XIX por el movimiento jasídico en una dirección, y por la corriente *Musar* del rabino Israel Salanter en otra.

El ser santo, para Najmánides, o el caminar por la senda de Dios para Maimónides, es pasar por un extenso proceso de formación del carácter y de crecimiento moral. En este sentido, la ética es como el arte. Hay reglas para construir un soneto, pero seguirlas no te convierte en

8. Berajot 62a.
9. Makot 22b.

Shakespeare. Lo mismo aplica para el liderazgo. Hay unas pocas reglas básicas, pero aparte de eso, los líderes tienen poco en común. La mejor manera de aprender sobre liderazgo es estudiar a los líderes (en vida o a través de sus biografías) y ver cómo se comportan. La Halajá define los parámetros básicos de una vida judía. Es *dentro* de esos parámetros que tiene lugar la búsqueda de la sabiduría moral. La Halajá es la condición necesaria, aunque no suficiente, para vivir una vida orientada en pos de un ideal. Es por eso que tenemos obras tales como Mishná Avot (*Ética de los padres*) y por qué Maimónides compuso sus *Leyes de las cualidades (o del carácter ético)* (*Hiljot Deot*).

Wittgenstein escribió una vez que "entre los judíos, el 'genio' se encuentra solo en el hombre santo".[10] El mandamiento de ser santo es el llamado de Dios a que nos volvamos *un tipo diferente de persona* de aquel que cree que el mundo físico es todo lo que existe, que no hay autoridad más allá del mero poder, y que la existencia carece de significado. No es fácil definir qué es lo que hace santa a la gente, pero la reconoces por su comportamiento, por su manera de relacionarse con las otras personas, por su gentileza, su seriedad, su humildad. En su presencia te sientes un poco mejor de lo que pensabas que eras. En sí mismos, irradian una presencia que va más allá de sí mismos. Según Najmánides, ese es el desafío de estas simples palabras al comienzo de *Parashat Kedoshim*: "Santos serán". La santidad no es solo lo que hacemos, sino también el tipo de persona en la que nos convertimos.

10. Ludwig Wittgenstein, *Culture and Value* (*Aforismos: Cultura y valor*) (Chicago: University of Chicago Press, 1980), 18e.

La lógica del amor

Si en el mundo occidental el amor tiene un texto fundador, ese texto es el hebreo.
Simon May, *Love: A History*

Hay un texto en la Torá que es más famoso que todos los demás, la frase de esta *parashá* que dice: "Amarás a tu prójimo como a ti mismo" (Levítico 19:18). Según Rabí Akiva, este es "el gran principio" de la Torá.[1] El gobierno de la justicia es común en los códigos morales. El primer juicio moral que un niño tiende a hacer es: "Eso no es justo". La justicia como equidad es común. La que es claramente poco común, es la idea nacida en el judaísmo y adoptada por el cristianismo, de que el amor es la virtud central de la vida moral.

Resulta sorprendente con qué poca frecuencia esta simple verdad ha sido reconocida. Durante muchos siglos, los cristianos enseñaron que el Dios del Antiguo Testamento era un Dios de ley y retribución mientras que el Dios del Nuevo Testamento era uno de amor y perdón,

1. Bereshit Rabá 24:7.

a pesar de que los cristianos creían que Él era el mismo Dios. Cada vez que se menciona "Amarás a tu prójimo" en el Nuevo Testamento, se trata siempre de una cita explícita de la Torá. Sin embargo, hasta el día de hoy, si buscas o encuentras esta cita, "Amarás a tu prójimo como a ti mismo", verás que la mayoría de las veces está atribuida al Nuevo Testamento.

Más perverso aún, a menudo se criticaba el "legalismo sacerdotal" a pesar de que el mandamiento de amar al prójimo aparece en el texto más sacerdotal de todos, en Levítico 19. Es precisamente *Torat Cohanim* la que nos dice que amemos a nuestro prójimo. De hecho la consciencia sacerdotal está impregnada de amor. *Vaikrá*, el nombre hebreo para el libro de Levítico, tal como lo señalamos en la introducción, significa "llamar, hacer señas, convocar en amor". Cada vez que se menciona a Dios en el contexto del sacrificio, el acto sacerdotal supremo, siempre se le describe con el nombre de cuatro letras, el Tetragrámaton, *Hashem,* que indica *midat rajamim*, amor y compasión.

Por lo tanto, Simon May está en lo cierto cuando escribe:

> La creencia generalizada de que la Biblia hebrea trata sobre la venganza y el ojo por ojo, mientras que los evangelios supuestamente inventaron el amor incondicional como valor universal, debe por lo tanto, contarse como uno de los malentendidos más extraordinarios de la historia occidental. Porque la Biblia hebrea es la fuente no solo de los dos mandamientos del amor, sino de una visión moral más amplia, inspirada en el asombro ante el poder del amor.[2]

De hecho, Levítico 19 nos enseña también un tercer amor, además del que le profesamos a Dios y al prójimo: "Si un extranjero habita con ustedes en vuestra tierra, no lo maltratarán. El extranjero que habite entre ustedes será para vosotros como uno de ustedes nacido en el país, y lo amarás como a ti mismo, pues fuisteis extranjeros en la tierra de Egipto: Yo soy el Eterno vuestro Dios" (Levítico 19:33–34). Es fácil amar a tu prójimo como a ti mismo porque a lo largo de la mayor parte

2. Simon May, *Love: A History* (New Haven: Yale University Press, 2011), 19.

de la historia, tus vecinos fueron a menudo muy similares a ti en cultura, clase social, nacionalidad y etnia. El desafío es amar al extranjero, a aquel que no es como tú.

Pero el enfoque de la Torá sobre el amor va más allá de esto, tal como lo podemos ver si miramos no solamente la frase famosa, sino el contexto en el cual esta aparece:

> No odiarás a tu hermano en tu corazón.
> Debes reprender a tu prójimo,
> y no cargar con la transgresión por causa de él.
> No te vengarás
> ni guardarás rencor contra los hijos de tu pueblo.
> Amarás a tu prójimo como a ti mismo.
> Yo soy el Eterno (Levítico 19:17–18).

La Torá no comienza con el mandamiento de amar. En lugar de ello, empieza con el caso difícil: ¿qué hacer con tu prójimo o tu hermano que no te cae bien, y al que incluso odias? Puede que te haya dañado, ofendido o insultado. Es probable que haya actuado de una manera que tú crees profundamente que ha sido incorrecta. Digamos que tu odio no es irracional. ¿Qué hacer en un caso así? Ordenar sin más que reprimas tus sentimientos es ingenuo. Además, es poco probable que sea eficaz a largo plazo. Freud acuñó la expresión "el retorno de los reprimidos" para señalar que los sentimientos que ocultamos o negamos conscientemente, tienen una forma de regresar con toda su fuerza destructiva.

De ahí la segunda frase: "Debes reprender a tu prójimo". En vez de callar tus sentimientos debes verbalizarlos. Tienes que confrontar a la persona de manera abierta y honesta. Así lo expresa Maimónides en su código legal:

> Cuando una persona transgrede contra otra, ésta última no deberá odiar a la primera y mantenerse callada. Tal como se dice de los malvados: "Y Absalón no habló a Amnón ni bien ni mal, aunque Absalón odiaba a Amnón". Más bien, se le ordena hablar con él y decirle: "¿Por qué me hiciste esto y aquello? ¿Por qué transgrediste contra mí en tal o cual asunto?" Tal como fue dicho: "Debes

> reprender a tu prójimo". Si él se arrepiente y pide disculpas, debe aceptarlas y no ser cruel.[3]

Y aquí, en una línea de pensamiento similar encontramos a Najmánides:

> Me parece que la interpretación correcta de la expresión: "Debes reprender" debe ser entendida de la misma manera que la frase: "Y Abraham protestó ante Abimelej". Así, de hecho, el versículo está diciendo: "No odiarás a tu hermano en tu corazón cuando te haga algo en contra de tu voluntad, sino que deberás reñirle y decirle: '¿Por qué me hiciste esto a mí?' Y no cargarás con la transgresión por su causa ocultando tu odio en tu corazón sin decírselo, porque cuando presentes tus protestas, él se justificará ante ti [para que no tengas motivos para odiarlo] o se arrepentirá de lo que hizo, admitirá su transgresión y tú lo perdonarás".[4]

El ejemplo de Maimónides de por qué la protesta es necesaria es la historia (II Samuel 13) sobre cómo Amnón, uno de los hijos del rey David, violó a su media hermana Tamar. Cuando Absalón, el hermano de Tamar, se enteró del episodio, a primera vista su reacción parece serena y pacífica:

> Su hermano Absalón le dijo a ella: "¿Acaso ese Amnón, tu hermano, ha estado contigo? Ahora calla, hermana mía, él es tu hermano. No lo tomes a pecho". Y Tamar vivió en la casa de su hermano Absalón cual mujer desolada. Cuando el rey David escuchó lo ocurrido, se puso furioso. Absalón nunca le dijo nada a Amnón, ni bueno ni malo.

Sin embargo, las apariencias engañan. Absalón fue todo menos indulgente. Esperó dos años y luego invitó a Amnón a una comida festiva durante la temporada de la esquila de las ovejas. Dio las siguientes instrucciones a sus hombres: "¡Escuchen! Cuando Amnón esté de muy

3. Maimónides, *Mishné Torá, Hiljot Deot* 6:6.
4. Najmánides, comentario a Levítico 19:17.

buen humor por beber vino y yo les diga 'Derriben a Amnón', entonces mátenlo". Y así ocurrió. El silencio de Absalón no fue el silencio del perdón sino del odio –el odio del que hablaba Pierre LaClos en *Les Liaisons Dangereuses* (*Las amistades peligrosas*) cuando escribió la famosa frase: "La venganza es un plato que se sirve mejor frío".

Najmánides da el ejemplo opuesto, el de un caso en el cual la protesta tuvo éxito. Abraham había cavado un pozo. Los sirvientes de Abimelej, rey de Guerar se habían apoderado de él. Luego leemos: "Abraham reprendió a Abimelej por causa del pozo de agua del que se habían apoderado los sirvientes de Abimelej. Y Abimelej dijo: 'No sé quién ha hecho esto, no me lo dijiste ni lo *había escuchado* hasta hoy'" (Génesis 21:25–26). Entonces los dos hombres hicieron un pacto para evitar casos similares en el futuro.

Sin embargo, el ejemplo clave no es ninguno de estos, sino más bien la historia de José y sus hermanos:

> Israel amaba a José más que a cualquiera de sus otros hijos, porque le había nacido en su vejez, y había hecho para él un manto ricamente ornamentado. Cuando sus hermanos vieron que su padre lo amaba más a él que a cualquiera de ellos, lo odiaron y no podían decirle una palabra amable [*velo iajlú dabró leshalom*, literalmente, "no podían hablar con él en paz"] (Génesis 37:3–4).

El rabino Jonathan Eybeschutz (1690–1764) comentó al respecto: "Si hubieran podido sentarse juntos como grupo, podrían haber hablado entre ellos y reprenderse el uno al otro, y eventualmente habrían hecho las paces entre sí".[5] La tragedia del conflicto es que impide que las personas hablen entre sí y se escuchen mutuamente. La falta de comunicación suele ser a menudo el preludio de la venganza.

Por lo tanto, la lógica interior de estos dos versículos en la *parashá* es la siguiente: Ama a tu prójimo como a ti mismo. Pero no todos los semejantes son adorables. Están aquellos que por envidia o malicia te han hecho daño. No te ordeno que vivas como si fueras un ángel, sin ninguna de las emociones que son naturales en los seres humanos. Sin

5. *Tiferet Yonatan*, comentario a Génesis 37:4.

embargo, te prohíbo que odies. Por este motivo, cuando alguien te hace daño debes enfrentarlo. Debes manifestar tus sentimientos de dolor y aflicción. Puede ser que lo hayas malinterpretado. O puede ser que él genuinamente haya deseado hacerte daño, pero ahora confrontado ante la realidad del perjuicio que te ha ocasionado, puede ser que se arrepienta sinceramente por lo que hizo. Sin embargo, si tú no hablas con él, existe la posibilidad real de que guardes un rencor y con el correr del tiempo llegues a vengarte, tal como hizo Absalón.

Lo que resulta impresionante de la Torá es que articula el más elevado de los ideales, *y* al mismo tiempo nos habla como seres humanos. Si fuésemos ángeles sería sencillo amarnos unos a otros. Pero no lo somos. Una ética que nos ordena amar a nuestros enemigos, sin brindarnos indicio alguno de cómo se supone que debemos lograrlo, no es viable. En cambio, la Torá establece un programa realista. Si somos honestos los unos con los otros, si hablamos las cosas, es posible que podamos lograr la reconciliación –no siempre, por supuesto, pero a menudo. Cuánta angustia y hasta derramamiento de sangre podría evitarse si la humanidad prestara atención a este simple precepto.

No te vengarás

Uno de los aspectos más trágicos de la historia religiosa ha sido la tendencia de los credos a definirse a sí mismos en relación con otros credos, a los que luego deben negar para demostrar su propia superioridad. Esto resulta dañino y peligroso. Las páginas de la historia están manchadas con la sangre de la gente asesinada en nombre de Dios. Seguramente esta no fue la intención de los teólogos, pero este fue el resultado.

Una de las acusaciones formuladas por los cristianos contra los judíos y el judaísmo fue que el "Antiguo Testamento" habla de un Dios de venganza mientras que el Nuevo Testamento habla de un Dios de perdón y amor.[1] Esta es una afirmación que se sigue haciendo hoy en día.

1. Peter Novick, al escribir sobre los Estados Unidos de los años cuarenta, dice lo siguiente: "No hay lección de teología comparada que se enseñara con tanta asiduidad en las escuelas dominicales de todos los Estados Unidos como la del contraste entre el Dios de la venganza del Antiguo Testamento y el Dios del amor y el perdón del Nuevo Testamento". Peter Novick, *The Holocaust in American Life* (*El Holocausto en la vida americana*) (Boston: Houghton Mifflin, 1999), 91.

   Tristemente, ni siquiera Shakespeare pudo evitar la calumnia. En el mismo discurso de *El mercader de Venecia*, en el que casi humaniza a Shylock, se detiene

Es importante saber que esto no es así. El Tanaj, la Biblia hebrea, enseña el perdón. El perdón divino está en el centro del día más sagrado del año judío, Yom Kipur (Levítico 16). En el gran encuentro entre Dios y Moisés tras la transgresión del Becerro de Oro, Dios se define a Sí mismo en los siguientes términos: "El Eterno, el Eterno, Dios compasivo y clemente, sufrido, abundante en bondad y verdad, guarda la misericordia para miles perdonando la iniquidad, la transgresión y el pecado" (Éxodo 34:6–7). Ezequiel dice en el nombre de Dios: "'¿Acaso deseo la muerte de los malvados?' declara el Eterno Soberano. '¿Acaso no me alegro cuando retornan de sus malos caminos y viven?'" (Ezequiel 18:23).

Dios perdona. Pero también los seres humanos lo hacen. El perdón es el punto del episodio en la cual el libro de Génesis alcanza su clímax y culminación. Los hermanos de José temen que él se vengue por haberlo vendido como esclavo. Él los tranquiliza diciendo: "No teman. ¿Acaso estoy yo en lugar de Dios? Ustedes tuvieron la intención de dañarme, pero la intención de Dios fue para bien, para lograr lo que ahora está ocurriendo, la salvación de muchas vidas. Por lo tanto, no teman. Yo les proveeré de alimentos a ustedes y a sus hijos". José "los tranquilizó y les habló amablemente" (Génesis 50:19–21). Según el filósofo David Konstan,[2] el concepto del perdón nació en el antiguo Israel. El cristianismo deriva su ética del perdón directamente del judaísmo.

Lejos de ser una religión de venganza, el judaísmo prohíbe semejante conducta en esta *sidrá*:

precisamente en ese punto. Le hace decir: "¿Acaso los judíos no tienen ojos? ¿Acaso los judíos no tienen manos? ¿Acaso no tienen órganos, dimensiones, sentidos, afectos, pasiones? ¿Acaso no se alimentan de los mismos alimentos, no son heridos con las mismas armas, no están sujetos a las mismas enfermedades ni se curan por los mismos medios, no se calientan y enfrían por el mismo invierno y verano como lo hace un cristiano? Si nos pinchan, ¿acaso no sangramos? Y si nos hacen cosquillas, ¿acaso no reímos? Si nos envenenan, ¿acaso no morimos? Y si nos hacen daño, ¿acaso no nos vengamos?"

2. David Konstan, *Before Forgiveness: The Origins of a Moral Idea* (Cambridge, R. U.: Cambridge University Press, 2010).

> *No te vengarás* ni guardarás rencor contra los hijos de tu pueblo. Amarás a tu prójimo como a ti mismo. Yo soy el Eterno (Levítico 19:18).

¿Cuál es la diferencia entre vengarse y guardar rencor? Los sabios dan el siguiente ejemplo sencillo:

> "No te vengarás" –¿Cuál es el alcance de la venganza? [Un ejemplo es] si X le dice a Y: "Préstame tu hoz" y Y se niega a prestarla. Al día siguiente Y le dice a X: "Préstame tu hacha" y X le responde: "No te prestaré el hacha porque ayer te negaste a prestarme la hoz". Esto es lo que la ley prohíbe: "No te vengarás".[3]

Maimónides explica: "[Ser vengativo] es un rasgo de carácter extremadamente malo. En lugar de ello, una persona debe ser indulgente en todos sus tratos ya que para quienes tienen entendimiento, todo [lo que les sucede en las cuestiones mundanas] es insignificante y carente de importancia y no es motivo justificado para procurar venganza".[4] Maimónides trae este relato para responder a una pregunta obvia: ¿Por qué la Torá habría de legislar en contra de una reacción emocional totalmente natural como la del caso citado por nuestros sabios? Tú no estás obligado a prestarme tu hoz, así como yo no estoy obligado a prestarte mi hacha. ¿Por qué no debería actuar de manera recíproca ante tu falta de buena voluntad? La respuesta de Maimónides es que si bien mi respuesta puede ser justificada, al dañarte, en última instancia me estoy dañando a mí mismo al volverme una persona inferior a la que debería esforzarme por llegar a ser.

Maimónides sugiere que deberíamos cultivar la tolerancia. Eso es fuerza de carácter. La venganza es reactiva, el perdón es proactivo. Quien busca venganza se permite gobernar por la conducta de otro, se deja arrastrar a su nivel. Eso es algo que jamás deberíamos hacer, por muy natural que resulte el querer hacerlo. Cuando alguien es grosero con nosotros, en respuesta a ello, instintivamente sentimos ganas de

3. Sifra, *Parashat Kedoshim* 2:4 (10).
4. Maimónides, *Mishné Torá, Hiljot Deot* 7:7.

ser groseros con él. Pero la santidad –y el capítulo en el que aparece la prohibición de vengarse está encabezado por las palabras "Santos serán"– es la capacidad de ponerse por encima de los instintos y no permitir que nuestras acciones se vuelvan reacciones. Nuestra tarea es obrar gentilmente hacia los demás incluso cuando ellos no son amables con nosotros. Esto es difícil pero necesario. La alternativa es la venganza, y vengarse está prohibido.

Según los sabios, la prohibición de guardar rencor es aún más exigente:

> ¿Cuál es el alcance de guardar rencor? [Un ejemplo es] si X le dice a Y: "Préstame tu hacha" y Y se niega a prestarla. Al día siguiente, Y le dice a X: "Préstame tu hoz", y X le responde: "Tómala. No soy como tú que no me prestaste el hacha". Esto es lo que está prohibido por la ley que dice: "No guardarás rencor".[5]

Este es un pasaje notable. A primera vista, la segunda persona actuó correctamente, e incluso generosamente. *No* se ha vengado. Por el contrario, ha devuelto el mal (la negativa a prestar) con bien (prestando). Lo único que está mal son sus modales. ¿Por qué es esto una transgresión? La pregunta es incluso más fuerte cuando recordamos que la Torá se ocupa en su mayor parte de actos, no de motivos, de acciones y no de pensamientos. Tal como lo entienden los sabios, "guardar rencor" parece tener que ver con los motivos.

Nuevamente, es Maimónides quien da la explicación. Escribe: "Hay que borrar [la ofensa que alguien haya cometido contra la persona] de su corazón y no seguir guardando rencor, porque mientras continúe guardando rencor y recuerde [el mal hecho en su contra] puede que llegue a vengarse".[6] La animosidad no es una emoción segura. Puede entrar en acción en cualquier momento. Maimónides insinúa que la prohibición de guardar rencor es una especie de "cerco", de barrera protectora alrededor del precepto de no vengarse. No solo está prohibida la venganza, sino que también lo está todo aquello que pueda conducir a ella.

5. Sifra, *Parashat Kedoshim* 2:4 (11).
6. Maimónides, *Mishné Torá, Hiljot Deot* 7:8.

Sin embargo no podemos terminar el tema aquí. La Biblia hebrea *contiene* numerosas referencias a la venganza, si no de nuestra parte, de parte de Dios: "Mía es la venganza, Yo retribuiré", dice Dios (Deuteronomio 32:35). "El Eterno es un Dios que venga. Oh, Dios que vengas, resplandece" (Salmo 94:1). "Porque el Eterno tiene un día de venganza" (Isaías 34:8). Además, la venganza es ciertamente un aspecto de la justicia. ¿Qué es la justicia sino el principio de que tal como actuamos hacia los demás, de igual manera actuarán los demás hacia nosotros? Si hacemos lo correcto somos recompensados. Si obramos mal somos castigados. ¿Cuál es la diferencia entre la justicia retributiva y la venganza?

Este es un tema importante y a menudo mal entendido. En el ámbito humano hay una diferencia fundamental entre justicia y venganza. La venganza es personal, la justicia impersonal. La venganza implica tomar la ley por mano propia. La justicia es todo lo opuesto. Significa entregar tu causa a un tribunal imparcial para que examine las evidencias y aplique la ley. El pasar de la venganza a la justicia es lo más fundamental que una sociedad puede hacer. Cuando las cortes y los procesos legales ocupan el lugar de la represalia, ya no se trata de los Montesco contra los Capuleto, sino ambos bajo el imperio de la ley imparcial. La justicia no es venganza.[7] Esta es la única alternativa sensata para ella.

Entonces, ¿qué quiere decir el Tanaj cuando habla de la venganza de Dios? La respuesta es la siguiente: la venganza solo existe bajo condiciones de anarquía. Al entregar la Torá a Israel, Dios quiere que su pueblo sea modelo de lo opuesto: la legalidad. Esa es la única manera de que la violencia pueda ser erradicada de la sociedad. El pueblo de Dios no solo debe observar la ley. Deben estudiarla día y noche y enseñársela a sus hijos "cuando se sienten en sus casas y cuando vayan por el camino, al acostarse y al levantarse". Dios quiere que la ley esté grabada en los corazones de Su pueblo. Solo así pueden coexistir la justicia y la libertad.

Casi invariablemente cuando oímos hablar de venganza por parte de Dios, ocurre en el contexto de la política internacional, donde la violencia, la agresión y la guerra, más que la paz y la justicia, gobiernan los asuntos de la humanidad. La promesa de Dios de que Él se vengará es

7. Este punto era enfatizado a menudo por Simon Wiesenthal. Ver su libro *Justice, Not Vengeance* (Nueva York: Grove Weidenfeld, 1989).

una seguridad para Su pueblo de que hay justicia en el mundo porque hay un Juez. El judaísmo es una religión de justicia y amor, porque sin amor la justicia es dura e inhumana, pero sin justicia el amor es parcial y selectivo. Este es uno de los temas de Génesis. El amor es bello, pero es también divisivo. Conduce a conflictos familiares y a rivalidad entre hermanos, entre Caín y Abel, Isaac e Ismael, Jacob y Esaú, José y sus hermanos. Para que la humanidad pueda sobrevivir debe haber justicia, así como también amor.

La justicia es fundamental para el judaísmo, y en su nombre incluso Dios mismo puede tener que rendir cuentas. Este es el significado del desafío de Abraham: "¿Acaso el Juez de toda la tierra no hará justicia?" Pero mientras que la Torá es un esquema para la justicia *dentro* de una sociedad, no puede ser un código de justicia *entre* las distintas sociedades hasta que todas las naciones reconozcan la soberanía de Dios; en otras palabras, hasta la Era Mesiánica. Por lo tanto, antes del Final de los Días, la pregunta es la siguiente: ¿cómo debe responder una nación a las injusticias cometidas contra ella por otras naciones?

A esto, la Torá ofrece una respuesta radical: debe ser dejado en manos de Dios. *Si una nación busca corregir las injusticias cometidas en su contra por otras naciones, se verá atrapada por su pasado, incapaz de construir un futuro, y será presa de un ciclo de represalias que conducirá a una guerra sin fin.* Eso es lo que ocurrió en el Tratado de Versalles de 1919. Los vencedores de la Primera Guerra Mundial procuraron tomar represalias contra Alemania y finalmente condujeron a la Segunda Guerra Mundial.

Lo que los profetas quieren decir cuando afirman en el nombre de Dios que "Mía es la venganza", es que hay formas de justicia que solo Dios puede ejecutar y no los seres humanos. Solo para el Dios de la justicia, la venganza y la retribución son lo mismo. Cuando el salmista reza: "Oh, Dios que vengas, resplandece", quiere decir: Dios, que haya justicia en este mundo. Pero debes hacerlo Tú, no nosotros. Podemos juzgar a individuos en tribunales de justicia, pero no podemos juzgar a naciones enteras. No sabemos quién es inocente y quién es culpable. Podemos ir a la guerra para defendernos a nosotros mismos y a nuestros hijos, pero no podemos hacer una guerra para aplicar la justicia: solo Tú eres el Juez de toda la tierra. *El llamado a la venganza divina es una renuncia a la venganza humana, manteniendo la fe en la administración última de justicia en las cuestiones de la humanidad.*

El teólogo cristiano que ha visto esto más claramente en nuestro tiempo es Miroslav Volf, quien hace hincapié en que "la mayoría de las personas que insiste en la 'no violencia' de Dios no pueden resistirse a usar la violencia ellos mismos (o sancionar tácitamente su uso por parte de otros)". Dice que, de hecho, "en un mundo de violencia no sería digno de Dios *no empuñar* la espada; si Dios *no se enojase* ante la injusticia y el engaño y no *pusiese fin* a la violencia, no sería digno de nuestra adoración".[8]

No es casualidad que Volf sepa de lo que habla. Él es oriundo de Croacia y escribe a partir de su experiencia personal de la guerra étnica que devastó a la ex Yugoslavia tras su desintegración a principios de la década de 1990. Vale la pena citar sus palabras en detalle:

> Mi tesis de que la práctica de la no violencia requiere creer en la venganza divina resultará impopular para muchos cristianos, especialmente para los teólogos de occidente. A la persona que se inclina por descartarla, le sugiero que se imagine que está dando una conferencia en una zona de guerra... Entre sus escuchas hay personas cuyas ciudades y pueblos han sido primero saqueados, luego quemados y arrasados en su totalidad, cuyas hijas y hermanas han sido violadas, cuyos padres y hermanos han sido degollados. El tema de la conferencia: "Una actitud cristiana ante la violencia". La tesis: que nosotros no debemos tomar represalias ya que Dios es amor perfecto y no coercitivo. Pronto descubrirá que se necesita de la tranquilidad de un hogar en los suburbios para el nacimiento de una tesis de que la no violencia humana corresponde a la negativa de Dios a juzgar. En una tierra quemada, empapada de sangre inocente, semejante tesis invariablemente morirá. Y mientras uno la ve morir, haría bien en reflexionar sobre muchos otros cautiverios agradables de la mente liberal.[9]

8. Miroslav Volf, *Exclusion and Embrace* (Nashville, TN.: Abingdon Press, 1996), 303.
9. Ibid., 304.

La venganza es uno de los instintos humanos más profundamente peligrosos, y el judaísmo (así como el cristianismo) ha librado una prolongada batalla contra él. Los errores deben ser corregidos por medio del debido proceso legal, la reacción emotiva debe ser conquistada por medio de la disciplina de la mente, y las cuestiones más amplias de justicia última le pertenecen a Dios. Hay veces en las que la violencia debe ser enfrentada con violencia, de allí el concepto de la guerra de autodefensa justificada (*miljemet mitzvá*). Pero ejercer la violencia en el nombre de Dios es olvidar la diferencia entre Él y la humanidad. Hay algunas cosas, y la venganza es una de ellas, que le pertenecen al cielo, no a las criaturas falibles que habitan la tierra.

Emor
אמור

Parashat Emor se ocupa de dos tipos de santidad: la de la persona y la del tiempo. El capítulo 21 se refiere a la gente santa: los sacerdotes, y por encima de ellos, el sumo sacerdote. Su estrecho contacto con el Santuario significa que deben vivir bajo ciertas restricciones: en el contacto con los muertos y con quién pueden casarse. El capítulo 22 recapitula leyes similares referentes a los israelitas comunes cuando procuran ingresar al Santuario, así como los defectos en los animales que impiden que sean ofrendados en sacrificio. El capítulo 23 trata sobre el tiempo sagrado, las festividades a lo largo del año. El capítulo 24 habla sobre la Menorá que era encendida a diario, la ofrenda del pan de la proposición que era renovada semanalmente, y termina con una historia –uno de los dos únicos relatos en Levítico– sobre el destino final del hombre que blasfemó en el transcurso de una pelea.

El primero de los siguientes ensayos trata sobre las leyes, cuyo origen se encuentra en esta *parashá,* de santificar y no profanar el nombre de Dios. Los siguientes cuatro se refieren a la lista de las festividades en el capítulo 23: qué la hace diferente a las otras listas de la Torá, por qué Shabat es descrito aquí de un modo distinto a cualquier otro lugar, la gran controversia sobre lo que quiere decir la Torá cuando afirma que el Omer debe ser ofrendado "el día después del Shabat", y por qué Sucot es diferente de todas las demás festividades. El último ensayo trata sobre la historia del blasfemo, ¿de qué se trata y por qué se encuentra aquí?

Santificando el Nombre

Dos de los principios más fundamentales de la ley judía hacen su aparición en *Parashat Emor*:

> No profanaréis Mi nombre sagrado, para que Yo sea santificado entre los hijos de Israel. Yo soy el Eterno que los santifica (Levítico 22:32).

De este versículo provienen los preceptos gemelos de *jilul Hashem* y *kidush Hashem*, la prohibición de profanar el nombre de Dios y el mandato de santificarlo. Estos son valores esenciales en el judaísmo, uno negativo, el otro positivo. *Jilul Hashem* es la única transgresión para la cual no hay expiación durante la vida de una persona.[1] *Kidush Hashem* es el acto supremo de fe, al grado de dar la vida por ello. El significado de estos términos tiene una historia fascinante que se desarrolla a lo largo del tiempo.

En primera instancia, una lectura simple del versículo tal como la da Ibn Ezra sugiere que debe ser comprendido en el contexto del capítulo

1. Maimónides, *Mishné Torá, Hiljot Teshuvá* 1:4.

en el cual aparece. Se ha estado hablando sobre los deberes especiales relativos al sacerdocio y el cuidado extremo que los sacerdotes deben tener al servir a Dios en el interior del Santuario. Todo Israel es santo, pero los sacerdotes son una élite santa dentro de la nación. Su tarea era la de preservar la pureza y la gloria del Santuario como hogar simbólico de Dios en medio del pueblo. Entonces, los mandamientos son un encargo especial que se le hace a los sacerdotes para que mantengan un cuidado ejemplar como guardianes de lo sacro. El hecho de que en una época posterior no lo hicieran, provocó la ardorosa acusación de Malaquías en nombre de Dios: "Desde donde sale el sol hasta el sitio en el cual se pone, Mi nombre es grande entre las naciones… pero ustedes lo profanan" (Malaquías 1:11–12). Malaquías dice que el descuido de los sacerdotes al traer animales heridos y enfermos para los sacrificios es una especie de *lèse-majesté,* una ofensa que atenta contra el honor de Dios, que no exhibiría ninguna otra nación. Eso es una profanación.

El siguiente nivel de significado aparece en los profetas Amós y Jeremías, para quienes la descripción de la conducta inmoral es aquella que deshonra la ley de Dios como un código de justicia y compasión. Amós (2:7) habla de personas que "pisan sobre las cabezas de los necesitados como si se tratara del polvo de la tierra, y niegan la justicia a los oprimidos… y por ello profanan Mi sagrado nombre". Jeremías emplea la noción de *jilul Hashem* para describir a aquellos que eluden la ley al emancipar a sus esclavos solo para volver a capturarlos y esclavizarlos de nuevo (Jeremías 34:16). Los sabios[2] sugieren que Abraham estaba invocando esta misma idea cuando desafió a Dios en Su plan de destruir las ciudades de Sodoma y Gomorra, si ello implicaba castigar a los justos junto con los malvados: "Lejos de Ti [*jalila lejá*] sea el hacer cosa semejante". Tanto Dios como el pueblo de Dios deben estar asociados con la justicia. No hacerlo constituye un *jilul Hashem.*

Un tercer nivel de significado aparece en el libro de Ezequiel. El pueblo judío, o al menos una parte significativa de este, ha sido forzado a exiliarse en Babilonia. La nación ha sufrido una derrota y el Templo yace en ruinas. Para los exiliados, el resultado fue una tragedia humana. Habían perdido su hogar, su libertad y su independencia. Fue una

2. Bereshit Rabá 49:9.

tragedia espiritual: "¿Cómo podemos entonar el cántico del Eterno en tierra extraña?"[3] Pero Ezequiel, en una serie devastadora de profecías, lo ve también como una tragedia para Dios:

> Hijo del hombre, cuando los hijos de Israel habitaban en su propia tierra la impurificaron con su conducta y sus acciones... Los dispersé entre las naciones y fueron esparcidos por los países; los juzgué de acuerdo con su conducta y sus acciones. Y *dondequiera que iban entre las naciones, profanaron Mi nombre sagrado,* porque se decía de ellos: "Estos son el pueblo del Eterno, y aun así tuvieron que dejar Su tierra" (Ezequiel 36:17–20).

El hecho mismo del exilio constituye una profanación del nombre de Dios, porque el hecho de que hubiera castigado a Su pueblo al permitir que lo conquistaran era interpretado por las naciones como Su incapacidad de protegerlos. Esto nos recuerda la plegaria de Moisés después del episodio del Becerro de Oro:

> "Eterno", dijo, "¿por qué habría de arder Tu ira contra Tu pueblo, al cual sacaste de Egipto con gran poder y mano fuerte? ¿Por qué habrían de decir los egipcios: 'Él los sacó con malas intenciones, para matarlos en las montañas y borrarlos de la faz de la tierra'? Apártate de Tu furor, cede y no traigas el desastre sobre Tu pueblo" (Éxodo 32:11–12).

Esto es parte del pathos divino. Habiendo elegido identificar Su nombre con el pueblo de Israel, es como si Dios estuviera atrapado entre las exigencias de la justicia por un lado y la percepción del público por el otro. Lo que parece una retribución para los israelitas, es percibido por el mundo como una debilidad. A los ojos de las naciones, para las cuales los dioses nacionales eran asociados con el poder, el exilio de Israel no podía ser interpretado sino como la impotencia del Dios de Israel. Eso, dice Ezequiel, es un *jilul Hashem*, una profanación del nombre de Dios.

3. Salmo 137:4.

El cuarto sentido emergió al final del período del Segundo Templo. Israel había regresado a su tierra y reconstruido el Templo, pero se vieron atacados primero por los griegos seléucidas del reino de Antíoco IV, luego por los romanos, y ambos invasores intentaron proscribir la práctica del culto judaico. La invasión fue más que militar y política, fue religiosa y cultural. Por primera vez, el martirio se había convertido en una característica significativa de la vida judía. Surgió entonces la pregunta: ¿Bajo qué circunstancias debían los judíos sacrificar sus vidas en lugar de transgredir la ley de la Torá?

La pregunta resultaba tanto real como profunda. Durante la gran revuelta contra Roma, entre los años 66–73, hubo numerosos casos trágicos en los cuales judíos cometieron suicidio colectivo en lugar de dejarse llevar cautivos. Eventos similares tuvieron lugar en el norte de Europa durante las Cruzadas. Por una parte, el judaísmo tiene un marcado sesgo en favor de la vida. Los sabios entienden que el versículo que dice "Guardarán Mis decretos y Mis leyes, las cuales el hombre debe cumplir y vivir por ellos" (Levítico 18:5), implica "y no morir por ellos".[4] Salvar la vida tiene precedencia por sobre la mayoría de los preceptos. Pero hay tres excepciones: las prohibiciones contra el asesinato, las relaciones sexuales prohibidas y la idolatría, donde los sabios dictaminan que es preciso morir antes que transgredir. Aun así, también dicen que "en tiempo de persecución" uno debería resistir a costa de la muerte, incluso ante una demanda tal como "cambiarse los cordones de los zapatos", o sea, llevar a cabo cualquier acción que pudiera interpretarse como un pasaje al bando enemigo, traicionando y desmoralizando así a quienes se mantuvieron fieles a la fe. Fue en ese momento que la expresión *kidush Hashem* comenzó a significar la disposición a morir como mártir.

Una de las decisiones colectivas más conmovedoras de parte del pueblo judío fue categorizar a todas las víctimas del Holocausto como "quienes murieron *al kidush Hashem*", o sea, santificando el nombre de Dios. Esto distaba mucho de ser inevitable. El martirio significa elegir morir por amor a Dios. Eso fue lo que ocurrió en persecuciones anteriores contra los judíos. Ante la opción de vivir abandonando la fe o morir fiel a ella, muchos optaron por la muerte. Uno de los aspectos

4. Yoma 85b.

demoníacos del genocidio nazi fue que a los judíos no se les dio opción alguna. Al llamarlos mártires en retrospectiva, los judíos les confirieron a las víctimas una dignidad de la que fueron brutalmente despojadas en vida.

Hay una quinta dimensión. Así es como la resume Maimónides:

> Hay otros hechos que también están incluidos en la profanación del nombre de Dios. Cuando una persona de gran estatura en la Torá 'reconocida por su piedad' lleva a cabo una acción que, si bien no implica una transgresión, causa que se hable despectivamente de ella, esa también es una profanación del nombre de Dios. Por ejemplo, una persona que efectúa una compra y no paga de inmediato, aunque dispone del dinero para hacerlo... o alguien que bromea desmesuradamente, o come y bebe en medio de la gente común, o cuya conducta con las demás personas no es amable ni las recibe afablemente, sino que es pendenciero y propenso a enojarse, etc. Todo esto depende de la estatura del sabio.[5]

Maimónides agrega que también lo contrario es cierto. Si un sabio "habla agradablemente con los demás, es afable y bondadoso, recibe a las personas con agrado y nunca humilla a los demás, aunque estos lo humillen a él, honra a los demás incluso cuando estos le faltan el respeto... resultando en que todos lo elogian, lo quieren y aprueban su obrar, esta persona santifica el nombre de Dios. Respecto a ella, dice la Escritura (Isaías 49:3): "Y Él me dijo: Israel, tú eres Mi siervo en el cual seré glorificado".

Desde este punto de vista, el *kidush Hashem* y el *jilul Hashem* no son mandamientos específicos sino más bien el resultado de una vida tomada en su conjunto, especialmente por parte de las personas que son o debieran ser modelos a seguir para los demás. Si actúan y se comportan de manera tal que se ganan el respeto de los demás, es como si el honor de Dios se elevara, y viceversa. Si personas "de una gran estatura en la Torá" se comportan de una forma que provoca el desprecio de los demás, es como si el honor de Dios se viera disminuido.

5. Maimónides, *Mishné Torá, Hiljot Yesodei HaTorá* 5:11.

Así que podemos trazar una progresión desde el *jilul Hashem* que significa descuido por parte de un sacerdote, hasta el comportamiento inmoral y el exilio de una nación, y *kidush Hashem* desde el cuidado sacerdotal hasta la conducta ejemplar y el sacrificio mismo de la vida en nombre y por amor a Dios. El factor común en todos esos casos es el concepto de "nombre". En muchos idiomas "nombre" es una metonimia de reputación. Un "buen nombre" significa ser admirado por la integridad, el honor y los elevados principios.

El drama detrás de la idea de *kidush* y *jilul Hashem* es que, al vincular Su presencia en la historia con los israelitas, es como si Dios hubiera asumido un riesgo enorme. Si los judíos traen sobre sí el escarnio, es como si se lo hubiesen hecho a Dios. Dios ha puesto Su reputación en nuestras manos. Ese es el motivo por el cual *jilul Hashem* es la transgresión más grave –trae desgracia no solamente al transgresor o al pueblo judío en su conjunto, sino que, por así decirlo, también a Dios mismo.

Isaías dijo: "'Ustedes son Mis testigos', declara el Eterno, 'de que Yo soy Dios'" (Isaías 43:12). Sobre este pasaje hay un midrash extraordinario que añade: "Y si no fuereis Mis testigos, es como si Yo no fuera Dios".[6] Dios es Dios hagamos lo que hagamos o dejemos de hacer. Pero habiendo puesto Dios Su imagen en cada ser humano, asumió el riesgo de identificar Su presencia en la historia con un pequeño pueblo con el cual estableció un pacto en un desierto solitario hace ya mucho tiempo, y desde entonces, ese hecho ha cargado a la existencia judía con una inmensa responsabilidad. Somos testigos de Dios. El modo en cómo el pueblo de Dios se comporta afecta a cómo el propio Dios es percibido.

6. *Pesikta DeRav Kahana*, 12; *Midrash Tehilim* 123:1.

El calendario

La Torá enumera las festividades del año judío en cinco lugares. Dos de estos, Éxodo 23:14–17 y 34:18–26, son breves. Tres, en Levítico, Números 28–29 y Deuteronomio 16:1–17, se exponen detalladamente y resultan muy diferentes entre sí. La lista en Números establece la precisa especificación de los sacrificios que deben ser ofrendados en cada uno de los días sagrados. El relato en Deuteronomio analiza el impacto social de las festividades cuando el pueblo de Israel se convirtió en una nación en su propia tierra. Enfatiza la importancia de estos días para la celebración colectiva: "Tú, tus hijos e hijas, tus siervos y tus siervas, los levitas, los extranjeros, los huérfanos y las viudas que habitan tus ciudades".

Los relatos en Números y Deuteronomio tienen cada uno un enfoque claramente definido. Esto resulta más difícil de ver cuando se trata de la lista en esta *parashá*. Menciona algunas de las ofrendas, pero no otras. Carece de dimensión social. Da algunos detalles que no se encuentran en otra parte, como los preceptos de habitar en cabañas y tomar las "cuatro especies" en Sucot. Profundiza en el conteo de los días y las semanas desde la ofrenda del Omer hasta la festividad de Shavuot. Pero parece carecer de un tema claro. Los sabios dicen que viene a decirnos el "orden" (*sidrán*) de las festividades,[1] pero también en cierto modo, esto lo hacen los demás relatos. Enumeran los días en secuencia y dan sus fechas. Evidentemente, al decir "orden" los sabios se refieren a algo más profundo, pero ¿qué es?

En un aspecto en particular, el relato de Levítico resulta bastante extraño –en su tratamiento de Shabat. Así es como comienza el capítulo:

> El Eterno le dijo a Moisés: "Habla a los israelitas y diles: 'Estas son las festividades señaladas [*moadei*] del Eterno, que deben proclamar [*tikreú*] como reuniones sagradas [*mikraei kodesh*]: estas son Mis festividades señaladas. Durante seis días se trabajará, pero el séptimo día es un día de descanso sabático, un día de reunión sagrada. No haréis labor alguna. Será Shabat para el Eterno en todos vuestros lugares de residencia. Estas son las festividades señaladas por el Eterno, las reuniones sagradas que deben proclamar en sus tiempos señalados'" (Levítico 23:1–4).

Luego continúa con los detalles de las festividades. El problema es evidente y los comentaristas lo notaron. Aquí se emplean dos términos en relación con Shabat que no se utilizan en ningún otro lugar: *moed*, "festividad designada", y *mikrá kodesh*, "reunión sagrada". Pero ninguno de los dos encaja con Shabat. No se trata de un *moed* en el sentido de día con una fecha en el calendario.[2] El calendario hebreo es tanto lunar como solar, lunar en lo que respecta a los meses y solar en relación con las estaciones del año. Shabat no es ninguna de las dos cosas. Crea su propio ritmo singular, la semana de siete días, la cual no existió en ningún otro sistema antiguo de conteo del tiempo. La propia institución de la semana de siete días, hoy un fenómeno global, tiene sus orígenes en la Biblia hebrea. Por lo tanto, Shabat no es una fecha fija en el calendario. No es un *moed*.

Tampoco es *mikrá kodesh*. Los comentaristas dan dos explicaciones para esta expresión. Una es "reunión sagrada", es decir, un momento en el que la nación se reunía en un santuario central (Najmánides). Pero

1. Sifréi, *Parashat Reé*, 127.
2. Ver Sifra y Rashi a Levítico 23:2.

esto no aplica a Shabat. Este día se celebraba a nivel local, no centralizado. La otra explicación es "un día proclamado sagrado" (Rashi, Rashbam), refiriéndose al hecho de que el calendario dependía de la proclamación del *Beit Din* en cuanto a qué o cuáles días serían designados como Rosh Jodesh, el inicio de un nuevo mes. Es precisamente en este aspecto que Shabat se diferencia de las festividades. *No* depende de ninguna proclamación humana. Shabat es sagrado porque Dios Mismo lo ha santificado en el séptimo día de la creación.

Entonces Shabat no pertenece a una lista de las festividades. El texto parece ser consciente de esto porque después de la introducción, "Estas son las festividades señaladas del Eterno", y el relato de una sola línea sobre Shabat, repite la introducción con casi las mismas palabras, para luego enumerar a las festividades propiamente dichas. Casi al final del capítulo, hay otra indicación de que Shabat no encaja completamente. El texto dice: "Estas son las festividades señaladas por el Eterno, las cuales deberán proclamar como reuniones sagradas para traer ofrendas de alimentos al Eterno... *además de* aquellas para los Shabatot del Eterno". Entonces, ¿qué está haciendo aquí el Shabat? Parecería que a la vez pertenece y no pertenece a la lista.

El problema se agudiza debido a una frase que se encuentra tres veces en este capítulo *y en ningún otro sitio de todo el Tanaj*: "que deben proclamar [*tikreú*]". Fue esta expresión, con su triple énfasis, la que condujo a los sabios a concluir que la santidad de los días sagrados depende enteramente de la determinación del *Beit Din*.[3] En relación con el calendario, el veredicto de la corte es constitutivo, no regulatorio. Cuando una corte declara a un hombre culpable, puede estar acertada o errada. Pero cuando declara que determinado día es Rosh Jodesh, el día del novilunio, no puede equivocarse porque su declaración es la que lo constituye. Entonces resulta aún más extraño que Shabat haga su aparición en este capítulo, porque la corte no juega rol alguno en la determinación de si un día es o no Shabat. Ningún fallo de ningún tribunal puede convertir un día laborable en Shabat o a Shabat en un día común de la semana.

Estos son problemas que no pueden resolverse del todo centrándose en el tema que nos ocupa, es decir, el calendario. Tenemos ante

3. Ver Mishná Rosh Hashaná 2:9.

nosotros una instancia clásica en la que el significado del texto debe ser hallado por medio de una visión retrospectiva que nos permita ver su ubicación en la narración bíblica en su conjunto.

El tema de la segunda mitad del libro de Levítico es *la santidad*. Este es un concepto que logramos comprender fácilmente en relación con Dios. Significa que Dios es radicalmente distinto de cualquier cosa del universo físico. No está limitado por el tiempo o el espacio. No puede ser representado por ningún ícono. Hacer una imagen de Dios es dar el primer paso hacia la idolatría. Dios no es una fuerza de la naturaleza sino el creador de la naturaleza misma. Esa fue la verdadera revolución del monoteísmo: no reducir el número de dioses de muchos a uno, sino más bien entender que Dios trasciende el universo. Él es Uno, único, solo. Eso es lo que significa la santidad: una diferencia radical con cualquier cosa dentro del mundo humano.

Eso es lo que hace tan paradójico al mandato de Levítico 19:2: "Santos serán, porque Yo, el Eterno su Dios Soy santo". ¿Cómo pueden los seres humanos ser santos, si la santidad es precisamente aquello que hace a Dios completamente diferente de nosotros? Hay dos respuestas a esta pregunta, una se encuentra antes de la transgresión del Becerro de Oro y la otra después.

La primera respuesta está contenida en un versículo que aparece inmediatamente antes de la revelación en el Monte Sinaí y la entrega de los Diez Mandamientos. Dios le dice a Moisés que les diga a los israelitas: "Ustedes mismos han visto lo que hice a Egipto, y cómo los llevé sobre alas de águila y los traje a Mí. Ahora bien, si me obedecen plenamente y guardan Mi pacto, entonces serán Mi posesión más preciada de entre todas las naciones. Aunque toda la tierra es Mía, ustedes serán para Mí un reino de sacerdotes y una nación sagrada". El énfasis aquí está en el pacto. Los israelitas serán únicos porque tendrán a Dios como su rey, su soberano, su legislador. Ellos lo servirán y Él los protegerá. Ellos serán el pueblo de Dios. Serán una nación sagrada en el sentido de ser la nación del Dios santo. Esto es *santidad por asociación*. Dios es santo. Nosotros somos Suyos. Por lo tanto, somos santos.

Sin embargo, tras la transgresión del Becerro de Oro, el arco del destino de Israel cambia. Un nuevo tono ingresa en la narrativa. Lo percibimos inmediatamente con la construcción del Santuario en el tercio final del libro de Éxodo. Domina la totalidad del libro de Levítico. Ahora el énfasis está menos puesto en Dios, el hacedor de maravillas, el gobernante, el soberano, la mano que cambia la historia y la voz que sacude al mundo. En lugar de ello, el énfasis está puesto en los israelitas y el espacio que han creado para que Dios se vuelva una presencia permanente en medio de ellos. El enfoque cambia de lo que Dios hace a lo que nosotros hacemos.

Repentinamente la santidad se ha acercado, y el centro de la acción se ha trasladado del cielo a la tierra. Los israelitas ya no han de ser santos por mera asociación como "posesión preciada" de Dios. La santidad en el sentido de un encuentro con Dios debe convertirse en una característica regular de sus vidas. Los rabinos expresaron maravillosamente esta nueva dimensión en la bendición que le atribuyeron a Moisés cuando el pueblo concluyó de erigir el Santuario: "Que sea la voluntad de Dios que Su Presencia repose en la obra de tus manos". Esto es la *santidad por acción*: vivir de tal manera que la presencia de Dios viva en lo que hacemos.

La pauta la marca el propio Santuario. Tal como lo hemos señalado en otra parte,[4] el lenguaje que emplea la Torá al final del libro de Éxodo, cuando la labor llega a su fin, evoca deliberadamente el que utiliza para referirse a Dios en el séptimo día de la creación, en Génesis 2:1–3. En otras palabras, el Santuario es un microcosmos, un universo en miniatura, hecho por seres humanos a pedido de Dios para que puedan crear tal como Él crea –sin olvidar que Él es nuestro creador. *El Santuario representa el orden que creamos para reflejar el orden que Dios crea*, convirtiéndonos así, en palabras de los rabinos, en "el socio de Dios en la obra de la creación".

Lo que Levítico 23 nos está diciendo es que lo que era el Santuario en relación al lugar, el calendario lo es en relación al tiempo: *es el tiempo sagrado que creamos para reflejar el tiempo sagrado que Dios crea.* El tiempo sagrado que Dios crea es Shabat. Esta es la primera cosa a la que Dios declara sagrada (Génesis 2:3), la única vez que la palabra "sagrado" o "santo" aparece en el libro de Génesis. Ese es el motivo por el cual la lista de las festividades en el libro de Levítico comienza con

4. *Pacto y conversación: Éxodo – El libro de la redención*, 359-368.

Shabat, tal como la construcción del Tabernáculo comienza con Shabat (Éxodo 35:2–3). Esto es así para recordarnos que nuestra creación debe reflejar y servir como recordatorio permanente de la creación de Dios.

¿Cómo reflejan las festividades el Shabat? La respuesta radica en el rasgo más distintivo de la lista de Levítico: el número siete. Hay siete días sagrados enumerados en Levítico 23: Pesaj (14 de Nisán), Jag HaMatzot, Shavuot, Rosh Hashaná, Yom Kipur, Sucot y Sheminí Atzeret. Hay siete días en los cuales el "trabajo regular" (*melejet avodá*) está prohibido.[5] Las dos festividades largas, Jag HaMatzot y Sucot, duran ambas siete días. Shavuot se celebra siete semanas de siete días, después de la ofrenda del Omer. El mayor grupo de festividades tiene lugar en el séptimo mes. El pasaje en su conjunto contiene siete párrafos. Hay siete ejemplos de palabras que aparecen únicamente en este capítulo y no en ningún otro sitio de la Torá (*tikreú,* tres veces, y *moadei* o *moadai,* cuatro veces). Y lo que encontramos en Levítico 23 en relación con los días, las semanas y los meses, lo encontramos en Levítico 25 en relación con los años: toda una estructura de legislación social construida alrededor del número siete bajo la forma de los años sabáticos y de Jubileo.

Siete es el número de la santidad, porque Dios Mismo declaró santo al séptimo día. Es también santo porque la semana de siete días no corresponde con nada que exista en la naturaleza. Es el día que señala hacia el Uno que trasciende la naturaleza y que creó la naturaleza. Entonces, Levítico 23 es revolucionario en dos maneras. Primero, toma el número asociado con el tiempo no natural y lo transpone al tiempo natural: el calendario de meses lunares y años solares. Segundo, enfatiza la contribución humana a la santificación del tiempo al insistir tres veces que estos son días sagrados "que *deberán* proclamar". Toma el principio de Levítico 19:2 –"Santos serán, porque Yo, el Eterno su Dios Soy santo"– y lo aplica al tiempo. Dios dice: Deben hacer sagrado al tiempo porque Yo hago sagrado al tiempo. De este modo el calendario hace por

5. Sacando a Pesaj (14 de Nisán) de la lista anterior, porque no es un día en el cual esté prohibida la realización de labores, y agregando el séptimo día de Jag HaMatzot.

el tiempo lo que el Santuario hizo por el lugar.[6] Permitió a los israelitas crear un reflejo de lo que Dios había creado cuando Él hizo el universo.

Hay una palabra que conecta las festividades con el Santuario: *moed*. Este vocablo describe las festividades y es también usado –en el primer versículo de Levítico– en la expresión *Ohel Moed*, la "Tienda de Reunión" dentro del Santuario. Así, en el libro de Levítico *moed* no solo significa "un tiempo señalado", sino también cualquier momento o lugar designado como punto de encuentro entre el hombre y Dios. Solamente en ese sentido, Shabat, al igual que las festividades, es un *moed*. Los tiempos sagrados son aquellos en los cuales dejamos a un lado nuestras acciones y deseos cotidianos, y tenemos una cita, un encuentro amoroso con Dios, ya sea por iniciativa Suya o nuestra.

Tan pronto como hemos establecido la conexión entre la palabra *moed* en nuestro capítulo y en el primer renglón del libro, sentimos otro golpe de intertextualidad: la propia palabra *Vaikrá*. Esta, la primera palabra del libro, se repite en nuestro capítulo quince veces en las expresiones *mikrá kodesh*, "reunión sagrada" y *asher tikreú otam*, "que deberán proclamar". Levítico comienza con un llamado de Dios al hombre. Aquí llega a su culminación con el hombre llamando a Dios.

Levítico 23 puede entenderse solamente en términos del drama más amplio puesto en marcha con la transgresión del Becerro de Oro. En ese momento quedó claro que si los israelitas iban a alcanzar la madurez, tenían que convertirse en algo más que en los meros beneficiarios pasivos de la bondad de Dios. Bajo Su dirección, tuvieron que convertirse en creadores activos de espacios que pudieran ser llenados con Su presencia. Ya sea en el lugar o en el tiempo, en estructuras sociales o en vidas privadas, desde el modo en cómo se alimentaban hasta la forma en la que mantenían sus relaciones más íntimas, tenían que introducir aquello que está más allá de la naturaleza en una existencia vivida dentro de las realidades de la naturaleza. Esa es la santidad producto de la acción humana, haciendo un espacio para Dios.

6. Abraham Joshua Heschel habló del Shabat como un santuario en el tiempo. Mi argumento es que esta no es una analogía correcta. Son las festividades las que representan un santuario en el tiempo porque ellas, al igual que el Santuario, nacen por medio de acciones humanas.

Levítico 23 toma esta idea y la aplica al tiempo. En Shabat, Dios hace la invitación. En las festividades, la hacemos nosotros. Ambas son formas de *moed* en el sentido de encuentro. El calendario es donde *Vaikrá,* el llamado de Dios, se encuentra con *tikreú,* el llamado del hombre.

Tres versiones de Shabat

En el ensayo anterior vimos que hay algo singular en la forma en que *Parashat Emor* habla sobre Shabat. Lo llama *moed* y *mikrá kodesh,* cuando en el sentido convencional de estas palabras, no es ninguno de los dos. *Moed* es un tiempo asignado con una fecha fija en el calendario. *Mikrá kodesh* significa, ya sea una asamblea sagrada, un tiempo en el que la nación se reúne en el Santuario central, o un día proclamado santo, es decir, a través de la determinación de la corte humana del calendario. Shabat no es ninguna de estas dos cosas. No tiene una fecha fija en el calendario. No es un tiempo de asamblea nacional. Y no es un día consagrado por proclamación de la corte humana. Shabat fue el día que Dios mismo hizo santo desde el comienzo de los tiempos.

La explicación reside en el contexto en el que aparece el pasaje que contiene estos términos, los capítulos de la Torá cuyo tema principal es la santidad (Levítico 18–27). La postura radical de estos capítulos es que la santidad, un término generalmente reservado para Dios, puede ser adquirida por seres humanos cuando actúan como Dios. Las festividades son al Shabat lo que el Santuario es al universo. Ambos son dominios de santidad creados por el hombre sobre el modelo de la creación y la santificación divina, como aparecen al comienzo de Génesis. Al invitar a los seres humanos a crear un santuario y determinar el calendario mensual y anual, Dios nos inviste de la dignidad de una santidad que no solo hemos recibido pasivamente como un obsequio, sino que hemos adquirido activamente como cocreadores con Dios.

Mikrá kodesh y *moed* como aparecen en Levítico tienen un sentido adicional que no tienen en otros lados, porque evocan el versículo inicial del libro: "El llamó [*Vaikrá*] a Moisés, y el Eterno le habló en la Tienda de Reunión [*Ohel Moed*], diciendo…" (Levítico 1:1). El enfoque está en *mikrá como* "llamado" y en *moed* como "reunión". Cuando la Torá utiliza estas palabras para ser aplicadas a Shabat y las festividades solo en este capítulo, es porque está enfatizando el encuentro entre Dios y la humanidad en el ámbito del tiempo. Ya sea que el llamado sea de Dios a nosotros o de nosotros a Él, ya sea Dios el que inicie ese encuentro o nosotros, el tiempo sagrado se transforma en una reunión de amantes, un punto fijo en el mundo que gira, donde amante y amado, Creador y creación, "hacen tiempo" el uno para el otro, y se conocen uno al otro en la forma especial de conocimiento que llamamos amor.

Si esto es así, ¿qué nos dice *Parashat Emor* sobre Shabat que no aprendemos en otro lado? La respuesta se clarifica cuando vemos otros dos pasajes: las dos versiones del Decálogo, los Diez Mandamientos, como aparecen en Éxodo y Deuteronomio. Es sabido que la redacción de las dos versiones es diferente. El relato de Éxodo comienza con la palabra *Zajor,* recuerda. El relato de Deuteronomio comienza con la palabra *Shamor,* "mantén, guarda, protege". Pero difieren más profundamente en su propia comprensión de la naturaleza y el significado del día. Este es el texto de Éxodo:

> Recuerda el día de Shabat manteniéndolo sagrado. Seis días trabajarás y harás toda tu obra, pero el séptimo día es Shabat para el Eterno tu Dios. En él no harás ningún trabajo… Pues *en seis días el Eterno creó los cielos y la tierra, el mar y todo lo que hay en ellos, pero Él descansó en el séptimo día.* Por eso el Eterno bendijo el día de Shabat y lo santificó (Éxodo 20:8–11).

Según este pasaje, Shabat es un *recuerdo de la creación.* El texto de Deuteronomio nos da una versión muy diferente:

> Guarda el día de Shabat para santificarlo, como el Eterno tu Dios te ha ordenado. Seis días trabajarás y harás toda tu obra, pero el séptimo día es Shabat para el Eterno tu Dios. En ese día no harás ningún trabajo, ni tú, ni tu hijo ni tu hija, ni tu sirviente varón o mujer, ni tu buey ni tu asno, ni ninguno de tus animales, ni ningún extranjero viviendo en tus ciudades, para que tus sirvientes, varón y mujer, descansen como tú lo haces. *Recuerda que fuiste esclavo en Egipto y que el Eterno tu Dios te sacó de allí con mano fuerte y brazo extendido.* Por lo tanto el Eterno tu Dios te ha ordenado que guardes el día de Shabat (Deuteronomio 5:12–15).

Aquí no hay referencia a la creación. En cambio, la Torá habla de un evento histórico: el Éxodo. Guardamos Shabat no porque Dios descansó el séptimo día, sino porque Él sacó a nuestros ancestros de Egipto, de la esclavitud a la libertad. Por eso, Shabat es un día libre hasta para los sirvientes, e incluso para los animales domésticos. Un día de cada siete, nadie es esclavo.

Obviamente, ambos motivos son ciertos, e integramos ambos relatos en el texto del Kidush que hacemos el viernes por la noche. Llamamos a Shabat un recuerdo de la creación *(zikaron lemaase bereshit),* así como un recordatorio del Éxodo *(zejer leietziat Mitzraim).* Sin embargo, una vez que colocamos el relato de Levítico en el contexto de estos otros dos, emerge un patrón más completo.

A lo largo de estos estudios he argumentado que podemos escuchar tres voces primarias en la Torá: la de la realeza, el sacerdocio y los profetas. Estos son los tres roles de liderazgo fundamentales y tienen formas distintas de conocimiento. Así encontramos en el libro de Jeremías que "la enseñanza de la ley [*Torá*] por parte del sacerdote no cesará, ni el consejo de los sabios, ni la palabra de los profetas" (Jeremías 18:18). Ezequiel dice que llegará el día en que "irán en busca de una visión del profeta, cesará la instrucción sacerdotal en la ley, se acabará el consejo de los ancianos" (Ezequiel 7:26).

Sacerdotes, profetas y la elite gobernante (los sabios, los ancianos, los reyes y sus cortes) tienen cada uno su forma de pensar y de hablar. Los reyes y las cortes usan el lenguaje de *jojmá,* "sabiduría". Los sacerdotes enseñan Torá, la palabra de Dios para todos los tiempos. Los profetas tienen visiones. Tienen "la palabra" de Dios no para *todos* los tiempos sino para *este* tiempo. La profecía trata sobre la historia como interacción entre Dios y la humanidad.

¿Es pura casualidad que hayan tres voces cuando podrían haber sido cuatro, dos o una sola? La respuesta es no. Hay tres voces porque es axiomática a la fe judía la creencia de que se encuentra a Dios de tres maneras: en la creación, la revelación y la redención.[1]

La sabiduría es la capacidad de ver a Dios en la creación, en la intrincada complejidad del universo natural y la mente humana. En términos contemporáneos, *jojmá* es una combinación de las ciencias y las humanidades: todo lo que nos permite ver el universo como la obra de Dios y a los seres humanos como la imagen de Dios. Está resumido en un versículo de los Salmos (104:24), "Cuántas son Tus obras, oh Eterno; Tú las has hecho todas con sabiduría".

La revelación, la Torá, la especialidad del sacerdote, es la capacidad de escuchar a Dios como la voz que ordena, más característicamente en forma de ley: "Y Dios dijo", "Y Dios habló", "Y Dios ordenó". La revelación no es una cuestión de ver sino de escuchar, en el sentido profundo de escuchar y prestar atención, de atender y responder. La sabiduría nos dice cómo son las cosas. La revelación nos dice cómo debemos vivir.

La conciencia profética está siempre enfocada en la redención, el largo y tortuoso camino hacia una sociedad basada en la justicia y la compasión, el amor y el perdón, la paz y la dignidad humana. El profeta sabe de dónde venimos y hacia dónde vamos, a qué etapa de la travesía hemos llegado y qué peligros nos esperan. La voz profética está siempre relacionada a la historia, al presente en relación al pasado y al futuro: no una historia como una mera sucesión de eventos, sino como un acercamiento o alejamiento de la buena sociedad, la Tierra Prometida y la Era Mesiánica.

1. El rabino Shimon ben Tzemaj Durán (1366–1441) sostuvo que todos los Trece Principios de Fe de Maimónides podían reducirse a estos tres. Ver Menachem Kellner, *Dogma in Medieval Jewish Thought* (Oxford: Littman Library of Jewish Civilization; edición New Ed, Julio 22, 2004). En la era moderna, esta idea está principalmente asociada con Franz Rosenzweig.

Creación, revelación y redención representan las tres relaciones básicas dentro de las cuales están planteados el judaísmo y la vida humana. La creación es la relación de Dios con el mundo. La revelación es la relación de Dios con nosotros. Cuando aplicamos la revelación a la creación, el resultado es la redención: el mundo en el que la voluntad de Dios y la nuestra coinciden.

Ahora comprendemos por qué la Torá contiene tres relatos distintos de Shabat. El relato en la primera versión de los Diez Mandamientos, "Pues en seis días el Eterno creó los cielos y la tierra", es el Shabat de la creación. El relato en la segunda versión, "Recuerda que fuiste esclavo en Egipto y que el Eterno tu Dios te sacó de allí", es el Shabat de la redención. Y el relato de *Parashat Emor,* expresado en la voz sacerdotal, es el Shabat de la revelación.

En la revelación, Dios llama al hombre. Es por eso que el libro central de la Torá que más que cualquier otro representa a *Torat Cohanim,* "la ley de los sacerdotes", comienza con la palabra *Vaikrá,* "y Él llamó". Es también por eso que Shabat está incluido, únicamente aquí, en los días "que proclamarás (*tikre'u*) como convocatorias sagradas *(mikraei kodesh)",* con el doble énfasis en el verbo *k-r-a,* "llamar, proclamar, convocar". Shabat es el día en el que, en el estancamiento del descanso y el silencio del alma, escuchamos el *Vaikrá* de Dios.

De ahí que la palabra *moed,* que normalmente significa "tiempos asignados", aquí significa "reunión". Yehudá Haleví, el poeta y filósofo del siglo XI, dijo que Shabat es como si Dios nos hubiera invitado personalmente a ser comensales en Su mesa.[2] El Shabat de la revelación no mira hacia atrás al nacimiento del universo, ni hacia adelante a la redención futura. Celebra el momento presente como nuestro tiempo privado con Dios. Representa "el poder del ahora".

Esta estructura triple no solo está presente en la Torá, también está incorporada en las oraciones del propio Shabat. Shabat es el único día del año en que los rezos de la noche, la mañana y la tarde, son distintos uno del otro. En la *Amidá* de la noche del viernes nos referimos al Shabat de la creación: "Tú santificaste el séptimo día por Tu nombre como la culminación de la creación de los cielos y la tierra". En la mañana

2. Yehudá Haleví, *El Cuzarí,* II:50.

de Shabat hablamos del momento supremo de la revelación: "Moisés se regocijó por el obsequio de su porción... Tú pusiste una corona de gloria en su cabeza cuando él se paró delante de Ti en el Monte Sinaí. Bajó con dos tablas de piedra en sus manos, en las que estaba grabada la observancia del Shabat". En la tarde de Shabat esperamos la redención final, cuando toda la humanidad reconocerá que "Tú eres Uno, Tu nombre es Uno, y quién es como Tu pueblo Israel, una nación que es única en la tierra".[3]

Creación, revelación y redención constituyen la tríada básica de la fe judía. Asimismo, son el principio de estructuración más fundamental del rezo judío. En ningún lugar queda esto más claro que en la forma en que la Torá comprende el Shabat: un día con tres dimensiones, vividas sucesivamente en las experiencias de noche, mañana y tarde. Lo que en la cultura secular se fragmenta en ciencia, religión e ideología política, está unido aquí en las experiencias transformadoras de Dios que creó el universo, cuya presencia llena nuestros hogares de luz, y quien un día nos conducirá a un mundo de libertad, justicia y paz.

3. La frase *goy ejad baaretz*, que aparece tres veces en el Tanaj, tiene dos significados: "una nación única en la tierra" (II Samuel, 7:23, I Crónicas 17:21), y "una nación reunificada" después de sus divisiones internas (Ezequiel 37:22). Aquí tiene ambos significados.

Nueva luz sobre una antigua controversia

Una única frase en *Parashat Emor* condujo a una de las grandes controversias en la historia judía. Ocurre en el contexto del Omer y del conteo que esta ofrenda inicia hasta la próxima festividad, Shavuot. He aquí la ley tal como aparece en esta *parashá*:

> Cuando entren a la tierra que Yo les otorgo y sieguen la cosecha, traerán la primera gavilla [Omer] de su cosecha al sacerdote. Él la alzará y la agitará ante el Eterno para que sea aceptada de parte de ustedes; el sacerdote hará esta ofrenda *en el día después del Shabat*... Y desde el día en que traigas el Omer como ofrenda alzada y agitada –*el día después del Shabat*– deberán contar siete semanas completas. Deberán contar hasta el día siguiente de la séptima semana, cincuenta días; entonces traerán una nueva ofrenda de cereal al Eterno (Levítico 23:10–11, 15–17, 22).

La frase que generó la polémica fue "el día después del Shabat". ¿Qué quiere decir esto? En un sentido simple es el domingo. Pero ¿qué domingo? ¿Y por qué? ¿Realmente se refieren aquí a domingo? Después de todo, hay dos ciclos de tiempo en el año judío. Está el tiempo semanal, determinado por el ciclo de siete días que culmina en Shabat, establecido por Dios mismo en el acto de la creación. Y está también el tiempo mensual, confiado por Dios a los israelitas en el primer precepto (Éxodo 12:2), para determinar el calendario mediante una compleja síntesis entre el sol que da origen a las estaciones, y la luna que origina los meses. Por lo tanto, la referencia a Shabat en el contexto de Pesaj y Shavuot parece discordante, una confusión entre dos modos de tiempo –el tiempo de Dios (Shabat) y el tiempo de Israel (las festividades).

La ambigüedad se vio acentuada por profundos cismas en la vida judía a finales de la era del Segundo Templo, entre los fariseos y otros grupos como los boetusianos, saduceos, samaritanos y la secta de Qumrán de los rollos del Mar Muerto. Más adelante en el tiempo de los *Geonim*, a partir del siglo VIII, surgió una controversia similar entre los seguidores de los rabinos y los caraítas. Los fariseos y los rabinos sostenían, al igual que nosotros, que existe una Tradición Oral, la *Torá Shebealpé*, de igual autoridad que el texto escrito de la Torá, la *Torá Shebijtav*.[1] Esa tradición dijo que "el día después del Shabat" significaba "el día posterior al primer día de la festividad", el cual al ser un día de descanso, podía también ser denominado "Shabat".[2]

Los otros grupos, al carecer de una tradición oral, sostenían que la palabra Shabat debía interpretarse literalmente. Para ellos el Omer era ofrendado el domingo y Shavuot caía un domingo siete semanas más tarde. Los boetusianos, los saduceos y los caraítas entendían que la frase significaba: "el día después del Shabat que tiene lugar durante Pesaj". La secta de Qumrán entendió que se refería al Shabat *posterior* a Pesaj. Los

1. Ver en este contexto, Yehudá Haleví, *El Cuzarí*, III:41.
2. Otra opinión era que el primer día de Pesaj era denominado Shabat debido a la orden de "eliminar" (*tashbitu*, del mismo verbo que "Shabat") toda la levadura del hogar (Éxodo 12:15). Mi propia visión es que aquí la Torá emplea el vocablo Shabat para significar "primer día del festival" debido a una ambigüedad única que aparece en el versículo anterior. Allí la Torá especifica no un día sino dos, Pesaj (el 14 de Nisán) y Jag HaMatzot (una festividad de siete días que comienza el 15 de Nisán). Cualquier término tal como *jag, mikrá kodesh* o *moed* resultaría ambiguo en este contexto. La única diferencia entre Pesaj y el primer día de Jag HaMatzot es que en el último el trabajo estaba prohibido y no así en el primero. Por lo tanto, en relación con Pesaj (14 de Nisán), el primer día de Jag HaMatzot es un Shabat, esto es, un día no laborable.

judíos de Etiopía sostenían una cuarta opinión, y entendían que significaba el último día de la festividad, de manera tal que para ellos Shavuot caía seis días más tarde que para los fariseos y los rabinos.

El resultado fue el caos: diferentes grupos celebraban una festividad importante en días diferentes. La vida judía lleva todavía la cicatriz de aquella disputa en la forma del segundo día festivo que se observa fuera de Israel. Durante el período del Segundo Templo no había necesidad de un segundo día ni siquiera en Babilonia, porque la decisión de la corte sobre el inicio del nuevo mes era transmitida instantáneamente por medio del encendido de una serie de fogatas que se extendían desde la tierra de Israel hasta Babilonia. Sin embargo, durante la controversia del Omer/Shavuot, los boetusianos sabotearon las fogatas de modo tal que las noticias debían ser enviadas por medio de mensajeros.[3] Esa es una ironía persistente del monoteísmo. Servir a un solo Dios no siempre genera unidad.

Quienes entendían "el día después del Shabat" literalmente como un domingo, tenían fuertes argumentos a su favor. En primer lugar, así es como la frase normalmente se entendería. Si la Torá tenía la intención de decir "el día posterior al primer día de la festividad", ¿por qué no lo escribió así? Además de ello, solamente si se inicia el conteo el primer día de la semana un conteo de cuarenta y nueve días produce "siete semanas completas" en el sentido habitual, es decir, un período de siete semanas que comienza en domingo y termina en Shabat. El Talmud nos reporta[4] sobre un boetusiano que ofreció una tercera y entrañable consideración humana. Él dijo que Moisés era un "amante de Israel". Al darse cuenta que tras siete semanas agotadoras en el campo los agricultores estarían cansados, Moisés (o más bien, Dios) tuvo compasión de ellos, ¡y les otorgó un fin de semana largo!

Sin embargo, los boetusianos pueden haber tenido otra razón que no está mencionada en las fuentes talmúdicas, pero se trata de una conexión que clama por ser realizada. La palabra "omer" aparece tres veces en esta *parashá*. Pero aparece seis veces en Éxodo 16, el único lugar en el cual este vocablo ha sido mencionado con anterioridad. *Era la medida*

3. Mishná Rosh Hashaná 2:2.
4. Menajot 65a.

del maná que descendía del cielo para los israelitas cuando se terminaron los panes ácimos que habían traído con ellos de Egipto. La Torá (Éxodo 16:1–18) nos cuenta que cuando el alimento se acabó, las personas comenzaron a padecer hambre y se quejaron ante Moisés, por lo que Dios envió el maná, una de cuyas cualidades milagrosas consistía en que por mucho que la gente recogiera, siempre se encontraban con que tenían la cantidad equivalente a un omer.

Por lo tanto, es posible que los boetusianos y otros sectarios hayan tenido una comprensión histórica de lo que representaba la ofrenda del Omer. Era una manera de recordar el maná mismo. Esto no es absurdo: aún hoy observamos la costumbre de colocar dos hogazas de pan sobre la mesa en Shabat en recuerdo de la doble ración de maná que caía los viernes en honor al séptimo día. De ser así, los boetusianos habrían tenido un poderoso argumento para exponer en su debate con los fariseos: ¡*el maná cayó por primera vez un domingo*! En esto concuerda incluso el Talmud, que es el texto clásico del judaísmo rabínico.[5] Por eso –los boetusianos podrían haber argumentado– el Omer siempre se ofrenda un domingo, dado que rememora el maná que cayó por primera vez en domingo. Según esta interpretación, el simbolismo del Omer resulta claro. Al recordar el maná, *representa el pan de la libertad que comieron en el desierto una vez que se acabara el pan ácimo de la aflicción*. Ese fue el primer sabor de la libertad.

Sin embargo, el maná nos lleva al argumento más simple en contra de los boetusianos, dado por Maimónides.[6] Él se refiere al pasaje del libro de Josué que se lee como *haftará* en el primer día de Pesaj:

> En la tarde del catorceavo día del mes, mientras acampaban en Guilgal, en las llanuras de Jericó, los israelitas celebraron Pesaj. *El día después de Pesaj*, en el mismo día, comieron algo del producto de la tierra: pan ácimo y grano tostado. El maná cesó al día siguiente cuando comieron del producto de la tierra; ya no había

5. Shabat 87b, Rashi, comentario a Éxodo 16:1.
6. Maimónides, *Mishné Torá, Hiljot Temidín Umusafín*, 7:11. Sin embargo, nótese la objeción a esta explicación que presenta Ibn Ezra en su comentario a Levítico 23:11.

> más maná para los israelitas; ese año comieron de lo producido por Canaán (Josué 5:10–12).

Aquí vemos a los israelitas comiendo del nuevo producto en "el día después de Pesaj [*mimojorat HaPesaj*]", no "el día después del Shabat". Los nuevos productos pueden ser ingeridos solamente después de que se ha traído el Omer. Entonces, claramente el Omer era traído al día siguiente de la festividad y no en domingo. La prueba resulta convincente. Pero implícitamente, Maimónides nos está diciendo algo más. *La ofrenda del Omer no rememora el inicio sino el final del descenso del maná.* Si esto es así, las implicaciones son inmensas.

Las diferencias entre el maná y el nuevo producto de la tierra, los alimentos que Josué y sus contemporáneos fueron los primeros en ingerir, eran las siguientes:

1. El maná vino del desierto, el nuevo cereal provenía de la tierra de Israel.
2. En muchos aspectos el maná era milagroso; el nuevo cereal no lo era.
3. El maná era el obsequio de Dios; el nuevo grano involucraba la labor de los seres humanos, de los agricultores.
4. El maná es descrito en la Torá como "pan del cielo" (Éxodo 16:4); el nuevo grano es denominado "pan de la tierra" (Salmo 104:14).
5. Según Rabí Akiva, el maná era "el pan que comen los ángeles" (Yoma 75b). El Omer, extraído de la cebada, era un alimento rústico, a veces empleado para alimentar a los animales.

El maná era especial. Los israelitas no tenían que trabajar para obtenerlo. No había arado, ni siembra, ni cuidado, ni siega. Era un obsequio de parte de Dios. Caía del cielo. Cada mañana aparecía nuevo maná. Todo lo que tenían que hacer era recogerlo. Ingresar al país, en cierto sentido debió haber sido una decepción, pues implicó entrar al mundo prosaico y cotidiano de la labranza en los campos para esperar ansiosamente a ver si la cosecha sería buena o si se estropearía por causa de la sequía, tal como ocurría a menudo en la tierra de Israel.

Sin embargo, históricamente la corriente central del judaísmo ha adoptado una actitud diferente hacia el mundo del trabajo. Contiene una polémica en contra de la idea de una clase privilegiada y un fuerte sentido de la dignidad del trabajo. Dios mismo, en Génesis 2, planta un jardín y forma al primer ser humano a partir de la tierra. El primer hombre es puesto a cargo del jardín para servirlo y cuidarlo. "Dulce es el sueño del hombre de trabajo", dice Eclesiastés (5:11). El salmista dice: "Cuando comas del trabajo de tus manos, serás feliz y te irá bien" (Salmo 128:2). Rav, un sabio del siglo III, dice que "es mejor desollar animales muertos (para ganarse el sustento) que depender de otras personas".[7] Alguien que no se involucra en *ishuv haolam*, trabajo constructivo, no es un testigo válido según la ley judía.[8] El trabajo es una fuente de dignidad y respeto a uno mismo. El misticismo judío acuñó la expresión *nahama dekisufa*, "el pan de la vergüenza", para referirse al alimento que se recibe de otros sin haber tenido que trabajar para obtenerlo.

El trabajo es dignidad. Sin embargo, trabajar sin parar es esclavitud. *Parej*, el término utilizado para describir la labor que los egipcios impusieron a los israelitas, probablemente signifique trabajo sin cesar y sin un final en vista.[9] Es por esto que Shabat es central para el proyecto de construir un mundo que no sea como Egipto. En la segunda repetición de los Diez Mandamientos, Moisés dice que observes Shabat para que "tu siervo y tu sierva puedan descansar como tú. Recuerda que fuiste esclavo en Egipto… Es por esta razón que el Eterno tu Dios te ha ordenado guardar el Shabat" (Deuteronomio 5:13–14). Libertad no significa no trabajar. Significa la capacidad de parar de trabajar. Shabat es la primera degustación de la libertad. *Es por esto por lo que el primer día de Pesaj es descrito en la Torá como Shabat.*

Entonces, ¿cuál era el significado de la expresión "*mojorat HaShabat*", "el día después del Shabat" para los fariseos? Para entenderlo, debemos remontarnos a la propia historia de la creación. Dios creó el

7. Talmud Yerushalmi, Berajot 9:2.
8. Sanedrín 24b.
9. Éxodo 1:13–14, normalmente traducido como "riguroso"; Sifra *Parashat Behar* 25:6.

mundo en seis días, y el séptimo descansó. Tal como los sabios leían el texto, uniendo los dos relatos, el de Génesis 1 con el de Génesis 2 y 3, Dios creó a los primeros seres humanos en el sexto día. Ese mismo día transgredieron y fueron sentenciados a ser exiliados del Jardín del Edén. Dios les concedió un día entero en el paraíso, el propio Shabat. Inmediatamente después de Shabat abandonaron el Edén para ingresar a la oscuridad del mundo. Sin embargo, Dios les hizo "vestimentas de piel" (interpretado en la Mishná por la escuela de Rabí Meir como "vestimentas de luz")[10] y, de acuerdo con la tradición rabínica, les enseñó cómo encender fuego, motivo por el cual recitamos una bendición por la luz del fuego durante la *havdalá*, la ceremonia que marca la finalización de Shabat. Si esto es así, el simbolismo se vuelve claro: *en Shabat celebramos el mundo que Dios creó. El día después del Shabat es cuando celebramos el mundo que nosotros creamos.* La expresión *mojorat HaShabat* es una metáfora del esfuerzo humano y de sus logros: el espacio que Dios hace para nosotros.

La discusión entre los boetusianos y los fariseos adquiere ahora una dimensión completamente nueva. En general, los eruditos sostienen que los saduceos y los boetusianos eran una élite. Eran o sacerdotes en el Templo, o funcionarios o terratenientes, lo más cerca que estuvo el judaísmo de una clase social privilegiada. Los sectarios de Qumrán eran una comunidad de élite que había dado la espalda a la sociedad en su conjunto. Los fariseos estaban conformados en gran medida por la clase trabajadora. La imagen que tenemos de figuras tales como Hilel, Rabí Akiva y Rabí Yehoshúa entre otros, es que eran pobres, pero se negaban a vivir de la caridad. Es a ellos a quienes les debemos muchas de las afirmaciones clave del mundo rabínico acerca de la importancia de la autonomía y de trabajar para ganarse la vida.

Ahora podemos plantear la hipótesis de que para los boetusianos, los saduceos y los sectarios, el acontecimiento que desearíamos conmemorar es el primer descenso de maná. Este era sagrado, milagroso, espiritual, era un obsequio divino, pan del cielo que descendía sin trabajo terrenal. Este, el pan que cayó por primera vez un domingo, es aquel que recordamos cuando ofrendamos el Omer, cuyas dimensiones (una

10. Génesis 3:21, Bereshit Rabá 20:21.

décima parte de un *efá*) eran precisamente las del propio maná. Este fue el primer sabor de la libertad que marcó el final del pan de la aflicción.

Para los fariseos era todo lo contrario. Mientras los israelitas fueron completamente dependientes de Dios eran quejumbrosos, desagradecidos, rebeldes e inmaduros. Eso es lo que hace la dependencia. Detiene el desarrollo del carácter. La primera vez que los israelitas alcanzaron su verdadera dignidad fue cuando trabajaron juntos para erigir el Tabernáculo. Ellos trabajaron. Dieron de su tiempo, aplicaron sus habilidades y donaron sus pertenencias. Hubo armonía. Donaron tanto que Moisés tuvo que decir que cesaran de aportar. Ese fue su verdadero aprendizaje en libertad.

El momento supremo del logro religioso llegó cuando, ya no como nómadas sin hogar, ingresaron a la tierra que Dios le había prometido a Abraham. Cuando comieron el producto de la tierra por primera vez fue también la primera vez que degustaron ese cumplimento largamente demorado. Cada año este evento era recapturado en un momento simbólico único: los primeros productos de la cosecha de cereal. Este era el sueño que finalmente se había cumplido: una nación sagrada que labra la tierra que Dios ha llamado santa –como Sus socios en la obra de la creación. La tierra era Suya, el trabajo era de ellos. La lluvia era Suya, el grano era de ellos. Ellos habían sembrado con lágrimas, ahora estaban cosechando con regocijo.

Aunque el grano era burdo, pues se trataba de cebada, y aunque no era nada milagroso y provenía de la tierra y no del cielo, era precioso a los ojos de los israelitas porque así lo era también a los ojos de Dios. Era el símbolo humilde del día después del Shabat, el primer día de la creación humana tras los siete de la creación divina. Habían recibido tanto de parte de Dios. Ahora Dios les había otorgado el mayor obsequio de todos: la capacidad de obsequiarle a Él. Lo que importaba no era que fuera refinado como la mejor harina de trigo (eso vino más tarde, con las dos hogazas de pan que se ofrendaban en Shavuot), sino que fuera el producto de la labor de sus manos.

Ahora podemos entender desde una nueva perspectiva el significado del *conteo de los días.*[11] Génesis 1 describe la creación divina. Dijo Dios: "Hágase la luz", y hubo luz. Para Dios no hay demora entre la concepción y la ejecución, entre la idea y el hecho. Sin embargo, para los seres humanos existe una demora. Es la *capacidad de soportar los retrasos lo que hace posible todo logro creativo humano.* Lleva tiempo convertirse en agricultor y aprender a arar, plantar y cuidar de la cosecha. Se necesita tiempo para convertirse en algo que valga la pena.

Un esclavo nunca aprende esto. Él o ella vive en el momento. El amo ordena, el esclavo ejecuta. El esclavo no tiene que preocuparse de los riesgos y consecuencias a largo plazo. Para los fariseos, el maná que los israelitas comieron en el desierto no era aún el pan de la libertad, porque no involucraba ninguna conciencia del tiempo. Caía cada día, debía ser ingerido cada día, y a excepción del viernes, no podía guardarse para mañana. Los israelitas lo comían tal como los esclavos comían su dieta diaria de subsistencia. Tenía el gusto de la santidad, pero todavía no sabía a libertad.

Un ser humano libre tiene que aprender el arte del tiempo que viene junto con la asunción de riesgos y la creación. Él o ella deben adquirir habilidad y sabiduría, paciencia, y la capacidad de persistir a través de los muchos fracasos sin ceder a la desesperación. La lección fundamental de los años en el desierto, tal como Maimónides lo enfatiza en su *Guía de los perplejos* (III:32), es el tiempo que le lleva a los antiguos esclavos adquirir los hábitos mentales y emocionales de los seres humanos libres y responsables. En el caso de los israelitas, llevó una generación.

Lo que caracteriza a un ser humano libre es su capacidad de contar el tiempo, de soportar un largo retraso entre el inicio de un viaje y su finalización. "Enséñanos a contar nuestros días", dice el salmista, "para que podamos adquirir un corazón sabio" (Salmo 90:12). Contar los días sin impaciencia o sin procurar atajos es la condición previa para cualquier esfuerzo creativo, y en el corazón de la doctrina de los fariseos y los rabinos se encuentra la creencia de que el Dios de la creación desea

11. Las explicaciones tradicionales sostienen que representaba el conteo de los días hasta la revelación del Monte Sinaí (Maimónides), o el conteo de los días de la purificación después de la impureza de Egipto (Zohar).

que seamos creativos y no dependientes de la creatividad de otros. Hubo quienes pensaron diferente: los acaudalados saduceos, los apocalípticos habitantes del desierto de Qumrán, los místicos tales como Rabí Shimon bar Yojai, quien en un momento llegó a pensar que las palabras "tú recogerás tu grano, tu vino y tu aceite" no eran una bendición sino una maldición, y miraba con desdén a la gente que araba los campos.[12] Pero esas eran voces marginales. La corriente principal sostenía todo lo contrario.

El Omer es el símbolo inmensamente poderoso de la ofrenda de los primeros frutos de grano sembrado y cosechado por el hombre, traídos en el aniversario del día en el que el "pan del cielo" cesó de caer, y el "pan de la tierra" de Israel comenzó a obtenerse, rústico, poco sofisticado, pero el trabajo combinado de la tierra y la lluvia de Dios y el trabajo del hombre –socios en la obra de la creación. El viaje a la libertad comienza en Pesaj con "Shabat", el primer sabor de la libertad, que es saber que no tienes que trabajar sin cesar. Pero inmediatamente después, en el segundo día, pasa al "día después del Shabat", el mundo de la labor humana, el día en el cual Adán y Eva abandonaron el paraíso para abrirse camino en el mundo, un mundo lleno de dificultades y amenazas, pero uno en el que están envueltos, según la bella expresión de Rabí Meir, en "vestimentas de luz". No precisas vivir en el Jardín del Edén para ser bañado por la luz divina. El trabajo creativo no es trabajo de esclavos. Pero requiere de una disciplina: el arte del conteo del tiempo, o como dijo Freud, la capacidad de aplazar la satisfacción del instinto. Gran parte de la ley judía es una forma de entrenamiento en el arte de diferir la satisfacción del instinto.[13]

Entonces, la discusión respecto del Omer y su significado era profunda y no solo sobre la autoridad de la Ley Oral. Se trató de la naturaleza de la vida religiosa. ¿Quiere Dios que nos involucremos en la sociedad, contribuyendo a ella y siendo creativos dentro de ella, o es para otros, no para nosotros? Resulta justo decir que la discusión no ha llegado a su fin. A este lado del Final de los Días, tal vez nunca lo haga.

12. Berajot 35b, Shabat 33b.
13. Este es el argumento de Maimónides en la *Guía de los perplejos*, III:33.

Sucot: La festividad dual

En cada uno de los tres pasajes principales de la Torá en los que las festividades se exponen en detalle, hay algo inusual acerca de Sucot. Consideremos primero el listado en Deuteronomio 16, donde el énfasis está puesto en la dimensión cívica de las festividades como ocasiones para la inclusión social, cuando no solamente "tú, tus hijos y tus hijas" celebran, sino que también lo hacen "tus siervos, tus siervas, los levitas, los extranjeros, los huérfanos y las viudas que viven en tus ciudades".

Una de las palabras clave del libro de Deuteronomio en su conjunto es *s-m-j*, celebración colectiva. Este vocablo aparece solamente una vez en el libro de Éxodo, una sola vez en Levítico (específicamente en el contexto de Sucot) y una sola vez en Números. Aparece doce veces en Deuteronomio. Y en el pasaje que se ocupa de las festividades aparece no una sino dos veces en relación con Sucot:

> Alégrate [*vesamajta*] en tu fiesta… Durante siete días celebrarás la fiesta del Eterno tu Dios en el lugar que el Eterno escoja. Porque el Eterno tu Dios te bendecirá en toda tu cosecha y en toda la obra de tus manos, y tu alegría será completa [*vehaíta aj sameaj*] (Deuteronomio 16:14–15).

El libro de Deuteronomio no menciona la alegría en relación con Pesaj. La menciona una sola vez en relación con Shavuot. En el contexto de Sucot se refiere a esta dos veces. Sin duda, fue esto lo que condujo a la descripción tradicional de Sucot como *zman simjateinu*, "la temporada de nuestra alegría". Pero ¿por qué una alegría doble?

La segunda característica extraña aparece en esta *parashá*, el único lugar de la Torá donde se especifican las dos prácticas especiales de Sucot. Esta es la primera:

> A partir del día quince del mes séptimo, tras haber recogido las cosechas de la tierra, celebrarán la festividad del Eterno durante siete días… En el primer día deberás escoger frutos de los árboles, hojas de palmeras, ramas frondosas y sauces de arroyo, y se alegrarán delante del Eterno tu Dios durante siete días (Levítico 23:39–40).

Esta es una referencia a los *arbaat haminim*, las "cuatro especies" –una rama de palma, un citrón, ramas de mirto y de sauce– que deben ser tomadas y agitadas en Sucot. La segunda orden es bastante diferente:

> Vivirán en cabañas durante siete días: todos los israelitas nativos habrán de vivir en cabañas para que tus descendientes sepan que Yo hice a los israelitas habitar en cabañas cuando los saqué de Egipto. Yo soy el Eterno tu Dios (Levítico 23:42–43).

Esta es la orden de dejar nuestras casas y vivir en la morada temporal que le confiere a Sucot su nombre: la festividad de las "cabañas, chozas, tabernáculos", un recordatorio anual de las casas temporales y portátiles en las que los israelitas habitaron durante su travesía por el desierto.

Ninguna otra festividad posee este simbolismo dual. No solo las "cuatro especies" y el tabernáculo son de carácter diferente, sino que incluso son aparentemente *opuestos* entre sí. Las "cuatro especies" y los rituales asociados a estas tienen que ver con la *lluvia*. Según Maimónides,[1] eran los productos de la tierra de Israel más fácilmente disponibles,

1. Maimónides, la *Guía de los perplejos*, III:43.

recordatorios de la fertilidad del país. Por el contrario, el precepto de vivir siete días en cabañas sin más techo que hojas de árboles, presupone la *ausencia* de lluvia. Si llueve en Sucot estamos exentos de este mandamiento (mientras dure la lluvia, y siempre que esta sea lo suficientemente intensa como para estropear los alimentos servidos a la mesa).

La diferencia es aún más profunda. Por una parte, Sucot es la festividad más *universalista* de todas. El profeta Zacarías prevé el día en el que será celebrada por toda la humanidad:

> El Eterno será rey sobre toda la tierra. En ese día el Eterno será Uno y Su nombre el único… Entonces los sobrevivientes de todas las naciones que han atacado a Jerusalén ascenderán a ella año tras año para servir al Rey, el Eterno Todopoderoso, y celebrar la Festividad de los Tabernáculos. Si alguna de las naciones de la tierra no ascendiere a Jerusalén a servir al Rey, el Eterno Todopoderoso, no tendrá lluvia. Si el pueblo egipcio no asciende y toma parte, no tendrá lluvia (Zacarías 14:9, 16–17).

De ahí la interpretación dada por los sabios sobre el listado de las festividades que aparece en el libro de Números. En Sucot, se sacrificaban setenta toros durante la festividad (Números 29:12–34). Los sabios dicen que estos se corresponden con las setenta naciones (el número tradicional de civilizaciones, ver Génesis 10). Siguiendo las indicaciones dadas por Zacarías, dijeron que "En la festividad [de Sucot] el mundo es juzgado por la cuestión de la lluvia".[2] No hay nada distintivamente judío en cuanto a la necesidad de lluvia. Todos los países, especialmente los del Medio Oriente, la necesitaban.

Sin embargo, al mismo tiempo se trata de la festividad más *particularista*. Cuando nos sentamos en la sucá recordamos la historia judía, no solamente los cuarenta años que deambulamos por el desierto, sino la totalidad de la experiencia del exilio. La sucá se define como una "morada temporal" (*dirat arai*). Es el símbolo más poderoso de la historia judía. Ninguna otra nación podría ver a su hogar no como un castillo, una fortaleza o un arco de triunfo, sino como una frágil choza.

2. Mishná Rosh Hashaná 1:2.

Ninguna otra nación nació, no en su tierra sino en el desierto. Lejos de ser universalista, Sucot es intensamente particularista, es la festividad de un pueblo como ningún otro, cuya única protección era su fe en las alas protectoras de la Divina Presencia.

Es casi como si Sucot fueran dos festividades y no una.

Lo es, y ahí radica su carácter único. Si bien todas las festividades están listadas juntas, en la práctica representan dos ciclos bastante diferentes. El primero es el ciclo de Pesaj, Shavuot y Sucot. Estas festividades cuentan la narrativa particular de la identidad y la historia judías: el Éxodo (Pesaj), la revelación en el Monte Sinaí (Shavuot) y la travesía por el desierto (Sucot). Al celebrarlas recreamos los momentos clave de la memoria judía. Celebramos lo que es ser judío.

Sin embargo, hay un segundo ciclo, el de las festividades del séptimo mes: Rosh Hashaná, Yom Kipur y Sucot. Rosh Hashaná y Yom Kipur no solo tienen que ver con los judíos y el judaísmo. Tratan de Dios y de la humanidad en su conjunto. El lenguaje de las plegarias es diferente. Decimos: "Infunde Tu reverencia sobre *todas* Tus obras, y el temor a Ti sobre *todo* lo que has creado". La liturgia es sorprendentemente universalista. Los Días de Reverencia tratan de la soberanía de Dios sobre toda la humanidad. En ellos, reflexionamos sobre la condición *humana,* no solamente sobre la judía.

Los dos ciclos reflejan el doble aspecto de Dios: como *creador* y como *redentor*. Como creador, Dios es universal. Todos estamos hechos a la imagen de Dios, formados en Su semejanza. Compartimos una alianza de solidaridad humana, el pacto de Noaj. Somos conciudadanos del mundo que Dios creó y cuyo cuidado nos encomendó. Sin embargo, como redentor, Dios es particular. Cualquiera que sea Su relación con las demás naciones (y tal como Amós e Isaías insisten, en efecto, Él *tiene* una relación con otros pueblos), los judíos lo conocen por medio de Sus actos salvadores a lo largo de la historia de Israel: en el Éxodo, en la revelación y en la travesía hacia la Tierra Prometida.

Tan pronto como identificamos los dos ciclos, vemos qué es lo que vuelve singular a la festividad de Sucot. Es la única festividad que pertenece a ambos. Es parte del ciclo de la historia judía (Pesaj, Shavuot y Sucot) y también de la secuencia festiva del séptimo mes (Rosh Hashaná, Yom Kipur y Sucot). De ahí el origen de la alegría doble.

Las "cuatro especies" representan la universalidad de la festividad. Simbolizan la naturaleza, la lluvia, el ciclo de las estaciones, cosas comunes a toda la humanidad. Sin embargo, la propia sucá, el tabernáculo, representa el carácter singular de la historia judía con sus reiteradas experiencias de exilio, de regreso a casa y su larga travesía por el desierto del tiempo.

De una manera que no es compartida por ninguna otra festividad, Sucot celebra la naturaleza dual de la fe judía: *la universalidad de Dios y la particularidad de la existencia judía*. Todos necesitamos lluvia. Todos somos parte de la naturaleza. Todos dependemos de la compleja ecología del mundo creado. De ahí las "cuatro especies". Pero cada nación, cada civilización, cada religión es diferente. Como judíos, somos herederos de una historia diferente de la de cualquier otro pueblo: pequeños, vulnerables, de exilio en exilio, pero aun así sobreviviendo. De ahí la sucá.

La humanidad está formada a partir de nuestros puntos en común y diferencias. Estas diferencias nos confieren nuestra identidad. Nuestros puntos en común nos dan nuestra humanidad. *Si fuéramos completamente diferentes no seríamos capaces de comunicarnos. Si fuéramos completamente iguales, no tendríamos nada que decir*. Sucot reúne ambos aspectos: nuestra singularidad como pueblo y nuestra participación en el destino universal de la humanidad.

El blasfemo

Parashat Emor, que trata sobre la santidad de los sacerdotes, el Santuario y el tiempo, culmina con un episodio que por mucho tiempo ha desconcertado a los comentaristas. Levítico, un libro de leyes más que de relatos, se ve súbitamente interrumpido por una historia tan trágica como perturbadora:

> Ahora el hijo de una madre israelita y un padre egipcio salió de entre los israelitas y se desató en el campamento una pelea entre él y un israelita. El hijo de la mujer israelita blasfemó el Nombre con una maldición; entonces lo trajeron ante Moisés (el nombre de su madre era Shelomit, la hija de Dibri el danita). Lo pusieron en custodia hasta que la voluntad del Eterno les resultase clara (Levítico 24:10–12).

Dos hombres comienzan a pelear. El texto no nos dice por qué. Evidentemente los detalles de su disputa son irrelevantes para el tema que nos ocupa. En el transcurso de la pelea uno de los hombres blasfema. Maldice a Dios, o quizás usa el Nombre sagrado para maldecir a su oponente. Todos los presentes sabían que algo serio había ocurrido, ese es el motivo por el cual lo pusieron en custodia de inmediato. Tomar el Nombre de Dios en vano ya había sido prohibido en los Diez Mandamientos (Éxodo 20:6). Solo unos pocos capítulos antes se había dado una ley: "Cualquiera que maldiga a su padre o a su madre será ejecutado" (Éxodo 21:17, Levítico 20:9). Si maldecir a tus padres implica la pena capital, cuánto más maldecir a Dios.

Lo que la gente no estaba segura es si la ley aplicaba a alguien proveniente de una ascendencia mixta. Eso queda mucho más claro en la respuesta que Dios dio finalmente: "Dile a los israelitas: Cualquiera que maldiga a su Dios cargará con la responsabilidad, cualquiera que blasfemare el nombre del Eterno será ejecutado... Sea extranjero o nativo" (Levítico 24:15–16). Entonces su duda quedó resuelta. Pero en el curso de la revelación, el pueblo aprendió algo más: "Lleven al blasfemo fuera del campamento. Todos aquellos que lo escucharon pondrán las manos sobre su cabeza" previo a la ejecución del castigo. Tal como lo señala Maimónides en su código legal, esto es único. En ningún otro caso de pena de muerte las personas, en este caso los testigos, colocan sus manos sobre el condenado.[1]

El episodio plantea muchas preguntas. ¿Qué hace aquí esta historia? Levítico no es un libro de narrativa. Contiene solamente otra historia, el episodio de la muerte de dos de los hijos de Aarón, Nadav y Avihú, en el día de la consagración del Santuario. Pero esa historia estaba vinculada al tema en tratamiento, esto es, la inauguración del Tabernáculo. Por el contrario, la historia del blasfemo parece no tener relevancia alguna para el tema en cuestión. Está precedida por leyes sobre la Menorá y el pan de la proposición. Está seguida por la legislación social de Levítico 25. La Torá se ocupa de las maldiciones en otro sitio. Entonces, ¿por qué está aquí?

Aún más extraño resulta el hecho de que la revelación en la cual Dios le dice a Moisés cuál es el castigo para el transgresor no termina allí. Pasa inmediatamente a otro tema, uno sobre el cual Moisés no había preguntado:

1. Maimónides, *Mishné Torá, Hiljot Avodat Kojavim*, 2:10.

> Cualquiera que quite una vida humana será condenado a muerte. Quien quite la vida a un animal deberá efectuar una restitución: vida por vida. Quien dañe a su prójimo, lo que hubiere hecho se le deberá hacer a él: fractura por fractura, ojo por ojo, diente por diente. Quien cause un daño, deberá sufrir el mismo daño. Quien mate a un animal, deberá efectuar una restitución, pero quien mate a un ser humano, deberá ser ejecutado (Levítico 24:17–21).

Esta es la famosa y muy incomprendida *lex talionis*, la "ley del talión" o de la retribución. Tal como lo aclaran los sabios: el principio de "ojo por ojo" nunca fue literal.[2] Un mundo basado en una práctica literal del principio de ojo por ojo, eventualmente quedaría ciego. Salvo en el caso del asesinato, implicaba una compensación monetaria. El principio es simplemente que el castigo debe ser acorde al delito. Su intención era restrictiva, prohibir la excesiva indulgencia o la excesiva dureza.

Sin embargo, aquí la pregunta es la siguiente: ¿Qué están haciendo aquí estas leyes, en medio de la historia del blasfemo? Aparentemente, no tienen conexión alguna entre sí. El blasfemo ha cometido una transgresión contra Dios. Las leyes que siguen se refieren a crímenes que atentan contra las personas o la propiedad. Una es espiritual, las otras son físicas. Sin embargo, son presentadas perfectamente como parte de una única narrativa, como la de Dios a la pregunta de Moisés. Pero Moisés no preguntó por la injuria. Preguntó por la blasfemia. Además, él y el pueblo ya conocían las leyes referentes a las lesiones y al asesinato. Estas aparecen en el libro de Éxodo (21:24–25). Aparentemente, no hay conexión entre ellas.

Puede ser que la historia del blasfemo haya sido traída aquí porque Levítico trató sobre la santidad del tiempo, de la persona y el lugar. Ahora la Torá pasa a la santidad del habla. Así como se debe tener un especial cuidado al entrar a la casa de Dios, así el mismo cuidado debe tenerse al usar el nombre de Dios. Los sacerdotes ya habían sido advertidos: "No profanarán Mi santo nombre, para que sea santificado en medio de los hijos de Israel. Yo Soy el Eterno que los santifico" (Levítico 22:32). La historia del blasfemo nos dice que lo mismo aplica a los

2. Baba Kama 84a.

israelitas comunes, "sea extranjero o nativo". El motivo por el cual la ley es dada en forma de cuento puede ser simplemente porque así es como el episodio sucedió. Moisés y los israelitas aprendieron la ley a raíz de un incidente ocurrido.

Levítico nos dice a partir del capítulo 19, que la santidad no es solo patrimonio exclusivo de una élite, los sacerdotes. Pertenece al pueblo en su conjunto porque son "un reino de sacerdotes y una nación sagrada". No solo hay tiempos y lugares santos que deben ser respetados y no abusados. De igual manera existen las palabras sagradas. El lenguaje mismo puede a veces ser sagrado.

Es posible que la historia no transmita más que esto. Pero hay otra posibilidad. Recordemos que la historia del blasfemo tiene lugar al final del capítulo 24 en Levítico. El siguiente capítulo comienza con las palabras: "El Eterno le dijo a Moisés en el Monte Sinaí". Según la opinión mayoritaria de los comentaristas, los capítulos restantes (25–27) en realidad se registraron *antes*, previo a la construcción del Santuario. Los primeros veinticuatro capítulos de Levítico se ubican varios meses *después*, tras la construcción. Así, el episodio del blasfemo representa el final de la larga secuencia de leyes que comenzaron cuarenta capítulos antes (en Éxodo 25:1), que tratan sobre el Santuario, los sacrificios, el sacerdocio, la pureza y todo el código de santidad aplicado al pueblo en su conjuntos. ¿Por qué concluir esta unidad literaria, que se ubica en el centro mismo de la Torá, con una nota tan negativa?

El final del libro de Éxodo nos ofrece una pista. Tal como lo hemos notado,[3] Éxodo termina tal como comienza Génesis: con un acto de creación. En Génesis se trató de la creación del universo por parte de Dios. En Éxodo fue la creación por parte de los israelitas de un Santuario, el microcosmos, el universo en miniatura. La conexión es deliberada. En el principio Dios creó el orden. Luego les dio libre albedrío a los seres humanos y estos procedieron a crear caos. Solamente con la terminación del Santuario encontramos a seres humanos creando orden, simbolizado en el lugar sagrado que habían hecho para Dios. Quizás la Torá quiere que también hagamos la misma conexión en el caso de Levítico. Para comprender el final, debemos revisar el principio.

3. *Pacto y conversación: Éxodo – El libro de la redención*, 359-368.

La Torá comienza con una rápida serie de narraciones que nos cuentan de un modo muy esquemático sobre el declive y la caída de la humanidad. Primero viene la historia de Adán y Eva, luego la de Caín y Abel, seguidas por la generación del Diluvio. Estas tres historias no son independientes. Son tres capítulos de un mismo relato. Comienza con lo que parece ser una ofensa menor. Adán y Eva comen del fruto prohibido. No dañan a nadie. No hay lesión física alguna. Todo lo que hacen es traspasar el límite entre lo permitido y lo prohibido. Pero pequeñas acciones traen enormes consecuencias. Una generación más tarde, su hijo mayor comete un asesinato. Unas pocas generaciones después, "Dios miró el mundo y vio que estaba corrompido. Toda carne había pervertido su conducta sobre la tierra". La violencia se había generalizado. La humanidad había llegado a un callejón sin salida. Lo que comienza aparentemente como una infracción menor, un cruce de límites, jamás termina allí. Una ofensa contra Dios eventualmente conduce a agresiones contra los seres humanos. Las transgresiones espirituales conducen a crímenes físicos. Una vez que se les pierde el respeto a los límites, se inicia un proceso que, si bien no de inmediato, eventualmente conduce a un colapso de la civilización.

Esta es una de las ideas definitorias de *Torat Cohanim*, la consciencia sacerdotal. Podemos resumirlo en una sola frase: *el orden sagrado conduce al orden social*. Ambos están inextricablemente entrelazados. Cuando las personas pierden su temor a Dios, eventualmente pierden también sus otras inhibiciones. Se vuelven criaturas movidas por el impulso y el deseo, y el final de este largo camino es la violencia. El sacerdote es el guardián de esta verdad. Una verdad impopular. La serpiente siempre se encuentra al acecho entre bastidores, diciéndonos, tal como lo hizo con Eva: "¿Qué daño puede causar comer un fruto prohibido?" Sin embargo, el resultado es la pérdida del paraíso. Un mundo que Dios creó y al cual declaró como "bueno" puede ser destruido fácilmente si nos olvidamos del concepto de los límites y de los hábitos del autocontrol.

Esta historia contada en los primeros seis capítulos de Génesis, vuelve a ser narrada cerca del final del libro de Levítico, en la singular historia del blasfemo. Comienza con la transgresión de un límite. El hombre es "hijo de una madre israelita y un padre egipcio". Recordemos que la historia tiene lugar más o menos un año después del Éxodo y el hombre ya es una persona madura. Entonces, se trata de una mujer que en el propio Egipto mantuvo relaciones físicas con un miembro de la nación que estaba oprimiendo a su pueblo.[4] Se había cruzado una línea.

El siguiente hecho que se nos cuenta es que "se desató en el campamento una pelea entre él y un israelita". Hay violencia física. Inmediatamente después leemos: "El hijo de la mujer israelita blasfemó el Nombre con una maldición". Hay una profanación del nombre sagrado de Dios. Lo que sigue, tal como hemos visto, es que Dios no solamente responde a la pregunta que se le formula –¿cuál debe ser el castigo para la blasfemia?– sino que sigue repitiendo las leyes sobre el asesinato y las lesiones. Lo sacro y lo profano, lo espiritual y lo físico, las ofensas contra Dios y los crímenes contra los seres humanos, todos estos están indisolublemente ligados. El orden sagrado y el orden social van de la mano. Pierde uno y eventualmente perderás el otro. Ese es el mensaje con el cual el libro de Levítico llega a su fin.

La pregunta a la que responde la historia del blasfemo es la siguiente: ¿Por qué hay un libro en la Torá, de hecho, su tomo central, que está enteramente dedicado a la cuestión de lo sagrado? ¿Qué diferencia hace tener a Dios en el corazón de una sociedad, simbolizado por el Santuario y su servicio?

La cuestión fundamental que la Torá aborda es la violencia y el mal uso del poder. Esa sigue siendo la mayor amenaza para el futuro de la humanidad desde los albores de la historia y hasta nuestros días. Hay más de una manera de pensar sobre la cuestión de la violencia. Está el camino de la sabiduría: las ideas del judaísmo sobre la filosofía y las ciencias sociales. Está también el camino de la profecía, enfocado en las emociones y el sentido moral. Y está el camino del sacerdocio, cuya idea central es la conexión entre el orden sagrado y el orden social. Cuando los seres humanos pierden el respeto por Dios, eventualmente pierden el respeto por la humanidad. Por lo tanto, la manera de defender a la humanidad es asegurarse de que las personas jamás pierdan su respeto por Dios.

4. Hay muchas tradiciones midráshicas, algunas de las cuales afirman que el egipcio era aquel hombre que Moisés encontró golpeando a un esclavo israelita.

¿Acaso la blasfemia afecta a Dios? No. La idea es blasfema. Dios no puede ser lastimado, pero la humanidad sí. La blasfemia daña a la sociedad al profanar lo sagrado. Por eso, solamente en este caso, los testigos deben colocar sus manos sobre el transgresor para indicar que entienden que esto los afecta a todos. El lenguaje ha sido denigrado. Algo sagrado ha sufrido un abuso. Una palabra –el nombre de Dios– que indica paz ha sido utilizada como arma en una pelea.

En todo momento, el mensaje de Levítico es que la vida misma es sagrada. Todo lo que tenía que ver con el Santuario debía ser purificado de cualquier tipo de conexión con la muerte o la mortalidad. Las personas, no solo los sacerdotes, son sagradas, como lo es la vida en su conjunto, no solo partes editadas de esta. Entonces debemos ser santos en la forma de comer, en la forma en la que nos conducimos en nuestras relaciones sexuales más íntimas y en la manera en que empleamos el lenguaje. No debemos maldecir ni siquiera a un sordo, mucho menos a nuestros padres, y mucho menos aún a Dios mismo, porque el abuso verbal conduce al abuso físico. Un sentido de lo sagrado es lo que nos eleva por sobre el instinto y nos protege de nuestros impulsos disfuncionales. Lo que comienza con la deshonra de Dios, termina en la profanación de la humanidad.

Behar
בהר

Parashat Behar consta de un solo capítulo que, a pesar de su brevedad, tuvo un impacto transformador en la estructura social del antiguo Israel y proporcionó una solución única a un conflicto, de otro modo irresoluble, entre dos ideales fundamentales: la libertad y la igualdad. Gran parte de la historia de la humanidad ha ilustrado el hecho de que se puede gozar de libertad sin igualdad (la economía del laissez faire), o de igualdad sin libertad (comunismo, socialismo) pero no de ambas. La poderosa visión de la Torá es que se pueden tener las dos, pero no a la vez. Por lo tanto el tiempo mismo debe convertirse en parte de la solución, bajo la forma del séptimo año, y tras siete ciclos sabáticos, en la figura del Jubileo. Estos se convierten en correcciones periódicas de las distorsiones generadas por el libre mercado que permite a algunos enriquecerse, mientras otros sufren la pérdida de sus tierras, hogares, e incluso su propia libertad. Por medio de la liberación periódica de esclavos, la condonación de deudas, y la recuperación de las parcelas ancestrales, la Torá ofrece una alternativa aun inspiradora al individualismo por una parte y al colectivismo por la otra.

El primero de los siguientes ensayos versa sobre el principio legal que subyace a la legislación social –aquí y en otras partes de la Torá– conocido como "dominio eminente". Este arroja una luz fascinante sobre la conexión que existe en el judaísmo entre creación, redención y ley. El segundo trata sobre la diferencia entre la política de la revolución y la de la evolución, y por qué la Torá prefiere a la segunda. El tercer ensayo es sobre un término clave en el judaísmo, "redención", y explica por qué es a la vez un concepto tanto de la historia como de la ley.

El cuarto trata sobre lo que yo denomino imaginación cronológica –una manera de pensar sobre la verdad como algo que se desarrolla a lo largo del tiempo, en contraposición a la imaginación lógica de los griegos, que ve a la verdad como algo esencialmente atemporal. El quinto es sobre la solución de la Torá al conflicto entre libertad e igualdad, y el sexto habla de su declaración pionera sobre los derechos de las minorías.

El dominio eminente

La visión de una sociedad justa, expuesta en *Parashat Behar,* pone de relieve con excepcional claridad dos instancias de un principio fundamental del judaísmo. Una vez que lo entendamos, veremos a la Torá y al judaísmo mismo de un modo diferente. Arrojará una nueva luz sobre la narrativa de la creación en Génesis 1. Nos ayudará a comprender una de las leyes judías más bellas, la de recitar una bendición por las cosas que disfrutamos: alimentos, bebidas, vistas hermosas y así sucesivamente. Y nos sugerirá una respuesta sorprendente a la pregunta: ¿Qué diferencia hace la creencia religiosa a la vida moral?

El principio es simplemente este: *Dios es el dueño final del universo.* Lo que poseemos, no nos pertenece, simplemente lo tenemos en custodia, y hay condiciones para esa custodia, la más fundamental de las cuales es que manifestemos preocupación por el bien de todos. Encontramos este principio dos veces en Levítico 25, expuesto en diferentes contextos.

El primero tiene que ver con la tierra. El contexto es el Jubileo, el quincuagésimo año en el que las parcelas que las personas se vieron forzadas a vender a raíz de su pobreza, regresan a sus dueños originales.

Esto plantea una pregunta obvia: ¿Cómo se puede revocar en una etapa posterior una transacción que fuera originalmente válida? La Torá ofrece la siguiente respuesta:

> La tierra no se venderá en perpetuidad porque *la tierra es Mía*. En lo que a Mí respecta, ustedes son extranjeros y residentes temporales. Por lo tanto, habrá un tiempo de redención para todas sus parcelas hereditarias (Levítico 25:23–24).

Dado que la tierra de Israel le pertenece a Dios, no puede haber ninguna propiedad vitalicia. Dios concede su posesión a los israelitas bajo ciertas condiciones, una de las cuales es que el dueño original pueda comprarla de nuevo a un precio justo en cualquier momento que disponga de dinero y desee hacerlo. La otra es que la parcela en cuestión, en cualquier caso, vuelve a su dueño original en el año del Jubileo.

El segundo ejemplo tiene que ver con el trato que debe ser dado a los israelitas que se vieron forzados a venderse en servidumbre. No deben ser tratados como esclavos, sino más bien como trabajadores contratados o mano de obra temporal. Tampoco deben ser tratados despiadadamente de un modo tal que rompa su espíritu. Y deben ser liberados en el año del Jubileo. Para explicar el porqué de esta norma, la Torá invoca dos veces el principio según el cual los israelitas son, primero y ante todo, siervos de Dios. Por lo tanto, ningún israelita puede esclavizar a otro de sus semejantes:

> Porque *los israelitas son Mis siervos*, a quienes saqué de Egipto, no deberán ser vendidos como esclavos (Levítico 25:42).

> Porque *los israelitas Me pertenecen como siervos*. Ellos son Mis siervos a quienes saqué de Egipto. Yo soy el Eterno tu Dios (Levítico 25:55).

¿En qué se basan estas dos declaraciones, la de la propiedad de Dios sobre la tierra y Su anterior reclamo por el servicio de los israelitas? La respuesta a la segunda es que Dios *ha redimido* a los israelitas de la esclavitud en Egipto. *Gueulá*, redención, es un término tanto legal como religioso. Significa "recomprar". Así Dios, al redimir a los israelitas, en términos legales se convirtió en su dueño.

Ese es el significado de una de las expresiones que aparecen en el cántico que los israelitas entonaron en el Mar Rojo: "hasta que Tu pueblo pase, Eterno, hasta que el pueblo que adquiriste [*kanita*] pase" (Éxodo 15:16). El pasaje de los israelitas a través del mar se interpreta aquí como *un acto legal de adquisición* por parte de Dios. El pueblo pasa de estar en Egipto, el dominio de Faraón, a estar en el desierto, y así en el dominio de Dios.

¿Sobre qué base legal específica es Dios el dueño de la tierra de Israel? Para responder a esto, debemos regresar a Génesis 1, el relato bíblico de la creación. A lo largo de las generaciones, este ha sido entendido en una de tres maneras. Algunos lo leen como un relato histórico, una respuesta a la interrogante: "¿Qué pasó?" Otros lo leen como una forma de descripción protocientífica, una respuesta a la interrogante: "¿Cómo ocurrió? ¿Cómo es que el universo llegó a existir?" Sin embargo, otros lo han entendido como una afirmación filosófica sobre la relación de Dios con el universo. Él es la causa primera, el motor primario, la necesidad que subyace a nuestra contingencia, la eternidad que enmarca nuestra existencia en el tiempo. Nosotros somos porque Él es.

Sin embargo, todas estas no son sino interpretaciones *erróneas* del relato de la creación. Lo sabemos por el nombre del libro. Torá no significa historia, ciencia o filosofía, sino *ley*, en el más amplio sentido de la palabra. La Torá es principalmente un documento legal y un texto moral. Es la respuesta a la interrogante: ¿Cómo debemos vivir? Génesis 1 es ante todo una declaración fundamental sobre la ley misma. Es un texto jurisprudencial, o sea, establece las bases de la autoridad divina, el derecho de Dios a dictar las leyes y los mandamientos que son los principios básicos de la existencia humana. Está ahí para proporcionar una respuesta a la interrogante fundamental de cualquier sistema jurídico: ¿Con qué autoridad el legislador dicta leyes? ¿Cuál es la fuente y la justificación de la soberanía? ¿Con qué derecho X gobierna sobre Y?

Hay un principio en la ley judía que establece que un artesano adquiere la titularidad de la obra que ha creado,[1] el mismo principio

1. Ver Kidushín 48b.

que subyace, por ejemplo, en la idea de los derechos de autor. Poseemos aquello que hemos creado. Ese es el punto de Génesis 1. Dios creó el mundo. Por lo tanto Él posee el mundo.[2] Entonces puede establecer condiciones bajo las cuales permite que otros vivan en él.

Este no es un punto histórico, científico o filosófico, sino legal, y aplica de manera general no solo en el caso de Dios o del judaísmo. Surge, por ejemplo, en el contexto de la regla que se le atribuye en el Talmud a un sabio del siglo III e. c. llamado Shmuel y que se conoce como *dina demaljuta dina*, "la ley del país es la ley".[3] Como exiliados en una tierra que no les pertenecía, bajo sistemas legales y políticos que no iniciaron, los judíos no obstante aceptaban la autoridad de ley del país. El Talmud instituye esto como una regla, y en la Edad Media los comentaristas preguntaron: ¿Sobre qué base?

Se ofrecieron varias sugerencias. La más fundamental, la argumentada por el Rosh (Rabenu Asher) y citada por Rabenu Nisim en nombre de los tosafistas, sostiene que el rey es el propietario último de la tierra dentro de su jurisdicción. Por lo tanto tiene derecho legal de especificar las condiciones bajo las cuales él permite a otros habitar allí. A esto se lo denomina el principio de dominio eminente, por efecto del cual el jefe de Estado o el propio Estado posee un título previo sobre la tierra dentro de sus fronteras, y por ende puede, por cuestiones de estado, ordenar la compra forzosa de terrenos incluso en contra de la voluntad de sus propietarios.

La Torá comienza con una narrativa de la creación *para establecer el principio del dominio eminente como la vinculación legal entre Dios y el universo*. Esto es notable. Lo que nos dice es que Dios gobierna por derecho, no por fuerza. A pesar de que Dios es la fuerza de las fuerzas, quien transforma el mar en tierra seca, envía pan desde el cielo y saca agua de una roca, no gobierna como un tirano en virtud de Su poder,[4] sino como un monarca constitucional que responde a las exigencias de

2. Este es el significado de la descripción de Dios en Génesis 14:19, 22, como "dueño del cielo y la tierra" (*koné shamaim vaaretz*). Están aquellos que sostienen que la palabra *koné* en otras lenguas semitas antiguas significa también "creador", al igual que dueño. Ese es exactamente el punto; legalmente, el creador de algo es su dueño.
3. Nedarim 28a, Guitín 10b, Baba Kama 113a.
4. Avodá Zará 3a.

rectitud y justicia ("los caminos del Eterno", Génesis 18:19). Esto es a la vez una revelación y una revolución. Representa el primero y más sistemático intento en la historia del pensamiento humano de moralizar el universo y todo lo que este contiene.

La Torá vive con el hecho de que en su época, y en la nuestra, no es así como la política usualmente se construye ni como las sociedades se moldean. Por lo general son el resultado de la distribución del poder político, militar o económico. De ahí la decisión de Dios, después del Diluvio y de la Torre de Babel, de revelar su soberanía a través de un solo pueblo, uno que carecía por completo de cualquier poder político, militar y económico propio, o sea, los israelitas. Lo que Levítico 25 deja en claro es que la soberanía de Dios sobre Israel, el pueblo y la tierra, está enraizada en el principio del dominio eminente. La propiedad última de Dios sobre ambos es la base de la visión bíblica de una sociedad justa.

Idealmente, las personas deberían preocuparse unas por otras debido a la benevolencia, la empatía, la simpatía y la compasión, "los mejores ángeles de nuestra naturaleza". Levítico 19 establece precisamente ese código basado en el amor al prójimo y al extranjero. Idealmente, también la gente debería ver a la sociedad como una familia extendida, y así, ayudarse unos a otros motivados por un sentido de parentesco y fraternidad. Es por esto que Levítico 25 utiliza repetidamente la palabra *ajija*, "tu hermano", cuando en realidad se refiere a "tu semejante israelita". Pero sentimientos de este tipo son una base demasiado frágil para un orden social amable. El parentesco y la proximidad aplican a familiares y amigos. Raramente los extendemos para incluir a extraños, especialmente cuando nuestros intereses están en juego. Por lo tanto, Levítico 25 basa su visión de la justicia social en un principio jurídico fundamental: la propiedad de Dios.

Según los sabios, es este principio el que reiteramos cada vez que decimos una bendición sobre algo que disfrutamos. El Talmud señala una aparente contradicción entre dos versículos en el libro de los Salmos.[5] Por una parte: "La tierra y su plenitud son del Eterno" (Salmo 24:1). Por la otra: "Los cielos pertenecen al Eterno pero la tierra se la ha dado a los hijos del hombre" (Salmo 115:16). El Talmud resuelve la

5. Berajot 35a.

contradicción diciendo que el primer versículo aplica antes de recitar la bendición y el segundo después de haberlo hecho. En otras palabras, cada vez que recitamos una bendición por un alimento o una bebida, estamos haciendo más que agradecere a Dios. Estamos reconociendo la *propiedad* de Dios. El alimento que ingerimos y el vino que bebemos son Suyos. Nosotros los "redimimos", esto es, los recompramos para su uso secular por medio del recitado de la bendición.

Esta visión extraordinariamente integrada, que se extiende desde la creación del universo a las leyes de la propiedad de la tierra y del empleo en el Israel bíblico, y hasta las bendiciones que recitamos por el pan y el vino, deriva de y ensaya constantemente la ley del dominio eminente. Dios es el dueño supremo de todo y nosotros somos meros extranjeros y residentes temporales sobre la tierra. Se trata de una visión que, a largo plazo, tiene más posibilidades de producir la dicha social que cualquier ideología política secular en la historia del pensamiento humano.

¿Evolución o revolución?

A veces se dice que en la historia no existen experimentos controlados. Cada sociedad, cada época y cada cúmulo de circunstancias es único. Por eso no existe la ciencia de la historia. No hay reglas universales para guiar el destino de las naciones. Sin embargo, esto no es del todo cierto. La historia de los cuatro siglos pasados nos ofrece algo que se parece a un experimento controlado, y la conclusión que se extrae resulta sorprendente.

El mundo moderno fue moldeado por cuatro revoluciones: la inglesa (1642–1651), la norteamericana (1776), la francesa (1789) y la rusa (1917). Sus resultados fueron radicalmente diferentes. En Inglaterra y en Estados Unidos la revolución trajo guerra, pero condujo gradualmente al florecimiento de las libertades civiles, los derechos humanos, el gobierno representativo y eventualmente a la democracia. Por otra parte, la revolución francesa dio origen al "Reino del terror" entre el 5 de septiembre de 1793 y el 28 de julio de 1794, en el cual más de cuarenta mil enemigos de la revolución fueron ejecutados sumariamente por medio de la guillotina. La revolución rusa condujo a uno de los regímenes totalitarios más represivos de la historia. Se estima que unos veinte millones de personas murieron de forma no natural bajo Stalin, entre 1924 y 1953. En la Francia revolucionaria y la Unión Soviética, el sueño de la utopía terminó en una pesadilla infernal.

¿Cuál fue la diferencia más notable entre ellas? Hay múltiples explicaciones. La historia es compleja y sería incorrecto simplificarla, pero una explicación en particular se destaca. Las revoluciones inglesa y norteamericana estaban inspiradas en la Biblia hebrea tal como era leída e interpretada por los puritanos. Esto ocurrió por la convergencia de un número de factores durante los siglos XVI y XVII: la Reforma de Lutero, la invención de la imprenta, el aumento en la alfabetización, la difusión de los libros y la disponibilidad de la Biblia hebrea en traducciones a lenguas vernáculas. Por primera vez la gente podía leer la Biblia por sí misma, y lo que descubrieron al leer a los profetas y las historias de desobediencia civil como la de Shifrá y Puá, las parteras hebreas, fue que está permitido e incluso a veces resulta necesario, resistir a los tiranos en el nombre de Dios. La filosofía política de los revolucionarios ingleses y de los puritanos que zarparon rumbo a Norteamérica en las décadas de 1620 y 1630 estaba dominada por el trabajo de hebraístas cristianos que basaron su pensamiento en la historia del antiguo Israel.[1]

Por el contrario, las revoluciones francesa y rusa fueron hostiles a la religión y se inspiraron en la filosofía: en el caso de Francia en la de Jean-Jacques Rousseau y en el caso de Rusia en la de Karl Marx. Existen obvias diferencias entre la Torá y la filosofía. La más conocida es que una se basa en la revelación y la otra en la razón. Sin embargo, sospecho que no fue esto lo que hizo la diferencia en el curso de la política revolucionaria. Más bien, radicó en sus respectivas concepciones del tiempo.

Parashat Behar establece un modelo revolucionario para una sociedad de justicia, libertad y dignidad humana. En su núcleo está la idea del Jubileo, cuyas palabras ("Proclamen la libertad en toda la tierra para todos sus habitantes") están grabadas en uno de los grandes símbolos de la libertad, la Campana de la Libertad en Filadelfia. Una de sus disposiciones es la liberación de esclavos:

1. Ver Eric Nelson, *The Hebrew Republic: Jewish Sources and the Transformation of European Political Thought* (Cambridge, MA.: Harvard University Press, 2010).

> Si tu hermano se vuelve pobre y fuera vendido a ti, no lo hagas trabajar como a un esclavo. Él deberá estar contigo como un empleado o un residente. Deberá servirte hasta el año de Jubileo y entonces él y sus hijos deberán ser libres de abandonarte y regresar a su familia y a la parcela hereditaria de sus ancestros. Pues ellos son Mis siervos a quienes saqué de la tierra de Egipto; no deberán ser vendidos como esclavos. No los subyugues por medio de trabajo duro –deberás temer a tu Dios… Porque los hijos de Israel son siervos para Mí: son Mis siervos a quienes saqué de la tierra de Egipto –Yo soy el Eterno tu Dios (Levítico 25:39–42).

Los términos del pasaje son claros. La esclavitud está mal. Es una afrenta a la condición humana. Ser "a la imagen de Dios" significa ser convocado a una vida de libertad. La idea misma de la soberanía de Dios significa que solamente Él tiene derecho al servicio de la humanidad. Aquellos que son siervos de Dios no deben ser esclavos de nadie más. Tal como lo precisó Yehudá Haleví: "Los siervos del tiempo son siervos de siervos. Solamente el siervo de Dios es libre".[2]

A esta distancia en el tiempo resulta difícil recapturar el radicalismo de esta idea, la cual dio vuelta a los fundamentos mismos de la religión en tiempos antiguos. Las primeras civilizaciones –Mesopotamia y Egipto– estaban basadas en jerarquías de poder que eran consideradas inherentes a la propia naturaleza del cosmos. Tal como había (esa era la creencia) rangos y grados entre los cuerpos celestes, de igual manera los había en la tierra. Los grandes rituales y monumentos religiosos fueron diseñados para reflejar y reafirmar estas jerarquías. En este sentido, Karl Marx tenía razón. En la antigüedad, la religión era el opio del pueblo. Era el velo de santidad que ocultaba la brutalidad desnuda del poder. Canonizaba el statu quo.

En el corazón de Israel había una idea casi impensable para la mente antigua: que Dios interviene en la historia para liberar esclavos –que el Poder supremo está del lado de los indefensos. No es por accidente que el pueblo de Israel nació como nación bajo condiciones de

2. *Ninety-Two Poems and Hymns of Judah Halevi*, trad. Thomas Kovach, Eva Jospe, y Gilya Gerda Schmidt (Albany, NY: State University of New York Press, 2000), 124.

esclavitud. Ha cargado a lo largo de la historia la memoria de aquellos años –el pan de la aflicción y las hierbas amargas de la servidumbre– porque el pueblo de Israel sirve como eterno recordatorio para sí mismo y para el mundo, de la necesidad moral de la libertad y de la vigilancia necesaria para protegerla. El Dios libre desea el culto libre de parte de seres humanos libres.

Sin embargo, la Torá no abolió la esclavitud. Esa es la paradoja que se encuentra en el corazón de *Parashat Behar*. Sin duda fue limitada y humanizada. Cada séptimo día se les concedía a los esclavos descanso y una muestra de libertad. En el séptimo año, los esclavos israelitas eran liberados. Si escogían no hacerlo, eran liberados en el año de Jubileo. Durante sus años de servicio debían ser tratados como empleados, no debían ser sometidos a esfuerzos agotadores o a un trabajo que quebrara el espíritu. Todo elemento deshumanizante de la esclavitud estaba prohibido. Sin embargo, la esclavitud en sí no fue proscrita. ¿Por qué no? Si estaba mal, debería haber sido anulada. ¿Por qué la Torá permitió que una institución fundamentalmente defectuosa continuara existiendo?

Es Moisés Maimónides en la *Guía de los perplejos* quien explica la necesidad del *tiempo* en la transformación social. Él sostiene que en la naturaleza, todos los procesos son graduales. El feto se desarrolla lentamente en el útero. El niño madura etapa tras etapa. Y lo que es válido para los individuos, se aplica también a las naciones y a las civilizaciones:

> Es imposible pasar repentinamente de un extremo al otro. Por lo tanto, según la naturaleza del hombre, le resulta imposible interrumpir de manera abrupta todo aquello a lo que ha estado habituado.[3]

Entonces Dios no les pidió a los israelitas que abandonaran repentinamente todo aquello a lo que se habían acostumbrado en Egipto. "Dios se abstuvo de prescribir lo que el pueblo por su disposición natural sería incapaz de obedecer". Pero ciertamente Dios puede hacer todo, incluso cambiar la naturaleza humana. ¿Entonces, por qué simplemente no

3. Maimónides, la *Guía de los perplejos*, III:32.

transformó a los israelitas haciéndolos capaces de conducirse de inmediato con la más elevada virtud? La respuesta de Maimónides es simple:

> No digo esto porque crea que a Dios le resulte difícil modificar la naturaleza de cada persona individual. Por el contrario, ello resulta posible y está en Su poder... pero nunca ha sido Su voluntad hacerlo, y nunca lo será. Si fuera parte de Su voluntad el cambiar la naturaleza de cualquier persona, la misión de los profetas y la entrega de la Torá habrían resultado superfluas.[4]

En los milagros, Dios cambia la naturaleza física pero nunca la naturaleza *humana*. Si lo hiciera, la totalidad del proyecto de la Torá –el culto libre por parte de seres humanos libres– habría quedado nulo y vacío. No hay grandeza alguna en programar un millón de computadoras para que obedezcan instrucciones. La grandeza de Dios consiste en asumir el riesgo de crear un ser, el Homo sapiens, capaz de ejercer la elección y la responsabilidad, y por lo tanto de obedecer a Dios libremente.

Dios deseaba que la humanidad aboliera la esclavitud, pero *por su propia elección* y *a su propio tiempo*. Las economías antiguas dependían de la esclavitud para su funcionamiento. La forma particular de esclavitud que es tratada en *Parashat Behar* (la esclavitud a raíz de la pobreza) era el equivalente funcional de lo que hoy se denomina "bienestar social", o sea, los beneficios sociales a cambio de trabajo. La esclavitud como tal no fue abolida en Gran Bretaña ni en los Estados Unidos sino hasta el siglo XIX, y en los Estados Unidos no sin que mediara una guerra civil. El desafío al que la legislación de la Torá fue una respuesta es: ¿cómo se puede crear una estructura social en la cual, por su propio consentimiento, la gente llegue a ver eventualmente en la esclavitud algo malo y libremente elija abandonarla?

La respuesta radica en un simple movimiento maestro: cambiar la esclavitud de ser una *condición ontológica* a una *circunstancia temporaria*: de lo que soy, a una situación en la cual me encuentro ahora, pero no para siempre. No se permitía que ningún israelita fuera tratado o se viera a sí mismo como un esclavo. Podía ser reducido a la esclavitud

4. Ibid.

por un período de tiempo, pero esta era una situación pasajera, no una identidad. Compárese el relato de Aristóteles:

> Por analogía, [la diferencia entre los animales y los seres humanos] debe aplicarse necesariamente a la humanidad en su conjunto. Por lo tanto, todos los hombres que difieren entre sí en la misma medida que el alma difiere del cuerpo o el hombre de la bestia salvaje... esas personas son esclavas por naturaleza, y es mejor para ellos estar sujetos a este tipo de control, tal como lo es para las otras criaturas que he mencionado [o sea, los animales domésticos]. Porque un hombre que es capaz de pertenecer a otra persona es, por naturaleza, un esclavo.[5]

Para Aristóteles la esclavitud es una condición ontológica, un hecho de nacimiento. Algunos nacen para gobernar y otros para ser gobernados. Esta es precisamente la cosmovisión a la cual la Torá se opone. Todo el complejo de la legislación bíblica está diseñado para asegurar que ni el esclavo ni su propietario vean jamás la esclavitud como una condición permanente. Un esclavo debe ser tratado "como un empleado o un residente", en otras palabras, con el mismo respeto que se le debe a un ser humano libre. De esta manera, la Torá aseguró que, aunque la esclavitud no pudiera ser abolida de la noche a la mañana, eventualmente lo sería. Y así sucedió.

Hay profundas diferencias entre la filosofía y el judaísmo, y una de ellas radica en sus respectivas concepciones del tiempo. Para Platón y sus herederos, la filosofía trata de la verdad que es *atemporal*. Para Hegel y para Marx, trata de la "inevitabilidad histórica", el cambio llega independientemente de las decisiones conscientes de los seres humanos. El judaísmo trata de ideales tales como la libertad humana, que se realizan *en y a través del tiempo, por medio de las decisiones libres de personas libres.*

Es por eso que se nos ordena en cada Pesaj transmitir la historia del Éxodo a nuestros hijos, para que ellos también saboreen el pan ácimo de la aflicción y las hierbas amargas de la esclavitud. Es por esto que se nos instruye en asegurar que cada séptimo día, todos aquellos que

5. Aristóteles, *Política* I:5.

trabajan para nosotros puedan descansar y respirar el aire expansivo de la libertad. Es por esto por lo que incluso cuando había esclavos israelitas, debían ser liberados al séptimo año, o en su defecto, en el año de Jubileo. Este es el camino de la evolución, no de la revolución, educando gradualmente a cada miembro de la sociedad israelita de que es errado esclavizar a otros, de manera tal que eventualmente toda la institución será abolida, no por decreto divino sino por consentimiento humano. El resultado final es una libertad segura, en contraposición a la libertad de los filósofos que con demasiada frecuencia es otra forma de tiranía. De manera escalofriante, Rousseau escribió una vez que si los ciudadanos no estaban de acuerdo con la "voluntad general", había que "obligarlos a ser libres". Eso no es libertad sino esclavitud.

En sus *Essays in the History of Liberty* (Ensayos sobre la historia de la libertad), Lord Acton sostuvo que fue en el antiguo Israel y no en la antigua Atenas donde nació la libertad:

> Así, el ejemplo de la nación hebrea estableció las líneas paralelas sobre las cuales se ha ganado toda libertad: la doctrina de la tradición nacional y la doctrina del derecho superior; el principio según el cual una constitución crece desde la raíz por medio de un proceso de desarrollo y no de un cambio esencial; y el principio de que toda autoridad política debe ser examinada y reformada según un código que no fue hecho por el hombre.[6]

Tal como dejan en claro sus relatos, la Torá se basa en la historia, en una visión realista del carácter humano y en el respeto por la libertad y la elección. A menudo, la filosofía está desligada de la historia y de un sentido concreto de humanidad. La filosofía ve a la verdad como un *sistema*. La Torá cuenta la verdad como *historia*, y una historia es una secuencia de eventos extendidos a lo largo del tiempo. Las revoluciones basadas en los sistemas filosóficos fallan porque en los asuntos humanos el cambio lleva tiempo, y rara vez la filosofía ha proporcionado una explicación adecuada de la dimensión humana del tiempo.

6. Lord Acton, *Essays in the History of Liberty* (Indianapolis: Liberty Classics, 1985), 8.

Las revoluciones basadas en el Tanaj son exitosas porque siguen la corriente de la naturaleza humana, reconociendo que se necesita tiempo para que las personas cambien. La Torá no abolió la esclavitud, pero puso en marcha un proceso que llevaría a la gente a arribar por sus propios medios a la conclusión de que es mala. Que lo haya hecho, aunque despacio, es una de las maravillas de la historia.

El concepto de redención

Una idea central para el judaísmo, pero difícil de explicar en términos del pensamiento occidental, es la estrecha interrelación entre la ley, la ética y la naturaleza. Para los antiguos griegos existía un conflicto entre el *nomos*, la ley, y la *physis*, la naturaleza. La ley representaba el orden, la naturaleza significaba el caos y había una lucha constante entre ellas. Apolo, el dios del orden, se vio obligado a luchar contra serpientes, dragones y monstruos marinos, símbolos de las fuerzas salvajes e indomables que operan en el universo. En cuanto a la ética, esta apenas interesaba a los dioses. La palabra "ética" proviene del griego *ethos*, lo cual significa el carácter de un individuo o comunidad. Significaba también costumbre, práctica establecida. Eso es lo que era la ética: no edictos de mandato divino, sino costumbres creadas por el hombre que variaban de un lugar a otro.

En el judaísmo, estos tres conceptos –ley, ética y naturaleza– son parte de una misma visión coherente e integrada del universo y de nuestro lugar en él. Hay una conexión directa entre la ley científica[1] y la ley

1. Por supuesto que esta es una forma anacrónica de expresarlo. La palabra "ciencia" es de acuñación relativamente reciente, y el método científico en su acepción moderna

moral. Ambas son parte del tejido del universo, hecho por un creador amoroso. La única diferencia es que la ley moral, entregada a los seres humanos dotados de libre albedrío, se puede romper. Dios crea el orden natural en el universo y nos pide crear orden en el universo social de la misma manera: por medio de la ley.

Existe también una conexión profunda en el judaísmo –igualmente extraña para la mente occidental que estaba influenciada por Grecia– entre la *ley* y la *narrativa*.[2] En occidente hay narrativas (míticas, históricas o ficticias) y hay leyes, legisladas en los parlamentos y recopiladas en códigos. Pero las dos literaturas son completamente distintas. Sabemos que la monarquía constitucional emergió tras la invención de la imprenta y la difusión de la alfabetización, que la democracia surgió bajo el impacto de la revolución industrial, y que la emancipación de las mujeres surgió en la medida que los antiguos sistemas sociales se desmoronaron tras la Primer Guerra Mundial. Entonces puede haber una conexión entre la ley y la historia, pero siguen siendo dos literaturas diferentes con muy poco en común.

No ocurre lo mismo en el caso del judaísmo. La Torá contiene ambas y las entrelaza de un modo profundo y sutil. La ley genera historia y la historia genera ley. La historia de Israel tal como es vista a través de los ojos del Tanaj, es la historia de cómo Israel mantuvo o violó las leyes que recibió de Dios. Y las leyes mismas tuvieron su lógica en la historia del pueblo: "No oprimas al extranjero; porque ustedes saben cómo se siente ser extranjero, porque fueron extranjeros en Egipto" (Éxodo 23:9). Fue precisamente por su experiencia histórica, rememorada y recreada regularmente, que se esperaba que los israelitas entendieran la ley.

Entonces la Torá entrelaza la ley, la ética y la narrativa, usando un extraordinario conjunto de técnicas literarias. En este ensayo quiero mostrar cómo es que lo hace bajo la forma de una sola palabra, *g-a-l*, que significa "redimir".

data del siglo XVII. Sin embargo, la regularidad de la naturaleza era bien conocida por los antiguos, y tanto los mesopotámicos como los egipcios lograron asombrosos grados de precisión en sus predicciones, por ejemplo, en lo que tiene que ver con los movimientos planetarios y la regularidad de las estaciones.

2. Ver el famoso artículo de Robert Cover "Nomos and Narrative" (Nomos y narrativa), *Harvard Law Review* (1983).

Los últimos tres capítulos de Levítico, del 25 al 27, las *parashot* de *Behar* y *Bejukotai,* conforman una única unidad literaria.[3] Parecen tratar temas completamente distintos. El capítulo 25 es sobre la estructura social que se habrá de implementar en la tierra de Israel. Se ocupa de cuestiones relativas a la tierra, la esclavitud y la deuda. El capítulo 26 trata sobre las bendiciones y las maldiciones que serán el destino de Israel en la tierra, dependiendo de si son fieles o desobedientes al pacto que hicieron con Dios en el Monte Sinaí. El capítulo 27 se lee como si fuera un apéndice del libro en su conjunto y trata sobre los donativos destinados al Santuario.

A primera vista no existe conexión entre ellos, pero en realidad están estrechamente ligados. Primero, observemos cómo se unen. Los capítulos 25 y 27 son sobre ley, al tiempo que el 26 versa sobre historia. Este es un recurso literario que encontramos en otras partes. Un capítulo central es enmarcado al ser ubicado entre dos pasajes que parecen pertenecer a una misma unidad. Así el "código de santidad" de Levítico 19 está enmarcado por los capítulos 18 y 20, que van juntos porque los dos tratan sobre delitos sexuales. La historia del Becerro de Oro (Éxodo 32–34) está enmarcada al ubicarse entre dos secciones (Éxodo 25–31 y 35–40) que pertenecen una a la otra porque ambas tratan sobre la construcción del Santuario. La imaginación sacerdotal trabaja por medio de la herramienta del quiasmo –una unidad literaria poseedora de la estructura ABCBA, en la cual el clímax se encuentra en el centro. Por ello recurre a mecanismos de enmarcación (AB y BA) para llamar la atención sobre el término central como el eje sobre el cual gira todo lo demás.

Lo que une a Levítico 25 y 27 es una palabra clave compartida: el verbo *g-a-l,* "redimir", que aparece diecinueve veces en el capítulo 25 y doce en el capítulo 27. Resulta significativo que si bien no aparece en absoluto en el capítulo 26, otro vocablo que suena casi idéntico, *g-'-l* (con una letra *ayin* gutural en sustitución de la letra *alef*), aparece cinco veces. Esto es fascinante porque las dos palabras, a pesar de su similitud sonora, tienen un significado casi opuesto. La primera significa "redimir, recomprar, devolver a su lugar apropiado", mientras que la segunda significa "despreciar, desechar, rechazar". Tal como lo señalé en un ensayo

3. Este es un motivo por el cual a menudo se leen juntas.

anterior,[4] el comienzo y el final del libro de Levítico están vinculados entre sí por un juego similar de dos palabras que suenan casi igual, pero poseen significados opuestos, *k-r-a*, que significa "un llamado", y *k-r-h*, que significa un "evento fortuito".

Regresando a la propia palabra *g-a-l*, la idea básica de la redención es que la ley prevé la posibilidad de reclamar tierra, propiedad e incluso la misma libertad si se tienen los medios para hacerlo. Levítico 25 analiza tres casos en los que un individuo se ve obligado a vender algo valioso a raíz de su pobreza. Puede tratarse de tierra, de una casa, o de venderse a sí mismo como esclavo. En cada caso, se establece una provisión para que un familiar o el vendedor mismo, de encontrarse repentinamente en posesión de los medios necesarios, pueda recomprar lo vendido compensando adecuadamente al comprador. Si ninguna de estas opciones resulta posible, la redención se efectuará de manera automática en el año de Jubileo (con la excepción de una casa en una ciudad amurallada).

En estas leyes están en juego dos principios éticos profundos. El primero es que cuando se trata de ciertos bienes esenciales para la dignidad humana –tierra, una casa, y libertad de empleo– se debe realizar una distinción entre la pobreza temporal y la privación permanente. La economía de mercado funciona sobre la base del intercambio vinculante. Si yo vendo algo a un comprador a un precio que ambos consideramos justo, no puedo cambiar de idea mañana y decir: "Después de todo he decidido no venderlo. Devuélveme el bien y te devolveré tu dinero". Si el comprador no quiere hacerlo, no puedo forzarlo. Pero la Torá dice que hay ciertas cosas que no deben dejarse enteramente a los caprichos del mercado porque son demasiado fundamentales para el auto respeto y el florecimiento humano. En semejantes casos, al tiempo que se respeta la integridad del mercado –el redentor debe pagar el precio de mercado apropiado por aquello que redime– una ley básica de justicia tiene prioridad. Nadie debería quedar en desventaja permanente a raíz de un infortunio temporal.

El segundo principio, y no menos fundamental, es el rol de la familia dentro de la sociedad. En todo momento en Levítico 25 se emplea un lenguaje familiar (lo que los revolucionarios franceses llamaron

4. "Entre el destino y el azar", arriba.

"fraternidad"): "Si *tu hermano* se vuelve pobre". Pero hay una diferencia entre este uso metafórico del término para describir a la sociedad como una familia extendida, y su uso literal para señalar el deber de los parientes cercanos de acudir en ayuda de un miembro empobrecido de la familia. Aquí por primera vez se expone una idea que fue posteriormente articulada por Edmund Burke: "Nuestros afectos públicos comienzan en nuestras familias".[5] Al cuidar a las personas que nos resultan más cercanas aprendemos a cuidar de nuestros conciudadanos en su conjunto. La familia es "el primer eslabón en la serie por la cual transitamos hacia el amor a nuestro país y a la humanidad".[6] Los psicólogos evolucionistas nos han recordado recientemente que el sacrificio en aras de familiares es un principio fundamental de la naturaleza humana. La Torá encarna esta idea en las leyes de la redención. Más adelante, el Tanaj le da una expresión narrativa conmovedora en el libro de Rut, en la voluntad de Boaz de acudir en ayuda de Noemí, su pariente empobrecida, y de Rut, su nuera viuda y carente de hijos. *Gueulá* es también una palabra clave de esa narrativa y aparece más de veinte veces a lo largo del libro.

Pero la redención es más que una idea legal. Es la forma en que la Torá describe la intervención de Dios en la historia para liberar a los israelitas de la esclavitud en Egipto. Dios le dice a Moisés: "Yo soy el Eterno, y los sacaré de debajo del yugo de los egipcios. Los liberaré de ser sus esclavos y *los redimiré* con brazo extendido y con poderosos actos de juicio. Los tomaré como Mi propio pueblo y seré su Dios" (Éxodo 6:6–7). En el Mar Rojo los israelitas cantaron: "En Tu amor inagotable, condujiste al pueblo que Tú *redimiste*" (Éxodo 15:13).

En retrospectiva, solamente ahora, dadas las leyes de Levítico 25, podemos entender el significado de las primeras palabras que Dios le ordena a Moisés que diga a Faraón: "Esto es lo que Dios dice: Israel es Mi hijo, Mi primogénito" (Éxodo 4:22). Dios está haciendo más que rescatar a la gente de la opresión o liberar a los esclavos. Él está involucrado en un *acto de redención*, esto es, ejerciendo el derecho y la responsabilidad

5. Edmund Burke, *Reflections on the French Revolution*, The Harvard Classics, vol. XXIV, parte 3, párrafo 331 (Nueva York: P.F. Collier & Son, 1909–14), www.bartleby.com/24/3/.
6. Ibid., IV, 50.

de un familiar cercano, en este caso un padre. Aquí, la fusión entre la ley, la ética y la narrativa, y entre las intervenciones de Dios en la historia y nuestros deberes en la sociedad, es completa.[7] En el Éxodo, Dios estuvo involucrado en más que hacer milagros. Él nos estaba enseñando cómo debemos comportarnos nosotros también cuando personas cercanas a nosotros caen en la indigencia.

Sin duda, la Torá hace más que dejar a la redención en manos de la voluntad de los miembros de la familia de cumplir con su deber. El Jubileo proveía de igual redención para todos, incluso para aquellos que carecían de parientes ricos y dispuestos a acudir a su rescate antes de esa fecha. Sin embargo, lo que he intentado mostrar aquí es cómo la ley y la teología están intrínsecamente ligadas en la Torá. Una palabra, *gueulá*, redención, figura en ambas, y en el mismo sentido: devolver algo a su lugar apropiado, ya sea tierra, una casa o una persona, después de que se hubiera perdido a raíz de una desgracia.

Esto se convierte en un elemento esencial de un mundo de esperanza, no en el sentido trivial de esperar o desear que las cosas sean mejores, sino en la confianza fundamentada en que las cosas mejorarán, porque somos parte de una sociedad en la cual las personas saben que tiene el deber de ayudar a familiares en desgracia, y somos parte de una nación cuya memoria fundacional es precisamente la de un acto semejante realizado por Dios mismo.

7. Para un estudio extenso sobre la conexión entre la ley, la narrativa y la teología en relación con la idea de la redención, ver David Daube, *Studies in Biblical Law* (Cambridge, R. U.: Cambridge University Press, 1947), 39–62.

La imaginación cronológica

A veces un descubrimiento moderno cambia tanto nuestra manera de ver las cosas, que nos permite revisitar verdades antiguas que se habían oscurecido profundamente y verlas con una prístina claridad como si fuera la primera vez. Este es seguramente el caso de la física cuántica. Lo que esta nos permite hacer es entender de nuevo una forma bíblica de pensar sobre la verdad que es profundamente diferente del modo al que estamos acostumbrados a pensar en occidente. Al enfoque griego yo lo llamo imaginación lógica, y al enfoque judío, imaginación *cronológica.*

Niels Bohr dijo acerca de la mecánica cuántica que si no te ha impactado profundamente, es que todavía no la has entendido. Sin entrar en los detalles de este territorio complicado, lo que más profundamente impacta de la realidad subatómica que expuso es que no se ajusta a nuestras categorías lógicas estándar. ¿Es la luz una onda o una partícula? ¿Las partículas subatómicas tienen posición o impulso? ¿El gato de Schrödinger está vivo o muerto?[1]

1. Gato de Schrödinger es el nombre que recibe el experimento mental propuesto por el físico austríaco Erwin Schrödinger en 1935 para dramatizar la naturaleza paradójica

La respuesta a cada una de estas preguntas nos recuerda la historia del rabino que escucha el relato del marido sobre su matrimonio infeliz y le dice: "Tienes razón". Luego escucha la versión contradictoria de la esposa y le dice: "Tienes razón". Su discípulo, que presenció ambos encuentros, le dice al rabino: "¡Pero no puede ser que los dos tengan razón!", a lo cual el rabino responde: "Tú también tienes razón".

Hay fenómenos, desde las partículas subatómicas a las disputas domésticas, a los que no se aplican las reglas estándar de la lógica aristotélica. La más notoria de estas es el principio de la contradicción que establece que una proposición y su negación no pueden ser ambas verdaderas. Dos afirmaciones contradictorias no pueden ser ciertas al mismo tiempo. La teoría de la complementariedad de Bohr, el principio de la incertidumbre de Heisenberg y otras ideas contraintuitivas desafían frontalmente a este principio lógico. La luz es a la vez una onda y una partícula. El gato de Schrödinger está vivo y muerto a la vez. Hay fenómenos que toleran o incluyen características contradictorias hasta que nosotros, los observadores, entramos en escena y en ese momento la contradicción se resuelve retroactivamente.

Bohr cuenta la historia de cómo llegó a su teoría. Ocurrió luego de que su hijo robara algo de una tienda local. Se encontró a sí mismo pensando sobre ello, primero como juez, luego como padre, y se dio cuenta de que no podía pensar como ambos al mismo tiempo. Como juez debía pensar imparcialmente. Como padre no podía sino apiadarse de su hijo. Una forma de pensar conduce a la justicia, la otra a la compasión, pero estas dos son perspectivas contradictorias e implican diferentes tipos de relaciones.

Lo mismo ocurre con el conocido dibujo que puede ser visto como un pato o como un conejo, pero no como ambos al mismo tiempo. La multidimensionalidad de la realidad puede simplemente resultar demasiado compleja para que podamos comprenderla toda al mismo

de la física cuántica. Consiste en pensar en un gato que se encuentra en una caja sellada cuyo destino depende de un evento aleatorio anterior que involucra partículas subatómicas. De acuerdo con la interpretación de Copenhague de la teoría cuántica, las partículas solamente existen en un estado de probabilidad hasta que son medidas. De ello se deduce que el gato solo está vivo o muerto una vez que se abre la caja. Hasta entonces, es igualmente cierto decir que está vivo y que está muerto.

tiempo. Pero lo que no podemos pensar simultáneamente, a menudo lo podemos pensar de manera secuencial. A eso me refiero cuando hablo de imaginación cronológica.

A los antiguos griegos les debemos nuestros conceptos de lógica. Los griegos pensaban que el conocimiento es una forma especial de ver. En los lenguajes occidentales, todavía preservamos esta metáfora visual. Hablamos de previsión y perspicacia, de gente con visión y de hacer una observación. Cuando entendemos algo decimos: "Lo veo". Para Platón, el conocimiento era una profunda observación del mundo más allá de los sentidos, donde no se ven los cuerpos físicos sino las verdaderas formas de las cosas. La metáfora rectora de la epistemología griega, profundamente arraigada en la cultura, era la imagen de Zeus, el jefe de los dioses, mirando los asuntos de los seres humanos desde su elevada posición en el Monte Olimpo.

La cosmovisión de la Torá era bastante diferente. El conocimiento verdadero se adquiere menos viendo (Dios es invisible, y a lo largo de la Biblia hebrea las apariencias engañan)[2] que escuchando. La palabra clave es *shemá*, que significa "oye, escucha, entiende, responde". El conocimiento, *daat*, no es una observación desapegada sino un involucramiento personal íntimo: "Y Adán conoció a su mujer y ella concibió". En la Torá, Dios no es un observador desapegado de los asuntos de la humanidad sino un participante activo. En el judaísmo, las palabras no son meras imágenes de la realidad, las "formas" de las cosas. Afectan las relaciones. Las palabras pueden lastimar o inspirar. Las palabras pueden bendecir o maldecir. Las palabras pueden crear nuevos hechos morales, tal como cuando formulamos una promesa. Las palabras moldean la realidad que describen. Esto se asemeja más al principio de la incertidumbre de Heisenberg, en el cual el observador afecta la realidad que observa, que a las teorías del conocimiento inspiradas en los griegos en las cuales una oración puede ser verdadera o falsa pero no las dos cosas a la vez.

El psicoterapeuta Viktor Frankl señaló que lo que puede ser una contradicción en un espacio de dos dimensiones, no tiene por que serlo cuando le agregamos una tercera dimensión. Entonces, un cuadrado no

2. Pensemos en José, visto por sus hermanos sin ser reconocido, o en los espías enviados por Moisés que vieron la tierra de Israel, pero malinterpretaron lo visto.

puede ser un círculo y un círculo no puede ser un cuadrado. Pero los dos pueden ser sombras proyectadas por un mismo objeto, un frasco, que primero es iluminado desde un lado y luego desde arriba. Agregamos la tercera dimensión y la contradicción desaparece. Tampoco se trata de una simple curiosidad matemática. Tal como lo expresó Niels Bohr, uno de los maestros de la física cuántica: "Lo contrario de una verdad trivial es una falsedad, pero lo contrario de una verdad profunda puede muy bien ser otra verdad profunda".

Esto es absolutamente fundamental para el judaísmo. Hay más de una forma válida de ver el universo. Como mínimo está el punto de vista de Dios y el punto de vista del hombre, y son radicalmente distintos. La única vez en todo el Tanaj que un ser humano es invitado a ver el mundo desde el punto de vista de Dios ocurre en los cuatro últimos capítulos del libro de Job, cuando Job finalmente comprende que el universo no es antropocéntrico. No todo existe para el beneficio de la humanidad. Dios está en el centro, no nosotros.

No menos significativo resulta que, si bien la Torá posee un único autor, no habla con una sola voz. A lo largo de estos ensayos he sostenido que pueden identificarse al menos tres voces, la voz de la sabiduría, la voz sacerdotal y la voz profética, que se corresponden con tres maneras por medio de las cuales Dios se revela: a través de la creación, la revelación y la redención. Cada una capta algo de la realidad, pero ninguna de ellas por sí sola logra retratarla por completo. Este es el motivo por el cual la Torá es una interacción tan compleja entre los diferentes géneros y tonos de voz. Por ejemplo, el libro de Números está estructurado como una fuga entre la ley y la narrativa. No hay ningún otro libro en toda la literatura que se le parezca. En él vemos la interacción entre las sensibilidades profética y sacerdotal, y comenzamos a entender cómo la ley –el "deber ser" de las cosas– surge de la historia, el "es o era" de las cosas, y a su vez influye en ella.

Entonces, ¿cómo se representa la naturaleza tridimensional de la realidad con sus perspectivas contradictorias y sus verdades multifacéticas? Una manera en la que la Torá lo hace es a través de lo que yo llamo la *imaginación dialógica*. Se nos muestra una situación desde dos puntos de vista radicalmente opuestos al mismo tiempo. Dos ejemplos fuertes de esto están en Génesis 21 y 27. En Génesis 21 vemos primero a

Sara y su dicha cuando por fin sostiene en sus brazos al hijo que tanto había esperado, luego vemos el pathos de Agar e Ismael, despedidos de la casa y al borde de la muerte bajo el inclemente cielo del desierto. En Génesis 27 vemos primero a Rebeca haciendo arreglos para que su amado Jacob fuera bendecido, luego vemos a Isaac y a Esaú unidos por la conmoción y la consternación al darse cuenta de lo que ha sucedido.

Estas narrativas subvierten cualquier tendencia simplista a moralizar, a dividir la realidad en blanco y negro. Nos obligan a ver el mundo desde más de un punto de vista. La única manera de cerrar la brecha entre estas perspectivas es por medio de la conversación. De ahí la idea de la verdad como diálogo. En Génesis, cuando el habla colapsa, la violencia –el intento de imponerte mi versión de la verdad por la fuerza– a menudo está esperando tras bastidores.

La otra manera es por medio de la *imaginación cronológica*. Las proposiciones en conflicto pueden ser ambas válidas –lo opuesto a una verdad profunda puede ser otra verdad profunda– pero no al mismo tiempo. Un ejemplo clásico de esto es la interpretación hecha por el rabino Joseph Soloveitchik en su libro *The Lonely Man of Faith* (*La soledad del hombre de fe*) de los dos relatos de la creación que aparecen en Génesis 1 y en Génesis 2 y 3. En el primero, el hombre es creado a imagen de Dios y le es concedido el dominio sobre todas las otras formas de vida. En el segundo, el hombre es formado del polvo de la tierra y se le dice que "labre y cuide" el jardín (del Edén). En el primer relato el hombre y la mujer son creados simultáneamente, uno al lado del otro. En el segundo, la mujer es creada a raíz de la soledad del hombre, y existen frente a frente.

El rabino Soloveitchik argumentó que el primer relato describe al hombre "majestuoso", el segundo al hombre "del pacto", y somos ambos. Argumentó que el resultado, es que ser humano implica estar en conflicto, estar dividido entre las dos facetas de nuestro ser. Sin embargo, de hecho, la Torá resuelve la contradicción del modo más simple y elegante: por medio del tiempo. "Seis días trabajarás y harás toda tu labor, pero el séptimo día será Shabat para el Eterno tu Dios". Durante seis días somos "majestuosos", el séptimo día somos "del pacto".

La imaginación cronológica –lo que Bohr quiso expresar cuando dijo que podía ver a su hijo a través de los ojos de un juez y los de un padre, pero no como ambos al mismo tiempo– fue uno de los grandes regalos que nos proporcionó *Torat Cohanim*. El sacerdote cuida el límite entre lo sagrado y lo secular, lo eterno y lo mortal, lo físico y lo espiritual, lo finito y lo infinito. Sabe que se trata de dos órdenes diferentes de la realidad, y es muy consciente del peligro que acecha cualquier desdibujamiento de la frontera entre ambos. En un nivel de realidad, todo lo que existe es Dios. En otro, todo lo que existe son seres humanos, sus asuntos y sus deseos. La separación entre el cielo y la tierra es lo que hace posible el universo y la vida humana. Pero su conexión es lo que da sentido a la vida humana.

El sacerdote resuelve la contradicción entre lo sagrado y lo secular al verlos a ambos como verdaderos y válidos, pero solo podemos experimentarlos en tiempos diferentes. Los tiempos y lugares en los que nos enfocamos en nuestra condición humana y mortal se denominan *jol*, seculares. Aquellos en los que nos enfocamos en Dios, el eterno infinito, los llamamos *kodesh*. Están integrados bajo la forma de un ritmo del tiempo finamente calibrado: seis unidades (días, meses, años) de *jol* seguidos por una séptima que es sagrada, con el ocasional agregado de una cincuentava (día, año) tras una secuencia de siete veces siete.

Los textos bíblicos que utilizan la voz sacerdotal se destacan por su precisión matemática. Entonces, como lo señaló Umberto Cassuto,[3] el relato de la creación no solo se divide en siete días. También contiene siete veces la palabra "bueno", treinta y cinco veces la palabra "Dios", y veintiún veces la palabra "tierra". El primer versículo contiene siete palabras, el segundo catorce, y la descripción del séptimo día, treinta y cinco. Todo el pasaje tiene 469 (7 x 67) palabras. De igual forma, Levítico 23, 25 y 26 están estructurados en torno a las palabras repetidas "siete" y "Shabat". La precisión matemática es esencial para la comprensión sacerdotal de la realidad, tal como hoy sabemos que lo es para el universo, casi inimaginablemente sintonizado para permitir el surgimiento de la vida consciente. Si cualquiera de las constantes matemáticas que gobiernan

3. Umberto Cassuto, *A Commentary on the Book of Genesis*, vol. 1 (Jerusalén: Magnes Press, 1961), 12–15.

la forma del universo hubiera sido levemente diferente, los elementos químicos necesarios para la vida simplemente no se habrían formado.[4]

Pero la precisión del sacerdote es diferente a la del científico. La división del tiempo en el calendario sacerdotal es una manera de vivir verdades secuencialmente distintas y contradictorias. Ya hemos visto una en nuestro estudio sobre Sucot. El judaísmo abarca tanto lo universal como lo particular, la universalidad de nuestra humanidad, que recibió vigencia religiosa en el pacto de Noaj, y la particularidad de la relación de nuestro pueblo con Dios, personificada en el pacto del Monte Sinaí. El calendario judío les otorga peso a ambas. Hay un ciclo de tres festividades de peregrinación, Pesaj, Shavuot y Sucot, que representan la particularidad de la historia judía: el Éxodo, la entrega de la Torá, y los años de travesía por el desierto. Y hay también un ciclo de festividades del séptimo mes, Rosh Hashaná, Yom Kipur y Sucot, que representan los universales de la condición humana: la creación, la soberanía divina, la justicia, el juicio, la vida, la muerte, la lluvia y la renovación de la naturaleza.

Una de las consecuencias más bellas de la imaginación cronológica –vista claramente en *Parashat Behar*– es la capacidad de reconciliar lo real con lo ideal. La historia está llena de mundos ideales. Los llamamos utopías, una palabra que significa "ningún lugar", porque nunca ha ocurrido ninguna utopía. *Torat Cohanim* tiene un enfoque diferente, de hecho único, de los mundos ideales. Los vivimos, periódicamente, en el aquí y ahora del tiempo real. En Shabat participamos de un ensayo general de la Era Mesiánica cuando nadie ejercerá el poder, político o económico, sobre ninguna otra persona. Algo similar ocurre con las dos grandes instituciones en esta *parashá*: la *shemitá* y el Jubileo, el séptimo y el quincuagésimo año. Al cancelar las deudas, liberar esclavos, dejar que el producto de la tierra sea disfrutado por todos por igual, y devolver la propiedad ancestral de las parcelas a sus dueños originales, habitamos un mundo en el cual las desigualdades de la economía de mercado han sido corregidas y durante un año, a veces dos, suspendemos el mundo

4. Un relato clásico es el de Martin Rees, *Just Six Numbers* (Londres: Weidenfeld & Nicolson, 1999).

de la competencia y vivimos en uno de cooperación y de compañerismo entre iguales.

No existe otro sistema como éste, y le otorga a la verdad –no la verdad que pensamos o descubrimos, sino las verdades que vivimos y a las que debemos nuestra lealtad– un carácter tridimensional que no tiene en el mundo de "una cosa o la otra" de la lógica aristotélica.[5] Este es el poder del pensamiento dialógico y cronológico, y este proviene de la profundidad que adquiere la realidad cuando agregamos a la naturaleza bidimensional de la humanidad la tercera dimensión que es Dios.

5. No es que Aristóteles fuera estrictamente aristotélico. Él fue uno de los primeros filósofos en darse cuenta que distintas disciplinas intelectuales poseían diferentes criterios de verdad y una lógica interna diferente.

Libertad e igualdad

En su libro *Moral Tribes* (Tribus morales), Joshua Greene nos pide que imaginemos cuatro grupos de personas muy diferentes, cada uno de los cuales vive en un borde distinto de un enorme bosque.[1] Tienen contacto limitado el uno con el otro, y cada cual tiene su propia forma de administrar sus asuntos.

Al norte del bosque se encuentra una tribu en la que cada familia posee su propia parcela de tierra, rodeada por una cerca. Las parcelas varían mucho en tamaño y productividad, en parte porque algunas familias son más sabias y trabajadoras que otras y por ello han podido adquirir terreno de sus vecinos menos prósperos. Algunas familias son pobres porque han trabajado menos duro o menos inteligentemente, otras simplemente porque han tenido mala suerte. Hay vastas diferencias en cuanto a riqueza. El consejo de ancianos de la tribu garantiza que la gente cumpla sus promesas y respete la propiedad de los demás, pero más allá de eso hacen poco. El resultado es que algunos miembros de la tribu mueren cada invierno por falta de alimento o calor. Pero la tribu en su conjunto prospera.

1. Joshua Greene, *Moral Tribes* (Londres: Atlantic Books, 2014), 1–3.

Al sur, hay una tribu en la cual la gente comparte su tierra y sus animales, así como los frutos de su trabajo. Su consejo de ancianos administra los campos y los rebaños y se mantiene muy ocupado. Hay quejas frecuentes de que varios miembros de la tribu son perezosos o negligentes y no participan de un modo justo de la carga común. Sin embargo, la mayoría trabaja duro, impulsados por su espíritu comunitario o por el miedo a las críticas de sus vecinos. La tribu en su conjunto es menos próspera que su contraparte del norte, pero sobrevive y ninguno de sus miembros ha muerto nunca por falta de alimento o calor.

Por supuesto que estas son dos maneras extremas de estructurar una sociedad (en la fábula de Greene las otras dos son opciones intermedias) y son profundamente incompatibles entre sí. Tal como señaló Isaiah Berlin,[2] los grandes ideales no necesariamente pueden realizarse simultáneamente. Valoramos la libertad y apreciamos la igualdad, pero esto no implica que podamos tener ambas. La parábola de Greene sobre las tribus nos muestra de una manera esquemática cómo es que estos valores funcionan. Los norteños tienen mucha libertad pero poca igualdad. Los sureños tienen mucha igualdad pero poca libertad. Esa es la elección clásica entre una economía de libre mercado y un estado comunista o socialista.

Sin embargo, en el anterior ensayo sostuve que *Torat Cohanim*, la voz sacerdotal que domina el libro de Levítico, tiene una forma novedosa de lidiar con la contradicción. La libertad y la igualdad son valores fundamentales. El hecho de que no puedan efectivizarse simultáneamente no significa que no puedan hacerlo de una manera secuencial. Esto es precisamente lo que la legislación social de *Parashat Behar* hace. Establece un programa que combina libertad con igualdad introduciendo correcciones periódicas al mercado cada séptimo y quincuagésimo año.

Levítico 25 crea un mecanismo cuyo objetivo es corregir la tendencia hacia una desigualdad radical y cada vez mayor que resulta del juego sin restricciones de la economía de libre mercado. Existe el año sabático en el cual se condonan las deudas, se libera a los esclavos hebreos, la tierra descansa y su producto, que no puede ser cosechado,

2. Isaiah Berlin, "Two Concepts of Liberty", en *Four Essays on Liberty* (Nueva York: Oxford University Press, 1969).

pertenece a todos. Existe el año del Jubileo en el cual, con ciertas excepciones, las parcelas ancestrales regresan a sus propietarios originales. Hay una orden de ayudar a los necesitados: "Si alguno de tus semejantes israelitas se volviera pobre y no pudiera mantenerse a sí mismo, le ayudarás como lo harías con un extranjero o peregrino, para que pueda seguir viviendo entre ustedes" (Levítico 25:35). Y está la obligación de no tratar a los esclavos de manera servil sino como a "trabajadores contratados o residentes temporales" (Levítico 25:40).

Tal como señaló Heinrich Heine: "Moisés no quería abolir la propiedad privada; por el contrario, deseaba que todos poseyeran algo para que nadie pudiera, por causa de su pobreza, ser esclavo con mentalidad servil. La libertad fue siempre el pensamiento supremo de este gran emancipador, y aún respira y arde en todas sus leyes que se refieren al pauperismo".[3]

A pesar de la absoluta antigüedad de estas leyes, una y otra vez han inspirado a quienes lidian con cuestiones de libertad, equidad y justicia. El versículo sobre el año del Jubileo que dice: "Proclamen la libertad en toda la tierra para todos sus habitantes" (Levítico 25:10), está inscrito en la Campana de la Libertad en Filadelfia. El movimiento internacional que se inició a finales de la década de 1990, con la participación de más de cuarenta naciones en una campaña para la condonación de la deuda del Tercer Mundo, fue denominado Jubileo 2000 y está directamente inspirado en esta *parashá*.

El enfoque de la Torá hacia la política económica es inusual. Claramente, no podemos hacer ninguna inferencia directa a partir de leyes que fueron dictadas hace más de tres mil años –en una época en la que la economía era agrícola y a una sociedad que estaba conscientemente sujeta a la soberanía de Dios– a las circunstancias del siglo XXI con su economía global y sus corporaciones internacionales. Entre los textos antiguos y las aplicaciones contemporáneas viene todo un cuidadoso proceso de tradición e interpretación al que denominamos *Torá Shebealpé*, la Ley Oral en su más amplio sentido.

3. Israel Tabak, *Judaic Lore in Heine* (1948; reimpresión, Baltimore: Johns Hopkins University Press, 1979), 32.

No obstante, existen algunos parámetros importantes. El trabajo –ganarse la vida, obtener el pan de cada día– tiene dignidad. Un salmo (128:2) afirma: "Cuando comas del trabajo de tus manos, serás feliz y te irá bien". Lo decimos cada sábado por la noche al inicio de la semana laboral. A diferencia de las culturas aristocráticas tales como la de la antigua Grecia, el judaísmo nunca fue displicente respecto del trabajo o de la economía productiva. No favoreció la creación de una clase privilegiada. "El estudio de la Torá sin una ocupación, finalmente fracasa y conduce a la transgresión" (Mishná Avot 2:2).

Otro principio es que a menos que existan motivos convincentes que indiquen lo contrario, uno tiene derecho a los frutos de su trabajo. El judaísmo desconfía de los grandes gobiernos al verlos como una violación de la libertad. Ese es el núcleo de la advertencia del profeta Samuel respecto a la monarquía. Él dice que un rey "tomará lo mejor de tus campos, viñas y olivares para dárselo a sus ayudantes… Tomará la décima parte de tus rebaños, y ustedes mismos serán sus esclavos" (I Samuel 8).

El judaísmo es la religión de un pueblo nacido en la esclavitud y anhelando la redención, y el gran ataque de la esclavitud a la dignidad humana es que priva a la persona de la propiedad de la riqueza que creó. En el corazón de la Biblia hebrea se encuentra el Dios que busca el culto libre de seres humanos libres, y una de las defensas más poderosas de la libertad es la propiedad privada como la base de la independencia económica. La sociedad ideal concebida por los profetas es aquella en la que cada persona es capaz de sentarse "debajo de su viña y su higuera" (Miqueas 4:4).

La economía libre utiliza el combustible de la competencia para mantener vivo el fuego de la invención. Mucho antes de Adam Smith, el judaísmo había aceptado la proposición de que los mayores avances a menudo son alcanzados por medio de impulsos poco espirituales. "He visto", dice el autor de Eclesiastés, "que el trabajo y los logros surgen de la envidia del hombre hacia su semejante". O tal como lo expresaron los sabios talmúdicos: "De no ser por la inclinación al mal nadie construiría una casa, desposaría a una mujer, tendría hijos ni se dedicaría a los negocios". Los rabinos incluso veían con buenos ojos el libre mercado en su propia esfera de educación judía. Ellos decían que un maestro establecido no puede objetar que otro docente le plantee competencia.

El motivo que dan es sencillo: "Los celos entre los eruditos incrementan la sabiduría".

La economía de mercado es el mejor sistema que conocemos para aliviar la pobreza por medio del crecimiento económico. En una sola generación, su adopción sacó de la pobreza a 100 millones de indios y a 400 millones de chinos. Los sabios ven a la pobreza como una cuestión moral, no solamente como un asunto económico. Ellos creen que es incompatible con la dignidad humana. La pobreza no es una condición bendita ni divinamente ordenada. Para los rabinos se trata de "una forma de muerte" y "peor que cincuenta plagas". Ellos dicen que "nada es más duro de soportar que la pobreza, porque aquel que está oprimido por ella es como alguien a quien se aferran todos los problemas del mundo y sobre quien todas las maldiciones de Deuteronomio han descendido. Si se pusiera de un lado a la pobreza y del otro a todos los demás problemas, la pobreza los superaría a todos".[4]

Sin embargo, la economía de mercado es mejor produciendo riqueza que distribuyéndola equitativamente. La concentración de la riqueza en unas pocas manos otorga un poder desproporcionado a unos a costa de otros. Actualmente en Gran Bretaña no es raro que los principales ejecutivos de las corporaciones ganen cuatrocientas veces más que sus empleados. Al momento de escribir estas líneas, las desigualdades han aumentado dramáticamente en la mayoría de las economías de mercado durante la última década. En tiempos como estos necesitamos estar plenamente conscientes de las responsabilidades que conlleva la riqueza para aliviar la condición de los pobres. Esto se deriva directamente del principio de dominio eminente,[5] según el cual lo que poseemos no nos pertenece. Simplemente lo tenemos en custodia por parte de Dios, y una de las condiciones de esa custodia es que aquellos que tienen más de lo que necesitan, compartan su bendición con aquellos que poseen significativamente menos. Este es el motivo por el cual en el judaísmo la palabra *tzedaká* significa justicia, no solo caridad.

4. Sobre los temas de este capítulo ver Jonathan Sacks, *The Dignity of Difference* (Londres: Continuum, 2002) y "Wealth and Poverty: A Jewish Analysis" en *Tradition in an Untraditional Age* (Londres: Vallentine Mitchell, 1990), 183–202.
5. Ver arriba "El dominio eminente".

La legislación contenida en *Parashat Behar* representa la arquitectura de una sociedad justa. Nos dice que un sistema económico debe existir dentro de un marco moral. No es necesario que aspire a la igualdad económica pero sí debe respetar la dignidad humana. Nadie debería ser prisionero permanente de las cadenas de la deuda. Nadie debería verse privado de una participación en la comunidad, lo cual en tiempos bíblicos significaba una participación en la tierra. Nadie debería ser esclavo de su empleador. Todos tienen derecho a descansar de las interminables presiones del trabajo, un día a la semana y un año de cada siete. Nada de esto significa desmantelar la economía de mercado, pero sí puede implicar su periódica redistribución.

En el centro de estas leyes se encuentra una visión de la sociedad profundamente humana. "Ninguna persona es una isla". Somos responsables los unos por los otros y estamos implicados unos en el destino de los otros. Eso es fundamental para la ética y la política del pacto. Estamos unidos por un destino común. Juntos, somos responsables ante Dios por las condiciones sociales. Tal como *Parashat Behar* lo recuerda cinco veces, somos "hermanos" (y hermanas) los unos de los otros. El pacto ve a la sociedad como una familia extendida. El bienestar de todos es la preocupación de cada uno. Eso es lo que diferenciaría al Israel bíblico de sus vecinos. Eran mayores en términos de tamaño, población, poder y riqueza. Pero en el pueblo de Israel todos importaban. Todos debían ser ciudadanos iguales bajo la soberanía de Dios.

Jeremías expresó sin rodeos la conexión entre la religión y la sociedad en su valoración de dos reyes, Josías y su hijo Joacaz. El hijo persiguió la riqueza personal a costa de la justicia social. Jeremías dijo de él: "Ay de quien construye su palacio con injusticia, sus aposentos superiores con iniquidad, haciendo trabajar a su gente a cambio de nada, no pagándoles por su labor" (Jeremías 22:13). El profeta dijo que estaba a punto de ser castigado, siendo llevado en cautiverio donde sufriría una muerte denigrante.

Respecto del padre, Josías, Jeremías dijo: "Defendió la causa de los pobres y los necesitados, y todo salió bien. ¿Acaso no es ese el significado de conocerme? declara el Eterno" (Jeremías 22:16). Esta es una frase sorprendente. Según Jeremías, conocer a Dios no es una cuestión de teología abstracta o de piedad ostentosa. Se trata de defender la causa de los pobres y los necesitados, de trabajar por la justicia social y económica y por una sociedad justa.

En una época de enormes desigualdades dentro y entre las naciones –en la que un billón de personas carece de comida y refugio adecuado, agua potable y atención médica, y treinta mil niños mueren cada día de enfermedades evitables– la visión de *Parashat Behar* todavía nos desafía con sus ideales. La riqueza y el poder no son privilegios sino responsabilidades, y estamos llamados a ser socios de Dios en la construcción de un mundo menos aleatorio y caprichoso, más equitativo y humano. La Torá nos muestra una forma de combinar libertad con igualdad. Puede haber otras. Pero el principio general se mantiene en pie. La humanidad no fue creada para servir a los mercados. Los mercados fueron creados para servir a la imagen de Dios que es la humanidad.

Los derechos de las minorías

En los dos ensayos anteriores argumenté que el judaísmo encontró una manera de abrazar ambos lados de una contradicción, transformando un "esto / o aquello" en un "ambos / y". En ninguna parte esto se evidencia de un modo más claro que en el concepto de *guer toshav*, el "extranjero residente", el "extranjero que vive al interior de tus puertas", expuesto en *Parashat Behar*.

El cristianismo tomó prestados dos de los grandes mandamientos de amor del judaísmo: "Amarás al Eterno tu Dios con todo tu corazón, y con toda tu alma y con todas tus fuerzas" (Deuteronomio 6:5) y "Amarás a tu prójimo como a ti mismo" (Levítico 19:18). Sin embargo, le dio mucho menor énfasis al tercer mandamiento, el amor al extranjero:

> Cuando un extranjero habitare contigo en tu tierra, no le harás mal. Tratarás al extranjero que vive contigo como a quien hubiere nacido entre ustedes, y lo amarás como a ti mismo, porque ustedes fueron extranjeros en la tierra de Egipto: Yo soy el Eterno tu Dios (Levítico 19:33–34).

> Porque el Eterno tu Dios es Dios de dioses y Señor de señores, el gran Dios, poderoso y reverenciado, que no muestra parcialidad alguna ni acepta sobornos. Defiende la causa del huérfano y la viuda y ama al extranjero que habita entre ustedes, dándoles alimento y vestimenta. Amarán a aquellos que son extranjeros porque ustedes mismos fueron extranjeros en Egipto (Deuteronomio 10:17–19).

Los sabios dicen que la Torá nos ordena solamente en un lugar a amar a nuestro prójimo, pero en treinta y seis lugares a amar al extranjero.[1] Esta fue una de las lecciones fundamentales de la historia traducidas en ley. "Ustedes mismos *saben lo que se siente* ser un extranjero", dice la Torá (Éxodo 23:9), lo que significa que un sentimiento del pasado de nuestro pueblo debe impulsar nuestra consciencia cuando, en palabras de Lincoln, las "cuerdas místicas de la memoria" son tocadas por "los mejores ángeles de nuestra naturaleza".

¿Por qué es esto tan importante como para que la Torá necesite repetirlo tantas veces? La respuesta es simple. Dos fenómenos han ido de la mano a lo largo de la historia: el etnocentrismo y la xenofobia. Estas son las dos caras de la moneda llamada comunidad. Todo acto que vincula a un grupo por medio de un sentido de identidad compartida, un "nosotros", diferencia al grupo de otros, del "ellos", aquellos que no son como nosotros. Cuanto más ligados nos sentimos a personas como nosotros, más probabilidades tenemos de temer, y por ende de que no nos gusten las personas que son diferentes.

Esto tampoco es exclusivo de los seres humanos. Solía pensarse que el Homo Sapiens era la única forma de vida que mataba deliberadamente a miembros de su propia especie. Hoy sabemos que esto no es así. Jane Goodall pasó décadas estudiando chimpancés en el Parque Nacional Gombe Stream en Tanzania. Un miembro de su equipo, Richard Wrangham, cuenta la historia de lo que pasó cuando una disputa entre dos machos alfa condujo a la división de la población de chimpancés en dos subgrupos. A los pocos años ya habían demarcado sus propios territorios. Las fronteras eran patrulladas por grupos de caza. Si encontraban

1. Baba Metzia 59b.

a un individuo del otro bando aislado, lo atacaban. Pronto comenzaron a llevar a cabo incursiones en el territorio del grupo contrario, y en cuestión de tres años un grupo había exterminado a todos los machos del otro grupo. Wrangham estimó que cerca de un treinta por ciento de los chimpancés machos adultos habían muerto a consecuencia de la violencia ejercida por otro miembro de su misma especie.[2] Parece que estamos genéticamente predispuestos a maltratar al extraño.[3]

Algunos estudiosos recientes han sugerido que la respuesta radica en el abandono de la ética de la identidad en favor del cosmopolitismo, un mundo carente de comunidad.[4] Pero ninguna sociedad cosmopolita es tan tolerante como parece. En la antigüedad, tanto los griegos como los romanos intentaron en algún momento u otro erradicar la práctica del judaísmo. La Europa de la Ilustración no puso fin al antisemitismo: dio origen a una nueva y violenta corriente del mismo. Además, ninguna sociedad cosmopolita ha durado mucho tiempo. Tal como señaló el gran historiador musulmán del siglo XIV Ibn Jaldún, las sociedades que carecen de *asabia*, solidaridad social, rápidamente declinan y colapsan.

Así, el proyecto de la Torá de una ética que combina el amor al prójimo (etnocentrismo) con el amor al extranjero (xenofilia) es casi único en la historia de la moral. Su base teológica ya está expuesta en el primer capítulo de Génesis en la proposición de que todo ser humano, independientemente de su color, clase o cultura, fue creado a imagen y semejanza de Dios: la afirmación más revolucionaria de la dignidad humana. Sin embargo, ¿qué quiere decir la Torá cuando habla del *guer*, "el extranjero"?

Claramente la referencia es a alguien que no es judío de nacimiento. Podría tratarse de uno de los habitantes originales de la tierra de Canaán. Podría significar alguien perteneciente a la "multitud mixta"

2. Richard Wrangham, *Demonic Males* (Boston: Houghton Mifflin, 1996).
3. Para un impactante estudio reciente, ver Avi Tuschman, *Our Political Nature: The Evolutionary Origins of What Divides Us* (Nueva York: Prometheus, 2013).
4. Ver entre otros, Amartya Sen, *Identity and Violence* (Londres: Penguin, 2007); Anthony Appiah, *The Ethics of Identity* (Princeton University Press, 2005) y *Cosmopolitanism: Ethics in a World of Strangers* (Londres: Allen Lane, 2006); Joshua Greene, *Moral Tribes*.

que abandonó Egipto junto a los israelitas. Podría significar un extranjero que entró al país procurando seguridad o sustento.

Sea cual fuere el caso, se le atribuye una gran importancia a la manera en la que los israelitas tratan al extranjero. Esto es lo que debían haber aprendido de su propia experiencia de exilio y sufrimiento en Egipto. Fueron extranjeros. Fueron oprimidos. Por lo tanto, sabían lo que se siente ser miembro de una minoría, un extraño, un forastero, y de esa experiencia tenían que aprender a no infligir a otros lo que en algún momento les infligieron a ellos.

Los sabios sostienen que la palabra *guer* podría significar una de dos cosas. Uno era el *guer tzedek*, un converso al judaísmo que había aceptado todos sus mandamientos y obligaciones. El otro era el *guer toshav*, el "extranjero residente" que no había adoptado la religión de Israel, pero residía en la tierra de Israel. En *Parashat Behar* se detallan los derechos de dicha persona. Específicamente:

> Si alguno de tus semejantes israelitas se volviera pobre y no pudiera mantenerse a sí mismo junto a ti, le ayudarás como lo harías con un extranjero residente, para que pueda seguir viviendo entre ustedes (Levítico 25:35).

En otras palabras, existe la obligación de apoyar y sustentar a un extranjero residente. Este no solo tiene derecho a vivir en la tierra santa, sino que además tiene derecho a participar de sus mecanismos de bienestar social. Cabe recordar que en realidad esta es una ley muy antigua, mucho antes de que los sabios formularan principios tales como *darkei shalom*, "los caminos de paz",[5] los cuales obligan a los judíos a proveer de caridad y atención tanto a judíos como a no judíos.

¿Entonces, qué es un *guer toshav*? Hay tres puntos de vista diferentes en el Talmud. Según Rabí Meir, es cualquiera que se proponga a sí mismo no adorar ídolos. De acuerdo con los sabios, es todo aquel que se compromete a observar los siete preceptos de Noaj. Una tercera opinión, más estricta, sostiene que es alguien que se compromete a observar todos los mandamientos de la Torá menos uno, la prohibición de la

5. Guitín 59a-61a.

ingesta de carne no sacrificada de acuerdo con el ritual.[6] La ley final va de acuerdo con la opinión de los sabios. Por lo tanto, un *guer toshav* es un no judío que vive en la tierra de Israel que acepta que las leyes noájidas son vinculantes para todos.

Así, la legislación de *guer toshav* es una de las primeras formas existentes de derechos de las minorías. Según Maimónides, los judíos en Israel tienen la obligación de establecer tribunales de justicia para los extranjeros residentes de modo tal que puedan dirimir sus propias disputas –o las disputas que tienen con judíos– de acuerdo con las provisiones de las leyes noájidas. Maimónides agrega: "Uno debe conducirse con un extranjero residente con el mismo respeto y la misma bondad con los que se conduciría con un compañero judío".[7]

La diferencia entre esta legislación y la posterior que hace referencia a "caminos de paz", es que esta última aplica a no judíos sin tomar en cuenta sus creencias o sus prácticas religiosas. Datan de una época en la que los judíos eran una minoría en un ambiente mayoritariamente no judío y no monoteísta. Los "caminos de paz" son esencialmente reglas pragmáticas de lo que hoy llamaríamos buenas relaciones comunitarias y ciudadanía activa en una sociedad multiétnica y multicultural. La legislación de *guer toshav* es más profunda. No está basada en el pragmatismo sino en principios religiosos. Según la Torá, no es preciso ser judío en una sociedad y tierra judías para gozar de muchos de los derechos que confiere la ciudadanía. Simplemente hay que ser moral.

Hay un episodio bíblico que retrata esta idea con gran intensidad. El rey David se ha enamorado y tiene una relación adúltera con Betsabé, la esposa de un *guer toshav*, Urías el hitita. Ella queda embarazada. Mientras tanto, Urías ha estado lejos de casa como soldado en el ejército de Israel. David, temeroso de que Urías regrese a casa, vea que su esposa está embarazada, se de cuenta que ha cometido adulterio y descubra que el rey es el culpable, hace traer a Urías a casa. Su pretexto es que quiere saber cómo va la batalla. Luego, le dice a Urías que vaya a su casa y duerma con su esposa antes de regresar, de modo tal que

6. Avodá Zará 64b.
7. Maimónides, *Mishné Torá, Hiljot Melajim* 10:12.

después pueda suponer que él mismo es el padre del niño. El plan falla. Esto es lo que ocurre:

> Entonces David envió el siguiente mensaje a Joab: "Envíame a Urías el hitita". Y Joab lo envió a David. Cuando Urías se presentó ante él, David le preguntó cómo estaba Joab, cómo estaban los soldados y cómo iba la guerra. Entonces David le dijo a Urías: "Desciende a tu casa y lava tus pies". Entonces Urías abandonó el palacio, y le fue enviado un obsequio de parte del rey. Pero Urías durmió en la entrada del palacio junto a todos los sirvientes de su amo y no fue a su casa.
>
> Le dijeron a David: "Urías no volvió a su casa". Entonces le preguntó a Urías: "¿Acaso no llegaste directamente de una campaña militar? ¿Por qué no te fuiste a casa?"
>
> Urías le dijo a David: "El Arca, Israel y Judá están pernoctando en carpas, y mi comandante Joab y los hombres de mi señor están estacionados a campo abierto. ¿Cómo podría ir a mi casa a comer, beber y hacer el amor con mi esposa? Tan cierto como que tú vives, ¡no haré cosa semejante!" (II Samuel 11:6–11).

La lealtad absoluta de Urías al pueblo judío, a pesar del hecho de que él mismo no es judío, queda contrastada con la conducta del rey David que se quedó en Jerusalén, no estuvo con el ejército, y en vez de ello tuvo una relación con la mujer de otro hombre. El hecho de que el Tanaj pueda narrar una historia en la cual el extranjero residente es el héroe moral del relato, y David, el rey más encumbrado de Israel, el malhechor, nos dice mucho sobre la moralidad del judaísmo.

Se necesita más que democracia para forjar una sociedad libre. Tal como Alexis de Tocqueville y John Stuart Mill lo señalaron en el siglo XIX, la democracia puede conducir a "la tiranía de la mayoría" y a la pérdida de los derechos de las minorías. Por lo tanto, Lord Acton ciertamente estaba en lo cierto cuando escribió: "La prueba más certera para juzgar si un país es realmente libre es el grado de seguridad del que gozan las minorías".[8]

8. Lord Acton, *Essays in the History of Liberty*, 7.

Desde los días de Moisés, los derechos de las minorías han sido fundamentales para la visión del tipo de sociedad que Dios quiere que creemos en la tierra de Israel. Un fuerte sentido de identidad grupal puede coexistir con el amor y el cuidado por la gente que pertenece a otros grupos o a ninguno. Eso es parte de *Torat Cohanim,* la ética en el modo sacerdotal. Nuestra humanidad común precede a nuestras diferencias religiosas. Esta continúa siendo una de las ideas más elevadas de la ética judía.

Bejukotai
בחוקותי

Parashat Bejukotai está dominada por el pasaje en el cual Dios habla sobre las bendiciones que experimentarán los israelitas si son fieles al pacto, y las maldiciones que enfrentarán si no lo son. Los siguientes ensayos examinan varios aspectos de este pasaje.

El primero argumenta que es el involucramiento divino en la historia lo que forma la base para el principio judío de la esperanza. Fue esto lo que hizo a la civilización judía tan diferente de la cultura trágica de la antigua Grecia. El segundo analiza evidencia empírica reciente de que la creencia en la justicia divina ayuda a crear la virtud social de la confianza. El tercero argumenta que es la elección constante entre bendición y maldición la que se encuentra en el corazón del judaísmo como una ética de responsabilidad –lo opuesto a una cultura victimista.

El cuarto se pregunta por qué los sabios toman un pasaje improbable de las maldiciones como prueba textual del principio según el cual "todo Israel es responsable el uno del otro". El quinto versa sobre el argumento cristiano en contra del judaísmo, que Dios ha rechazado el pacto "antiguo" en favor de uno nuevo. La notable afirmación al final de las maldiciones descarta esto explícitamente. Dice que, en efecto, pase lo que pase, Dios no rechazará a Su pueblo.

El nacimiento de la esperanza

En realidad, la esperanza es el peor de todos los males
porque prolonga los tormentos del hombre.
Nietzsche, *Humano, demasiado humano*

En la tragedia nada está en duda y el destino de todos
es conocido. Eso contribuye a la tranquilidad.
Hay una especie de sentimiento de compañerismo entre los personajes
en una tragedia: el que mata es tan inocente como el que
muere: todo es cuestión de qué parte estés
actuando. La tragedia es relajante; y la razón es que
la esperanza, esa cosa vil y engañosa, no tiene parte en ella.
Anouilh, *Antígona*

¡Si no fuera por mi fe, de ver la bondad de Dios
en la tierra de los vivientes! Espera en Dios.
Sé fuerte y Él te dará valor. Y espera en Dios.
Salmo 27:13–14

Al final de la *Tojejá*, las aterradoras maldiciones que advierten lo que le pasaría a Israel si traicionaba su misión divina, hay un repentino cambio de tono. Hemos estado leyendo una profecía de la historia que salió mal.

Si Israel pierde el rumbo espiritualmente, dicen las maldiciones, lo perderá también físicamente, económicamente y políticamente. La nación experimentará derrota y desastre. Perderá su libertad y su tierra. El pueblo irá al exilio y sufrirá persecución. Habitualmente leemos este pasaje en la sinagoga *sotto voce*, en voz baja, por lo atemorizante que resulta. Es difícil imaginar que una nación pueda sufrir semejante catástrofe y viva para contarlo. Pero el pasaje no termina ahí. En un cambio abrupto de tono, escuchamos uno de los grandes consuelos de la Biblia:

> *Pero a pesar de esto*, cuando estén en la tierra de sus enemigos, no los descartaré ni los aborreceré, para destruirlos por completo y romper Mi pacto con ellos; porque Yo soy el Eterno su Dios. Por su bien recordaré el pacto de sus ancestros, a quienes saqué de Egipto ante la vista de los paganos, para ser su Dios: Yo soy el Eterno (Levítico 26:44–45).

Este es un punto de inflexión en la historia del espíritu humano. Es el *nacimiento de la esperanza*: no la esperanza como un sueño, un deseo, un anhelo, sino como la forma misma de la historia, "el arco del universo moral", como dijo Martin Luther King. Dios es justo. Podrá castigar. Podrá esconder Su rostro. Pero no dejará de cumplir Su palabra. Él cumplirá Su promesa. Redimirá a Sus hijos. Los conducirá a su hogar.

La esperanza es una de las más grandes contribuciones del judaísmo a la civilización occidental, tanto así que he llamado al judaísmo "la voz de la esperanza en la conversación de la humanidad".[1] En el mundo antiguo había culturas trágicas en las cuales la gente creía que los dioses eran, en el mejor de los casos, indiferentes a nuestra existencia, y en el peor, activamente malévolos. Lo mejor que podían hacer los humanos era evitar llamar su atención, o tratar de aplacar su ira. Sin embargo, al final todo es en vano. Estamos destinados a ver nuestros sueños destrozados en las rocas de la realidad. Los grandes trágicos eran griegos. El judaísmo no produjo ningún Sófocles, Esquilo, Edipo o Antígona. El hebreo bíblico ni siquiera contenía una palabra que significara "tragedia"

1. Jonathan Sacks, *Future Tense: A Vision for Jews and Judaism in the Global Culture* (Londres: Hodder & Stoughton, 2011), 231–252.

en el sentido griego. El hebreo moderno tuvo que tomar prestada la palabra: de ahí, *tragedia*.

Luego están las culturas seculares como la del Occidente contemporáneo en la cual la misma existencia del universo, de la vida y la conciencia humanas, es vista como el resultado de una serie de accidentes sin sentido, sin intención de nadie y sin ningún propósito redentor. Todo lo que sabemos con certeza es que nacemos, vivimos y moriremos, y será como si nunca hubiéramos existido. La esperanza no es desconocida en esas culturas, pero es lo que Aristóteles describió como "un sueño despierto", un deseo privado de que las cosas sean distintas. Visto a través de los ojos de la Grecia antigua o de la ciencia contemporánea, no existe nada en la textura de la realidad o en la dirección de la historia que justifique la creencia de que la condición humana podría ser otra y mejor de lo que es.

El judaísmo no carece de una expresión de ese estado de ánimo. Lo encontramos en los capítulos iniciales del libro de Eclesiastés. Para su autor, el tiempo es cíclico. Lo que ha sido, será. La historia es un conjunto de eternas recurrencias. En realidad, nada cambia:

> Lo que ha sido, será otra vez,
> lo que se hizo, se hará nuevamente,
> no hay nada nuevo bajo el sol (Eclesiastés 1:9).

Pero Eclesiastés es una voz rara dentro del Tanaj. En su mayor parte, la Biblia hebrea expresa un punto de vista bastante diferente: que sí *puede* haber cambios en lo concerniente a la humanidad. Somos convocados a la larga travesía al final de la cual está la redención y la Era Mesiánica. *El judaísmo es el rechazo por principios de la tragedia en nombre de la esperanza.*

El sociólogo Peter Berger llama a la esperanza "una señal de trascendencia", un punto en el cual algo que está *más allá* penetra en la situación humana. No hay nada inevitable o incluso racional en la esperanza. No puede ser inferida por hechos del pasado o del presente. Como muestran las citas de Nietzsche y Anouilh que encabezan este capítulo, aquellos que poseen un sentido trágico de la vida sostienen que la esperanza es una ilusión, una fantasía infantil, y que una respuesta madura a nuestro lugar en el universo es aceptar su falta de sentido fundamental y cultivar la estoica virtud de la aceptación. El judaísmo insiste en lo contrario: que la realidad que subyace al universo *no* es sorda a nuestras plegarias, ciega a nuestras aspiraciones o indiferente a nuestra existencia. No estamos errados al esforzarnos por perfeccionar el mundo, negándonos a aceptar la inevitabilidad del sufrimiento y la injusticia.

Oímos esta nota en puntos clave de la Torá. Ocurre dos veces al final de Génesis cuando primero Jacob y luego José aseguran a los demás miembros de la familia del pacto que su estadía en Egipto no será para siempre. Dios honrará Su promesa y los llevará de vuelta a la Tierra Prometida. Lo escuchamos nuevamente, en forma magnifica, cuando Moisés le dice al pueblo que incluso después del peor sufrimiento que puede padecer una nación, Israel no se perderá ni será rechazada:

> Entonces el Eterno vuestro Dios restaurará vuestra fortuna y tendrá compasión de vosotros, y los recogerá de entre todas las naciones donde Él los dispersó. Aun cuando hayan sido desterrados a las tierras más distantes bajo los cielos, de allí el Eterno vuestro Dios los recogerá y los traerá de vuelta (Deuteronomio 30:3–4).

Pero el texto clave está aquí al final de las maldiciones de Levítico. Es aquí donde Dios promete que, aunque Israel transgreda, puede sufrir, pero nunca morirá. Puede experimentar el exilio, pero eventualmente regresará. Puede pasar por los sufrimientos más terribles, pero nunca tendrá motivo para desesperar. Israel puede traicionar el pacto, pero Dios nunca lo hará. Esta es una de las aseveraciones más trascendentales de toda la Biblia. Nos dice que ningún destino es tan desolador como para matar a la esperanza misma. Ninguna derrota es definitiva, ningún exilio es eterno, ninguna tragedia es la última palabra del relato.

Posteriormente a Moisés, todos los profetas transmitieron este mensaje, cada uno a su manera. Oseas le dijo al pueblo que aunque actúe como una esposa infiel, Dios sigue siendo un marido amoroso. Amos les aseguró que Dios reconstruiría hasta las ruinas más devastadas. Jeremías compró un campo en Anatot para asegurar al pueblo que regresaría de Babilonia. Isaías se transformó en el poeta laureado de la esperanza en visiones de un mundo en paz que nunca han sido superadas.

De todas las profecías de esperanza inspiradas por Levítico 26, ninguna es tan inquietante como la visión en la cual Ezequiel contempló al pueblo del pacto como un valle de huesos secos. Poco a poco se unieron, tomaron forma humana y volvieron a vivir:

> Entonces me dijo: Hijo del hombre, estos huesos son toda la casa de Israel. Ellos dicen: "Nuestros huesos se han secado y *nuestra esperanza se ha perdido*" [*avda tikvatenu*]; estamos aislados". Por tanto, profetiza y di a ellos: "Esto es lo que dice el Eterno Soberano: 'Oh pueblo Mío, yo voy a abrir vuestras tumbas y os sacaré de ellas; os haré volver a la tierra de Israel'" (Ezequiel 37:11–14).

Ningún otro texto en toda la literatura es tan evocador del destino del pueblo judío después del Holocausto, antes del renacimiento del Estado de Israel en 1948. Casi proféticamente, Naftali Herz Imber aludió a este texto en las palabras para la canción que eventualmente se convirtió en el himno nacional de Israel. Él escribió: *od lo avda tikvatenu* "nuestra esperanza *aún no* está perdida". No es casualidad que el himno de Israel se llame *HaTikva*, "La Esperanza".

¿De dónde proviene la esperanza? Berger la ve como parte constitutiva de nuestra humanidad:

> La existencia humana siempre está orientada hacia el futuro. El hombre existe proyectando constantemente su ser hacia el futuro, tanto en su conciencia como en su actividad... Una dimensión esencial de esta "futuridad" del hombre es la esperanza. Es a través de la esperanza que los hombres pueden sobreponerse a las dificultades de cualquier aquí y ahora. Y es a través de la esperanza que los hombres encuentran sentido ante el sufrimiento extremo.[2]

Solo la esperanza nos empodera para asumir riesgos, emprender proyectos a largo plazo, casarnos y tener hijos, y negarnos a capitular frente a la desesperación:

2. Berger, op. cit., 68–69.

> Parece haber una esperanza que rechaza la muerte en el núcleo mismo de nuestra *humanitas.* Mientras que la razón empírica indica que esta esperanza es una ilusión, hay algo en nosotros que, por muy vergonzoso que sea en una época de racionalidad triunfante, sigue diciendo "¡no!" y todavía dice "¡no!" a las explicaciones siempre tan plausibles de la razón empírica. En un mundo en que el hombre está rodeado de muerte por todos lados, sigue siendo un ser que dice "¡no!" a la muerte –y a través de este "¡no!" es llevado a tener fe en otro mundo, cuya realidad validaría su esperanza como algo más que una ilusión.[3]

Tengo menos certeza que Berger de que la esperanza sea universal. Emergió como parte del panorama espiritual de la civilización occidental a partir de un conjunto de creencias bastante específicas: que Dios existe, que Él se preocupa por nosotros, que Él ha hecho un pacto con la humanidad y un pacto posterior con el pueblo que Él eligió para ser un ejemplo viviente de fe. Ese pacto transforma nuestra comprensión de la historia. Dios ha dado Su palabra, y Él nunca dejará de cumplirla por más que nosotros dejemos de cumplir nuestra parte de la promesa. Sin estas creencias, no tendríamos ningún motivo para tener esperanza.

La historia tal como se concibe en esta *parashá* no es utópica. La fe no nos enceguece ante la aparente arbitrariedad de las circunstancias, la crueldad de la fortuna o las supuestas injusticias del destino. Nadie que lea Levítico 26 puede ser optimista. Sin embargo, nadie que sea sensible a su mensaje puede abandonar la esperanza. Sin esto, los judíos y el judaísmo no habrían sobrevivido. Sin la creencia en el pacto y su insistencia, "Pero a pesar de esto", es posible que no hubiera habido pueblo judío después de la destrucción de uno u otro de los Templos, o del propio Holocausto. No es mucho decir que los judíos mantuvieron viva la esperanza, y que la esperanza mantuvo vivo al pueblo judío.

3. Ibid., 72.

Cuando las maldiciones son una bendición

La sociedad no puede existir a menos que un poder de control sobre la voluntad y el deseo se coloque en algún lugar, y cuanto menos de él hay dentro, más debe haber fuera. Está ordenado en la constitución eterna de las cosas, que los hombres de mentes desenfrenadas no pueden ser libres. Sus pasiones forjan sus propios grilletes.

Edmund Burke, *Carta a un miembro de la Asamblea Nacional de Francia*

Permitámonos, con cautela, la suposición de que la moralidad puede mantenerse sin la religión. Independientemente de lo que pueda concederse a la influencia de una educación refinada en mentes de estructura peculiar, la razón y la experiencia nos prohíben esperar que la moralidad nacional pueda prevalecer excluyendo el principio religioso.

George Washington, *Discurso de despedida* (1796)

Las bendiciones de *Parashat Bejukotai* son breves y serenas. Cuando Israel viva en armonía con la voluntad de Dios, vivirá en armonía con la tierra. La lluvia caerá a su debido tiempo, la tierra será fructífera, habrá alimentos para comer y reinará la paz. Tus enemigos fracasarán en sus ataques contra ti. Y tendrás hijos. Hijos y una tierra: la promesa que Dios hizo a los patriarcas. Dios establecerá Su presencia, Su Tabernáculo, en medio de ustedes, y serán libres. "He quebrado los barrotes de su yugo y los conduje con rectitud" (Levítico 26:3–13).

Por el contrario, las maldiciones son largas y aterradoras. En primer lugar, la naturaleza se volverá contra ustedes: "Quebraré vuestro orgullo obstinado y haré que el cielo encima de ustedes sea como el hierro y el suelo debajo suyo como el bronce". Luego vendrán las fieras, y después tus enemigos. Serán derrotados, humillados y forzados al exilio. La tierra que no dejaron descansar en el séptimo año quedará sin ser labrada porque no habrá nadie que la cultive. Vuestro espíritu quedará totalmente quebrantado: "En cuanto a aquellos que sobrevivan, enviaré temor a sus corazones en la tierra de sus enemigos. El sonido de una hoja que cruje los hará huir, y escaparán como quien huye de la espada, y caerán aunque nadie los persiga" (Levítico 26:14–41). Es la más cruda de las opciones posibles.

Pasajes como este han sido a menudo criticados por no judíos por retratar a Dios como celoso, vengativo y rencoroso. ¿Cómo podemos reconciliar este oscuro escenario de las maldiciones, tanto aquí como en Deuteronomio, con el Dios de amor y compasión y los Trece Atributos de la Misericordia, el Dios que según Oseas ama al pueblo de Israel como un marido que continúa amando a su mujer a pesar de que ella le ha sido reiteradamente infiel, el Dios que dijo por medio de Isaías: "Aunque se estremezcan las montañas y las colinas se sacudan, Mi inquebrantable amor por ti no se alterará ni Mi pacto de paz será quitado"? (Isaías 54:10).

Investigaciones recientes han proporcionado una respuesta sorprendente. Antes de dirigirnos a ella, recordemos primeramente el contexto del pacto mosaico, el problema para el cual es la solución. La pregunta central para la cual la Torá es la respuesta es: *¿Cómo podemos asegurar la cooperación entre dos o más individuos con deseos y voluntades encontradas, sin recurrir al uso de la violencia o la fuerza, política o económica?* ¿Cómo pueden coexistir los dos valores fundamentales de Génesis 1, la libertad y el orden?

La historia temprana de la humanidad, tal como es retratada en los primeros capítulos de Génesis, puede ser resumida en tres oraciones:

Primero Dios crea el orden. Luego Él otorga libertad al hombre. Entonces, el hombre crea el caos. Puede haber libertad sin orden: ese es el mundo anterior al Diluvio, la descripción que hace la Torá del estado de naturaleza de Hobbes, la guerra de todos contra todos en la cual la vida es "solitaria, pobre, desagradable, brutal y breve".[1] Y puede haber orden sin libertad. Ese es el mundo de Egipto, de Faraón y de la esclavitud.

La pregunta es: ¿Pueden *ambos* existir simultáneamente, orden y libertad? ¿Puede haber una sociedad de libertad que esté regida por la ley, en la que el estado de derecho prevalezca sin que medie el uso de la fuerza, en la que los ricos honren sus responsabilidades hacia los pobres, la justicia sea imparcial y los principios del bienestar sean tales que eliminen la pobreza extrema y nadie se encuentre permanentemente esclavizado a una deuda o a la falta de tierra; todo esto sin un gobierno intrusivo y opresivo, sin una fuerza policial y sin una jerarquía de privilegios y poder?

Este fue y sigue siendo un experimento singular: una nación en la cual la soberanía última es Dios mismo, en la cual incluso el rey carece de poder legislativo y donde el pueblo en su conjunto es colectivamente responsable, cada uno por la conducta de todos. Tal es la visión detrás de la sociedad del pacto inaugurada en el Monte Sinaí.

Todos los pactos antiguos poseían estipulaciones de tratados que incluían la especificación de una recompensa por obediencia (generalmente la protección de los más débiles por parte del más fuerte) y un castigo en caso de su incumplimiento. Sin embargo, la mayoría de los pactos eran entre los gobernantes de los estados. Lo que tenía de único el pacto de Sinaí eran las dos partes que lo establecían. Por una parte, nunca una nación entera había sido parte de un pacto, y por la otra, nunca antes Dios se había ligado a Sí mismo a una nación.[2] Por lo tanto, resultaba esencial que la promesa de recompensa y la amenaza de castigo fueran lo suficientemente poderosas para tener un impacto en el pueblo en su conjunto, pues era él quien tenía la responsabilidad del destino de la nación. Tenían que asegurar el estado de derecho sin respaldarse en

1. Thomas Hobbes, *Leviatán*, XIII:9.
2. Los dos pactos previos habían sido con toda la humanidad a través de Noaj (Génesis 9), y con una familia, Abraham y sus descendientes (Génesis 17).

que un gobierno restrictivo de la libertad lo hiciera por ellos. De ahí la devastadora y aterradora retórica de las maldiciones.

Ahora dirijamos nuestra atención a investigaciones recientes. Una de las ironías del pensamiento del siglo XXI es que la biología darwiniana ha sido tomada como disciplina maestra, no solo para explicar la evolución de la vida sino también de la cultura, mientras que al mismo tiempo se ha convertido en la fe sustituta de algunos de los más famosos críticos de la religión. Tal como uno de ellos escribió, Darwin "hizo posible ser un ateo intelectualmente realizado".[3]

La ironía es que la religión en general, y el monoteísmo abrahámico en particular, ha probado ser la más robusta de todas las adaptaciones culturales. Ha sobrevivido a todos los ataques en su contra a lo largo de los siglos. Se ha extendido hasta incluir en la actualidad a la mitad de los siete billones de personas que habitan sobre la faz de la tierra. Según la prueba de la aptitud adaptativa –la transmisión a futuras generaciones– resulta significativamente más exitosa que el secularismo en el criterio fundamental que todos los darwinistas reconocen, esto es, la capacidad de transmitir sus propios genes. Los estudios demográficos contemporáneos demuestran que prácticamente sin excepción, las familias, los grupos, y las naciones religiosas poseen tasas de natalidad más elevadas que sus contrapartes seculares.[4] Como argumento en contra de la religión, el darwinismo fracasa. En vez de ello, demuestra todo lo contrario. La religión sobrevive porque permite a las personas religiosas sobrevivir, ya sea como individuos o como grupos.[5]

¿Cómo es esto? El estudio más reciente y detallado es el de Ara Norenzayan titulado *Big Gods: How Religion Transformed Cooperation and Conflict* (Grandes dioses: cómo la religión ha transformado la cooperación y el conflicto).[6] Claramente la forma en la que un darwinista

3. Richard Dawkins, *The Blind Watchmaker* (Nueva York: Norton, 1986), 6–7.
4. Eric Kauffmann, *Shall the Religious Inherit the Earth? Demography and Politics in the Twenty-First Century* (Londres: Profile, 2010).
5. El tema de si la selección natural opera o no a nivel de grupo es objeto de un acalorado debate entre los darwinianos. Ver E. O. Wilson, *The Social Conquest of Earth* (Nueva York: Liveright Publishing Corporation, 2012).
6. Ara Norenzayan, *Big Gods: How Religion Transformed Cooperation and Conflict* (Princeton, NJ: Princeton University Press, 2013).

entiende la religión no es la misma forma en que un creyente entiende la fe. Sin embargo, los hallazgos de Norenzayan, todos ellos el resultado de la investigación empírica, resultan fascinantes. El primero es: Las personas observadas son buenas personas. La creencia de que están siendo observadas mejora de manera claramente mensurable la conducta de las personas.[7] El segundo es: Confía en las personas que confían en Dios. En todo el mundo, encuesta tras encuesta, la gente afirma que confía en individuos con fuertes convicciones religiosas, incluso si estas pertenecen a un credo diferente. Incluso los ateos están levemente inclinados a afirmarlo. Se confía menos en los ateos.[8]

La opinión de Norenzayan es que la creencia de que Dios observa nuestras acciones recompensando a los justos y castigando a los que obran mal, es lo que permitió en primer lugar el surgimiento de las asociaciones humanas a gran escala. Las sociedades de cazadores y recolectores, así como las tribales, en las que las personas vivían en grupos pequeños con un contacto cara a cara más regular, no tendían a pensar en semejantes términos. Tal como los biólogos han aprendido a partir de simulaciones computarizadas del dilema del prisionero, dos individuos llegarán a una conducta de cooperación si se reúnen con suficiente frecuencia y aprenden mediante la experiencia el alto costo del interés propio cuando se persigue en detrimento de los demás. Pero las grandes sociedades dependen de la confianza entre extraños. ¿Qué me habría de motivar a actuar bien con otra persona a quien quizá no vuelva a ver? La creencia compartida de que Dios gobierna nuestros destinos, nos recompensa por el bien que obramos y nos castiga por el mal que hacemos, es la fuente más efectiva de confianza de toda la sociedad. Esta es una visión puramente secular de la religión, pero sigue resultando interesante que la investigación sociopsicológica contemporánea, al igual que la propia Torá desde un punto de vista muy diferente, ve a la fe religiosa como la solución a la coexistencia entre la libertad y el orden.

Uno de los hallazgos más sorprendentes de Norenzayan es que cuanto mayor es la cantidad de personas que creen que Dios castiga a quienes obran mal, resulta menos probable que engañen a sus semejantes

7. Ibid., 13–32.
8. Ibid., 55–75.

cuando nadie los está mirando. Se llevaron a cabo experimentos entre creyentes religiosos, algunos de los cuales tenían firmes creencias sobre la retribución divina, y otros que sostenían creencias igualmente firmes sobre el perdón divino. Más tarde fueron invitados a participar de un estudio aparentemente no relacionado, en el cual se les entregó un número de anagramas para resolver y se les dijo que ellos mismos debían pagarse un dólar por cada solución que encontraran. Sin que ellos lo supieran, solo cinco de los diez anagramas tenían realmente una solución. Se les estaba dando la oportunidad de engañar. Quienes tenían una firme creencia en cuanto al castigo divino hicieron menos trampa que quienes creían en la compasión divina.

Los efectos fueron más allá de forma poderosa y sorprendente. Si se les daba la oportunidad de castigar a alguien que violaba una norma social, los creyentes en un Dios que castiga tendían a hacerlo en *menor* medida que los del otro grupo. En otras palabras, *la creencia de que Dios castigará a los transgresores hace que las personas sean más indulgentes.* Dejan el castigo en manos de Dios. Eso los libera y les permite perdonar. La creencia en el castigo divino también hace que las personas sean vecinos más amables y reduce las tasas de criminalidad. Investigaciones internacionales demuestran un patrón consistente: cuanto más retributivo es el concepto que las personas tienen de Dios, más respetuosas de la ley se vuelven. Entonces, ¿por qué algunas religiones enfatizan lo opuesto, es decir, el perdón divino? Uno de los investigadores sugiere la siguiente hipótesis: "Si quieres ganar adeptos, es mucho más fácil vender una religión que promete el paraíso divino después de la muerte que una que amenaza a sus creyentes con fuego y azufre".

Estos hallazgos resultan notables y nos permiten ver las maldiciones de *Parashat Bejukotai* bajo una luz completamente nueva. Si las investigaciones contemporáneas están en lo cierto, la sola vehemencia de las maldiciones habría hecho que los israelitas fueran más respetuosos de la ley, reforzando así a la nación en la confianza interpersonal más de lo que hubiera ocurrido de otra manera. También habría hecho a la gente menos propensa a tomar la justicia por su propia mano castigando comportamientos antisociales. Se habrían vuelto más tolerantes. Tal como lo hemos señalado en un capítulo anterior sobre la venganza, creer que la retribución es un asunto de Dios tiene el efecto de hacer que la gente sea menos vengativa.

La conclusión paradójica es que cuanto más duro parece ser Dios, menos duros se vuelven los seres humanos. Esto es lo que Abraham parece haber querido decir al afirmar ante Abimelej, rey de Guerar: "Dije para mí: 'Allí seguramente no hay temor alguno a Dios y me matarán por causa de mi esposa'" (Génesis 20:11).[9] Cuando la gente teme a Dios, infunde menos temor a sus semejantes. Por eso también tantas mentes serias, entre ellas Edmund Burke y George Washington en las citas que encabezan este ensayo, sostenían que la fe religiosa ("el temor a Dios") era esencial para la sociedad civil.

Cuanto más internalizamos la idea de que somos responsables ante el Cielo por lo que hacemos, y de que Dios observa nuestras acciones aunque nadie más las esté viendo, será menos probable que cedamos a la tentación de engañar o alterar las reglas a nuestro favor. Las sociedades seculares que han perdido la creencia de que Dios contempla lo que hacemos, se ven obligadas a recurrir a todo tipo de dispositivos de vigilancia, desde la televisión en circuito cerrado hasta el monitoreo electrónico, para asegurarse de que *alguien está observando después de todo,* con la masiva invasión de la privacidad que ello implica. Cuanto más creemos en Dios y en la divina providencia, más confiables nos volvemos. Cuantas más instituciones sociales puedan respaldarse en la confianza, menos precisarán hacerlo en leyes, policía, regulaciones, vigilancia, y en el castigo como disuasión.

Entonces, de una manera extraña, la creencia en maldiciones genera bendiciones. Le otorga a las personas el motivo más fuerte posible para el autocontrol, crea ciudadanos respetuosos de la ley, promueve la confianza en la sociedad, y asegura el orden al tiempo que minimiza las restricciones externas a la libertad. Esto es lo que Maimónides denomina "la perfección de la sociedad", que aunque es de un valor inferior a la perfección del alma, es esencial para ella. El temor a Dios ayuda a generar respeto hacia nuestros semejantes. El temor a un castigo del cielo ayuda a crear libertad en la tierra.

9. Ver en especial el comentario de Malbim a este pasaje sobre los límites de la ética secular en presencia de fuertes tentaciones.

La política de la responsabilidad

El capítulo veintiséis de *Vaikrá* establece con asombrosa claridad los términos de la vida judía bajo el pacto. Por un lado, hay una descripción idílica de la bendición del favor divino. Si Israel cumple los decretos de Dios y guarda Sus preceptos, habrá lluvia, la tierra brindará sus frutos, habrá paz, el pueblo florecerá, tendrán hijos, y la Presencia Divina estará en medio de ellos. Dios los hará libres. "Yo rompí las barras de vuestro yugo y les permití caminar con la cabeza bien erguida" (Levítico 26:13).

Sin embargo, la otra parte de la ecuación es aterradora: las maldiciones que caerán sobre la nación si los israelitas no honran su misión como nación santa:

> Pero si ustedes no me escuchan y no cumplen con estos preceptos... Yo les traeré un terror súbito, enfermedades desgastantes y fiebre que les destruirá la vista y les agotará la vida. Plantarán semillas en vano, pues vuestros enemigos las comerán... Si después de esto no me escucharan, los castigaré por vuestras transgresiones siete veces más. Quebraré vuestro obstinado orgullo y haré que el cielo sobre vosotros sea como hierro y la tierra bajo

> vuestros pies como bronce… Transformaré vuestras ciudades en ruinas y arruinaré vuestros santuarios, y no obtendré Yo satisfacción alguna del aroma de vuestras ofrendas. Asolaré la tierra… Y para los que sobrevivan, enviaré temor a sus corazones en la tierra de sus enemigos. El sonido de una hoja al viento los hará huir, y escaparán como quien huye de la espada, y caerán aunque nadie los persiga (Levítico 26:14–36).

Leido en su totalidad, este pasaje se asemeja más a la literatura del Holocausto que a cualquier otra cosa. Las frases repetidas –"Y si después de esto… Y si a pesar de esto… Si a pesar de todo"– aparecen como martillazos del destino. Es un pasaje demoledor por su impacto, más aún porque gran parte de él se hizo realidad en diversos momentos de la historia judía. Sin embargo, las maldiciones terminan con la promesa más profunda de un consuelo final. Pese a todo, Dios no romperá Su pacto con el pueblo judío. Colectivamente, serán eternos. Podrán sufrir, pero nunca serán destruidos. Padecerán el exilio, pero finalmente regresarán.

Dicha con el mayor dramatismo, esta es la lógica del pacto. A diferencia de otras concepciones de la historia o de la política, el pacto no ve nada inevitable o incluso natural acerca del destino de un pueblo. Israel no seguirá las leyes habituales de ascenso y caída de las civilizaciones. El pueblo judío no debía ver su existencia nacional en términos cosmológicos, grabados en la estructura del universo, inmutables y fijos para todos los tiempos, como lo hicieron los antiguos mesopotámicos y egipcios. Tampoco debía ver su historia como cíclica, una cuestión de crecimiento y declive. En vez de eso, dependería enteramente de consideraciones morales. Si Israel permanecía fiel a su misión, florecería. Si se apartaba de su vocación, sufriría derrota tras derrota.

Solo otra nación en la historia ha visto su destino consistentemente en términos similares: Estados Unidos. La influencia de la Biblia hebrea en la historia norteamericana –traída por los Padres Peregrinos (Pilgrim Fathers) y reiterada en la retórica presidencial desde entonces– fue decisiva. Así describe un escritor la fe de Abraham Lincoln:

> Somos una nación formada por un pacto, por la dedicación a una serie de principios, y por un intercambio de promesas para sostener y avanzar ciertos compromisos entre nosotros y con todo el mundo. Esos principios y compromisos constituyen el núcleo de la identidad norteamericana, el alma del cuerpo político. Hacen a la nación norteamericana única y singularmente valiosa entre y para las demás naciones. Pero la otra cara de este concepto contiene una advertencia, muy parecida a las advertencias de los profetas a Israel: Si faltamos en nuestras promesas mutuas y perdemos los principios del pacto, entonces lo perdemos todo, porque ellos somos nosotros.[1]

La política del pacto es política moral, que establece una conexión elemental entre el destino de una nación y su vocación. Esto es el estado no como una cuestión de poder sino de responsabilidad ética.

Se podría pensar que este tipo de política priva a una nación de su libertad. Spinoza argumentó exactamente eso. "Esto entonces, era el objeto de la ley ceremonial", escribió, "que los hombres no hagan nada por su libre voluntad, sino siempre actúen bajo autoridad externa, y confiesen continuamente mediante sus acciones y pensamientos que no son sus propios amos".[2] Sin embargo, en este aspecto Spinoza se equivocó. La teología del pacto es enfáticamente una política de libertad.

Lo que está ocurriendo en *Vaikrá* 26 es la aplicación a toda una nación de la propuesta enunciada por Dios a los individuos en el comienzo de la historia humana:

> Entonces el Eterno dijo a Caín: "¿Por qué estás enojado? ¿Por qué está decaído tu rostro? Si haces lo correcto, ¿no serás aceptado? Pero si no haces lo correcto, la transgresión está acechando a tu puerta; ella desea tenerte, pero debes dominarla" (Génesis 4:6–7).

1. John Schaar, *Legitimacy in the Modern State* (Piscataway Township, NJ: Transaction Publishers, 1981), p. 291.
2. Baruch Spinoza, *Tractatus Theologico-Politicus*, parte I, cap. 5.

La elección –está diciendo Dios– está en tus manos. Eres libre de hacer lo que elijas. Pero las acciones tienen consecuencias. No puedes comer en exceso, no hacer ejercicio y al mismo tiempo estar sano. No puedes ser egoísta y ganarte el respeto de la gente. No puedes permitir que las injusticias prevalezcan y mantener una sociedad cohesionada. No puedes permitir que los gobernantes utilicen el poder para sus propios fines sin destruir la base de un orden social libre y bueno. No hay nada místico en estas ideas. Son inmediatamente comprensibles. Pero son también, ineludiblemente morales.

Yo los llevé de la esclavitud a la libertad –dice Dios– y los empoderé para ser libres. Pero no puedo abandonarlos, y no lo haré. No intervendré en vuestras elecciones, pero los instruiré acerca de qué elecciones deberían tomar. Les enseñaré la constitución de la libertad.

El primer y más importante principio es este: Una nación no puede adorarse a sí misma y sobrevivir. Tarde o temprano el poder corromperá a aquellos que lo ostentan. Si la fortuna los favorece y enriquecen, se volverán autoindulgentes y finalmente decadentes. Sus ciudadanos ya no tendrán el valor de luchar por su libertad, y caerán en manos de otra potencia más espartana.

Si existen grandes desigualdades, la gente carecerá del sentimiento del bien común. Si el gobierno es altanero y no rinde cuentas, no logrará ganarse la lealtad del pueblo. Nada de esto anula tu libertad. Es simplemente el panorama en el que se debe ejercitar la libertad. Puedes elegir este camino u otro, pero no todos los caminos conducen al mismo destino.

Para seguir siendo libre, una nación debe venerar a algo más grande que ella misma, nada menos que a Dios, junto con la convicción de que todos los seres humanos han sido creados a Su imagen. La auto adoración a escala nacional, conduce al totalitarismo y a la extinción de la libertad. Fue necesaria la pérdida de más de cien millones de vidas en el siglo XX para recordarnos esta verdad.

Ante el sufrimiento y la pérdida, hay dos preguntas fundamentalmente diferentes que puede formularse un individuo o una nación, y que conducirán a resultados muy diferentes. La primera es: "¿Qué hice o hicimos mal?" La segunda es: "¿Quién nos hizo esto a nosotros?" No es una exageración decir que esta es la elección fundamental que decide el futuro de los pueblos.

Esta última conduce inexorablemente a lo que hoy se conoce como la *cultura de la víctima.* Sitúa la fuente del mal fuera de uno mismo. La culpa es de alguien más. No soy yo o nosotros los que estamos en falta, sino alguna causa externa. La atracción de esta lógica puede ser abrumadora. Genera simpatía. Exige, y a menudo evoca, compasión. Sin embargo, es profundamente destructiva. Hace que las personas se vean como objetos, no sujetos. Son causados, no causantes; pasivos, no activos. El resultado es el enojo, el resentimiento, la rabia y un ardiente sentimiento de injusticia. Sin embargo, nada de esto conduce a la libertad, ya que por su propia lógica, este pensamiento niega la responsabilidad por las circunstancias actuales en las que uno se encuentra. Culpar a los demás es el suicidio de la libertad.

Culparse a uno mismo, por el contrario, es difícil. Significa vivir en una constante autocrítica. No es un camino hacia la paz mental. Pero es profundamente empoderante. Implica que, precisamente porque aceptamos la responsabilidad por las cosas malas que han ocurrido, también tenemos la capacidad de trazar un rumbo diferente en el futuro. Dentro de los términos del pacto, el resultado depende de nosotros. Esa es la geografía lógica de la esperanza, y descansa en la elección que Moisés definiría más tarde con estas palabras:

> En este día llamo al cielo y a la tierra como testigos contra ustedes, de que he puesto ante vosotros la vida y la muerte, bendiciones y maldiciones. Ahora elegid la vida, para que vosotros y vuestros hijos puedan vivir (Deuteronomio 30:19).

Una de las contribuciones más profundas que aportó la Torá a la civilización de Occidente es esta: que el destino de las naciones no reside en las externalidades de la riqueza o el poder, el destino o las circunstancias, sino en la responsabilidad moral: la responsabilidad de crear y sostener una sociedad que honra la imagen de Dios en cada uno de sus ciudadanos, ricos y pobres, poderosos o impotentes por igual.

La política de la responsabilidad no es fácil. Las maldiciones de *Vaikrá* 26 son lo contrario de reconfortantes. Pero los consuelos profundos con los que finaliza no son accidentales ni ilusorios. Son testimonio del poder del espíritu humano cuando es convocado a la vocación más elevada. Una nación que se considera responsable de los males que le acontecen es también una nación que tiene un poder inextinguible de recuperación y retorno.

Todo Israel es responsable el uno del otro

El libro de *Vaikrá* alcanza su clímax con un relato de las bendiciones y las maldiciones que acompañan a la obediencia o la desobediencia de Israel a los términos del pacto. Las bendiciones son relativamente breves. Por el contrario, las maldiciones –la *Tojejá*– se exponen detalladamente y con un poder elemental y aterrador. Este es el lado oscuro del pacto. Puede ser un privilegio ser elegido por Dios, pero es también una enorme responsabilidad. Tal como el profeta Amós dice en un versículo que es a la vez paradójico y definitorio en lo que respecta al destino judío: "Solo a ustedes los conocí de entre todas las familias de la tierra, por lo tanto los voy a castigar por todas sus iniquidades" (Amós 3:2).

Sin embargo, un versículo de la *Tojejá* dio origen a una de las grandes doctrinas del judaísmo:

> "Se tropezarán unos con otros" –uno a causa del otro. Esto nos enseña que todo Israel es responsable (literalmente 'garante') el uno del otro.[1]

1. Sifra, *Parashat Bejukotai* 2:7; Sanedrín 27b; Shevuot 39a.

La regla de *kol Israel arevín ze bazé*, que todo el pueblo judío es colectivamente responsable ante Dios y no solo individualmente, es uno de los grandes principios del judaísmo rabínico. Al explicarlo, los sabios traen a colación una serie de metáforas sorprendentes.

> Rabí Shimon bar Yojai enseñó: Se puede comparar a personas que se encuentran en un bote. Uno extrajo un cincel y comenzó a hacer un agujero en la embarcación debajo de su asiento. Los demás le dijeron: "¿Qué estás haciendo?" Él respondió: "¿Acaso es de vuestro interés? [No estoy perforando un orificio debajo de sus asientos], solo debajo del mío". Ellos dijeron: "Pero vas a hundir el bote entero y nos vamos a ahogar todos".[2]

De ahí la idea de que "todos estamos en el mismo barco". Mis acciones no me afectan solamente a mí. Tienen consecuencias para la sociedad en su conjunto. En otras partes los rabinos se enfocan en el aspecto positivo de la responsabilidad, en la fortaleza que se origina de la comunidad:

> Lo habitual en el mundo es que si una persona toma un manojo [*agudá*] de juncos y trata de quebrarlos juntos, no puede. Sin embargo, si toma los juncos uno a uno, incluso un niño puede romperlos. Lo mismo ocurre con Israel: son redimidos únicamente cuando conforman una unidad [*agudá ajat*].[3]

La *Mejilta de Rabí Shimon bar Yojai* ve la responsabilidad colectiva implícita en la idea misma de que por medio del pacto los judíos están llamados a ser una "nación sagrada":

> "Una nación [sagrada]" –esto enseña que ellos [el pueblo judío] son como un solo cuerpo con una sola alma [el midrash identifica la palabra *goi*, nación, con el vocablo *gviá*, cuerpo] y por eso dice: "Quién es como Tu pueblo Israel, una sola nación sobre la tierra". Cuando uno transgrede, todos son castigados, tal como

2. Vaikrá Rabá, *Parashat Vaikrá* 4, s.v. *Tani Jizkiá.*
3. *Midrash Tanjuma* (Buber), *Parashat Nitzavim* 4.

> fue dicho: "¿Acaso Acán ben Zera no transgredió en lo relativo a las cosas consagradas, y la ira cayó sobre todo el pueblo de Israel y él no pereció solo a raíz de su iniquidad?" (Josué 22:20). Cuando uno resulta lastimado, todos sienten el dolor.[4]

La idea del destino y responsabilidad colectivos es más que una metáfora. Es un elemento constitutivo de la identidad judía. El pacto en el Monte Sinaí no fue establecido únicamente con individuos sino con un pueblo –con toda una nación, de personas justas e inicuas por igual. Este principio tiene muchas ramificaciones halájicas. Entre ellas, por ejemplo, está la regla de que una persona puede recitar la bendición por un precepto en nombre de otra, aunque ya lo haya cumplido para sí. Tal como lo explica el Ritba,[5] esto se basa en la idea de que yo soy responsable por tu observancia de los preceptos. Por lo tanto aunque yo ya haya cumplido con mi deber personal, puedo recitar una bendición por tu cumplimiento y eximirte de decirla, porque tu deber es, en cierta forma, también el mío.

Ser judío es ser parte de un pueblo, compartir sus alegrías, participar de sus duelos, rememorar su historia y hacer de sus esperanzas las mías propias. Es por eso que nuestros rezos más básicos, incluso nuestras confesiones, son recitados en la primera persona del plural. Nuestra aspiración no es volvernos "un hombre solitario de fe", sino más bien ser parte de la *comunidad* de la fe. En el judaísmo, el encuentro fundamental no es Yo-Tú sino Nosotros-Tú.

Sin embargo hay una característica destacable de esta idea, tal como aparece en la literatura rabínica. Recordemos el texto que los rabinos tomaron para exhibir como prueba del principio de la responsabilidad colectiva:

> En cuanto a aquellos que sobrevivan, enviaré temor a sus corazones en la tierra de sus enemigos. El sonido de una hoja que cruje los hará huir, y escaparán como quien huye de la espada, y caerán aunque nadie los persiga. *Se tropezarán unos con otros,*

4. *Mejilta DeRabí Shimon bar Yojai* a Éxodo 19:6.
5. *Jidushei HaRitba,* Rosh Hashaná 29a.

> como para escapar de la espada, aunque nadie los persiga, y no tendrán poder para enfrentar a sus enemigos (Levítico 26:36–37).

Esta es una fuente extraordinaria sobre la cual basar la idea de responsabilidad colectiva. En primer lugar, no se trata del sentido simple del versículo. "Tropezarán unos con otros" no es la descripción de una nación unida por un sentimiento de deber compartido. Por el contrario, es una descripción de pánico, cuando las personas se caen unas sobre las otras en su intento por escapar. En segundo lugar, el pasaje no habla de fuerza en unidad sino de debilidad y miedo. Sin embargo, la tercera dificultad es la más fundamental de todas.

No debería ser necesario buscar un texto que pruebe la idea de que el pueblo judío florece y sufre junto. La totalidad de la Torá, desde Éxodo en adelante, está dedicada a este principio. Resulta básico para la visión de Moisés y para la experiencia del pueblo. Ellos sufrieron juntos la esclavitud. Ellos experimentaron juntos la liberación. Si fuera necesario un texto, el segundo párrafo del *Shemá* serviría tan bien como cualquier otro: "Si eres cuidadoso en prestar atención a Mis mandamientos... daré lluvia para tu tierra en su estación... y comerás y te saciarás... Ten cuidado de que tu corazón no se vea tentado a extraviarse... La tierra no dará sus frutos y rápidamente desaparecerán de la buena tierra que Dios les da" (Deuteronomio 11:13–17). La nación prosperará o sufrirá junta. ¿Por qué entonces buscar una fuente tan rebuscada cuando la totalidad de la Torá apunta a esta idea?

Creo que la respuesta es fundamental. No es mucho decir que toda la historia judía posterior a la destrucción del Segundo Templo dependía de ella. La idea de que "todo Israel es responsable el uno del otro" no es en sí misma inusual. Es parte de la experiencia normal de cualquier pueblo que vive en una misma tierra, bajo un mismo sistema político y un mismo poder soberano. Cuando la lluvia cae, lo hace por igual tanto para los justos como para los malvados. Cuando hay sequía, todos los agricultores sufren, cualquiera sea su virtud o falta de ella. Cuando una nación está en paz y su economía es fuerte, la mayor parte de la población se ve beneficiada. Cuando el gobierno colapsa y la anarquía toma su lugar, el sufrimiento es extendido y generalizado. En un contexto social o nacional, el destino *es* compartido. Aunque algunos sean ricos y otros sean pobres, algunos sanos y otros padezcan enfermedades, hay un sentido en el que las condiciones generales de vida afectan a todos. Muchas son las cosas que hicieron del Israel bíblico una nación singular cuando era un pueblo que habitaba su propia tierra, pero no esto.

El concepto de responsabilidad colectiva no era problemático en tiempos bíblicos. Se volvió así tras la devastadora tragedia de la derrota a manos de los romanos, primero cuando el Templo fue destruido y posteriormente, unos sesenta años después, con el aplastamiento de la rebelión de Bar Kojba y las subsecuentes persecuciones ordenadas por Adriano, emperador romano. El pueblo judío perdió sus instituciones más básicas, su autonomía y su vida nacional. No hubo más reyes ni profetas. No hubo más Templo, sacrificios, ni sitio central de culto colectivo. Poco a poco, Israel dejó de ser el hogar para la mayoría de los judíos. El centro intelectual se trasladó a Babilonia. Hubo significativas comunidades judías que se asentaron en otros lugares: en Egipto y en muchas partes de Europa. Israel ya no era una nación en el sentido convencional: un pueblo que vive en un mismo territorio bajo el mismo gobierno. Estaba en el exilio, pero un exilio más profundo y disperso que el que los judíos habían conocido hasta entonces.

Fue entonces cuando la interrogante surgió con toda su fuerza y potencial tragedia: *¿Israel sigue siendo una nación?* Si es así ¿cómo? ¿En qué sentido? ¿En virtud de qué característica? Sí, sin duda los judíos compartían recuerdos, sueños y plegarias. Pero al cabo de dos o tres generaciones los recuerdos se desvanecen, los sueños flaquean y las plegarias sin respuesta, poco a poco van cayendo en el silencio. Fue la crisis más profunda de la historia judía. Y fue entonces que, desde el mismo corazón de la tragedia, los sabios rescataron un vestigio de esperanza. El pacto de Sinaí estaba todavía vigente. El pueblo judío estaba todavía sujeto a sus términos. Por lo tanto todavía eran una nación, constituida por la responsabilidad que habían asumido conjuntamente primero en el Sinaí, luego a orillas del Jordán al final de la vida de Moisés, posteriormente una vez más en los últimos días de Josué y más tarde durante el período de los reyes de Israel y en los días de Esdras.

Esta responsabilidad permaneció cuando todo lo demás se perdió. Dado que el pacto todavía se hallaba vigente, estaban vinculados a Dios, y al estarlo, estaban unidos el uno con el otro. Eso es lo que quiso decir Rabí Saadia Gaón con su famosa frase: "Nuestro pueblo es un pueblo solamente en virtud de su Torá".[6] Ninguna otra nación se ha constituido de tal manera. Careciendo de todos los prerrequisitos normales para ser una nación –territorio, cercanía, soberanía– los judíos continuaron siendo un pueblo *incluso en el exilio*, el primer pueblo global del mundo, la primera comunidad virtual de la historia, una comunidad no en el espacio sino en la mente, unidos solamente por los invisibles filamentos de la pertenencia colectiva, el destino compartido, y la responsabilidad mutua.

Ahora queda deslumbrantemente claro por qué los sabios eligieron como su texto de prueba este pasaje bíblico tan conmovedor, las maldiciones de *Parashat Bejukotai*. Todos los demás textos mosaicos se refieren al destino de Israel como una nación en su tierra o viajando hacia ella. Solamente este pasaje habla del exilio y del "ocultamiento del rostro" de Dios. "*Se tropezarán unos con otros* –uno a causa del otro. Esto nos enseña que todo Israel es responsable el uno del otro"– incluso en la dispersión y en la derrota, incluso cuando ya no son una nación en ningún sentido convencional.

Esta extraña y aparentemente ininteligible acción exegética es uno de los saltos de imaginación rabínica más majestuosos al discernir el significado subyacente de la Torá. Aunque estén dispersos por todo el mundo, divididos por el espacio, el idioma, la cultura y la fortuna del entorno, los judíos siguen siendo un pueblo, indisolublemente ligados unos con otros en y a través de su pacto con Dios. Aunque estén físicamente separados, se mantienen espiritualmente unidos, y algún día esa unidad les otorgará la fuerza necesaria para regresar a Dios y a la tierra que Él les concedió a sus antepasados. Y así ocurrió. Durante casi dos mil años los judíos se mantuvieron como una nación solo por la fe. Ellos la preservaron y ella los preservó. De este modo se transformó una maldición en bendición, y una descripción de debilidad se convirtió en una fuente de indómita fortaleza.

6. Saadia Gaón, *Sefer Emunot VeDeot*, 3.

El rechazo del rechazo

Por una razón más que cualquier otra, las relaciones judeo-cristianas se han visto marcadas por la tragedia: la doctrina conocida como Supercesionismo, teoría del Reemplazo o teología de la Sustitución, que sostiene que el cristianismo representa el rechazo de Dios al pueblo judío, el "antiguo Israel".

Esta doctrina sostiene que Dios tuvo una vez un pacto con el pueblo de Israel, pero ya no. De ahí el nombre que le dan los cristianos a la Biblia hebrea: "El Antiguo Testamento". Aquí, el vocablo "antiguo" significa que el testamento o el pacto estuvieron vigentes en el pasado, pero ya no. Según esta visión, Dios ya no quiere que le sirvamos a la manera judía, a través de la observancia de los 613 preceptos, sino de una nueva manera, por medio de un Nuevo Testamento. Su antiguo pueblo elegido eran los descendientes físicos de Abraham. Su nuevo pueblo elegido son los descendientes espirituales de Abraham, o sea, no los judíos sino los cristianos.

Los resultados de esta doctrina fueron devastadores. Fueron descritos después del Holocausto por el historiador francés y sobreviviente del Holocausto Jules Isaac. Posteriormente quedaron plasmados en obras tales como *Faith and Fratricide* (Fe y fratricidio) de Rosemary Ruether y

Constantine´s Sword (La espada de Constantino) de James Carroll.[1] La historia que relatan es la de una doctrina que condujo a siglos de persecuciones y a que los judíos fueran tratados como un pueblo de parias. La lectura de la obra de Jules Isaac condujo a una profunda *metanoia* o cambio de opinión de parte del Papa Juan XXIII, que en última instancia condujo al Concilio Vaticano II (1962–1965) y a la declaración *Nostra Aetate*, que transformó las relaciones entre la Iglesia Católica y los judíos.

Cuento esta historia solo porque, como veremos, se ha transformado en nuestro tiempo en una narrativa de esperanza. Pertenece a este ensayo porque una de las fuentes clave de la insostenibilidad de la doctrina aparece en esta *parashá*, en el que quizás es el pasaje más oscuro de toda la Torá, las maldiciones de *Parashat Bejukotai*. Aquí, en los términos más crudos posibles, se exponen las consecuencias de las decisiones que el pueblo de Israel debe tomar a lo largo de la historia. Si se mantienen fieles a Dios serán bendecidos. Pero si son infieles el resultado será derrota, devastación, destrucción y desesperación. La retórica es implacable, la advertencia inconfundible, la visión aterradora. Sin embargo, al final aparecen las siguientes líneas totalmente inesperadas:

> Sí, a pesar de esto, cuando se encuentren en tierra de sus enemigos, no los desecharé ni aborreceré para exterminarlos y romper Mi pacto con ellos, porque Yo soy el Eterno su Dios. Por ellos recordaré el pacto que estableciera con sus antepasados a quienes saqué de la tierra de Egipto a la vista de las naciones para ser su Dios. Yo soy el Eterno (Levítico 26:44–45).

Esta es una declaración absolutamente fundamental. Es la base sobre la cual se apoya el judaísmo. Dice que aunque el pueblo pueda ser infiel a Dios, Dios nunca será infiel a Su pueblo. Puede castigarlos, pero Él no los abandonará. Puede juzgarlos duramente, pero no olvidará a sus antepasados que lo siguieron, ni romperá el pacto establecido con nuestros ancestros. Dios no rompe Sus promesas, aunque nosotros rompamos

1. Rosemary Ruether, *Faith and Fratricide: The Theological Roots of Antisemitism* (Nueva York: Seabury Press, 1979); James Carroll, *Constantine's Sword: The Church and the Jews* (Boston: Houghton Mifflin, 2001).

las nuestras. "Yo, el Eterno, no cambio. De igual forma, ustedes, los descendientes de Jacob, no son destruidos" (Malaquías 3:6).

Hubo tiempos de crisis en los cuales los judíos temieron que todo estaba perdido. El Talmud registra una conversación entre los judíos exiliados en Babilonia y un profeta:

> Dijo Samuel: Vinieron diez hombres y se sentaron delante del profeta. Él les dijo: "Retornen y arrepiéntanse". Ellos le respondieron: "Si un amo vende a su esclavo o un marido divorcia a su esposa ¿puede seguir teniendo derecho sobre él o ella?" Entonces, el Santo Bendito Sea le dijo al profeta: "Ve y diles: 'Así ha dicho el Eterno: ¿Dónde está el certificado de divorcio de vuestra madre con el cual la despedí? O, ¿a cuál de Mis acreedores los vendí? Ustedes fueron vendidos en virtud de sus pecados, su madre tuvo que marcharse por causa de sus transgresiones'".[2]

El Talmud pone en boca de los exiliados un argumento que posteriormente fue repetido por Spinoza,[3] que el mismo exilio puso fin al pacto entre Dios y el pueblo judío. Dios los había rescatado de Egipto y por ende se había vuelto su único soberano, su rey. Pero ahora, al haberles permitido sufrir el exilio, Él los había abandonado. El resultado fue que ahora estaban bajo el dominio de otro rey, el gobernante de Babilonia. Fue como si los hubiera vendido a otro amo, o como si Israel fuera una esposa a la cual Dios había divorciado. Tras haberlos vendido o divorciado, Dios ya no podía tener derecho alguno sobre ellos.

Es precisamente esto lo que el versículo en el libro de Isaías niega: "¿Dónde está el certificado de divorcio de vuestra madre con el cual la despedí? O, ¿a cuál de Mis acreedores los vendí?" Dios no ha divorciado, vendido o abandonado a Su pueblo. Ese también es el significado de la gran profecía de Jeremías:

> Así dice el Eterno, aquél que hace brillar al sol durante el día y decreta que la luna y las estrellas brillen por la noche, que agita

2. Isaías 50:1, Sanedrín 105a.
3. Baruch Spinoza, *Tractatus Theologico-Politicus*, parte I, cap. 3.

> el mar para que rujan sus olas, el Eterno Todopoderoso es Su nombre: "Solo si estos decretos se esfuman de Mi vista", declara el Eterno, "el pueblo de Israel dejará de ser una nación ante Mí". Así dice el Eterno: "Solo si los cielos arriba pueden ser medidos y se encuentran los cimientos de la tierra abajo, habré de rechazar a los descendientes de Israel por todo lo que han hecho", declara el Eterno (Jeremías 31:34–36).

Las profecías de Isaías y Jeremías están a su vez basadas en la promesa que aparece al final de las maldiciones de *Parashat Bejukotai*: "Sí, a pesar de esto, cuando se encuentren en tierra de sus enemigos, *no los desecharé... ni romperé Mi pacto con ellos,* porque Yo soy el Eterno su Dios". Dios puede mandar a Su pueblo al exilio, pero este seguirá siendo Su pueblo y Él los hará regresar.

Este no es un versículo aislado. Un análisis cuidadoso de la Torá en su conjunto revela un principio subyacente: *el rechazo del rechazo*. En un principio, cuando Dios ve que la tierra se colma de violencia, rechaza a la humanidad salvando únicamente a Noaj. Sin embargo, después del Diluvio promete: "No volveré a maldecir la tierra por causa de los hombres, aunque toda la inclinación del corazón humano sea mala desde la niñez. Y nunca más habré de destruir a todos los seres vivientes como lo he hecho" (Génesis 8:21). Este es el primer rechazo del rechazo.

Luego vienen una serie de rivalidades entre hermanos. El pacto pasa a través de Isaac no de Ismael, de Jacob no de Esaú. Pero Dios ve las lágrimas de Agar e Ismael. Evidentemente oye también a Esaú, pues posteriormente ordena: "No menospreciarás al edomita [descendiente de Esaú] porque es tu hermano" (Deuteronomio 23:8). Finalmente Dios hace que Leví, uno de los hijos que Jacob maldijera en su lecho de muerte –"Maldito sea su enojo tan feroz y su furia tan cruel" (Génesis 49:7)– se convierta en el padre de los líderes espirituales de Israel, Moisés, Aarón y Miriam. De ahora en adelante, todos los hijos de Israel son elegidos. Este es el segundo rechazo del rechazo.

Incluso cuando los hijos de Israel sufran el exilio y se encuentren a sí mismos "en tierra de sus enemigos", seguirán siendo los hijos del pacto de Dios, que Él no romperá porque Dios no abandona a Su pueblo. Ellos pueden ser infieles a Él. Él no les será infiel a ellos. Este es el tercer rechazo del rechazo, anunciado en esta *parashá*, reiterado por Isaías, Jeremías y Ezequiel. El Dios de Abraham mantiene Sus promesas.

Por lo tanto, la afirmación en la que se basa la teología del reemplazo o la sustitución –que Dios rechazó a Su pueblo porque ellos lo rechazaron a Él– es impensable en términos del monoteísmo abrahámico. Dios mantiene Su palabra incluso cuando otros rompen la suya. Dios no abandona ni abandonará a Su pueblo. El pacto con Abraham, al cual se le dio contenido en el Monte Sinaí, y renovado en cada momento crítico de la historia de Israel desde entonces, sigue vigente, intacto, incondicional e inquebrantable.

He contado esta historia por lo que le ha pasado a la Iglesia Católica después de que el Papa Juan XXIII conoció a Jules Isaac y se dio cuenta de la profundidad histórica y de las trágicas consecuencias de la tradición del cristianismo temprano de *Adversus Judaeus* ("Contra los judíos"). Habiendo puesto en marcha el cambio histórico en la actitud de la iglesia hacia los judíos, codificado en la declaración *Nostra Aetate* de 1965, su precedente fue continuado por el Papa Juan Pablo II y su sucesor Benedicto XVI. El 12 de septiembre de 2013, el Papa Francisco llevó la reconsideración aún más lejos. En una carta abierta al director del periódico italiano *La Repubblica*, escribió: "La fidelidad de Dios a Su pacto cercano con Israel nunca cesó, y... a pesar de las terribles pruebas de estos siglos, los judíos han mantenido su fe en Dios. Y por ello, nunca les estaremos lo suficientemente agradecidos como iglesia y también como humanidad".

En noviembre de 2013, durante la declaración *Evangelii Gaudium*, escribió que "la amistad que ha crecido" entre judíos y cristianos "nos hace lamentar amarga y sinceramente las terribles persecuciones que han sufrido y siguen sufriendo, especialmente aquellas que han involucrado a cristianos". El pontífice agregó que la Iglesia Católica tiene una "especial consideración por el pueblo judío ya que su pacto con Dios nunca ha sido revocado".

Esta verdad, negada por muchos dentro de la iglesia a lo largo de los siglos, ha sido ahora firmemente reconocida por el Papa Francisco en una de las grandes transformaciones de la historia religiosa. La promesa de Dios a través de Moisés y de los profetas de que Su pacto con el pueblo judío jamás sería revocado sigue siendo cierta, y hoy es considerada así no solo por los judíos sino también por el jefe de la Iglesia Católica. El Antiguo Testamento no es antiguo. La relación de Dios con el pueblo judío sigue viva, sigue siendo fuerte. El reconocimiento de este hecho ha cambiado la relación entre judíos y cristianos y ha contribuido a comenzar a enjugar muchos siglos de lágrimas.

Sobre el autor

Líder religioso internacional, filósofo, autor galardonado y voz moral respetada, el Rabino Lord Jonathan Sacks (1948-2020) fue laureado con el *Templeton Prize* 2016 en reconocimiento a sus «contribuciones excepcionales para afirmar la dimensión espiritual de la vida». Descrito en su tiempo por Su Alteza Real el Rey Carlos III del Reino Unido como «una luz para esta nación» y por el ex-Primer Ministro Británico Tony Blair como «un gigante intelectual», el rabino Sacks fue un frecuente y solicitado colaborador en la radio, la televisión y la prensa, tanto en Gran Bretaña como alrededor del mundo.

Sirvió por veintidós años (1991-2013) como Gran Rabino de las Congregaciones Hebreas Unidas del Commonwealth. Le fueron conferidos diecisiete títulos honorarios, incluido un Doctorado en Divinidad otorgado por Lord Carey, el entonces Arzobispo de Canterbury, para conmemorar sus primeros diez años en el cargo de Gran Rabino.

En reconocimiento a su trabajo, el rabino Sacks obtuvo también varios premios internacionales, incluyendo el *Jerusalem Prize* en 1995 por su contribución a la vida judía de la diáspora, el *Ladislaus Laszt Ecumenical and Social Concern Award* de parte de la Universidad Ben-Gurion en Israel en 2011, el *Guardian of Zion Award* de parte del Ingeborg Rennert Center for Jerusalem Studies de la Universidad de Bar-Ilan, y el *Katz*

Award en 2014 en reconocimiento a su contribución al análisis práctico y la aplicación de la halajá en la vida moderna. Fue nombrado Caballero vitalicio por Su Majestad la Reina Isabel II en 2005, ocupando su asiento en la Cámara de los Lores en Octubre de 2009.

Autor de más de treinta libros, varios de los cuales ganaron premios literarios. *No en nombre de Dios (Not in God's Name)* fue galardonado con el *National Jewish Book Award* de los Estados Unidos de América en 2015 y fue uno de los diez libros más vendidos del Sunday Times en el Reino Unido. *La dignidad de la diferencia (The Dignity of Difference)* obtuvo el *Grawemeyer Award* en religión en 2004 por su éxito en la definición de un marco para el diálogo interreligioso. Sus comentarios sobre la porción semanal de la Torá, *Pacto y Conversación*, traducidos al hebreo, español, portugués y turco, son leídos en comunidades judías alrededor del mundo.

Después de graduarse en filosofía del Gonville & Caius College de Cambridge con los más altos honores, realizó estudios de posgrado en Oxford y en Londres, obteniendo su doctorado en 1981 y recibiendo su ordenación rabínica del Jews' College y Yeshivat Etz Chaim. Sirvió como rabino de las sinagogas Golders Green y Marble Arch en Londres, antes de convertirse en el director del Jews' College.

El rabino Sacks estuvo casado con Elaine durante cincuenta años. Tuvieron tres hijos y varios nietos.

www.rabbisacks.org / @RabbiSacks

Las fuentes utilizadas en este libro son de la familia Arno.

Maggid Books
Lo mejor del pensamiento judío contemporáneo
de Koren Publishers Jerusalem Ltd.